ro
ro
ro

Johann Sebastian Bach kennt jeder. Aber dass er der Spross einer 150 Jahre alten Dynastie von Musikern war, ist kaum im Bewusstsein.

Dieses Buch erzählt die Geschichte eines erstaunlichen Clans in einem Europa des Umbruchs, das geprägt war von Kriegen und Seuchen. Im 17. Jahrhundert wurde Musik ein Mittel gegen Elend und Tod, und die Bachs vor Bach beherrschten diese Kunst mit zunehmendem Genie. Volker Hagedorn verfolgt ihren Weg über Hochzeiten und Todesfälle, Notenblätter und Orgelbänke, bis schließlich der große Ausnahmekomponist in Erscheinung tritt.

Zugleich schlägt das Buch den Bogen in die Gegenwart. Wie sieht es heute dort aus, wo die Bachs lebten und Johann Sebastian zum Wunderkind wurde? Hagedorn beschreibt die Arbeit der Forscher, für die unscheinbare Aktennotizen zu Leuchtspuren durchs Barock werden. Und er schildert einen der faszinierendsten Forschungskrimis der Musikgeschichte, der im zerbombten Berlin beginnt und an dessen Ende in der Ukraine das legendäre «Altbachische Archiv» auftaucht.

Ein farbenfrohes und facettenreiches Zeit- und Sittengemälde, das die Wurzeln des Musikers Bach lebendig werden lässt.

Volker Hagedorn, Jahrgang 1961, studierte in Hannover an der Hochschule für Musik und Theater Bratsche. Danach arbeitete er als Redakteur bei der *Hannoverschen Allgemeinen Zeitung* und der *Leipziger Volkszeitung*. Seit 1996 ist er freier Journalist und Musiker. Seine Beiträge erscheinen u.a. in der ZEIT. Er veröffentlichte mehrere Kolumnensammlungen, leitete die Redaktion der 20-bändigen ZEIT-Klassik-Edition und wirkte bei zahlreichen Platteneinspielungen mit, darunter das «Altbachische Archiv» (2003). 2015 wurde er mit dem Ben-Witter-Preis ausgezeichnet, 2017 mit dem Gleim-Preis.

VOLKER HAGEDORN

BACHS WELT

DIE FAMILIENGESCHICHTE EINES GENIES

ROWOHLT TASCHENBUCH VERLAG

4. Auflage Januar 2026
Veröffentlicht im Rowohlt Taschenbuch Verlag,
Rowohlt Verlag GmbH, Kirchenallee 19, 20099 Hamburg

Zuerst veröffentlicht im Rowohlt Taschenbuch Verlag,
Reinbek bei Hamburg, September 2017

Lektorat Uwe Naumann

Umschlaggestaltung ZERO Media Agentur, München,
nach einem Entwurf von Anzinger und Rasp, München
Umschlagabbildungen «Reiterschlacht am Waldrand», Jacob Martsen (1646);
«Bach», J. E. Rensch d. Ä. (1715)/akg-images; «Johann Ambrosius Bach»,
J. D. Herlicius (1690), bpk/Staatsbibliothek zu Berlin, Carola Seifert
Karte und Stammtafel im Anhang Peter Palm, Berlin
Printed in Germany
ISBN 978-3-499-61748-5

Kontaktadresse nach EU-Produktsicherheitsverordnung:
produktsicherheit@rowohlt.de

Was heißt eigentlich tot, verflossen?
Für welche Art Dinge existiert Zeit
und für welche nicht?

Alfred Döblin

INHALT

KAPITEL 1 DIE ANKUNFT

Wie ein Bäckermeister aus Pressburg nach Thüringen flieht und eine Wirtstochter sich in einen Musiker verliebt

Die Männer kommen eine Meile hinter Nürnberg aus einem Feld, zwei Wegelagerer mit spärlichem Bartwuchs, mittelgroß, der eine bewaffnet mit einer Radschloss-Arkebuse, der Hahn ist gespannt. Er richtet sie auf Veit. Der andere greift den Pferden in die Zügel, die ohne den geringsten Widerstand den Karren von der Straße ins Feld ziehen. Veit muss absteigen und vor dem Gewehrlauf knien, während seine Söhne, zehn und vierzehn Jahre alt, vor Angst zitternd, dem anderen Mann helfen, die Kisten und Säcke zu durchwühlen. Inzwischen ist ein dritter Mann erschienen, mit Degen bewaffnet, der ein Stück weiter Schmiere steht, ob niemand von der Straße her kommt. Aus den besten Sachen machen sie ein Bündel, auch Veits Geldbeutel nehmen sie, enttäuscht über den Inhalt. Die paar Instrumente interessieren sie nicht. Als sie den neuen Mantel finden, den er sich gerade erst hat machen lassen, stellt sich heraus, dass er beiden zu lang ist, sie werfen ihm das schwere Tuch vor die Füße. Ein so schweres Tuch, dass sie Verdacht schöpfen. Doch als sie nachsehen wollen, gibt der Mann mit dem Degen Laut, er hat eine Staubwolke gesehen, Reiter vielleicht; sie schultern ihre Beute und schlagen sich in die Büsche. Als Veit und seine Söhne eine Woche später mit heiler Haut ihr Ziel erreichen, ist ihnen das noch immer höchst gegenwärtig, aber jedes Mal, wenn sie sich davon erzählen, wächst die Erleichterung, bis zum Lachen.

Es hätte auch anders kommen können, ganz anders. Die Reise hätte hier enden können. Oder gar nicht beginnen müssen. Veit Bach hätte die Risiken, die eine Reise von 100 Meilen oder 740 Kilometern durch das Mitteleuropa des Jahres 1591 mit sich bringt, vermeiden können. Er hätte Pressburg nicht verlassen müssen, nicht sein Geschäft verkaufen, die vom Vater übernommene Bäckerei, nicht das nötige bewegliche Hab und Gut auf einen Pferdekarren packen und die Münzen in den neuen Mantel einnähen lassen, nicht den beiden Söhnen eine so weite Reise zumuten. Es hätte sich zumindest aushalten lassen in Pressburg, so viel ist sicher, auch wenn sonst kaum etwas sicher ist über die lange Reise des Veit Bach. Schon dass sie in Pressburg beginnt und in jenem Jahr, ist nur durch Indizien einzugrenzen. Mit Wegelagerern musste dabei gerechnet werden. Ein bewaffneter Überfall, wie er dem Komponisten Claudio Monteverdi 1613 in Norditalien widerfuhr, präzise in einem Brief geschildert, ist im Süddeutschland von 1591 nicht minder denkbar. Dabei sind das Jahrzehnte, in denen man sich noch «in der Ruhe des Rechts», wie Günter Barudio die Lage umschreibt, durch das Heilige Römische Reich Deutscher Nation bewegen kann. Aber für Veit Bach war es nicht mehr auszuhalten in Pressburg, aus mehr als einem Grund, und so sind er und seine Söhne Caspar und Hans auf ihrem vollgepackten Karren an einem Sommermorgen die lange Gasse entlanggerollt in das tunnelartige, finstere, wie ein Fass gewölbte Weidritzer Tor nach Westen und am Fuß des Burgbergs hinaus, durch die schmale Vorstadt, rechts aufsteigend der weinbepflanzte Hang hinauf zum Hrad und dahinter die Karpaten, links die Donau, an der entlang es nach Wien geht.

Die letzte von hundert Meilen ist nach etwa drei Wochen erreicht, sie reisen entlang der Apfelstädt, «Apfelstet flu.», wie es auf einer Karte jener Zeit bei «Waichmar» steht, vorher an der Ohra, durch «Ordruff». Sanftes Land, schwarz-weiße Häuser, auf nicht zu hohen Bergen hier und da eine Burg, kleinteilig alles, nicht zu vergleichen mit den Ausläufern der Karpaten, die Pressburg umfangen und an die breite Donau drängen, wo auf einem Felsen der breitschultrige, viertürmige Hrad über der Stadt sitzt, nicht vergleichbar mit allem, was Vater und Söhne sahen auf den zwölf Meilen bis Wien und weiter über Linz die Donau entlang bis Regensburg, in Nürnberg dann auf der alten Handelsroute, die bis nach Hamburg führt und auch manchen Wegelagerer ernährt. Über Bamberg, Coburg, Eisfeld, Schleusingen haben Veit, Caspar und Hans ihren Pferdekarren auf die Waldstraße über den Thüringer Wald gelenkt, die über Wandersleben nach Erfurt zur *via regia* geht. In Oberhof haben sie sie verlassen nach Norden auf die uralte Meinboldestraße, auf der schon Bonifatius nach «Ordorp» kam, nach Ohrdruf. An vier Mühlen vorbei, seit sie am Nachmittag die Ohra verlassen haben; jetzt erscheint links der Apfelstädt die Hammermühle.

Sie wundern sich über die Frauen, die nah und fern auf den Feldern knien, immer vier oder fünf um einen zwei Fuß hohen grünen Haufen, in langen Röcken, helle Tücher um den Kopf gebunden, die Unterarme frei. Was tun die da? Ernten sie? Es sieht aus, als formten sie Semmeln, findet Hans, der Zehnjährige, und Bäckermeister Veit hält an und steigt ab, um sich zu erkundigen. «Semmeln? Ach, Brietchen!», sagt eine lachend. «Joa, farr eine von dann Brietchen do krieste e gaanzn Sack voll rechtche Brietchen. Ihr kommt wu von wiet haar, wenn ihr das nech kennt? Oaber gegass dörft ihr nech zuvääl dodavoon, das is nämlich e Zaubermettel.» Sie hält ein grünes Bällchen hoch, es ist etwas feucht, gerade so, dass es nicht auseinanderfällt, und Veit sieht, dass es aus Blattresten besteht. «Weid!», sagt sie. «Färberweid, do drues machn me blaue Farbe!» Die Waidkaufleute seien im nahen Gotha die reichsten überhaupt, sie hätten ein Kaufhaus gebaut, prächtiger als ein Schloss. Dann setzt sie das Bällchen behutsam auf einen wachsenden Hügel weiterer Bällchen, zum Trocknen. Es ist Mitte Juli und kein Regen in Sicht. «Ihr kommt wu von wiet haar?», wiederholt jetzt eine andere, so spreche ja keiner von hier! Pressburg, sagt Veit, der sie mit Mühe versteht. Von Pressburg hat sie noch nie gehört. Wien, ja. Sie guckt misstrauisch, und Veit beantwortet ihre unausgesprochene Frage: «Wir sind keine Katholischen. Darum kommen wir her.»

Das ist sehr vereinfacht gesagt. Seit einem Menschenalter, seit der Schlacht von Mohács 1526, lebt man in Pressburg im Schatten des bis nach Kreta hinabreichenden Osmanischen Reiches, dessen Grenze 80 Kilometer südöstlich von Pressburg verläuft, keine elf Meilen donauabwärts. Auf dem Papier herrscht ein labiler Stillstand, der im Belieben der Türken steht. Der nächste Krieg mit ihnen, der fünfzehn Jahre dauern wird, liegt schon in der Luft. Sie drängen die Donau empor, Gran haben sie längst. Wien fehlt das Geld für sein aus allen Abenteurern Europas bestehendes Mietheer, Kaiser Rudolf im fernen Prag ist zur hilflosen Gestalt geworden. Seit die alte ungarische Hauptstadt Ofen (heute bekannt als Buda, Teil von Budapest) unter türkischer Verwaltung steht, seit 1536 also, ist Pressburg das Zentrum des nicht besetzten Teils, der etwa dem Gebiet der heutigen Slowakei entspricht. Gerade deshalb haben es die Anhänger der Reformation hier schwerer als in allen anderen Städten Ungarns, zudem ist der königliche Vogt in Pressburg kein anderer als der aus Gran vertriebene Erzbischof Kutasy.

In den Händen der oberen Geistlichkeit liegen das Finanzwesen und die Administration, unter bizarren Vorwänden werden ungarische Adlige ihrer Güter beraubt, vorzugsweise Protestanten.

Die haben es schon als Erleichterung empfunden, als 1581 der evangelische Geistliche Andreas Reuß ins nahe Ratzersdorf zog, um dort in der Kirche zu predigen – in Pressburg sind solche Gottesdienste nur in Privathäusern möglich. Viele Anhänger der Augsburger Konfession pilgern allsonntäglich zu Reuß nach Ratzersdorf, auch Veit und seine Familie haben das sicher getan. Wer freilich dort gesehen wird, wer das Heilige Abendmahl dort auf reformierte Weise genießt, muss in Pressburg mit Schwierigkeiten rechnen, obwohl der Magistrat selbst die Lutheraner unterstützt. Dazu noch beginnen sich die Protestanten untereinander zu spalten, zur Freude der von Rom aus agierenden Jesuiten. Die meisten Magyaren sind Anhänger des helvetischen Reformators Calvin und den deutschsprachigen Lutheranern fremd in ihrer Strenge. Gleichwohl sind das alles zu dieser Zeit nur erst Spannungen, mit denen es sich leben lässt – schon lange werden in Pressburg keine Protestanten mehr gefoltert und verbrannt wie zu der Zeit, als Veits Großvater dorthin kam. Es ist noch etwas anderes, was Veit fortgetrieben hat, über Wien und Nürnberg bis hierher, nach Thüringen.

Wien, sagt die Frau, das sei sicher etliche Tage weit weg? «Ein paar Wochen», sagt Veit, «drei Wochen mit diesem Wagen.» «Das glaubt dech kei Mensch!», ruft sie. «Wu wollt ihr henn?» «Nach Wechmar.» «Wachmar! Bi ons!?!» «Zu UNS», sagt Veit, «mein Großvater ist da geboren, der war ein Bach, wie ich. Veit Bach.» Sie kennen den Namen. Ein Lips Bach sei Wegemeister hier und vor kurzem sei Hans Bach gestorben, sein Vater, betagt, über sechzig Jahre geworden, der hatte die Fischerei im Mühlgraben. «Der war wohl mein Onkel. Da habt ihr noch einen Hans», er streicht ihm über den Kopf, «und der hübsche Kerl da ist mein Caspar, und …» Stumm und in sich fährt er fort: «… und die Schönste da, das ist meine Marie.» Er sieht seine Frau vor sich, das schmale Gesicht, über dessen Wangen sich mitunter feine Röte zog wie Morgenröte, er war sehr glücklich mit ihr, auch unglücklich, als sie zwei Kinder verloren, die nach Hans und Caspar kamen. Als Marie im vorigen Winter am Kindbettfieber starb, gleich nach ihrem kleinen Mädchen, mit 37 Jahren, wurde für Veit die ganze brodelnde Stadt Pressburg zum Kirchhof. Alles tot, alles leer, die Berge wie Mauern, der Himmel eng und kalt. Es traf ihn so, dass er nichts fühlen konnte, bei allem Gottvertrauen.

Veit denkt nicht in Begriffen wie «Glück» und «fühlen», das tut im Jahre 1591 eine winzige, reiche Handvoll von Fürsten, für die in Italien Madrigale komponiert werden, die freilich schon den Norden inspirieren, und William Shakespeare in London tut es, von dem Veit sein Lebtag nicht erfahren wird, und Michel de Montaigne denkt auf seinem Schloss im Périgord darüber nach, aber kein deutscher Bäckermeister. Natürlich fühlt er, natürlich hat er Lieder. Die ganze Reise über, hundert Meilen weit, war seine Seele ruhig, hinter aller Angst und Ungewissheit. Jetzt, vor dieser derben Arbeiterin mit dem breiten Gesicht, kurz vor dem Ende der Reise, springt es ihn an, zerreißt es ihm das Herz, und im selben Moment hört er sich heiter sagen: «Ich bin Bäckermeister, vielleicht kann ich euch Semmeln backen, Brietchen!, die man essen kann.» «Dar Isser kann bestemmt enn gebruch», sagt sie, «klopf e mo bi dann oan.»

«Was mahlt der da?», fragt Caspar und blickt zu einem mit breitkrempigem Hut, der ein Pferd um eine steinerne Mühlpfanne trotten lässt, einen aufrechten, gezähnten Mühlstein im Kreis bewegend, der auf dem unteren Stein rollt, mit Achse in einfachem Gerüst befestigt. Das sei der Müller für die grünen Brietchen, sagt die Waidfrau. Da werden die zuvor in der Apfelstädt gewaschenen, angewelkten Blätter der *isatis tinctoria* zu Mus gemahlen, das der Mann immer wieder aus der Mühlpfanne kratzt und auf einem Haufen fest zusammenschlägt. Die schon begonnene Gärung setzt ein sonderbares Aroma frei, später, bei den Färbern in den Städten und an ihren Flüssen, wird es bestialisch stinken, aber jetzt und hier, in der späten Julisonne, vermischt mit dem Duft der Felder, hat der Geruch für Veit etwas von neuer Welt. Wenn selbst die Luft anders riecht, hat er das für ihn tot und leer gewordene Pressburg, die drohenden Osmanen, die Würgehand Roms, die bitteren Gefolgsleute Calvins hinter sich gelassen, aber nicht seine Marie. Und für seine Söhne, die so viel von ihr haben, kann hier die Zukunft beginnen.

Mein Gott, hier wird mein Herze sein:
Ich öffne dirs in meines Jesu Namen;
So streue deinen Samen
Als in ein gutes Land hinein.
Mein Gott, hier wird mein Herze sein:
Lass solches Frucht und hundertfältig bringen!
O Herr, Herr, hilf!
O Herr, lass wohlgelingen!

Diese Verse seines Zeitgenossen Erdmann Neumeister hat Johann Sebastian Bach rund 120 Jahre später komponiert, als *recitativo accompagnato* in einer Kantate, mit zwei Flöten und vier Bratschen zum *basso continuo* altertümlich instrumentiert für die Zeit. Man kann es hören, als begebe er sich zurück in die frühesten Tage seiner Familie, die hier hunderfältig gedeihen wird.

Zum zweiten Mal an diesem Januartag klingele ich am alten Schulhaus, das am Kirchplatz steht. Vorwinde eines Orkans jagen Wolken wie im Zeitraffer über Wechmar. «Er müsste da sein», hat mir die Dame im Museum versichert und die richtige Telefonnummer herausgesucht, denn die in meinem Block war falsch. Niemand hat abgehoben. «Er müsste da sein», hat am Abend vorher auch der Oberbürgermeister von Gotha gesagt, der ihn bestens kennt. Dann ist er gleich aufgesprungen und zu seinem großen Schreibtisch geschritten, um mich anzumelden, aber keiner nahm ab. Es darf ja auch nicht zu einfach sein, einen Mann zu treffen, der in direkter Linie von Johann Sebastian Bach abstammt, dem Ururenkel des Veit, und sich in dem Alter, in dem Bach starb, entschloss, mit seiner Frau hierherzuziehen, nach Wechmar, dahin, wo alles begann. Hier bin ich von der Haltestelle des 354ers, der von Gotha bis nach Arnstadt fährt, durch die menschenleere Brückstraße über den Fluß gegangen, vorbei an einer gewaltigen blau-weißen «Kondombox», einer Errungenschaft, die zu spät kam, um Europa seine musikalischste Familie und der Welt einen ihrer größten Komponisten zu ersparen. Und an der Kurve eine Treppe hoch …

Über Veits Frau, die Mutter seiner Söhne, wissen wir nichts. Weder die spärlichen Wechmarer Akten noch die grundlegende Quelle kennen sie. Marie? Der Name steht hier für die ungenannten Frauen nicht nur in der Geschichte der Bachs, für alle Menschen, die der Geschichte nicht erreichbar sind oder durch sie überschrieben werden. Unsere Quelle ist eine Abschrift von jenem guten Dutzend Seiten, auf denen der Thomaskantor 1735 die erste jemals verfasste Genealogie einer Musikerfamilie hinterlassen hat. 53 männlichen Personen und ihren Familien sind die Einträge gewidmet, rund 130 Jahre umfassen sie. Schwungvoll, kraftvoll, schräg nach rechts gelehnt, beginnt das unter der Überschrift «Ursprung der *musicalisch-Ba-*

chischen *Familie.*» mit «No. 1»: «*Vitus Bach*, ein Weißbecker in Ungern, hat im 16ten *Seculo* der *lutheri*schen *Religion* halben aus Ungern entweichen müßen. Ist dannenhero, nachdem er seine Güter, so viel es sich hat wollen thun laßen, zu Gelde gemacht, in Tëutschland gezogen; und da er in Thüringen genungsame Sicherheit vor die *lutheri*sche *Religion* gefunden, hat er sich in Wechmar, nahe bei *Gotha* niedergelaßen, und seine Beckers *Profession* fortgetrieben.» So weit der Beginn der Notiz zu Veit in jener kraftvollen Schrift, die nicht etwa die von Johann Sebastian Bach ist, sondern die seiner Enkelin. Anna Carolina Philippina Bach hat das verschollene Original kopiert, Tochter des Carl Philipp. Und ihre Bückeburger Cousine Anna Philippina Friederica ist jene Enkelin des Thomaskantors, ohne die es den jetzigen Besitzer der Alten Schule nicht gäbe. Ich klingele wieder.

Veit und seine Söhne nähern sich Wechmar. Keine Autobahn schneidet ihnen den Blick auf das Dorf ab, das mit seinem gedrungenen Kirchturm auf einer Anhöhe rechts von ihnen sichtbar wird, südlich des Flusses. Und links von ihnen ein einzelnes Gehöft, massig, wie eine kleine Festung, davor Pferde und Wagen. «Ein Ausspann, Vater», ruft Caspar, «da können wir unterkommen und essen, mich hungert!» Veit blickt zum Dorf hoch, nach rechts, zu dem gegenüber vom Ausspann eine steinerne Brücke führt, von einer Schranke versperrt. Dort oben will er heute noch absteigen und ausspannen, nicht unten, vor einer Schranke, wie ein Fremder vor dem Dorf, aus dem sein Vater kam. Irgendwo werden sie schon unterkommen, beim Vetter oder bei diesem Isser, Eißer, dem Bäckermeister. Der Gasthof hier am Fluß gehört den Grafen von Gleichen, den Lehnsherren des Dorfs. An der steinernen Brücke muss Veit Zoll entrichten, dann fahren sie über den Fluss, leicht bergauf, links eine Kurve, wieder rechts, auf dem Marktplatz hält er an, und gleich finden sich ein paar Bauern ein. Er fragt nach Lips, seinem Vetter, wie er vermutet, so wissen sie schon, dass der hochgewachsene Mann nicht ganz fremd ist, trotz seiner merkwürdigen herben Sprechweise, und macht sich zu Fuß auf die Suche nach Lips' Haus, während die Söhne beim Wagen bleiben. Teppichwirker sei Lips, haben sie ihm gesagt, aber Bauer ist er wohl auch. Der Vater sei noch auf dem Feld, die Mutter krank, sagt ihm ein Knabe von vielleicht sechs Jahren, der ihn so scheu ansieht, dass Veit nicht wagt, sich als entfernter Großonkel vorzustellen, und sagt, er werde morgen wiederkommen. Müde geht er zurück, die Schatten der Häuser reichen jetzt über die Straße, am Markt sieht er seine Söhne mit einem untersetzten Mann seines Alters. Dem gehört das Haus, vor dem sie angehalten haben, es ist der Oberbäcker Hein Eißer, und während der zehnjährige Hans still danebensteht, hat Caspar, der Vierzehnjährige, in seiner munteren Art den Bäcker so eingenommen, dass sie hier für heute unterkommen. Und nicht nur für heute.

Wie es wirklich begann, welcher Veit Bach wann nach Wechmar kam, ob überhaupt ein Veit der Vater oder doch der Großvater jener Brüder Hans und Caspar war, welche der in Wechmar schon ansässigen Bachs mit den Neuankömmlingen wie verwandt waren – darüber weiß man noch immer nicht viel mehr als das, was der Thomaskantor selbst aus seiner Familie erfuhr. Bach kam nicht aus einem Adelshaus, in dem die präzise Überlieferung der Familiengeschichte politisch überlebenswichtig war. Er trug für die frühe Zeit zusammen, was man sich in der Familie erzählte, und zumindest die Kirchenbücher in Wechmar beginnen erst im Jahre 1618, die aus der Zeit davor sind verloren. Dazu kommt noch der Hinweis des Gehrener Johann Christoph Bach im Jahre 1727, die «weltbekannte Bachsche Familie» sei in Wechmar schon im Jahre 1504 anzutreffen. Das alles wird nicht übersichtlicher durch die Tatsache, dass der Name Bach in Thüringen schon im Mittelalter auftaucht.

Aber da ist der Hinweis auf Ungarn. «Ungern», schreibt Johann Sebastian in barock freier Orthographie. Damit meinte er das nicht von den Osmanen besetzte Gebiet, die jetzige Slowakei. War dorthin ein und derselbe Veit von Wechmar aus gezogen und zurück? Hätte er dann Zeit gehabt, «Güter» anzusammeln, genug für einen Neubeginn in Thüringen? Das schon. Da seine Söhne um 1580 geboren sein müssen, konnte er vom Jahrgang 1555 sein, wäre mit 20 Jahren ausgewandert – nur: warum? –, hätte in gut fünfzehn weiteren Jahren sich etablieren und in den 1590ern zurückkehren können. Dazu passt aber nicht, dass sich in der Familie nur die Legende hielt, er sei ein «Weißbecker aus Ungern». Das würde man über einen gebürtigen Thüringer kaum sagen. Doch warum wandert er aus dem Gebiet der jetzigen Slowakei, in dem er geboren sein muss, ausgerechnet nach Wechmar aus, anstatt beispielsweise von Pressburg nach Osten ins protestantisch beherrschte Kaschau zu ziehen? Warum legt er mit Mitte dreißig 740 Kilometer zurück, um sich in einem Örtchen von 600 Einwohnern anzusiedeln und nicht – wenn es schon das Reformationsgebiet sein soll – in einer auch für seine Söhne chancenreicheren nahen Stadt wie Gotha oder gar im blühenden Erfurt? Es muss Verbindungen ins Dorf gegeben haben.

1526 wird in Wechmar die Reliquie des Sankt Vitus aus der ihm geweihten Kirche geholt und davor mit dem Sühnekreuz verbrannt. Ist die Vorstellung abwegig, dass nicht alle darüber jubelten? Dass es Angst machen konnte, wie die alte Welt in Flammen aufging, unmittelbar nach den blutigen Bauernkriegen, dass es Menschen gab, die sich nicht von der sie umgebenden Mehrheit mitreißen ließen? Dass schon hier ein Bach den

Trotz entwickelte, den wir in der Familie immer wieder finden? So, wie wir die Bachs wahrnehmen, müssen sie seit Menschengedenken lutherisch gewesen sein – aber das waren sie ebenso wenig wie der Reformator selbst. Das Gedankenspiel sei erlaubt, dass Veit Bachs Großvater mit Anfang zwanzig vor der Reformation floh, der sich sein Enkel dann unter ganz anderen Umständen zuwandte, und Wechmar gen Pressburg verließ, schon damals eine katholische Hochburg im sonst recht reformationsfreudigen Ungarn, wohin tatsächlich eine weitere Spur führt.

1780 nennt der Pressburger Schriftsteller Matthias Korabinsky, der eine Abschrift der Bach'schen Familienchronik besitzt und nicht nur deswegen vermutlich Kontakt mit dem auch in österreichischen Kreisen gefeierten Carl Philipp Emanuel Bach hat, Veit ohne weiteres einen «Weißbeck von Preßburg» und verweist auf etliche deutsche Familien mit Namen Bach, die noch immer in der Stadt leben. Die Bachforscher waren später akribisch genug, um in Stadtarchiv und Zunftbüchern des heutigen Bratislava, Hauptstadt der Slowakei, herauszufinden, dass ab 1580 auffallend viele Bäcker in der Stadt Bach heißen und teils Immobilien in bester Lage besitzen. Bis ins 19. Jahrhundert backen diese Bachs an der Donau, und es scheint, als sei hier eine Dynastie erfolgreicher Bäcker parallel zur Musikerfamilie in Thüringen entstanden. 1569 legen die Bäcker von Pressburg ihr Zunftbuch an, das keinen Veit nennt, allerdings schlampig und lückenhaft geführt ist, viele Seiten sind leer.

Hein Eißer führt die Erschöpften hinüber in die Schenke, nachdem sie in seinem Hof den Wagen abgestellt haben. Das Schenkhaus am Markt ist längst baufällig, aber hier brodelt durch die offene schiefe Tür das abendliche Leben der Wechmarer Handwerker und Bauern. Bestimmt zwanzig Männer sind versammelt. Ihr lautes Reden und Lachen überm Bier verstummt, als Oberbäcker Eißer mit dem hochgewachsenen Mann und zwei Knaben die Stube betritt und ruft, hier seien drei, die seien fremd und doch von hier, sie seien von der Familie Bach, der Sohn und die Enkel eines Veit, dessen Großvater vor einem Menschenalter schon von hier nach Ungarn ging, und sie sollten Platz machen für die Weitgereisten, und nach Hein Schmied ruft er, der solle zusehen, was er an gutem Braten noch finde, und gleich eine Kanne Bier bringen. Veit und Caspar finden sich schnell ins wachsende Getöse neugieriger Fragen, die sie oft kaum verstehen. Caspar ist immer schon auf die Menschen zugelaufen wie sie auf ihn, und sein Vater, den die trauernde Sehnsucht nach seiner Frau nicht mehr verlassen hat seit den Minuten am Nachmittag auf dem Waidfeld, taucht gern ein in die dröhnende Geselligkeit zwischen geröteten Gesichtern. Für Hans, den Zehnjährigen, ist alles wie ein Traum, ein wildes Theater nach der wochenlangen Reise, bis er mit roten Wangen auf der Bank einschläft.

Und während der feiste Wirt, Hein Schmied, den Braten hereinbringt, erklären die Wechmarer durcheinander, wer in diesem Ort das Sagen hat. Namen prasseln, die sich die müden Weitgereisten gar nicht alle merken können, von Spitznase, von Weidensee, von Kromsdorf, von Berga und Marschalk, all diese Adelsfamilien haben ihre Güter hier, teils verpachtet. Einer der Männer in der Wirtsstube dient bei Hans Hertel, dem Pächter der Wasserburg, die einmal dem ältesten Geschlecht hier gehörte, denen von Wechmar, die denen von Gleichen bedingungslosen Gehorsam schwören mussten, erzählt er, aber das sei zweieinhalb Jahrhunderte her, und deren Wasserburg durch Heirat an die Familie von Berga ging, und ob sie die Wasserburg nicht gesehen hätten, nur wenige Schritte von hier? Dieses hoch aufragende Bauwerk? Veit denkt an den Hrad auf seinem Berg an der Donau, größer als dieses ganze Dorf zusammen. Die Wasserburg, sagt da ein Älterer verächtlich, vor dem sie besonderen Respekt zu haben scheinen, sie sollten besser die Sägemühle vom Hein Frossen sehen, so eine Maschine sei wichtiger als alles alte Gemäuer. Das, murmelt der Pächtersknecht neben Veit, sage der Obermüller nur, weil er vor Stolz platze, seit ihm der Frossen das Holz für seine teure Bohlenstube gesägt habe, die werde ihm der Kritzmann schon noch vorführen. Ja, das wird er, und die Bachs werden Wechmar und seine Leute bis zum letzten Winkel kennenlernen.

Was Veit aus Pressburg erzählt, denn natürlich fragen sie den Fremden aus, das können sie kaum glauben. Dass man dort, um das Heilige Abendmahl zu genießen so, wie sie es hier tun, die Stadt verlassen müsse, eine Stunde weit bis nach Ratzersdorf, oder aber Freund des Grafen Kollonich sein, der in Pressburg ein Haus, beinahe schon Schloss mit Graben und Zugbrücke besitze und einen evangelischen Hofgeistlichen habe, der dort im Schutze gräflicher Macht predige, dass einem christlichen Paar die Trauung verweigert worden sei, weil man es in Ratzersdorf beim Gottesdienst gesehen habe. Dass einem keine zwei Tagesmärsche weiter schon die Türken an der Donau entgegenkämen. «On dinn Wieb?», fragt Hein, der Bäcker, «und dein Weib?» Da hält Veit die Hände vors Gesicht, und sie verstehen, werden leiser und stellen keine Fragen mehr.

«100 Sitzplätze» und «7 schöne Doppelzimmer» verheißt heute das Schild, auf dem der «Goldene Löwe», Café, Restaurant und Pension, schon in der Straßenkurve beworben wird, die zum Marktplatz hochführt. Oben quietschen die Schilder am Wappenbaum im Januarwind, und mehr ist nicht zu hören auf dem leeren Platz. Das stattliche Haus, sanftgelb gestrichen, eine Uhr auf dem Dach, steht hier seit 1767 anstelle der Gemeindeschänke, und überhaupt gibt es kaum noch eins von den Gebäuden, die die Bachs hier sahen, bewohnten, in denen sie arbeiteten. Auch die Bäckerei sah anders aus, als ihr Besitzer dem Veit und seinen Söhnen dort Wohnung und Arbeit gab. Der Backofen stand frei gegenüber der Schänke, das Haus war kleiner, es wurde erst 1627 in den Bau integriert, der jetzt am Markt dem Wind trotzt, so langgestreckt wie gedrungen, mit dem wuchtigen Fachwerk im ersten Geschoss, der «Thüringer Leiter». Es blieb immer eine Bäckerei, drei Jahrhunderte hindurch, bis in die 1960er Jahre.

Es ist der Sohn eines Polsterers aus Wechmar, der ein Museum daraus werden ließ. 1966 geboren, stöbert Knut Kreuch schon mit vierzehn Jahren leidenschaftlich in der Geschichte seines Dorfs, mit achtzehn fordert er die zuständige DDR-Behörde auf, im einstigen Backhaus endlich ein Museum für die Bachs einzurichten. «Alle gingen gern dorthin, weil es die Fleischerei des Dorfes war, man kriegte auch schön was unterm Ladentisch bei Ede, so hieß der.» Man habe ihm dann mitgeteilt: «Schön, dass sich junge Leute mit Geschichte beschäftigen, aber die Versorgung der Bevölkerung ist wichtiger.» So erzählt es mir Knut Kreuch am Abend vor der Fahrt nach Wechmar oben im Rathaus von Gotha, denn dort amtiert er jetzt als Oberbürgermeister. Er ist nicht groß, aber um so energischer, zum Rückzug neigen bei ihm nur die knappen schwarzen Haare auf dem Kopf, zu dunklem Anzug und weißem Hemd trägt er eine rot-weiß schräggestreifte Krawatte. Die Passage aus dem «Ursprung» zitiert er auswendig und rasend schnell, nur bei Bachs Worten «hat er sich in Wechmar nahe bei Gotha niedergelassen» drosselt er das Tempo nachdrücklich.

Mit der deutschen Einheit ging das Backhaus an den Altbesitzer zurück, und von dem konnte es die Gemeinde kaufen. Seitdem ist es als «Stammhaus der Bachs» die größte Attraktion des Ortes. Im Erdgeschoss hängt der große Namensbaum, den eine freundliche ältere Dame aus Wechmar erklärt. «Die Mädchen hat man alle weggelassen», sagt sie nüchtern. Oben gibt es ein Foto von 1929, da heißt die Bäckerei «Ludwig» und hat eine Persilreklame neben dem Eingang, womöglich an eben der Stelle, an der bis zu diesem Jahr die erste Gedenktafel hing, noch aus der Kaiserzeit. Die fand man 1997 drinnen im Obergeschoß, als Ofenblech am Schornstein auf den Fußboden genagelt. So schnell wirft man in Wechmar nichts weg, auch wenn sich die Zeiten ändern. Karajans Aufnahme der h-Moll-Messe von 1966, in der Box der Deutschen Grammophon, hat noch einen Platz hinter Glas, zusammen mit einer Mandoline und einer Maultrommel. Und natürlich gibt es auch eine Vitrine, in der man Zistern sehen kann, altertümliche Zupfinstrumente. Denn damit begann die Musik der Bachs.

Für Johann Sebastian Bach stand fest, dass «Weißbecker» Veit, die Nummer 1 seiner Genealogie, nicht nur lutherisch, sondern auch musikalisch war. In seinem «Ursprung» fährt er fort: «Er hat sein meistes Vergnügen an einem Cythringen gehabt, welches er auch mit in die Mühle genommen, und unter währendem Mahlen darauf gespielet. (Es muß doch hübsch geklungen haben! Wiewol er doch dabey den Takt sich hat *imprimier*en lernen.) Und dieses ist gleichsam der Anfang zur Music bey seinen Nachkommen gewesen.»

Veit besaß also eine Zister, ein Zupfinstrument der Renaissance mit vier Doppelsaiten. Dass er im Mühlenrasseln gelernt haben soll, darauf den Takt zu halten, zeigt, dass sein Nachfahr Johann Sebastian wie jeder Biograph zur nachträglichen Sinnstiftung neigte: Die Mühle wird schon eingebaut ins Universum der Musik, fast zum Instrument geadelt, mindestens zum Metronom. Eine erstaunlich moderne Vorstellung, die an Stücke des 20. Jahrhunderts denken lässt, in denen Motoren und Industrieklänge eingesetzt werden. Bachs Interesse an der Mühle ermuntert dazu, Musik und Realität zu verbinden. Das gelingt den Wechmarern des Jahres 2000 buchstäblich mit der Axt in der Hand.

Zuerst hatte Kreuch herausgefunden, dass es Verbindungen zwischen den Eißers und den Bachs gab und dass Familie Eißer seit 1600 auch die Obermühle besaß. Dort also muss Veit gezupft und gesungen haben. Die ältesten erhaltenen Teile sind zwar offenbar erst von 1685, aber die stolzen Wechmarer beschließen trotzdem, das marode Mühlengebäude als Attraktion zu erhalten. Zu der Zeit ist der Schlosser und Betriebswirt Kreuch ihr Bürgermeister. Das Wohnhaus soll abgerissen werden. «Als das schon teilweise abgebrochen war, kriegte ich 'n Anruf, da hieß es, komm sofort in die Mühle, da is' was.» Einem Arbeiter ist die Axt in der Wand stecken geblieben. Die ist ganz aus Holz, «es kamen riesige Balken zum Vorschein. Stopp, hab ich gesagt, was machen wir jetzt? Das Denkmalamt anrufen!» Es sind Bohlen aus Tannenholz, sehr genau gesägt, fast alle in identischer Breite und Höhe, die eine ganze Bohlenstube bilden, eine Thüringer Spezialität. Wer sich zu Veits Zeit so etwas leisten konnte, ließ die Bohlen extra ein wenig aus dem Haus ragen. Die bei der Mühle können auf 1585 datiert werden, mithin eine der frühesten Thüringer Sägegatterarbeiten, mit Wasserkraft auf Maß gebracht. In dem Jahr also haben die Kritzmanns die Bohlenstube an ihre Mühle anbauen lassen, die sie 1600 den Eißers verkauften. Jetzt steht der Bau perfekt saniert und etwas einsam am Rand des Dorfes.

Veit hat seine Zister schon in den Tagen nach der Ankunft ausgepackt und Caspar seinen lederbezogenen Zink und Hans seine Flöte, und sie sind mit ihrer Neigung nicht allein. «Es ist sonderlich heut bey Tage in Thüringen / da die Bawren Knechte und Jungen / ob sie schon die Woche lang hinder dem Pfluge hergehen / doch Sonn- vnd Festtage vor das Polt treten / und so wol Instrumentis als vocibus vivis musicieren / machen Federhansen / wo nicht pronunciatione jedoch arte weit zuvor thun …» 1626 wird so die musikalische Praxis jenseits der Profis beschrieben, betrieben wird sie schon länger. Viele Bauern in Thüringen singen und spielen demnach besser als mancher Gelehrte, und Noten lesen können sie auch. Das passt schlecht zu der gängigen Vorstellung, es habe im deutschsprachigen Raum einen breiten Strom mündlich überlieferter Volkslieder und Volksmusiken gegeben, denen dann die Komponisten das Material mehrstimmig gesetzter Lieder für die gehobenen Stände entnahmen, während weniger betuchte Leute schlichte Weisen aus dem Gedächtnis sangen.

Besonders den Musikologen des «Dritten Reiches» gefiel die schon von den Romantikern gepflegte Vorstellung einer «Kernweise», die aus dem Volk heraufstieg. Der «Traum vom kollektiven Gedächtnis eines Volkes», aufgehoben in «amorpher Mündlichkeit», ist erst in jüngsten Jahren den Belegen für eines der größten Geschäfte der «Galaxis Gutenberg» gewichen: Es gab eine kommerzielle Popularmusik, auf die schon Martin Luther traf, als es um die Konzeption neuer geistlicher Gesänge ging, und die in der Regel vierstimmig war. Das «Volkslied» für eine Stimme mit Begleitung geht ihr nicht etwa voraus, es ist eine ihrer reduzierten Formen. Lieder werden im 16. Jahrhundert in Abertausenden Flugschriften verbreitet, in Einblattdrucken oder mehrseitigen Heftchen, die für die meisten erschwinglich sind, wenn sie auch nur die Texte zu Liedern bieten, die von fahrenden Musikanten vorgetragen werden – und sich auf mehrstimmig Komponiertes beziehen. Die Stimmen dazu sind seit rund 1500 gedruckt zu haben, vorerst im aufwendigen Mehrphasendruck.

In den 1530ern, als mit besserer Technik der Notendruck billiger wird, folgt einer gebundenen Liedersammlung die andere, als wohl populärste «Ein außzug guter alter und newer Teutscher liedlein / einer rechten Teutschen art / auff allerley instrumenten zubrauchen / außerlesen». So hat der Nürnberger Komponist und Musiksammler Georg Forster 1539 überschrieben, was schließlich ein Schatz von 380 Sätzen von 50 Komponisten geworden ist, bis 1565 in mehreren Auflagen erschienen. Diese «Teutschen Liedlein» sind mehrstimmige Sätze von Heinrich Isaac bis zur Gegenwart. Dass solche Sammlungen sich nicht an Experten oder Gebildete wenden, zeigt das Vorwort zum ersten Liederbuch des Hans Ott von 1534: «Es hat auch diese kunst den vortheil, das gleich wie ein grober pawer [Bauer], wie wenig er des gemels [Gemäldes] grundt verstehet, dannoch ein wolgemacht bilde gern und mit lust anschawet.» Damit auch der Bauer oder Bäckermeister in den Genuss dieser Gesänge kommen kann, muss er sie allerdings selbst anstimmen. Die Popmusik der frühen Neuzeit setzt Notenkenntnisse weit größerer Bevölkerungsteile voraus, als man sie vierhundert Jahre später findet.

In einem Dorf wie Wechmar kann man solche Noten nicht erwerben, wohl aber in einer Stadt wie Pressburg oder Gotha, und in Wechmar gibt es zudem die Spielleute in der Familie Eißer, die auf populäres Repertoire angewiesen sind. Man kann es mehrstimmig singen oder nur den «Tenor» oder spielen, «auff allerley instrumenten». Auf einer Zister wie der von Veit Bach ist polyphones Spiel kaum möglich, und das Instrument beginnt darum gerade aus der Mode zu kommen, aber natürlich kann man auch einen mehrstimmigen Gesang akkordisch begleiten. Veits Söhne Caspar und Hans können auf Zink und Flöte den Diskant und Alt dazu spielen – oder singen.

Ich sag adieu, wir zwei, wir müssen scheiden,
bis auf ein andermal all nähern Umgang meiden,

ich lass bei euch das Herze mein,
dort, wo ihr seid, werd ich auch sein,
und drücket oft auch Not und Pein,
allzeit sollt ihr die Liebste sein.

Vor einem halben Jahrhundert hat Georg Forster das gesetzt. Als Veit es singt und Hans der Stimme behutsam auf der Flöte vorangeht, wissen sie alle, wem das Sehnsuchtslied gilt, denn noch immer hat Veit sich hier keine Frau gesucht. Und sie fragen sich, ob es zu Hans, dem nachdenklichen Jungen, denn passt, dass er hier lernen soll, wie man den Teig anrührt. Als sein älterer Bruder Caspar dann noch auf dem Zink figuriert, steht ein Spielmann der Familie Eißer auf, Bastian vielleicht, und sagt: «Caspar, du gehörst uff'n Turm!» Beim Stadtpeifer in Gotha müsse Caspar in die Lehre gehen.

Für den Türmerdienst, die ursprüngliche Aufgabe der Stadtpfeifer, ist der Zink unabdingbar. Damit werden zu den vollen Stunden Signale geblasen, aber auch Alarm – weswegen gewöhnlichen Bürgern in den Städten das Zinkspiel untersagt ist –, und zu bestimmten Stunden werden Choräle vom Turm «abgeblasen». Aber nur ein Instrument genügt nicht. «Erstlich ist er ein guter trompeter, zum anderen ein guter zinckenbläser, zum dritten geiget er einen guten discant, pfeiffet eine gute querpfeiffe, auff dulcian, auf der quart posaune tenor und alt posaune, in summa auff allerley instrumenten gar perfect.» Was 1607 der Stralsunder Kunstpfeifer Jonas Depensee über seinen Sohn schreibt, lässt verstehen, warum die Zunft fünf Jahre Lehrzeit verlangt und drei Jahre Wanderschaft.

Da Caspar Bach schon 1600 als Stadtpfeifer in Gotha verzeichnet ist, muss er bald dorthin gezogen und in die Lehre gegangen sein, in einer florierenden Stadt. In ihrer Mitte steht seit 1574 eines der prachtvollsten Kaufhäuser Europas, jenes der

Waidhändler, von dessen Turm der Stadtpfeifer bläst, unter dessen Dach er mit seiner Familie und den Lehrlingen lebt. Täglich geht Caspar nun an Lamm und Lindwurm vorbei, die als steinerne Reliefs das Kaufhausportal schmücken. Diese Symbole schreiben die Gothaer den Goten zu, die sie für die Gründer ihrer Stadt halten. «Das Lamb die Gotten in ihren Fahnen geführt in Friedens Zeitenn, den Lindwvrm aber wieder ihren Feind in Krieg vnd Streitten», steht da in Versalien zu lesen. Allerdings geht der Name Gotha auf «Gothaha» zurück, «gutes Wasser», obwohl die Stadt an keinem Fluss liegt. Das Wasser in den Gräben, die die gewaltige Stadtmauer breit umschließen, für die Mühlen, die es auch innerhalb der Stadt gibt, das Trinkwasser und das Löschwasser – es kommt aus einem Kanal, der es vom Thüringer Wald herführt, auch aus der Apfelstädt speist er sich.

Es ist ein brodelndes, solides, kleines Zentrum an der Handelsstraße von Frankfurt nach Leipzig, in dem Caspar seine Kunst erlernt. Die Leute sind hier besser angezogen. Die Luft ist geschwängert vom Geruch der Färberwerkstätten, die die Wolltuchmacher beliefern, den Gerbereien, deren Leder von Sattlern, Riemern, Beutlern, Täschlern verarbeitet wird, man hört unablässig Geklirr und Gehämmer aus den Schmieden: Schwerter, Nägel, Nadeln, Schlösser werden hergestellt. Alle diese Handwerker sind in Zünften organisiert, auch die Musiker, außer denen mit «unehrliche instrumenta, als da seyn Sackspfeiffen, Schafsböcke, Leyern und Triangeln», wie sie die Bettler benutzen.

Als ich am Tag vor meiner Fahrt nach Wechmar in Gotha ankomme, auf dem Bahnhof, nieselt es. Die Straßenbahn fährt um den Stadtkern herum, die Befestigung gibt es seit zweihundert Jahren nicht mehr. Am Bertha-von-Suttner-Platz steige ich aus, gehe nach Süden hinein in die Altstadt, es ist so still, dass mir das Geräusch des Rollkoffers peinlich ist. Über die Jüdenstraße, ältestes Gebiet, komme ich zum Augustinerkloster, im Mittelalter gegründet, Luther hat hier 1521 gepredigt. Es gibt ein Seitentürchen mit einem weißen Kasten und einer Tastatur, da tippe ich einen Zahlencode ein, Fach zwei mit dem Zimmerschlüssel springt auf. Das Kämmerchen oben hat zwei Fenster, die in meterdicker Mauer stecken, sofort fühlt man sich geborgen zwischen den Zeiten. Aber hier, per WLAN, erfahre ich, dass an diesem Vormittag in Paris zwölf Menschen erschossen worden sind, bei einem Überfall fanatischer Moslems auf die Redaktion der Satirezeitschrift «Charlie Hebdo». Es ist die Gegenwart, und ich kann es mir nicht vorstellen. Dann gehe ich zum nahen Kaufhaus, das seit langem das Rathaus ist, und wie einst Caspar Bach die Treppen hoch, nicht mehr die alten, und mit Kurt Kreuch sitze ich dann in seinem Amtszimmer im obersten Stockwerk, ungefähr da, wo die Stadtmusiker auch gewohnt haben.

«Umb der Musica willen und gemeiner Stadt zur Ziehr» werden sie angestellt. Der Stolz ist groß im Gewerbe, vorbei die Zeit, als Musiker jenseits der Höfe und Kantoreien nicht mehr Rechte hatten als Gaukler, entlaufene Mönche, Bettler. Sie musizieren bei Bürgermeisterwahlen, Ratsschmäusen, Ratsabschieden, Fürstenbesuchen, Huldigungsmusiken, Wachaufzügen, bei Grundsteinlegungen, Richtfeiern, Schützenfesten, Schulfeiern. Die Bürger dürfen nur Stadtpfeifer für ihre Hochzeiten, Taufen, Begräbnisse engagieren. Sie liefern Tanzmusik, helfen bei der Kirchenmusik, sie spielen den Verurteilten am Galgen das Lied vom Tod. Dafür kann ihr Jahresgehalt um 1600 – die Akzidentien, die zusätzlichen Einkünfte bei privaten Auftritten, nicht gerechnet – bis zu 26 Gulden betragen, was vierzig Schweinen oder einer guten Posaune entspricht. Wer da als Lehrling einsteigt, muss einiges aushalten.

«Im Anfang wurde mir / alle Tage eine Stunde / zugelassen / mich zu exercieren / bis ich ein schlechtes Stück mit machen kunte / und einen rechten Ansatz auf der Posaune bekam. Hernach aber kriegte ich sonsten so viel zu thun / daß ich das Exercitium wohl auff die Seite setzen mußte. Doch hielte der Herr alle Sonnabend / nach der Vesper, eine Exercirstunde / so wohl mit den Gesellen / als mit mir. Wenn ich dann nur eine Note fehlete / so bekam ich ein gantz Dutzt. Ohrfeigen. Das beste war / daß ich singen kunte. Dieses hat mir so viel geholffen / daß ich den Tact wohl in acht nehmen / und meine Stimme zimlich mit weg stümpeln [stümpern] kunte. Wenn dieses nicht gewesen / hätte ich unmöglich auslernen können. Denn mein Lehr-Herr war ungeduldig und verdrießlich / und gedachte die Kunst seinen Jungen mit lauter Schlägen einzubringen.»

So erinnert sich hundert Jahre später ein Dresdner Musiker an seine Lehrzeit. Vielleicht hat Caspar in Gotha mehr Glück mit seinem Meister. Während er lernt und eine Catharina kennenlernt, von der wir wissen, dass er sie 1597 heiratet, vielleicht eine Handwerkertochter, wird Hans in Wechmar vom Vater zum Bäcker ausgebildet, in den letzten Jahren des Jahrhunderts, und wächst heran wie gegenüber die etwas jüngere Wirtstochter Anna, wird zwölf, vierzehn, sechzehn, spielt Flöte zu Veits Zister und gemeinsam mit den Spielleuten, wandert mit seinem Vater auch die eine Meile nach Gotha, wo sie am Stadttor wie alle männlichen Reisenden in ein Fass urinieren müssen, ein Wegzoll, der von den Färbern der Stadt zur Fermentierung des Waid gebraucht wird, und erlebt tief beeindruckt, wie sein großer Bruder, der Lehrling, dort auf dem Turm des Kaufhauses schon einmal die Stunde blasen darf, auf jenem Prachtbau, der später zum Rathaus wird, gebaut mit dem Gold der blauen Farbe, dem Geld der Waidhändler. Vom Gothaer Kantor Johannes Lindemann könnten sie die 1598 frisch gedruckten «Fröhliche Madrigalia und Balletti auch andere liebliche Italienische Gesänglein zu Fünff Stimmen» hören und kaufen. So schwierig ist es in Thüringen nicht, eine «sonderliche Zuneigung zur Music» zu fassen, wie sie Johann Sebastian später seinem Urgroßvater Hans zuschreibt.

Die Reformation hat eine Revolution des Musiklebens in Thüringen und Sachsen mit sich gebracht. Luther ist von allen Religionsbewegern der musikalischste und ein Komponist, dessen fünfzehn Choräle (nicht die gerechnet, für die er auf Modelle zurückgriff) bis heute gesungen werden. Seine Mutter entstammt der musikalischen Dynastie der Lindemanns in Gotha. Schon den Schüler Martin Luther unterstützte mit Kost und Logis eine Bürgerin seiner schönen Stimme wegen, als Erwachsener soll er «eine fein reine Stimme, beides zu singen und zu reden» gehabt haben, er spielt hervorragend Laute und Flöte, gern auch bei Tisch. Als der 27-jährige Augustinermönch 1510 im Auftrag seines Ordens von Erfurt nach Rom reist, macht er zwei folgenreiche Entdeckungen: zum einen die Dekadenz und Korruption der Geistlichkeit, zum andern die Musik von Josquin Desprez, dieses Größten aus dem Burgund, von dem er später sagt: «Josquin ist der noten meister, die habens müssen machen, wie er wolt; die anderen Sangmeister müssens machen, wie es die noten haben wöllen.» Josquins Mehrstimmigkeit vertieft Luthers Überzeugung von der Musik als einem «Geschenk Gottes», das anspruchsvoll realisiert werden muss. Immer wird er auch auf die katholische Kirchenmusik zurückgreifen, mit der er groß geworden ist. Viele hochkarätige Musiker sind unter seinen Freunden.

Den sächsischen Kantor Johann Walter, den er als Hofmusiker auf der Wartburg kennengelernt hat, macht er zu seinem Vertrauten, zum Komponisten der Reformation. Mit ihm erarbeitet er eine Deutsche Messe, ihm schreibt er das Vorwort zum «Geystliche gesangk Buchlein», 1524 in Wittenberg gedruckt: «(…) Vnd sind dazu auch in vier stimmen bracht / nicht aus anderer ursach / denn das ich gern wolte die jugent / die doch sonst sol vnd mus in der Musica vnd andern rechten künsten erzogen werden / etwas hette / damit sie der BulLieder [Liebeslieder] vnd fleischlichen Gesenge los würde / vnd an derselben stat / etwas heilsames lernete / vnd also das gute mit lust / wie den jungen gebürt / einginge.» Womit gemeint ist, dass die unters Volk zu bringenden Choräle attraktiver sind, wenn sie wie die marktbeherrschenden «fleischlichen Gesenge» vierstimmig gesungen werden können. Musik wandert in die Lehrpläne der Schulen, bei deren Lehrern Martin Luther sängerische Fähigkeiten voraussetzt. Während vor der Reformation die Kantoreien an Klöster, Hofkirchen, bischöfliche Kirchen angeschlossen waren – wie die traditionsreichen Leipziger Thomaner und der Dresdner Kreuzchor –, soll nun jede Stadt ihren «chorus musicus» haben, dessen Nachwuchs die Schule liefert.

Im kleinen Wechmar haben sie nun einen großen Mann, der als Pfarrherr die Gemeinde und die Schüler tief beeindruckt. Zwei Jahre nach Veit und seinen Söhnen ist er hier angekommen, eine Berühmtheit, mit 50 Jahren, Verfasser etlicher flammender Traktate. Hans hat schon Respekt vor ihm, ehe er ihn in der Predigt donnern hört und in der Schule als schier allwissend bestaunt. Man zeigt ihm den Mann, wie er vom Pfarrhaus zur Kirche geht, zügig, aber nicht beeilt, hochgewachsen wie Veit, im langen Mantel mit steifer, krempenloser, die Ohren bedeckender schwarzer Kappe, weißer Halskrause und vor allem dem brustlangen Bart unter der gewaltigen Nase: Michael Sachse, einer der furiosesten Polemiker wider die Gegenreformation und Verfasser jenes «Christlichen Zeitvertreibers», der gerade erst erschienen ist und ein Megaseller wird – 35 Auflagen erleben bis 1620 der erste und der nach dessen Erfolg verfasste zweite Teil dieses «Retzelbuchs», das mit Hunderten Fragen und Antworten quer durch die Bibel führt und durch den Alltag.

«Wie vieler Heyrathen», fragt er da, «haben sich bey Brunnen angefangen?» Da ist er schon mitten im Leben, Brunnen sind Zentren, Kontaktbörsen, die Leute holen hier das Wasser, sie waschen Wäsche – auch wenn das in Wechmar neuerdings verboten ist –, man trifft sich hier. Sachse schreibt, wie Abraham «seinen Knecht außgeschickt hatte / seinem Sohn Isaac ein Weib zu freuen»: «Da findet der Knecht die Rebeccam bey eim Brunne. Unnd wiewohl sie ihm unbekandt war / so vernimpt er doch/durch eingebung unnd wunderliche schickung GOttes / das sie es sey / die GOTT seinem Herrn bescheret habe / gibt ihr alsbald ein güldene Spange und zwei Armringe bey dem Brunne / Gen. 24.» Oder wie dann Isaaks Sohn Jakob seine Rahel «auch bey einem Brunnen» findet, «unnd wiewol er vorhin viel Jungfrauen gesehen / jedoch ward sein Hertz allein gegen dieser in ehelicher Liebe also entbrandt / daß er ihrem Vater sieben Jahr umb sie dienete / unnd solche sieben Jahr däuchten ihn als werens eintzelne Tage / so lieb hatte er sie / Gen. 29.» Sachs folgert daraus, durchaus gegen die Praxis, dass die Ehe nicht der Ökonomie folgt: «Hauß und Güter [ver]erben die Eltern / Aber ein vernünfftig Weib kömpt vom HErrn her.» Neugierig durchstöbern die Leute das Inhaltsverzeichnis und finden das Leben gespiegelt. Das Tanzen kommt vor, der Reichtum, das Verbrechen, die Hurerei, die Macht, die verhassten «Pfaffen», sämtliche Zünfte vom Bäcker bis zu den «Geigern und Pfeiffern», für schlechthin alles weiß Sachse mindestens eine Bibelstelle.

Bei Hans bahnt sich nichts am Brunnen an. Aber das Backhaus steht von der Schänke nur einen Katzensprung weit weg. Als er ein Brett voller Brote vom Ofen zum Haus trägt, er mag dreizehn sein, da rast Anna mit einer Freundin über den Platz, lachend, wird von der geschubst, fällt gegen ihn, und er kann das große Brett nicht halten, die Brote fallen, er blickt fassungslos darauf, sagt kein Wort, während Anna sich aufrappelt und weint. Er legt die Brote wieder auf das Brett und geht. Nach einer Woche schreibt er, langsam, sorgsam, wie er es gelernt hat, den ersten Brief seines Lebens, an Anna. Aber sie kann nicht lesen, eine Schulpflicht für Mädchen und Jungen wird hier erst vierzig Jahre später eingeführt. Er liest ihr vor. Es reue ihn, ihr nicht aufgeholfen zu haben, da sie gefallen war. Sie schenkt ihm einen Schmetterling, ausgeschnitten aus dem Rest eines hellblauen, eines kostbaren Stoffs. Mehr nicht. Als Anna vierzehn ist, sieht es ihr Vater gern, dass der Enkel des Niedermüllers ihr Augen macht, Stefan Gläser, eine gute Partie, und längst rennt sie nicht mehr über den Marktplatz, sie wird in der Schänke gebraucht. Hans hat den Schmetterling vielleicht vergessen, als er mit seinem Vater wieder einmal in der Schänke sitzt zwischen den lärmenden Bauern, nun sechzehn Jahre alt. Da ist Anna fünfzehn.

Als sie ihm den Krug hinstellt und er aufblickt, sieht sie die Ferne in seinen Augen, eine blaue Ferne, wie sie sie noch nie sah in den vielen Blicken, die ihr hier schon gefolgt sind. Nichts Forderndes und Werbendes und Prüfendes ist darin, ob er sie überhaupt sieht? Wie er sich bedankt, immer noch mit dem herben Beiklang der Pressburger Redeweise! Stefan Gläser, der auch da sitzt, merkt eher als Hans, dass da etwas geschieht. Was Hans bemerkt, als die ersten Schlucke ihn in die Nähe der Männer um ihn herum heruntergeholt haben und er Anna in der Tür zur Küche verschwinden sieht, ist, dass das rund um ihren Kopf geschlungene weiße Tuch ein paar schwarze Haare sehen lässt und das Kleid ihre Knöchel über den absatzlosen Schuhen. Die spanische Mode hat inzwischen auch die bäuerlichen Stände deutscher Lande erreicht, weniger streng als in Spanien, wo die Füße der Frauen unsichtbar bleiben müssen, und anders als bei vornehmen Bürgerinnen noch mit einer Taille, von der aus sich der Rock nach unten hin glockenförmig erweitert. Aber eine ganz schmale weiße Halskrause trägt auch Anna über ihrem dunklen Kleid, weiß wie die eng anliegenden Ärmel.

Dein Kleider riechen lieblich schön
Wie Spica und Lavendel
wie Rosmarin und Maioran
wie Thymian und Quendel …

Damit weiß die Wirtstochter Anna etwas anzufangen, sie weiß, dass Spica auch Lavendel ist, breitblättriger, und Quendel jener kleinere Thymian, der eine größere Heilkraft hat, bei Kopfweh und Husten und wenn einer etwas Giftiges gegessen hat, besonders viel kann sie aber anfangen mit den ersten Strophen, die sie in der Mühle, wo sie Mehl holt für die Schänkenküche, von sechs oder mehr Männern und Knaben singen hört, von Veit und Hans, zum Beispiel, und Wendel, dem älteren Sohn des Lips, und den Spielmannsverwandten des Bäckers Eißer, wenn sie nicht sogar selbst mitsingt.

Holdseliger meins hertzens trost,
mein Blümlein von der liebe,
dein lieb mich hat aus not erlost
darumb will ich mich ube,
Das ich Je länger Je lieber dich
von hertzen möchte gewinnen,

bey dir mich frewen ewiglich
in deiner liebe brinnen.

Sie weiß wohl, dass der «Holdselige» der Herr Jesus ist, und um ganz sicherzugehen, hat Johann Walter in seiner Sammlung «Das Christlich Kinderlied D. Martini Lutheri» zu dieser Motette noch geschrieben, «obs wol weltlich scheint, wird alles geistlich doch gemeint». So können sie sich reinsten Gewissens dieser sechsstimmigen Hingabe hingeben, 1566 zu Wittenberg gedruckt, dieser erotischen Kräuterlehre voller Balsam und Melisse, jenem «hertzkraut», das Anna dem einen gern geben möchte, den sie mit den andern singen hört:

Ich denke an dich tag und nacht,
von deiner lieb ich singe,
mein seel und geist dein frölich lacht,
für freuden offt ich springe.
Mein höchster schatz, ich bitte dich,
du wölst dich mein erbarmen,
Gib mir dein kuss und hertze mich,
las mich bey dir erwarmen.

Noch immer dreht sich die Sonne um die Erde, und das Leben ist tief mit Religion verwoben. Wenn an den Sonntagen Pfarrer Sachse predigt, ist die Kirche voll, und kein Mann kommt mehr, wie noch vor ein paar Jahren, auf die Idee, während der Predigt draußen spazieren zu gehen oder zu zechen oder gar drinnen zu plaudern. Zu gern hören sie, wie Sachse wider Rom wettert, «die neue Wundergeburt der babylonischen Huren, die Jesuiten, die grobe Sauen, so der Pabst allenthalben als seine treue höllische Apostel aussendet und ihrer in allen Ländern als starker viereckigter Klotze und Stutzen seines wankelnden und sehr knackenden Stuhles gebrauchet!» Besonders empört ihn der Zölibat, mit dem er die Ehe diskreditiert sieht. «Gott schuf sie ein Männlein und ein Fräulein und sprach: Seid fruchtbar und mehret euch und füllet die Erden! Da höret man ja klärlich», ruft der Pfarrer und blickt funkelnd in die Gemeinde, «wozu Gott Mägdlein und Jüngling, Männer und Frauen erschaffen habe, nämlich nicht zu dem Ende, dass man damit alle Stifte und Klöster in der weiten Welt füllen, alle Jünglinge und Männer zu Mönchen, alle Mägdlein und Weiber zu Nonnen machen soll und also ehelos sie in der feurigen Brunst stecken und in greuliche heimliche Sünde und Schande soll fallen lassen, sondern dass sie nach Gottes Ordenung ehelich werden!» Wer aber die eheliche Beiwohnung verdamme, der sei «nicht Freund, sondern Feind der Keuschheit, weil er denen, so sich drinne züchtig und mäßig halten, ihr Lob nimmt. Denen aber, so sich nicht keusch halten können, weil er ihne die Arzenei des Ehestandes raubet, Ursach gibt, in Unzucht und Hurerei zu fallen. Wie dann auch ihre Bischöfe so keusch leben, daß sie kaum mit sechsunddreißig Huren sich behelfen können!»

Da geht ein Raunen durch die Kirche, ein befreites, denn Pfarrer Sachse scheint sie zu kennen, die feurige Brunst, die ihren Weg sucht, er lehnt auch das Tanzen nicht ab, und er warnt davor, die Frauen gering zu schätzen. Von einem Mönch zu Meißen erzählt er, der vor hundert Jahren dem weiblichen Geschlecht so bitter feind gewesen sei, dass er bei der Taufe ein Mädchen ertränkt habe und bald darauf selbst von einer Brücke in die Elbe gestürzt und ersoffen sei. «Wer wünscht, dass alle Weiber ersäuft werden mögen, der ersäuft selber – und geschieht ihm recht.» Würde man Michael Sachse heute einen Hassprediger nennen? Oder einen Aufklärer? Für Veit müssen diese Gottesdienste nach der Pressburger Bedrückung reine Freudenfeuer gewesen sein. Vielleicht haben sie ihn sogar abgehalten, nach Gotha zu ziehen, von wo an manchen Sonntagen auch Caspar kommt. Die Bachs geraten in Wechmar unter den unmittelbaren Einfluss eines der kämpferischsten und wortmächtigsten Lutheraner ihrer Zeit.

Die Musik wird unterdessen von einem Doppelmörder in entlegenste Bereiche der Harmonik geführt. Der italienische Fürst Carlo Gesualdo, der 1590 seine Frau und ihren Liebhaber hat abschlachten lassen unter Anwendung von Messern, Dolchen, Hellebarden, Schwertern und Handfeuerwaffen, entfaltet nun, als reuiger Sünder und juristisch unbehelligt, sein musikalisches Genie in glühenden Madrigalen. Claudio Monteverdi ist ein anderer großer Italiener, jetzt noch Bratscher am Herzogshof der Gonzagas in Mantua, der eine andere Richtung einschlägt, hin zur Erfindung der Oper. Für San Marco in Venedig, in einer der drei Republiken in Europa, schreibt Giovanni Gabrieli seine Sacrae Symphoniae für zwei bis vier Chöre, räumlich konzipiert, von ungeheurer Wirkung und vollendet im selben Jahr 1597 wie eine andere bahnbrechende Sammlung, nämlich das «First Booke of Songes or Ayres» des Engländers John Dowland. Er lässt die Noten so drucken, dass sie von einem Sänger zur Lautenbegleitung ebenso vorgetragen werden können wie von vier Sängern, die sich um den Tisch versammeln, auf dem das Notenbuch liegt. Aber nicht nur deshalb wird das «Booke» ein rasender Erfolg. Der 34-jährige Londoner nutzt die Mehrstimmigkeit der Italiener für eine emotionale Spannweite, die jeder versteht. Zwischen diesen Polen bewegt sich das musikalische Europa jener Jahre, hier wird die Musik des 17. Jahrhunderts vorgeprägt.

In den unteren Rängen tummelt sich da auch schon ein Bach, ein Johannes. Den verbindet mit unserer Familie freilich nur, dass ein Kupferstich mit seinem Porträt in der Sammlung von Carl Philipp Emanuel landete. Dort firmiert er als «Bach,

(Hans) ein Gothaischer Musikus». Aber Thüringen hat dieser Mann nie gesehen, der 1555 in Andelsbuch in Vorarlberg zur Welt kam, am Stuttgarter Hof Geiger war und von dort nach Nürtingen wechselte, wo er 1615 starb. Auf dem Stich von 1617 sieht man ihn mit einer Tanzmeistergeige und einem Pokal, umgeben von Schreinerwerkzeugen und der lateinischen Inschrift «Hans Bach; berühmter und witziger Narr, arbeitsamer Mann, bescheiden und fromm». Ein früherer Holzschnitt bestätigt die Doppelbegabung des Mannes, der vielleicht über eine Schreinerlehre ins musikalische Narrengewerbe geraten war:

Hie siehst du geigen / Hansen Bachen
Wenn du es hörst / so mustu lachen
Er geigt gleichwohl / nach seiner Art
Vnd tregt ein hipschen / Hans Bachen Bart.

Dass er – mit Knebelbart über spanischem Kragen und kurioser Stirnsträhne über grimmigem Blick – hartnäckig seinen Platz in allen Büchern über die Bachs behauptet, oft als Verwandter oder sogar Bruder von Veit, entspricht wohl dem Bedürfnis nach Porträts aus dieser frühen Zeit und nach einem Kontrast zum Ernst, den viele mit dem Namen Bach verbinden. Aber in dieser Familie wird zu allen Zeiten gescherzt, eher mehr als weniger derb. Sie hätten diesen Hans wohl gemocht, der letztlich nur dreierlei belegt: den Einsatz der Geige als des Trivialinstruments, das sie im 16. Jahrhundert weitgehend noch ist, die große Verbreitung des Namens Bach außerhalb der Musikerfamilie – und die Ungewissheit der späteren Familie über ihre frühesten Mitglieder.

Bis Hans und Anna «nach Gottes Ordenung ehelich werden» können, dauert es noch. Wann genau Hans was tat, darüber hat sein Urenkel Johann Sebastian etwas Verwirrung gestiftet oder, besser gesagt, überliefert. «No. 2 *Johannes Bach*, des vorigen [Veit] Sohn, hat anfänglich die Becker *Profession* ergriffen. Weilen er aber eine sonderliche Zuneigung zur Music gehabt, so hat ihn der StadtPfeiffer in Gotha zu sich in die Lehre genommen. Zu der Zeit hat das alte Schloß Grimmenstein noch gestanden, und hat sein Lehrherr, damaligem Gebrauch nach, auf dem Schloß Thurme gewohnet. Bey welchem er auch nach ausgestandenen Lehrjahren noch einige Zeit in *condition* gewesen; nach Zerstöhrung des Schloßes aber, (so Anno 15.. geschehen) und da auch mittelst der Zeit sein Vater *Veit* gestorben, hat er sich nach Wechmar gesetzt, allda Jfr. Anna Schmiedin, eines Gastwirths Tochter aus Wechmar, geheirathet, und des Vaters Güter in Besitz genommen ...»

Mit der ermittelbaren Realität passt die Notiz nur teilweise zusammen. Das erwähnte Schloss ist 1567 geschleift worden nach einem bewaffneten Verwandtschaftsstreit der Wettiner um die Kurwürde. Kurfürst August von Sachsen hatte seinen Herausforderer Wilhelm von Grumbach besiegt und ihm auf dem Marktplatz von Gotha bei lebendigem Leib das Herz herausreißen lassen, ehe er mit seinen Mitstreitern gevierteilt wurde, und soll es dem Sterbenden ins Gesicht geschlagen haben mit den Worten: «Sieh Grumbach! Dein falsches Herz!» Es mag sein, dass ein Bach aus anderer Wechmarer Linie für den Ritter von Grumbach musiziert hat, ehe die Kühe von Gotha auf dem Gelände der geschleiften Festung weideten. Aber sicher war es nicht jener Hans, dessen erstes Kind 1604 zur Welt kam und der, hätte er auf Grimmenstein gelernt, mit gut 60 Jahren erstmals Vater geworden wäre – ein für jene Zeit absurd hohes Alter für eine Familiengründung, der ja noch mindestens drei weitere Kinder folgten, und zwar zu Lebzeiten ihres Großvaters Veit.

Auch der dritte Eintrag im «Ursprung», der dem Bruder von Hans gilt, ohne dessen Namen zu nennen, ist unstimmig. «No. 3. Deßen Bruder ---- *Bach*, ist ein Teppichmacher worden, und hat 3 Söhne gehabt so die Music erlernet und welche der damahligst regierende Graf zu Schwartzburg Arnstadt auf seine Unkosten nach Italien hat reisen laßen, um die Music beßer zu *excoliren*. Unter diesen dreyen Brüdern ist der jüngste durch einen Unfall blind und der blinde *Jonas* genennet worden, und von welchem man damahligst viel Abentheuerliches gesprochen hat. Da nun dieser unverheyrathet gestorben, so stammen vermuthlich von deßen anderen 2 Brüdern die Namens- und Geschlechtsverwandten her, so ehedem in Mechterstädt (zwischen Eisenach und Gotha liegend) und der Orten herum gewohnet. Der *Anno* 1730 in Meinungen verstorbene Capellmeister Johann Ludewig Bach, deßen seliger Vater, Jacob Bach, *Cantor* in der Ruhl gewesen, war von diesem Stamme ...»

Einen Vornamen weiß Bach nicht, schreibt dem «Teppichmacher» aber musizierende Söhne zu, wie Stadtpfeifer Caspar in Gotha sie hatte, «vermuthlich» auch jenen Sohn, der die Meininger Linie begründete, Wendel heißt er, der aber, um 1580 geboren, ein Sohn von jenem Lips sein dürfte, der in Wechmar 1577 als «Inwohner» verbucht ist. Von «Caspar Bachen uffn Kaufhaus» wissen die Archive Gothas, dass er dort ab 1600 Stadtpeifer war, während das Erbbuch der Grafschaft Gleichen für Wechmar 1610 vermerkt: «Hans Bach zahlt Zins auf Äcker an der Wasserleiten, die ihm von seinem Bruder Caspar verehret ...»: Amtlicher Beleg dafür, dass Hans und Caspar Brüder waren und dass die Familie Besitz in Wechmar hatte. Und aus dem ersten Jahrzehnt des neuen Jahrhunderts stammt eine Akte, die «Veit Bach und Hans Bach, Musicus» als Bewohner desselben Hauses in Wechmar verzeichnet. All das legt nahe, dass Caspar jener «Stadtpfeiffer in Gotha» war, zu dem dessen

Bruder Hans in die Lehre ging, ohne sich dann aber in Gotha anzusiedeln. Er hat auch nie eine Stadtpfeiferstelle gehabt. Hans teilte sich mit seinem Vater ein Haus in Wechmar, und offenbar war es groß genug, um dort eine Familie zu gründen.

An einem Januartag des Jahres 1604 läuten die Glocken von St. Vitus zur Hochzeit des Johannes Bach und der Anna Schmied, des 22-jährigen Spielmanns und der 21-jährigen Wirtstochter, die sich nicht hat bereden lassen, den reicheren Müllerssohn zu ehelichen. Pfarrer Michael Sachse ist mittlerweile 61 Jahre alt, der Prophetenbart ist ganz weiß geworden, sein «Retzelbuch» ist mittlerweile ins Dänische übersetzt, mit Wohlgefallen ruht sein Auge auf dem jungen Paar, zu dessen warm angezogenen Hochzeitsgästen auch der Gothaer Stadtpfeifer Caspar Bach und seine Frau Catharina zählen, mit ihren Söhnen Caspar und Melchior, der erste dreieinhalb Jahre alt, der zweite gut vier Monate, auf dem Schoß der Mutter krähend und jäh erstaunt verstummend, als er die tragende Stimme des Geistlichen vernimmt. Der folgt der Liturgie aus Luthers Traubüchlein, mit der in diesem Jahrhundert noch rund 40 Ehen der Bachs beginnen werden. Eines seiner «Retzel» kann sich Michael Sachse nicht verkneifen, nachdem er erklärt hat, «so ist das euer Trost, dass ihr wisst und glaubt, daß euer Stand vor Gott angenehm und gesegnet ist».

Er weiß, dass hier keine reichen Leute vor ihm knien. «Wer», fragt er, «hat die stattlichste Mitgift bekommen? Adam! Da ihm Gott die Evam gegeben und den Segen der Leibesfrüchte über sie gesprochen hat, hat er ihm verehret die Luft voller Vögel, die Wasser voller Fische, die Erde voller Viehes, und allerlei Tier, voller herrliche Früchte, und lieblicher Gewächs, voller Goldes, Silbers, Edelgestein und allerlei Metall. Dieser reichen Ehesteuer genießen wir noch heute zu Tage, und wo es ohne dieselbe wäre, so wüchse nicht ein Körnlein noch Blättlein, wir hätten nicht Fisch noch Vögel, und käme nach dem Winter kein Frühling. Das sollen wir erkennen, Gott vertrauen und seiner Gabe mit Danksagung genießen.» Melchior kräht. Sachse streckt die Hände aus über die Köpfe des knienden Paares: «Herr Gott, der du Mann und Weib geschaffen und zum Ehestand verordnet hast, dazu mit Früchten des Leibes gesegnet, und das Sakrament deines lieben Sohnes Jesu Christi und der Kirche, seiner Braut, darin bezeichnet: wir bitten deine grundlose Güte, du wollest solch dein Geschöpf, Ordnung und Segen nicht lassen verrücken noch verderben, sondern gnädiglich in uns bewahren, durch Jesum Christum, unsern Herrn! Amen.»

Von der Kirche, die seit 1843 eine andere ist, die mit dem höchsten Turm weit und breit, folge ich Sachse durch den Januarwind die paar Schritte zu seinem Pfarrhaus, an dessen Stelle seit 1738 die Schule steht, und klingele ein letztes Mal. Nichts. Elmar von Kolson, direkter Nachkomme Johann Sebastian Bachs in siebter Generation, ist nicht zu Hause. Als ich mich zum Gehen wende, höre ich einen Schlüssel sich drehen. Und da ist er doch, höchst skeptisch blickend aus sehr hellen blauen Augen, blauer Pulli, Jeans, schwere schwarze Arbeitsschuhe. Wer schleicht da dauernd vor seinem Haus herum? Ich stelle kurz mich und mein Anliegen vor, verweise auf den Oberbürgermeister von Gotha, der mich zu ihm geschickt hat. Er hat einen festen Händedruck, einen weißen Bart um den Mund, etwas lockiges weißes Haar, das Gesicht wirkt urlaubsgebräunt. «Was wollen Sie wissen?», sagt er mit überraschend sanfter Stimme, bittet mich aber nicht hinein: Er habe alle Hände voll zu tun. «Na, unter anderem, was Sie dazu gebracht hat …» «… hierher zu ziehen? Das fragen wir uns manchmal auch. Der Kreuch näht Ihnen 'n Knopp an die Backe, und Sie merken's nicht, wenn da 'n Klavier dranhängt.»

Freundlicher norddeutscher Sarkasmus. Kolson war Sonderschullehrer in Ovelgönne, ehe er im November 2003 mit seiner Frau nach Wechmar zog, vom Enthusiasten Kreuch animiert, und die Alte Schule zu sanieren begann, in der auch einmal Mitglieder der Familie Bach als Lehrer tätig waren. «In dieser Ruine ist unser Haus in Hambühren versunken», so umreißt von Kolson den finanziellen Aufwand. «Aber Sie nicht.» «Nee, zum Glück.» 1962 stand er als junger Soldat in der Hamburger Flut, sagt er, Schlimmeres konnte nicht kommen. In der Alten Schule hier sei es anfangs provisorisch zugegangen, «so haben wir in den Fünfzigern nicht gelebt!» Er kam 1940 zur Welt, knapp zwei Jahrhunderte nach Johann Sebastians Bückeburger Enkelin Anna Philippina, die ihrerseits einen Ernst Carl von Colson heiratete. Mit seinem berühmtesten Ahnherrn hat Elmar von Kolson nicht die geringste Ähnlichkeit, außer einer Neigung zum Sarkasmus, die wir aus einigen Briefen des Musikers kennen. Und er weiß, was er will. Jetzt will er dadrinnen weiter aufräumen, «was wir hier alles gefunden haben ...!», sagt er noch. Ich kann ihm die Zusage zu einem Telefonat abringen, dann verschwindet er wieder im Schulhaus.

Zehn Monate nach der Hochzeit, am 26. November des Jahres 1604, kann Michael Sachse unter dem hageren hölzernen Heiland mit seiner Dornenkrone den ersten Sohn von Hans und Anna taufen, Johannes, und in den nächsten Jahren noch wenigstens drei weitere ihrer Kinder. Eine Tochter, die wie ihre Mutter Anna heißt und, wie dieser Name nahelegt, als erste Tochter nach dem ersten Sohn zur Welt kommt. Am 19. April 1613 folgt Christoph, am 16. September 1615 ist es Heinrich. Sie alle hat noch Michael Sachse getauft, auch wenn dessen Pfarrhaus im Jahre 1607 in Flammen aufgeht. Alle Manuskripte, auch das des «Retzelbuchs», verbrennen. Elmar von Kolson findet die Reste später bei der Sanierung der Alten Schule: geschmolzenes Blei, Reste von Butzenscheiben, Ofenkacheln mit dem Wappen derer von Gleichen. 1607 erscheint auch ein Komet, der als böses Zeichen gilt und von dem noch kein Edmond Halley herausgefunden hat, dass er alle 74 bis 79 Jahre wiederkehrt.

Was wirklich droht, hat sich schon in Veits Flucht aus Pressburg abgezeichnet und wird deutlich in den Tiraden, die Michael Sachse predigt und publiziert: Der Religionsfrieden, 1555 in Augsburg festgeschrieben, die Gleichberechtigung des katholischen und des lutherischen Bekenntnisses im Heiligen Römischen Reich Deutscher Nation unter Kaiser Rudolf, ist rissig geworden, die Gegenreformation gewinnt an Schwung gegenüber den uneinigen Protestanten, den Lutheranern und Calvinisten. Am 25. April 1606 nehmen in Donauwörth, einer mehrheitlich protestantischen Stadt, fünf Benediktinermönche und eine Schar von Gläubigen ihr Recht in Anspruch, den Ort mit einer Prozession zu durchqueren, singend und mit wehenden Fahnen. Da dies erstmals geschieht, wird es als Provokation wahrgenommen, und falls es als solche gemeint ist, geht der Plan verheerend auf. Auf ihrem Rückweg gewährt der Rat von Donauwörth den Mönchen Durchlass nur unter der Bedingung, auf Fahnen und Gesang zu verzichten.

Es kommt zum Streit und einer Prügelei, die der Notar des Bischofs von Augsburg protokolliert, woraufhin der Bischof beim Reichshofrat Klage gegen Donauwörth einreicht. Kaiser Rudolf II. droht der Reichsstadt mit der Reichsacht – dem Entzug aller Rechte – und lässt sie vollstrecken, als im folgenden Jahr die Teilnehmer der Markusprozession aus der Stadt gejagt werden. Vollstrecker ist aber nicht der eigentlich zuständige Herzog von Württemberg, ein Protestant, sondern der bayerische Herzog Maximilian I., der im November 1607 die 4000-Einwohner-Stadt mit 15 000 Mann einnimmt, sie für sein

Herzogtum annektiert und zu rekatholisieren beginnt. Daraufhin formiert sich im Reich die Protestantische Union – ein Verteidigungsbündnis von acht protestantischen Fürsten, lutherischen wie calvinistischen, und siebzehn Städten. Ein Jahr später entsteht die Katholische Liga unter Maximilians Führung. Die Fronten eines Krieges zeichnen sich ab.

Am 29. Mai 1613, als Christoph Bach gerade sechs Wochen alt ist, türmen sich um die Mittagszeit Wolken auf, «an allen Orten des Himmels», wie sich ein Augenzeuge erinnert. Sie «stunden da gegeneinander / erstlich in großer Stille und fast unbeweglich / gleichsam als große Heere / die aufeinander treffen wollen». In Weimar, von wo der Bericht stammt, beginnt das Gewitter um vier Uhr nachmittags. Von dem, was sich daraus entwickelt, wird ganz Thüringen getroffen. Fünf Stunden lang hagelt es, die Geschosse erreichen die Größe von Waidballen und durchschlagen wohl auch in Wechmar die Dächer, wo man sich am nächsten Tag wie auf einer Insel vorkommen kann. Selbst in Mühlhausen an der Unstrut, 50 Kilometer nordwestlich, ist das Wasser um einen Meter gestiegen, die Ilm in Weimar steigt um elf Ellen, rund sechs Meter. Dort sind «von 6. an biß Morgens um 3. Uhr solche grausame Donnerschläge / Blitzen / Creuzstreiche / Feuerschiessen und Platzregen / aus denen wider einander streitenden Wetter-Wolcken gefallen / daß christliche Hertzen gedencken müssen / diß Ungewitter werde der Welt den Garaus bringen. Denn da sonsten die Gewitter / wenn die Wolcken durch etliche harte Donnerschläge zerrissen / und den Sack mit Hagel und Platzregen ausschütten / in kurzer Zeit pflegen abzutoben und nachzulassen / so hat da doch kein Aufhören seyn wollen.»

In Wechmar muss die Apfelstädt weit höher über die Ufer getreten sein als sonst nach der Tauwasserflut im Frühjahr. «In etlichen Dörffern» sind «nicht allein fast alle Wiesen und Gärten verschlemmet und verderbet / die köstlichen Obst-Bäume zerbrochen / geschelet / aus der Erden gerissen / und alles mit Mist / Sand und Steinen überschüttet / das Getreydig in den besten Aeckern ersäufft / die Brach-Aecker der besten und trächtigen Erden also entblösset / das mancher einem Steinbruch ähnlicher siehet als einem Acker.» Die Zeitgenossen, die diese Jahrhunderflut als Zeichen kommenden Unheils sehen, wie die Kometen, werden erleben müssen, dass nach dem Durchzug vieltausendköpfiger Heere samt Tross das Land noch übler aussieht als nach diesem Unwetter.

Nach seiner Lehre in Gotha tritt Hans Bach offenbar nicht die Wanderjahre an, die er für eine Meisterstelle als Stadtpfeifer bräuchte, vielleicht weil er in Wechmar Familie hat. Doch er lässt Anna häufig mit den Kindern allein, um als Spielmann herumzuziehen, er hilft den Stadtmusikern naher und weniger naher Kommunen, im fußläufigen Gotha natürlich, er reitet die zwei Stunden nach Arnstadt, die vier nach Erfurt und gut fünf nach Suhl, steil nach Süden den Thüringer Wald hinauf, an den Erzbergwerken vorbei, die den Rohstoff für Waffen aus Suhl liefern. 20 000 Gewehrrohre werden hier jährlich hergestellt, aber auch die Trompeten und Hörner, auf die sich der Suhler Stadtpfeifer Johann Christoph Hoffmann besonders versteht. Man erzählt sich, er handele selbst mit Waffen. Später, als Hans' Ältester zwölf Jahre zählt und selbst schon wendig auf mehreren Instrumenten ist, nimmt der Vater ihn mit zu Hoffmann, und dem gefällt der begabte Johann; er schlägt vor, ihn in die Lehre zu nehmen. Da ist nicht nur eine feste Stelle in Aussicht; es sind auch zwei dereinst zu verheiratende Töchter im Haus. So nimmt Anna in Wechmar Abschied von Johann, ihrem ersten Sohn, vielleicht in jenem Jahr 1618, in dem, durch einen Zwischenfall in Prag entzündet, in Europa ein Krieg beginnt, der in «Teutschland», auf die Gesamtbevölkerung bezogen, mehr Menschen sterben lässt als jeder andere Krieg, den Zweiten Weltkrieg eingeschlossen.

Noch im Frühjahr 1619 ist davon in Thüringen nichts zu merken. Man hat einen überaus harten Winter hinter sich, und Veit, nun über 60 Jahre alt, ist froh, dass alle leben. Er ist seiner Marie, der so jung gestorbenen Mutter seiner Söhne, treu geblieben, denken wir uns, er blickt draußen beim ersten milderen Wetter nach Süden, nach Pressburg, hin, wo er zuletzt ihre Hand hielt, vor fast dreißig Jahren. Er hat nun zehn Enkel, vier hier in Wechmar und sechs in Gotha, wo Caspars Frau schon wieder großen Leibes ist. Der Hans von seinem Hans ist nach Suhl gezogen, Enkel Christoph, der Fünfjährige, geigt schon sauber, der vierjährige Heinrich sucht es ihm nachzutun. In Gotha hat Veits Ältester Caspar seinen Caspar auch zum Musiker gemacht, ein weiterer Heinrich dort ist neun Jahre, ein Johannes fünf Jahre alt, und es gibt zwei kleine Mädchen, Christine und, gerade erst zwei Jahre alt – Marie. Veit lächelt und blickt nach Süden, noch über das unsichtbare Pressburg hinweg. Es ist die Zeit der Schneeschmelze, die Apfelstädt ist wieder bedrohlich angeschwollen, an der entlang er mit Hans und Caspar einmal hergekommen ist. Wie immer haben in Wechmar alle Angst vor dem Wasser, das die Brücke wegreißen könnte, die Mühlen überschwemmen, mit Geröll die Felder so unbrauchbar machen, dass im Sommer kaum Korn zu mahlen ist und der Hunger folgt. Aber Veit hat diesmal keine Sorge. Ihm ist, als blicke er in die ferne Zeit mit Marie wie in eine Zukunft.

Es ist ein Sonnabend, als ins Kirchenbuch eingetragen wird: «1619 den 8. Martii ist Veit Bach verstorben und den selben Tag begraben worden.» Andere, spätere, die meisten Bachs dieses Jahrhunderts werden anders als er nicht einmal ihr sechzigstes Jahr erreichen. «Veit starb wie so viele an der Pest», schreibt mir

Elmar von Kolson, der Sonderschullehrer, der Nachkomme Veits und Johann Sebastians, in einer Mail aus Wechmar und fährt fort: «Ist unser Leben nicht ähnlich lebensgefährlich? Gegen Ende des 2. Weltkriegs, es war in Seligental bei Siegburg, wurde meine zehnjährige Spielgefährtin von einer Fliegerbombe getroffen; nur die Milchkanne, mit der sie uns Milch gebracht hatte, war noch erkennbar. Damals war ich 5 Jahre alt.»

Mitten wir im leben sind
Mit dem tod umbfangen:
Wen such wir, der hülffe thu,
das wir gnad erlangen:
Das bistu, HERR, alleine
Uns rewet unser missethat,
die dich, HERR, erzürnet hat.
Heiliger HERRE Gott,
Heiliger starcker Got,
Heiliger barmhertziger Heiland,
du ewiger GOTT,
Las uns nicht versincken
In des bittern todes not.
Kyrieleison.

KAPITEL 2 DER KRIEG

Wie ein Musiker zu den «officirern» geht, ein anderer verschwindet und Thüringen dreißig Jahre lang verwüstet wird

Die Kontinentalplatten haben sich ineinander verkeilt, gequetscht, aufgestaucht zu Fünftausendern im äquatornahen Thüringen. 360 Millionen Jahre ist das her. Neunzig Millionen Jahre später senkt sich das Gelände, Vulkane brodeln, ein tropisches Meer dringt herein, in das Magma quillt, Metalle werden ausgefällt, Eisen, Kupfer, Silber, Mangan, Uran, Gold, in weiteren Millionen Jahren von Ablagerungen bedeckt. Wieder hebt sich die Erdkruste, noch 65 Millionen Jahre bis heute, der Thüringer Wald wird erkennbar, aber noch lange kein Mensch, während die Saurier längst verrottet sind. Was Europa wird, ist vom Äquator nach Norden gewandert. Die Zeit rast, nur noch viertausend Jahre bis heute, erste Siedler erscheinen im Schatten eines grünen Berges, nicht wissend, dass es ein erloschener Vulkan ist, der sich fast tausend Meter über den Meeresspiegel erhebt. Bald entdecken sie Eisen und Salz unter ihren Füßen und in den Hängen ringsum. Nur noch fünfhundert Jahre bis heute, da machen sie in Suhl Waffen aus dem Eisen ihrer Bergwerke, ganz Europa versorgen sie damit, im Jahre 1600 kauft Dänemark 6000 Gewehrläufe mit eingraviertem königlichem Wappen, und bald werden in jedem Jahr

20 000 Musketen und Radschlosspistolen fertig, das Wettrüsten hat begonnen, Suhl blüht. Eine laute Stadt, es lärmen die Eisenhämmer, die Rohrschmieden, die Bohr- und die Schleifmühlen, eine schöne Stadt, eine reiche Stadt, die auch Musikanten hat.

Hierhin wird Johann Bach in die Lehre geschickt, der erste Sohn des Hans Bach und der Anna, 1604 in Wechmar geboren. «Da nun sein Vater Hans Bach», schreibt später Johann Sebastian, «wenn er an die obbenannte Oerter ist verlanget worden, ihn vielfältig mitgenommen, so hat einsmahls der alte Stadt Pfeiffer in Suhl, Hoffmann genannt, ihn *persuadi*ret, seinen Sohn ihm in die Lehre zu geben, welches auch geschehen; und hat er sich daselbst 5 Jahr als Lehr Knabe und 2 Jahr als Geselle aufgehalten.» Vielleicht erreicht Johann Bach, dreizehn Jahre alt, nach fünfstündigem Ritt mit dem Vater die Stadt und den Meister Christoph Hoffmann oben im Thüringer Wald an einem Maientag im Jahr 1618, wir wissen das nicht, aber den 23. Mai 1618 wird die Welt nicht vergessen.

Für die Thüringer ist es zuerst ein fernes Geschehen, was über diesen Tag aus Prag gemeldet wird: In der böhmischen Hauptstadt hat sich der protestantische Adel handfest gegen die katholische Regierung gewehrt, die entgegen allen Garantien die Entscheidungsgewalt an sich gerissen und sogar eine Beratung der Protestanten verboten hat. Edelmänner und Bürger sind in die Burg eingedrungen und haben vier Statthalter des Kaisers zur Rede gestellt. Die wenigsten der protestierenden Protestanten sind eingeweiht in den Plan des Grafen von Thurn, der nichts weniger als einen politischen Mord im Sinn hat. Tatsächlich werden der Burggraf, der Oberlandrichter und deren Sekretär aus dem offenen Fenster der Kanzlei gestürzt – siebzehn Meter tief, wo, wie die Verschwörer wissen, der Boden mit Steinen gepflastert ist. Doch an diesem Tag befindet sich dort ein Misthaufen. Alle drei Männer überleben und laufen verdreckt vor den Kugeln davon, die man ihnen nachschießt.

So unblutig bleibt es nicht. Ein Aufstand der Protestanten in Böhmen folgt, und der Erzbischof und Kurfürst von Köln stellt ahnungsvoll fest: «Sollte es wahr sein, dass die Böhmen im Begriffe ständen, Ferdinand [den Bruder des Kaisers und König von Böhmen] abzusetzen und einen Gegenkönig zu wählen, so möge man sich nur gleich auf einen zwanzig-, dreißig- oder vierzigjährigen Krieg gefasst machen.» So geschieht es. Dieser Krieg wird dreißig Jahre dauern und vier Millionen Menschen das Leben kosten. Und der Thüringer Raum, uneins und zersplittert durch zahlreiche Teilungen der Dynastien, mit reichen Städten und blühender Landwirtschaft, Hunderten von Hof- und Stadtmusikern, Organisten und Kantoren, von großen Handelsrouten durchzogen, wird ab 1620 zum Durchmarsch- und Versorgungsgebiet sämtlicher Kriegsparteien.

Von dem Suhl, in dem Johann Bach die ersten sieben Jahre dieses Krieges zubringt, wird dieser Krieg nur vierundachtzig Häuser übrig lassen, aber nicht deswegen fällt es schwer, sich diesem Johann hier zu nähern, ihm und seinen jüngeren Brüdern, die auch zum Stadtpfeifer Hoffmann kamen. Hier ist die gewachsene Identität einer Stadt zerschlagen worden. Was sich schon im 17. Jahrhundert wieder in Schönheit entfaltete, haben später nicht die Bomber der Alliierten vernichtet. Es war die Bauakademie der DDR, die den historischen Stadtkern abbrechen ließ zugunsten «sozialistischer Umgestaltung». Unter dem Großen Beerberg, dem 250 Millionen Jahre alten erloschenen Vulkan, recken sich seither Plattenbauten in seelenbeklemmender Hässlichkeit, das terrassierte Stadtinnere ist zerstückelt und durchriegelt. Seit dem Ende der DDR hat Suhl 20 000 Einwohner verloren, das Durchschnittsalter liegt bei

50 Jahren, es gibt mehr Altersheime als Grundschulen, die Philharmonie wurde geschlossen.

Aber es gibt Kinder, und es gibt eine Musikschule. Nah am Zentrum steht sie und doch schon randlagig, ein rot angestrichener Altbau von drei Etagen, neben einem hellblauen «City Casino». Als ich hineingehe, kommt mir ein kleiner Kerl mit großem Cellokasten auf dem Rücken entgegen, jünger als Johann damals, und aus halligen Korridoren dringen dumpfe Klavierklänge. Ich bin nicht angemeldet, aber die Sekretärin im großen Büro, eine rosige Dame mit rötlichem Haar, findet es interessant, wenn auch wohl etwas verrückt, dass ich wegen eines Suhler Musikschülers von 1618 wissen möchte, wo die Suhler Musikschüler von heute lernen. Sie schaut sogar nach, ob eine Orchesterprobe stattfindet, bei der ich zuhören könnte, denn in den Einzelunterricht kann man ja nicht hineinplatzen. Nein, erst morgen. Macht nichts. Sie empfiehlt mir, den örtlichen Kantor anzurufen. Ich lausche noch ein bisschen in die Korridore, in denen man, so abgewetzt sie sind, auch ein bisschen vom Geborgensein in der DDR spürt, ein Vierteljahrhundert nach ihrem Ende. Die wenigen Töne klingen, so hallig es hier ist, erstaunlich gedämpft. Selbst hier ist Suhl eine stille Stadt.

Das ist sie auch im Zentrum, wo sich die Leute versammeln, in der Maisonne rund um eine kleine Kastanie sitzen und einem Pianisten lauschen, der sein Instrument auf den Platz gerollt hat, gefällige Weisen klimpert und CDs mit dieser Musik zum Kauf anbietet. Die Stimmung ist heiter auf gedämpfte Weise. Ein Stück weiter weg haben sich junge Männer aus Südeuropa auf Stufen gesetzt, am Bratwurststand im Schatten versammeln sich stoppelbärtige Biertrinker. Im Schaufenster der Sparkasse werden Wohnungen und Häuser angeboten. Für 550 Euro kann man 125 Quadratmeter mieten, beste Lage,

Stellplatz für das Auto inklusive. Der Kantor ist unter keiner seiner drei Telefonnummern zu erreichen, ich hinterlasse aber auch keine Nachricht. Mir ist, als solle ich dieses verträumte Vulkangebiet in Ruhe lassen.

Auf dem Weg zurück zum Auto komme ich an einem einstmals stattlichen Fachwerkbau vorbei, verrottet und mit Metallzaun abgeriegelt, der Schriftzug «Feierabendhaus» ist erkennbar. Und dann stoße ich doch noch auf einen vertrauten Musikernamen. Er steht an einem ebenfalls verfallenden Haus über zwei blinden Ladenfenstern und ist der meines Großvaters, der Geiger war und schon mit vierzehn Jahren in der Militärkapelle seines Vaters mitwirkte. In Suhl war er nie, es ist ein Namensvetter, der hier vor Jahrzehnten sein Geschäft hatte. Hier scheint mir mein Großvater gleich weit entfernt wie die brüllenden Vulkane des Mesozoikums und das Gedröhn der Schmiedehämmer, mit dem Suhl im Jahre 1618 den Lehrjungen Johannes Bach empfängt – wir nennen ihn Johann.

Anno 1626 ist er «auff allerley instrumenten gar perfect», wie es von einem Stadtpfeifer erwartet wird. Zu Zink, Trompete, Posaune, Dulzian, Geige kommt bei ihm noch die Orgel; dass er außerdem mit einer Pistole umzugehen weiß, ist vorauszusetzen. Mit Feuerwaffen sind hier inzwischen alle Bürger, Bauern, Handwerker vertraut. Es geht die Rede, auch Stadtpfeifer Hoffmann habe mit ihnen gehandelt, und es gibt eine Verbindung von Johann zu einer Familie von Bergwerksbesitzern, Wein- und Waffenhändlern, den Flittners.

Vielleicht hat Johann in Suhl auch schon den neuen Typ Muskete kennengelernt, mit dem die Stadt ab 1630 die schwedische Armee beliefern wird, knapp fünf Kilo schwer, 1,40 Meter lang und ohne Stützgabel einzusetzen. Bei einem, der eine Zeitlang auch «bey den officirern» sein Geld verdienen wird, darf man es für möglich halten. Den 21-Jährigen denke ich mir hochgewachsen wie seinen Großvater Veit, feinen Gesichts, zurückhaltend, aber keineswegs zerbrechlich, und mit einer gewichtigen Radschlosspistole bewaffnet, als er sich Anfang Mai 1626 auf den Weg nach Wechmar macht, fünf Stunden zu Pferd, mitten durch die Höhle des Drachen. Er hat erfahren, dass jetzt in Ohrdruf die Merodischen ihr Hauptquartier genommen haben, über Gotha kommend, was nichts anderes heißt, als dass sie auch in Wechmar wüten könnten, wo Johanns Eltern und seine jüngeren Geschwister – hoffentlich – noch leben.

Das Regiment des Generalfeldzeugmeisters Johann II. von Mérode-Waroux hat selbst im Lager der von Wallenstein geführten katholischen Liga einen üblen Ruf. Seine Wallonen, französischsprechende Soldaten aus Lüttich, Luxemburg, Limburg, dem Hennegau, gelten als besonders rücksichtslos, und 8000 von ihnen – ein Viertel beritten – versorgen sich nun von Gotha bis hinunter zum Saum des Thüringer Waldes. Nicht nur sie. Da ist noch der Tross, der Schwanz, die Bagage, der Pöbelhaufen, mitunter viermal so groß wie die Armee, mit der er zieht, bestehend aus den Frauen der Soldaten und ihren Kindern jeglichen Alters, Marketenderinnen, Handlangern, Mitverdienern. Ohrdruf, ein florierendes Städtchen von 3000 Einwohnern, Bauern und Handwerkern, ist nun nach Westen und Norden hin umgeben von einem riesigen Lager aus Karren und Zelten, rund 16 000 Menschen mögen es sein, Wäsche flattert im Sommerwind.

Auf einem Gemälde nähme sich das schöner aus als das ähnlich große Gewerbegebiet, das knapp vierhundert Jahre später dort entsteht, aber Johann Bach, der am Lager vorbeireitet, weiß, wie all diese Leute versorgt werden. Es spricht sich herum, was spätere Zeiten aus Chroniken wie der des Volkmar Happe erfahren. Aus Ebeleben, von wo die Wallonen aufgebrochen sind, berichtet dieser Hofrat Anfang Mai 1626: «Vor dem Thore alhier zu Ebeleben haben sie Meines Gnädigen Herrn Vogelfänger Ludewigen gantz bis aufs Hemde ausgezogen und ihme Kleider und Schuhe genommen. Dem Küchenschreiber Johann Harprechten haben sie zweene Wagen, mit Hausrathe beladen, samt 4 Pferden genommen, einem von Abtsbessingen 3 Pferde, den Bauren zu Billeben 5 Pferde, einem von Gundersleben, Rosenstiel genant, 2 Pferde, den Niederspirischen eine gantze Heerd Schafe. Zweeen armen Gläserträgern von Vollenborn haben sie das Ihrige genommen bey dem Gerichte zu Ebeleben und sie beyde mit vielen Wunden bis auf den Tod beschediget.» Dörfer werden abgefackelt, Frauen «weggenommen und entführet», in einem Feld liegt «ein armes kleines Kind, ungefehr von 6 Jahren», erschossen wie seine Mutter, was er dazu weiter berichtet, möchte man nicht erfahren haben.

Happes Chronik zeigt, dass sein Zeitgenosse Hans Jacob Christoffel von Grimmelshausen auf keiner der Seiten fabuliert und übertrieben hat, die er in seinem 1668 erschienenen Roman «Simplicissimus» dem Kriegsgeschehen widmet. «So erfordert jedoch die Folge meiner Histori / daß ich der lieben *posterität* hinderlasse / was vor Grausamkeiten in diesem unserm Teutschen Krieg hin und wieder verübet worden», mit diesen beinahe entschuldigenden Worten begegnet er uns zu Beginn des vierten Kapitels seines Romans. Die Grausamkeiten, die er sich und den Lesern durch eingeschobene sarkastische Vergleiche gleichsam vom Leibe zu halten versucht, zählen auch zum Thüringer Alltag in den Jahren, als Veit Bachs Enkel junge Männer und Frauen sind.

«(…) die durch-stürmten das Hauß unden und oben / ja das heimlich Gemach war nicht sicher / gleichsam ob wäre das gülden Fell von Kolchis darinnen verborgen», schreibt Grimmelshausen, «Andere machten von Tuch / Kleidungen und allerley Haußrath / große Päck zusammen / als ob sie irgends ein Krempelmarckt anrichten wollten / was sie aber nicht mit zu nehmen gedachten / wurde zerschlagen / etliche durchstachen Heu und Stroh mit ihren Degen / als ob sie nicht Schaf und Schwein genug zu stechen gehabt hätten / etliche schütteten die Federn auß den Betten / und fülleten hingegen Speck / andere dürr Fleisch und sonst Geräth hinein / als ob alsdann besser darauff zu schlaffen gewest wäre; Andere schlugen Ofen und Fenster ein / gleichsam als hätten sie ein ewigen Sommer zu verkündigen / Kupffer und Zinnengeschirr schlugen sie zusammen / und packten die gebogene und verderbte Stuck ein / Bettladen / Tisch / Stül und Bänk verbrannten sie / da doch viel Claffter dürr Holtz im Hof lag / Häfen und Schüsseln muste endlich alles entzwey, entweder weil sie lieber Gebraten assen / oder weil sie bedacht waren / nur ein einzige Mahlzeit allda zu halten / unser Magd ward im Stall dermaßen tractiert / daß sie nicht mehr darauß gehen konte / welches zwar eine Schand ist zu melden! den Knecht legten sie gebunden auff die Erd / steckten ihm ein Sperrholtz ins Maul / und schütteten ihm einen Melckkübel voll garstig Mistlachen-wasser in Leib (…)».

Johann Bach kommt unbehelligt nach Wechmar, obwohl ihm einige Reiter begegnen. Solange keine Worte gewechselt werden, können sie ihn für einen der ihren halten, und das wenige Rotwelsch, dass er in Suhler Schenken gelernt hat, muss er nicht erproben. Uniformen gibt es nicht in diesen Söldnerheeren, Erkennungszeichen wie Federn oder Armbinden werden nur in der Schlacht getragen. Er hat sich soldatisch gekleidet mit grobem Hemd, Lederwams, Umhang, breitkrempigem Hut, Stulpenstiefeln. Er reitet entlang der rauschenden Apfelstädt an Waidfeldern vorbei, die zertrampelt sind, und ist beruhigt, den Turm von St. Vitus spitz über die Dächer ragen zu sehen wie immer. Die Mailuft schmeckt süß wie vor sieben Jahren, als er auszog nach Suhl. Dann trägt der Wind ihm Brandgeruch zu. Über die steinerne Brücke hinauf ins Dorf, als Ersten, an der Kurve, sieht er Hans Stiglitz, aber der erkennt ihn nicht, er erstarrt kurz und springt hinter eine Hausecke, bis Johann ihn mit Namen ruft und seinen Landsknechthut abnimmt. Hans hat ihn für einen der Wallonen gehalten. Sie waren hier, ja, und sie haben übel *spolirt*, in der Kirchgasse hat es gebrannt, und es sind welche von hier umgekommen, aber keiner von den Bachs. «Und dein Töchterlein?», fragt Johann, denn seine Mutter hat zu Weihnachten als Gevatterin die kleine Anna zur Taufe begleitet. Die ist wohlauf.

«Aber unser alter Hein, der Oberbäcker …» Hans Stiglitz zögert. «Der hatte sich im Backofen versteckt, da fanden sie ihn und hielten ihn drin und zündeten ein Feuer an.» Hein! Hein Eißer, der als junger Mann Veit bei sich aufnahm und seine Söhne. Hein, dessen erster Enkel, keine zwei Jahre alt, Vitus heißt, dem Veit Bach zum Gedenken. Was Johann da hört, erschüttert alle Ordnung.

Sein Wiedersehen mit der Familie kann nur in Maßen gefeiert werden, es fehlt an allem seit der Plünderung, aber wenigstens nicht an Instrumenten. Sein Vater Hans hilft heute den Stadtpfeifern in Gotha aus, so musizieren die drei Brüder, und einer von den Eißers kommt dazu, damit sie, wenn auch ohne Laute oder Virginal dazu, vier sind für die *Ludi musici*, die Samuel Scheidt vor fünf Jahren hat drucken lassen, der berühmte Kapellmeister und Organist in Halle. Die Noten hat Johann in der Satteltasche aus Suhl mitgebracht. Christoph, gerade dreizehn Jahre alt geworden, spielt den Diskant auf der Geige, und gleich so wendig ornamentierend, dass Johann findet, er müsse in die Lehre, Heinrich, der Zehnjährige, auf der Flöte als zweite Stimme, einer von den Eißers nimmt die Viola,

Johann spielt Dulcian. Die zwanzigjährige Schwester Anna bewegt sich anmutig zu einer *Paduane*, Nachbarn mit Kindern kommen vor das Haus der Bachs, es ist, als wehte aus diesen Tönen ein ferner, guter Süden in den Mai.

Italien liegt in der musikalischen Luft dieser Jahre, selbst bei Komponisten wie Scheidt und seinem Mentor Michael Praetorius, die gar nicht selbst dort gelernt haben wie Heinrich Schütz. Zuerst haben Madrigale und Mehrchörigkeit nach Norden gefunden, jetzt kommt gerade der *stile concitato* in Mode, der aufgeregte, die Seelenregungen nachzeichnende Stil, parallel zum Streit zwischen *prima pratica* und *seconda pratica*, zwischen ausbalancierter Polyphonie und der Monodie, die eine Stimme den Worten folgen lässt und im Süden schon die Oper hat entstehen lassen. Das alles sind nicht Taten einsamer Genies, sondern dicht vernetzter Geister, die auch Traktate schreiben, unzählige Briefe, über Grenzen und Konfessionen hinweg kommunizieren. Dass einer der größten Erneuerer Claudio Monteverdi ist, Kapellmeister am Markusdom im katholischen Venedig, stört die lutherischen Komponisten nicht. Sie begreifen Musik als gemeinsames Projekt gerade zu der Zeit, da in Deutschland die Heere ziehen und die Barbarei sich ausbreitet. Zuvor noch hat Michael Praetorius in Wolfenbüttel sein *Syntagma musicum* zusammengetragen, drei schwere Bände, die den aktuellen internationalen Stand der Kompositionstechniken und der Aufführungspraxis zusammenfasssen. Die drei größten deutschen Komponisten dieser Zeit kennen ihn alle, Schein in Leipzig, Scheidt in Halle, Schütz in Dresden, sie sind fast gleichaltrig, jetzt um die vierzig, und eng befreundet.

Als die kleinen Kinder schon schlafen, ist es draußen immer noch hell genug, um Noten zu lesen, sie wollen singen, die Mutter holt aus dem Haus noch etwas von Melchior Franck, «ein Jahr früher auf die Welt gebracht als mein Johann», scherzt sie, denn schon 1603 ist das in Nürnberg gedruckt worden: *Opusculum Etlicher Newer und alter Reuterliedlein / welche zuvor niemals musicaliter componirt, ganz lustig auff allerley art zu Musicieren mit vier Stimmen gesetzt.* Das sind aber andere Reiter als die, die in Wechmar geplündert und gemordet haben, und «lustig» heißt hier nicht «spaßig», sondern anspruchsvoll. Franck, der Coburger Kapellmeister, war einmal Schüler von Haßler, der ihm weitergab, was er in Venedig lernte. «Dieses Lied!», ruft der kleine Heinrich, weil er die Noten wiedererkennt, beim Durchblättern der Seiten für den Cantus.

Johann furcht die Stirn, als er darauf blickt, es ist etwas sehr Ernstes, es eignet sich nicht für die Fröhlichkeit, zu der sie nun doch gekommen sind. Aber dann sieht er die eine Nachbarin, die auch da ist, Margret, etwas abseitsstehend und wie gebeugt, die Frau, die Witwe des Hein Eißer. «Kannst du das singen mit allen Worten?» fragt er seinen jüngsten Bruder. Vielleicht kann es niemand so gut singen wie gerade Heinrich, denn die Worte, die er da sorgsam abliest mit seinen zehn Jahren, klingen aus seinem Mund, mit seinem klaren Sopran, nicht selbstverständlich, sondern kostbar, wie staunend vorgetragen, wie den Sinn nicht ganz ermessen könnend, der im vierstimmigen Satz geborgen ist: «Wie wohl ich arm und elend bin / so hab ich doch ein steten Sinn / Hoffnung tut mich ernehren / die mir von Gott bescheret ist / mag mir kein Mensch nicht wehren.»

Als sie nach vier Strophen zum Ende kommen, «Gott tröst all b'trübte hertzen», ist Heins Witwe nicht mehr da. Aber sie hören einen andern herankommen, über dessen eiligen Schritte erschreckt und gleich wieder beruhigt, denn es ist Hans, der nach seinem Dienst bei den Stadtpfeifern noch die eine Stunde von Gotha hergelaufen ist, den Degen unterm Mantel und in Sorge um die Seinen und nun seinerseits überglücklich, auch noch seinen Ältesten bei ihnen zu finden. So jedenfalls möchte man es ihnen wünschen, damit sie sich noch einmal sehen, der in Pressburg geborene Hans Bach mit dem fernen blauen Blick und sein erstes Kind der Liebe zu Anna, deren fein geschwungenen Mund Johann hat. So wird es später Grimmelshausen für diese teutschen Jahrzehnte formulieren: «Kaum hat ein Unglück auffgehört / so stehen wir schon in einem andern.»

Vielleicht haben die Wallonischen den schwarzen Tod mit eingeschleppt, vielleicht hat eine Ratte genügt, um die Flöhe ins Dorf zu bringen – in diesem Sommer kommt wieder die Pest nach Gotha und weiter nach Wechmar. Im Oktober erfährt Johann, der sich inzwischen in Suhl mit Barbara versprochen hat, der ältesten Tochter seines Lehrherrn, vom Tod seiner Schwester Anna, und falls er sich zu Weihnachten ins infizierte Wechmar wagt, ist sein Vater wohl schon nicht mehr bei Bewusstsein. Zittrig notiert Pfarrer Töpfer ins Kirchenbuch: «Den 26. Decembris 1626 ist Hans Bach ein Spielman Verstorben und nachfolgenden tag begraben worden.»

Ab Juni dieses Jahres verdichten sich in Volkmar Happes Chronik Hinweise auf eine Truppenverlagerung, der neben der Pest auch die Rote Ruhr folgt, eine Darminfektion, die vor allem der mangelhaften Hygiene der Feldlager zu verdanken ist und als Kriegskrankheit schlechthin gilt. Wohin die Truppen gezogen sind, das vermeldet der Hofrat Ende August: «In diesem Monath hat der Keyserliche General Tylli mit dem Könige von Dänemarck zwey Tage sich geschlagen. Zwischen Seesen und Luteren ist endlichen das königliche dänemarckische Volck in die Flucht geschlagen worden, deren etzliche tausend sambt vielen Obersten und unter denselbigen auch ein junger Landgrafe von Heßen todt blieben und das andere alles zerstreuet. Auch hat der Tylli 24 Stücke Geschütze erobert. Ist eine herrliche mächtige Victori vor den Keyser.» In dieser

Schlacht bei Lutter, unfern des heutigen Salzgitter, die am 27. August um 11 Uhr beginnt und nicht zwei Tage, sondern sieben Stunden dauert, werden 31 000 Fußsoldaten und 11 500 Reiter eingesetzt, an die 5000 von ihnen verlieren an diesem Tag das Leben. König Christian IV. von Dänemark, der sich an die Spitze der niedersächsischen Protestanten gesetzt hat, macht einen taktischen Fehler, den der 66-jährige Feldherr Tilly aus den Niederlanden zu nutzen weiß. Kaiser Ferdinand im fernen Wien, ein trübe und hilflos blickender 38-Jähriger, ist vorläufig auf dem Höhepunkt seiner Macht. Aber in Thüringen kehrt keine Ruhe ein. In Wechmar wird am 30. August erneut geplündert und Feuer gelegt, in fünf Stunden brennen 18 Wohnhäuser und 19 Scheunen nieder.

Zu dieser Zeit ist ein Bach verschollen, ein Cousin der drei Brüder aus Wechmar, vielleicht der Verheißungsvollste dieser Generation, ein offenkundig Hochbegabter, große Hoffnung und erster Sprößling seines Vaters, des Stadtpfeifers Caspar. Der hat mit seiner Familie Gotha und die Wohnung unterm Dach des Kaufhauses im Jahr 1620 verlassen, etwa 43 Jahre alt, mit seiner Frau Catharina und sechs Kindern im Alter von zwei bis neunzehn Jahren, und ist 25 Kilometer südöstlich in ein weitaus kleineres Städtchen gezogen. Arnstadt an der Gera hat zu dieser Zeit genau 3187 Einwohner und ein gewaltiges Wasserschloss im Stil der Renaissance, das der Vater des jetzigen Grafen hat bauen lassen. Seit zwei Jahrzehnten residiert und regiert hier Christian Günther I. von Schwarzburg-Sondershausen, der auch der Dienstherr unseres Chronisten Volkmar Happe ist. In dem Jahr, als Graf Christian den Musiker Caspar Bach nach Arnstadt holt, ist des Grafen sechstes Kind, Anton Günther, zur Welt gekommen – und noch mit dessen Sohn werden die Bachs zu tun haben.

164 Stufen muss Caspar Bach hinaufsteigen zu seinem

neuen Arbeitsplatz in einer Höhe von 33 Metern. Es ist der Turm des Schlosses, und von seinem Umlauf aus hat Caspar als «Hausmann» wieder die Stunden zu blasen und den Alarm, wenn er Feuer oder Feinde sieht. Wer heute in dem erbärmlich kleinen Raum steht, der auf dieser Höhe als «Türmerwohnung» ausgewiesen ist, begreift, dass Caspar und seine achtköpfige Familie unmöglich hier oben gewohnt haben können, wie oft zu lesen ist. Und wer draußen auf den Umlauf tritt, schwindelig sich am Geländer festhaltend, sieht das Geviert des Schlosses weit unter sich – als Modell im Maßstab 1:20 inmitten breiter Mauerreste. Denn das Wasserschloss fiel einer Neukonzeption zum Opfer, diesmal keiner sozialistischen: 1770 wurde die Residenz verlegt und das Schloss abgerissen bis auf den Turm. Hier oben hat sich 1922 eine ganze Schulklasse verewigt, mit Namen wie Paul und Wilhelm und Max, die im frühen 21. Jahrhundert wieder in Mode sind, und auch schon auf die roten Dächer des Städtchens geblickt, das sich von allen Orten der Bachs am wenigsten geändert hat.

Caspar ist hier nicht nur Türmer, er spielt bei Hof auch Dulzian, das Fagott jener Zeit. Er und seine Gesellen werden zur Hofmusik herangezogen, und seine Söhne wirken mit, zunächst als «Musikantenjungen»: Melchior, der 17-Jährige, Caspar, der 20-Jährige, und dieser Caspar junior scheint dem Grafen beizeiten aufgefallen zu sein. Er investiert beträchtliche Summen in seine Ausbildung. In einer Zeit, als die Kontributionen für durchziehende Heere, die Verluste durch geraubtes Vieh und verwüstete Äcker den Hof noch nicht halb ruiniert haben, ist die Kapelle hochkarätig besetzt mit dreizehn Musikern, die bei Bedarf auch mal verdoppelt werden. Christoph Klemsee ihr Leiter, hat mit Heinrich Schütz in Venedig als einer der letzten Schüler von Giovanni Gabrieli studiert und achtzehn fünfstimmige Madrigale veröffentlicht. Christian Günther I. lässt sich gute Musiker etwas kosten. Dem Lautenisten Constantin Göbisch zahlt er mit 300 Gulden jährlich sogar mehr als dem Kapellmeister – schließlich ist die Laute das wichtigste Instrument, wenn es um die musikalische Bereicherung der Hauptmahlzeiten und der Abendstunden geht. Als dieser Göbisch im April 1621 wegzieht nach Bayreuth, in die dortige Hofkapelle, schickt der Graf den hochbegabten Caspar bald hinterher, zwei, drei Tagesreisen zu Pferd. Der Markgraf von Bayreuth, ebenfalls ein Protestant, ist einverstanden.

Anfangs auf dem Weg, auf dem einst Bäckermeister Veit nach Thüringen kam, reist nun sein 21-jähriger Enkel in ganz anderer Ausstattung. Hofschneider Nikolaus Ludewig hat ihm Anzüge angemessen, darunter, mag sein, auch ein Hofkleid, Wams und Hose aus geschlitztem rosa Atlas, mit gelber Seide unterlegt. Das Wams ist kurz und eng, mit einem angenestelten Schoß aus mehreren Teilen, mit Schleifen besetzt und kleinem Stehkragen, die Ärmel sind weit genug für ein weißes Hemd darunter mit Spitzenmanschetten. Die Hose, nicht mehr ausgepolstert wie vor dem Krieg, ist weit geschnitten und endet knapp überm Knie, mit einer Rosette verschlossen, dann kommen farbige Seidenstrümpfe mit Strumpfbändern, schließlich Schuhe, vorn rund zugeschnitten, mit Absätzen, die sich seit der Jahrhundertwende beträchtlich erhöht haben. Über die Krause hat sich Caspar, zunehmend an seinem Äußeren interessiert, mit dem Schneider gestritten. Die mühlsteinartigen spanischen Krausen aus gefälteltem Linnen, mit Stärke hart wie Glas gemacht und von einem Untergestell gehalten – die kommen aus der Mode, man trägt zwar noch die alte Form, aber weich und flach über die Schulter gelegt. Caspar besteht dazu noch auf einem weichen Spitzenkragen, wie ihn zehn Jahre zuvor schon einige Holländer wie der Maler Rubens getragen haben.

Sein zweiter Anzug ist schlichter, dazu gibt es Stulpenstiefel bis zum Knie, aus der soldatischen Mode übernommen wie der Lederkoller mit Ärmeln. Schließlich noch zweierlei breitkrempige Hüte – aber keine Schlapphüte wie ein Jahrzehnt später – mit Federn und natürlich der ärmellose Schultermantel: immer noch spanisch, aber ohne das steife Futter, so dass man ihn auch über den Arm drapieren kann, und ein dreiviertellanger Ärmelrock. Caspars Mutter kann nur ahnen, was das kostet, als sie den Ältesten in neuer *mundirung* bestaunt: vermutlich mehr als das Jahresgehalt ihres Mannes? Oh ja. Allein für Anzüge, Mäntel und Kopfbedeckung des Stipendiaten weist die gräfliche Renterei 139 Gulden und drei Groschen aus (ein Gulden sind zwölf Groschen, und für einen Groschen kriegt man schon ein Brot), dazu kommen 18 Gulden für die Schuhe und Stiefel. Das können allerdings Inflationspreise sein: Im «Kipperjahr» 1621 wird der Silbergehalt eines Guldens bis auf ein Drittel der vorigen 12 Gramm herabgemogelt. Am 11. Juni 1621 bekommt Caspar noch vier Gulden für die Reise, weitere 20 werden ihm nachgeschickt, damit er eine Violine und einen Zink kaufen kann.

Im fränkischen Gebiet ist Caspar sicherer als im thüringischen, wo schon jetzt Stationierungen und Durchmärsche stattfinden. «Anno 1622, ohngefehr 3 Wochen nach Ostern», schreibt Volkmar Happe, habe «Hertzog Christian von Braunschweig, Bischof zu Halberstadt, das Eichsfeld [kurmainzischer, also katholischer Besitz] mit etzlichen tausend Männern zu Ross und zu Fuß überzogen, alles jämmerlichen ausgeplündert und verderbet, viel unschuldig Blut vergossen. Der Churfürst von Sachßen hat die Grentzen gegen dem Eichsfelde mit einer großen Menge Volck zu Ross und Fuße besetzet.» Sächsische Politiker wie Johann Georg I. von Sachsen und Herzog Friedrich von Sachsen-Altenburg – der eine abwartend proprotestantisch, der andere aus dessen in spanische Dienste übergewechselt – lassen ihre Söldner rund um Erfurt plündern und «etzliche hundert arme Bauren jämmerlich erschlagen».

Da erstaunt es wenig, dass Caspar dauerhaft in Bayreuth bleiben möchte, obwohl seine Rückkehr nach Arnstadt nach der Ausbildung verabredet ist. Besonders vorsichtig scheint er mit dem Hofklatsch nicht zu sein und um so lebenslustiger. Der attraktive, vielversprechende junge Musiker wird mit Damen gesehen und mit Zechkumpanen. Dem Arnstädter Fürsten kommt zu Ohren, sein Vorzeigezögling habe sich des «Karresierens, Spazierengehens und Saufens» schuldig gemacht und wolle gar nicht wiederkommen. Er wird einbestellt. Am 13. Februar 1623 müssen Caspar und sein Vater in Arnstadt auf der gräflichen Kanzlei erscheinen, der junge Mann wird verwarnt, sogar mit der unerfreulichen Aussicht, im Ort seine Ausbildung fortzusetzen. Dann aber passiert dem ersten und möglicherweise begabtesten Enkel des Veit Bach das denkbar Beste: Er wird im Juli zur Hofkapelle in Dresden geschickt, deren Kapellmeister Heinrich Schütz heißt und bereits als einer der größten Musiker seiner Zeit gilt. Mit der Ausstattung ist Graf Christian Günther I. diesmal zurückhaltender: Ein Sommeranzug für sechs Gulden, Herbstkleidung für 17 Gulden, 10 Gulden für Instrumente. Teuerster Posten sind vier Monate Kost- und Lehrgeld: 38 Gulden lässt sich der Fürst das kosten und hat selbst schon Schaden gelitten: «Viel Dörfer und Städte sindt in den Grund vom beyderseits Krieges Volck abgebrant, viel Bluts vergossen, Raub, Mord und Brand alle Ecken voll gewesen. O du edler Friede, wo bistu hin geflogen», notiert Happe in diesem Juli.

Vielleicht hat schon der Bayreuther Markgraf Christian die Reise nach Dresden und zu Schütz angebahnt. 1619 hatte er aus Dresden den Orgelbauer Gottfried Fritzsche geholt, das neue Instrument für die Bayreuther Stadtkirche wurde im selben

Jahr von einer Elite deutscher Musiker eingeweiht – unter anderem Praetorius aus Wolfenbüttel, Scheidt aus Halle und Schütz aus Dresden. Wie Caspar Bach hat Heinrich Schütz, der Gastwirtssohn, seine Ausbildung einem Fürsten zu verdanken. Moritz von Hessen-Kassel hat ihn nach Venedig geschickt, wo er bei Giovanni Gabrieli an San Marco lernt und noch am 20. August 1609 dabei sein mag, als Galileo Galilei nach feierlicher Prozession seine Erfindung vorführt, ein mit karmesinrotem Stoff bezogenes, 60 Zentimeter langes Bleirohr mit Glaslinsen, das die Gegenstände mehr als dreißigmal näher erscheinen lässt. Die vier Monde des Jupiter werden sichtbar.

Nun aber, im Sommer 1623, als Caspar Bach in Dresden eintrifft, hat der 37-jährige Schütz seine «Historia der fröhlichen und siegreichen Auferstehung unseres einigen Erlösers und Seligmachers Jesu Christi» zur Uraufführung gebracht, kümmert sich um Tafel- und Hofmusik für eben den Kurfürsten Johann Georg I., dessen Truppen bei Erfurt marodieren, um Unterricht und Probenarbeit. Caspar ist in des Kapellmeisters großer Wohnung an der Moritzstraße untergebracht wie die Kapellknaben, um die sich Magdalene kümmert. Schütz' junge Frau ist nur zwei Jahre älter als Caspar und im vierten Monat schwanger mit ihrem zweiten Kind. Wie Heinrich Schütz den jungen Bach unterweist, ob er ihn gar im Tonsatz unterrichtet? Hat Caspar zwei Jahre später, etwa auf der Gambe, bei der Aufführung des Klageliedes mitgewirkt, das Heinrich Schütz für seine junge Frau schreibt? Am 6. September 1625 ist Magdalene nach wochenlanger Krankheit gestorben.

Caspar Bach kann daraufhin nach Arnstadt zurückgekehrt sein, nicht nur in Trauer, sondern auch in großer Sorge. Im Juli ist dort die Pest ausgebrochen, allein im August sind 433 Menschen daran gestorben, bis zum Abklingen der Seuche Ende September werden es 1252 sein, fast die Hälfte der Einwohner.

Es grenzt an ein Wunder, dass keiner aus Caspars großer Familie zu den Opfern zählt. Lebten sie im Schloss selbst, in das nur eine Brücke über den breiten Wassergraben führte? Doch Caspar, der Heimkehrer, hinterlässt hier seine letzte Spur. Das Einzige, was von seiner Hand bleiben wird, ist die Unterschrift, mit der er in Arnstadt am 11. Oktober 1625 den Erhalt eines Reichstalers bestätigt. «Casparus Bach / Musicant untt instru- / mentist» steht da, das C mit etwas hakender Feder groß geschwungen. Weiter wissen die Akten nichts von ihm, auch von keiner Beerdigung. Vielleicht ist Caspar nicht ganz so vorsichtig wie sein Cousin Johann, nicht geübt im Umgang mit Waffen, nicht vorbereitet auf das «Placken, Plündern, Rauben, Stehlen, Schätzen», das im Mai des folgenden Jahres mit 1500 Ungarn und Husaren nebst Tross erneut ins Amt Arnstadt einreitet. Vielleicht wäre er sonst ein sehr guter Musiker geworden – oder noch mehr. «Der Krieg», sagte Günter Grass über einen anderen Krieg, den von 1939 bis 1945, «hat als eine Art Gegenauslese eine Menge von Talenten und wahrscheinlich größeren Talenten, als wir alle es sind, fortgenommen.»

Die gröbste Musik dieser Jahre ist eine mit Pfeifen und Trommeln, und sie ist verbunden mit dem größten Geschäft. Überall sind die Werber unterwegs, Militärunternehmer, die von der katholischen Liga oder vom protestantischen Bund einen «Bestallungsbrief» erhalten haben, die Ermächtigung zum Aufstellen einer Truppe, eine sichere Aktie in diesen Zeiten, die teils sogar in Spekulationsräuschen gehandelt wird. Wer so ein Papier hat, zieht mit großem Spektakel, mit dumpfem Trommelschlag und schrillem Pfeifenklang in eine Ortschaft ein, schlägt den Tisch auf, an dem der Feldschreiber Platz nimmt, brüllt ein paar grobe Verse und beginnt mit der Rekrutierung.

Wo auch immer Johann Bach so eine Werbetrommel gehört hat, er unterzeichnet einen Kontrakt. In einer späteren Steuererklärung nennt er 84 Taler an barem Geld, welches er «noch in Voriger Zeit bey den officirern verdient habe», seither aufgehoben als Versicherung für seine Angehörigen. Das entspricht 126 Gulden und dem dreifachen Jahresgehalt eines Organisten, sagt über Johanns Sold freilich weniger als der Begriff «officirer». Er kann ihn verwendet haben, weil das nach Besserem klingt. Aber wenn er von seinem Sold so viel übrig behält, dass es nach zwanzig Jahren noch 84 Taler sind, wird er kaum als Spielmann angeheuert haben. Den «spilleuth», die im Kampf Signale zu blasen haben, zahlt der Schwedenkönig – jedenfalls nach offiziellem Bekunden – knapp drei Reichstaler im Monat, einem «Fendrich» oder Leutnant der Infanterie aber elf. Da bleibt schon eher etwas übrig. Möglich, dass Johann Bach sich zu einem Offiziersposten hochdient, wofür ihm der weiße Fleck in den Akten fünf Jahre lässt. Ein weißer Fleck in einer blutigen Zeit.

Ungern stellen wir uns einen Musiker vor, noch dazu jenen Großonkel von Bach, der eine der ergreifendsten Motetten der Zeit komponieren wird, wie er als Söldner zur Muskete greift, die 143 Handgriffe dafür beherrscht, Schwarzpulver in den Lauf schüttet, eine mit 19,7 Millimetern kalibrierte Bleikugel hinzufügt und feststopft, Schwarzpulver auf die Zündplatte gibt, die Lunte einspannt und ein bis zwei Schuss pro Minute auf gegnerische Söldner abfeuert. Indessen lässt sich denken, dass er für seine Konfession kämpft, er, dessen Großvater Veit «in Thüringen genugsame Sicherheit vor die lutherische Religion gefunden» hat, er, der noch mit dreizehn Jahren den furiosen alten Prediger Sachse in Wechmar hat gegen den Papst wettern hören, er, der schon Gräuel sah, den Großvater, den Vater, die Schwester bei Gott weiß und den Bäcker Hein, den die Merodischen in seinen Ofen sperrten.

Johann ist nicht klar, dass dieser Krieg schon längst die Konfessionen übergreift, dass der – gerade vorübergehend abgesetzte – Generalissimus Wallenstein auch Protestanten dingt, dass Hamburgs Waffenhändler an beiden Seiten fabelhaft verdienen und ein katholischer Kardinal in Paris den Feldzug mitfinanziert, der im Frühsommer 1630 an der Ostseeküste beginnt: Schwedens junger König Gustav II. Adolf ist mit 14 000 Männern gelandet. Schnell werden es mehr, schnell erobert er die kaiserlich besetzten Städte im Nordosten, oder wie Happe im selben Jahr sarkastisch notiert, «der Schwede ruiniret weidlich in Pommern und Mecklenburg mit dem Keyserischen». Die Protestanten und ihre Flugblätter feiern ihn bald wie einen Messias, den «Löwen von Mitternacht», und die schier apokalyptische, fast restlose Zerstörung Magdeburgs durch kaiserliche Truppen am 20. Mai 1631 schweißt die protestantischen Fürsten hinter ihm zusammen.

Am 17. September 1631 morgens formieren sich im sanften Hügelgelände nördlich von Leipzig die 35 000 Soldaten der katholischen Liga unter dem alten Fuchs Tilly, mit 72 Jahren ein leidender, aber listiger Greis. Mittags wird er die Sonne im Rücken haben an diesem hellen Tag. Von Norden rücken 24 000 schwedische Söldner an und die 18 000 des wankelmütigen Sachsenkurfürsten Johann Georg I. Von oben gesehen, wo nur Vögel fliegen, mag es imposant aussehen: im Süden auf einem Hügelkamm die massiven «Tercios» der Kaiserlichen, geschlossene, mit Piken gestachelte Blöcke von 50 mal 30 Mann, eine vier Kilometer breite Front, nördlich davon die locker gruppierten kleinen Einheiten der Schweden, nur jeweils drei Reihen tief, zwischen denen der Schwedenkönig in seiner Rüstung herumreitet, überall Kommandos brüllend. Was für einen Feldherrn ebenso neuartig ist wie die von ihm eingesetzten Waffen: Seine leichten «Regimentsstücke», von nur zwei Pferden zu bewegen, feuern ihre Dreipfünder dreimal so schnell wie Tillys Kanonen, seine Musketen, Novitäten aus Suhl, zweimal so schnell. Doch den Anfang machen die Sechspfünder, zur beiderseitigen Dezimierung der Truppen. Die Nahaufnahme wäre auch als Tonaufnahme unerträglich. Wo eine Kugel in die gestaffelten Reihen der Fußsoldaten einschlägt, in Mannshöhe 800 Meter weit fliegend, hinterlässt sie hundert zerfetzte Körper. Hundert Geschütze sind im Einsatz. Im Rauch verschwimmen südlich die Konturen Leipzigs mit der Thomaskirche.

«... in einem Augenblick floge die Luft so häuffig voller singender Kugeln über uns her / daß es das Ansehen hatte / als ob die *Salve* uns zu gefallen gegeben worden wäre / darvon duckten sich die Forchtsame / als ob sie sich in sich selbst hätten verbergen wollen; die jenige aber / so *Courage* hatten / und mehr bey dergleichen Schertz gewesen / liessen solche ohnverblichen über sich hin streichen; Jm Treffen selbst aber / suchte ein jeder seinem Todt mit Nidermachung deß Nächsten / der ihm auffstieß / vorzukommen / das greuliche schiessen / das gekläpper der Harnisch / das krachen der Biquen [Piken] / und das Geschrey beydes der Verwundten und Angreiffenden / machten neben den Trompeten / Trommeln und Pfeiffen ein erschröckliche *Music*! da sahe man nichts als einen dicken Rauch und Staub / welcher schiene / als wolte er die Abscheulichkeit der Verwundten und Todten bedecken / in demselbigen hörete man ein jämmerliches Weheklagen der Sterbenden / und ein lustiges Geschrey der jenigen / die noch voller Muth stacken / die Pferd selbst hatten das Ansehen / als wenn sie zu Verthedigung ihrer Herrn je länger je frischer würden / so hitzig erzeugten sie sich in dieser Schuldigkeit / welche sie zu leisten genötiget waren / deren sah man etliche unter ihren Herrn todt darnider fallen / voller Wunden / welche sie unverschuldter Weis zu Vergeltung ihrer getreuen Dienste empfangen hatten; andere fielen umb gleicher Ursach willen auff ihre

Reuter / und hatten also in ihrem Todt die Ehr / daß sie von den jenigen getragen wurden / welche sie in währendem Leben tragen müssen; wiederumb andere / nachdem sie ihrer hertzhafften Last / die sie *commandi*rt hatte / entladen worden / verliessen die Menschen in ihrer Wut und Raserey / rissen auß / und suchten im weiten Feld ihr erste Freyhet: Die Erde / deren Gewonheit ist / die Todten zu bedecken / war damals an selbigem Ort selbst mit Todten überstreut / welche auff unterschiedliche Manier gezeichnet waren / Köpff lagen dorten / welche ihre natürlichen Herren verloren hatten / und hingegen Leiber / die ihrer Köpff mangleten; etliche hatten grausam- und jämmerlicher Weis das Jngeweid herauß / und andern war der Kopff zerschmettert / und das Hirn zerspritzt; da sahe man, wie die entseelte Leiber ihres eigenen Geblüts beraubet / und hingegen die lebendige mit fremdem Blut beflossen waren / da lagen abgeschossene Aerm / an welchen sich die Finger noch regten / gleichsam als ob sie wieder mit in das Gedräng wollten / hingegen rissen Kerles auß / die noch keinen Tropffen Blut vergossen hatten / dort lagen abgelöste Schenckel / welche ob sie wol der Bürde ihres Cörpers entladen / dannoch viel schwerer worden waren / als sie zuvor gewesen; da sah man zerstümmelte Soldaten umb Beförderung ihres Todts / hingegen andere um Quartier und Verschohnung ihres Lebens bitten. *Summa Summarum*, da war nichts anders als ein elender jämmerlicher Anblick!»

Dieser einem Augenzeugenbericht folgende Text von Grimmelshausen gilt nicht der Schlacht bei Breitenfeld, sondern der sechs Jahre späteren bei Wittstock in Brandenburg. Aber die Mittel, die gegnerischen Parteien, der Ausgang und vor allem die Leiden sind die gleichen – mit dem Unterschied, dass die Sachsen, die im September 1630 schon nach halbstündigem Gefecht vom Schlachtfeld fliehen, 1636 auf kaiserlicher Seite stehen. Ob der Musiker und Söldner Johann Bach, wenn er dabei war, durch Flucht sein Leben rettete oder bis zum Ende am späten Nachmittag zu den Kämpfern oder Spielmännern gehört, «die noch keinen Tropffen Blut vergossen hatten», oder zu den Tausenden Verwundeten? Elftausend Männer verlieren in diesen sieben Stunden ihr Leben, viele weitere erliegen später ihren Verletzungen. Auf schwedischer Seite sind «nur» 3400 Männer gefallen, «und ist», so Happe, «die gantze mächtige keyserliche Armada überwunden, geschlagen und zertrennet worden». Nach der Flucht der Sachsen ist es den Schweden gelungen, die Lücke zu schließen und Tillys Geschütze gegen dessen eigene Truppen einzusetzen. Der greise Kommandeur flieht mit 600 Mann nach Halle, der junge König wird wie ein Star gefeiert.

Johann Bach ist fast 29 Jahre alt, als er 1633 in Schweinfurt Geselle eines Stadtmusikers wird. Noch immer hat er seine Barbara nicht geheiratet, deren Vater, gut informiert über die Truppenbewegungen, Suhl immer noch für den sichersten Ort hält. Zu Unrecht, wie sich erweisen wird. Schweinfurt, freie Reichsstadt und protestantische Insel im katholischen Bistum Würzburg, hat schwer unter kaiserlicher Besatzung gelitten. Im Oktober 1631 haben dann Gustav Adolfs schwedische Truppen deren Abzug erzwungen – und die Versorgung von 20 000 Mann, ehe das große Heer weiter nach Süden zieht. Vier Kompanien und 200 Dragoner bleiben in Schweinfurt, dessen Bürger beim Ausbau der Stadt zur Festung helfen müssen. Ein Jahr später, nach der Eroberung von München, sind Gustav Adolfs hungrige Truppen wieder unterwegs nach Norden. Auch in Arnstadt machen die 18 000 Station und vertilgen vier Oktobertage lang die Vorräte der Bürger; Gustav Adolf logiert derweil im Schloss und verzehrt dort zum Abschied «ganz begierlich» eine große Forelle, wozu ihm vermutlich die Hofkapelle nebst

Caspar Bach und zweien seiner Söhne aufspielen darf. Im November 1632 fällt der König in Lützen.

Knapp zwei Jahre später werden im bayerischen Nördlingen die Schweden vernichtend geschlagen. Die Stadt Schweinfurt, in der Johann lebt, gerät nun in den Fokus des gefürchteten Italieners Ottavio Piccolomini. Dieser Herzog von Amalfi ist Feldmarschall auf kaiserlicher Seite, ein bulliger, intelligenter und so skrupelloser Mittdreißiger, dass selbst sein Förderer Wallenstein ihm nicht über den Weg traut. «Fra Ottavio», wie er sich nach einem geistlichen Ritterorden gern nennt, ist mit der Macht aufgewachsen, seine Familie hat zwei Päpste gestellt, sein Hauslehrer in Genua war Galileo Galilei. Piccolomini fordert Ende September 1634 die Reichsstadt Schweinfurt auf, die schwedische Besatzung auszuweisen. Da ist aus dem 80 Kilometer nördlich gelegenen Suhl schon Johanns jüngster Bruder angekommen, der heitere Heinrich, der bei Hoffmann ausgelernt hat und nun neunzehn Jahre zählt.

Beide werden von der Johanniskirche bezahlt, deren Organist Johann mittlerweile ist. In dieser Kirche, die für die Bachs noch viel später wichtig sein wird, unterstützt er den Kantor, begleitet Vokalwerke mittelgroßer Zeitgenossen wie Erhard Bodenschatz und Johann Crüger, die «Kirchen Geseng» des Weimarers Melchior Vulpius. Vokalmusik aus Italien hat man in der Sammlung, auch den Frankoflamen Giaches de Wert, der schon aus der Mode gerät, als Neuestes die «Außerlesene Gesänglein» des Schwaben Erasmus Widmann, die Geistlichen Konzerte von Johann Hermann Schein, dem früheren Leipziger Thomaskantor. Choralvorspiele improvisiert Johann Bach, wie alle Organisten, oder schreibt sie selbst – aber nichts davon bleibt erhalten.

Am 11. Oktober gehen 6000 Kaiserliche vor der Stadt in Stellung und beginnen mit dem Beschuss. Die Gegenwehr von

600 Soldaten, darunter bewaffnete Bürger wie der kampferfahrene Johann, ist stärker als erwartet. Piccolomini verschärft die Angriffe. Am 14. Oktober wird vom Morgengrauen an unablässig geschossen, eine Kugel trifft den Turm der Johanniskirche, und bei ausgehender Munition hilft auch die aufwändige Befestigung nicht gegen eine zehnfache Übermacht. Der Stadtrat verhandelt mit dem Italiener, der wie befürchtet härteste Bedingungen stellt: Rückgabe alles vormals katholischen Besitzes, auch jener neunzehn Dörfer, die Gustav II. Adolf der Stadt geschenkt hatte, 30 000 Reichstaler «Ranzion», eine Art Lösegeld, dazu 5000 Reichstaler monatliche Kontribution, Ablieferung sämtlicher Waffen. Die Verpflegung von 300 Mann Besatzung ist noch der kleinste Posten in einer Rechnung, die sich nach einem halben Jahr auf ruinöse 283 610 Gulden belaufen wird.

Aus dem versprochenen freien Abzug der schwedischen Soldaten wird nichts. Piccolominis Kroaten metzeln die einen nieder und zwingen die andern zum Seitenwechsel, nur Kommandant und Offiziere bleiben ungeschoren. Wie vor ihm Wallenstein quartiert sich Piccolomini im Schopper'schen Haus ein, an dem noch Jahrhunderte später eine Plakette diesen Warlord würdigt, und belegt wohlhabende Bürger mit Sonderzahlungen. Ratsherr Kaspar Schamroth berichtet, man habe alle Wertgegenstände abgeben müssen: «Ich selbst habe damals für 85 Gulden Silbergeschmeide, so meinen lieben Eltern selig und mir lieb gewesen aufs Rathaus getragen und noch 64 Gulden bares Geld zur vierfachen Steuer für mich und meine Mutter bezahlen müssen.» Eine Pestepidemie kommt hinzu, an der mehr als tausend Schweinfurter sterben. «Dazumal bin ich sehr ins Elend geraten», schreibt Schamroth. «Anfänglich starben mir meine zwei Dienstmägde, mein Schwager, meine Mutter, mein Söhnlein und schließlich auch meine Frau, dass mir nichts übrig blieb als mein kleines Söhnlein, ein unbarmherziger Landsknecht mit seinem Diener, ein Knecht und eine Magd, die aber beide durchtriebene Menschen waren.»

In dieser Stadt, dieser Situation will Johann keine Familie mit Barbara gründen. Schon gar nicht in Suhl: Am 26. Oktober gregorianischen Kalenders reiten dort die Kroaten des Generals Isolani ein, um der schwedischen Armee jene Waffenschmiede zu entziehen, deren sich freilich zuvor auch Wallenstein schon bedient hat. Sie ermorden und verschleppen viele Bürger und brennen die Stadt nieder bis auf 84 Häuser, neben denen als Produktionsmittel nur Eisenhammer, Rohrschmiede, Bohr- und Schleifmühle der Familie Klett den Sturm überstehen. Die Kletts übrigens, später nach Westfalen umgezogen, handeln noch heute mit Waffen; ihre Website vermerkt für die Zeit nach der Zerstörung nüchtern: «Die erneute große Nachfrage nach Suhler Waffen – der Krieg war ja noch lange nicht zuende – führte zu einem neuen Aufstieg.» Die Zeitschrift «Jagdpraxis» betitelt ein Porträt der Firma schlicht mit «435 Jahre Erfahrung».

Fünf bis sechs Wandertage nördlich von Suhl liegt Erfurt, doppelt ummauert, Knotenpunkt an der Handelsroute via regia, um die 40 Kirchen, um die 15 000 Einwohner, seit 1631 in schwedischer Hand. Die Stadt wird nicht belagert, aber entspannt ist die Lage nicht. Ringsum versorgen sich schwedische Regimenter, die nach der Niederlage von Nördlingen zurückgekommen sind.

Ende Februar 1635 notiert Hofrat Volkmar Happe in Ebeleben, 50 Kilometer nördlich von Erfurt: «Ist schreckliches Rauben, Plündern und Morden an allen Orthen und Enden, als kaum von Anfang des Kriegs Wesens geschehen, und haben auch die vermeinten Freunde wohl mehr gestohlen, geraubt und tyrannisiret als die Feinde. [...] Sonderlich haben Hertzog

Wilhelms zu Sachßen Weimar und des Bannierischen schwedischen Obristen Wedell Völcker vor allem andern mit Plündern, Stehlen und Nehmen sich gar feindseelig erzeiget.»

Irreal, diese Chronik im ICE nach Erfurt zu lesen, online, bequem die Seiten ansteuernd, die Happe, Jahrgang 1587, Sohn eines wohlhabenden Waidhändlers, vor 380 Jahren schrieb. Die 1785 Seiten, bis heute aufbewahrt in der Bibliothek der Universität Jena, sind auf einer digitalen Plattform der Universität Göttingen zu lesen, erschlossen mit differenzierter Suchfunktion, rechts das Original, heranzoombar, links die Transkription, in der sich zu jedem unvertrauten Begriff, jedem Namen eine Erläuterung aufklappen lässt. Eigentlich müsste damit besonders Volkmar Happes Hoffnung erfüllt sein, der seine Chronik merklich mit dem Ziel geschrieben hat, mit seiner Schilderung des Elends spätere Leser zur Arbeit an einer besseren Welt zu motivieren. Doch verursacht, je länger der ICE durch eine funklochfreie Strecke fährt, diese Lektüre auch Schwindelgefühle: Zu groß ist der Kontrast, mit Blick aus dem Fenster auf Landschaften, durch die schon lange keine Heere mehr ziehen, zu den Umständen, unter und zu denen Happe seine Seiten füllte.

Dann wieder siegt die Gravitation dieser fernen Realität, mit dem Erfolg, dass die Mitreisenden, der Kaffeeverkäufer, der Zugbegleiter wie durchscheinend werden. Das Mädchen schräg gegenüber, das am rosa Smartphone einer Freundin Banalitäten von einer Party erzählt, wirkt wie die Kunstfigur einer heilen, virtuell erweiterten Welt. Aber die ist ja nicht heil. Auf demselben Weg wie Happes Zeilen erreichen uns die Nachrichten von Gräueln des «Islamischen Staates», von Leuten, deren Grausamkeiten an Vielfältigkeit hinter dem Dreißigjährigen Krieg zurückbleiben, den Katalog aber um moderne Waffen, Smartphones und das Internet erweitern, über das sie die ganze Welt an ihren Taten teilhaben lassen. Es erreichen uns außerdem Bilder von 300 entführten Mädchen, von Verstümmelungen durch Minen, von Flüchtlingen, die neben einem gekenterten Schiff im Mittelmeer schwimmen, getrieben von der Hoffnung auf ein Europa, dessen Bewohner kaum bedenken, was bei ihnen einmal geschah, aus welchen Katastrophen sich ihre Gesellschaft und Kultur gerettet und neu erfunden hat. Die Zeit des Zweiten Weltkriegs scheint in geschmeidige Dokumentationen gebannt, kommentiert von Historikern, die gut ausgeleuchtet vor Bücherwänden sitzen, und das 17. Jahrhundert, wenn es überhaupt im Bewusstsein ist, scheint nur noch pittoreske Historie zu sein.

In der Gaststätte «FAM» am Erfurter Fischmarkt, gleich neben dem Rathaus, bekommt man den Cocktail «Schutzengel» für 5,50 Euro. Auch früher gab es hier Cocktails, aber auf Rezept, da war das Haus Nr. 19 die «Römerapotheke». Und im Jahre 1635, als die Häuser keine Nummern, aber Namen haben, steht hier das «Haus zum Affen». Dort wohnt Hans Rothländer, ein Erfurter Bürger, mit seiner Familie, und am Freitag, 27. Februar, gibt es etwas zu feiern. Der jüngste Sohn ist getauft worden, sein Taufpate hat vier Musiker mitgebracht, «welches eigentlich verboten war». So meldet es die handschriftliche Chronik, die diesen Abend und seine Folgen schildert. Eigentlich müssten sich die Stadtpfeifer an der Wachbereitschaft auf den vier höchsten Türmen beteiligen. Auf den Wällen rings um die Stadt stehen strohgefüllte Tonnen, die die Wachen bei einem nächtlichen Angriff zu entzünden haben. Das Strohfeuer soll «der Stadt-Pfeiffer Lo[s]ung seyn, und [sie sollten] mit Macht blasen, damit sich alles Volck ermuntere, und zum Gewehr greiffe, und sich eilend auf bestimmten Lerm-Platz finden ließe.» Vom Einsatz bei Privatbelustigungen ist also abzusehen.

Aber Christoph Volbrecht, Direktor der Musiker, drückt als

Taufpate ein Auge zu, die Rothländers genießen Ansehen in der Stadt, einer von ihnen ist Ratsherr. Der Gastgeber, wieder Vater geworden, hat von der Straße noch einen Gast mitgebracht, einen Cornet aus Jena, der schmaust und zecht mit und schläft, den Degen an der Seite, auf einer Bank ein, ehe die Stadtpfeifer anfangen, zum Tanz aufzuspielen. Der Cornet gehört zur Garnison der Schweden, die seit 1631 das doppelt ummauerte Erfurt zum Ausgangsort und Stützpunkt ihrer Kriegszüge gemacht haben. In jenem Jahr ist Schwedenkönig Gustav II. Adolf hier nach seinem Sieg bei Breitenfeld begeistert begrüßt worden. Gleichsam im Handstreich hat er die überwiegend von Protestanten bewohnte Stadt von der Hoheit des Mainzer Erzbischofs befreit, hat dessen Rechte urkundlich den Bürgern übertragen, ihnen auch fünf katholische Dörfer des Umlands geschenkt, die Stifte, Klöster und katholische Pfarrkirchen – «in allerweg vorbehaltlich» seiner anhaltenden Oberherrschaft. Umgekehrt haben ihm die Erfurter Treue zugesichert. Mit Kriegsende hoffen sie endlich Reichsstadt zu sein, unabhängig.

Aber das Kriegsende ist mit jedem Tag ferner gerückt. Im November 1632 hat die Gemahlin des Schwedenkönigs, die sich hier im Haus «Zum Schwarzen Löwen» aufhält, vom Tod ihres Mannes in der Schlacht bei Lützen erfahren. Jetzt, nach der Niederlage der Schweden bei Nördlingen, zeichnet sich ab, dass Erfurt diese Verbündeten verlieren wird, auch den sächsischen Schutzherrn von Erfurt, den Kurfürsten Johann Georg I. Aber das sind nur die dürren Daten eines Krieges, der in nun fünfzehn Jahren unsägliches Leid Zehntausender bewirkt hat, auch rund um Erfurt, und die Schwelle zu besinnungsloser Brutalität auf allen Seiten fast hat verschwinden lassen.

Am Abend des 27. Februar kommt im «Haus zum Affen» also eine Gesellschaft von Menschen zusammen, die in steigender

Ungewissheit leben. Während der Krieg längst keine Glaubensfrage mehr ist, während die Bauern der vielfach geplünderten, verbrannten Dörfer nicht mehr zwischen Freund und Feind unterscheiden, weil sich alle Soldaten holen, was ihnen fehlt, von der Kuh bis zur Frau, weiß man auch in der von Kontributionszahlungen geschwächten Stadt Erfurt nicht, wen und was man am meisten fürchten soll. Vielleicht vernachlässigen die Stadtpfeifer auch darum ihre Wachbereitschaft.

Der Cornet aus Jena hat einen unruhigen Schlaf auf seiner Bank im «Haus zum Affen», die Gesellschaft amüsiert sich, und die Stadtpfeifer blasen mit Macht zum Tanz, vielleicht sogar auf der Trompete, die hohen Zelebrationen und dem Alarm vorbehalten ist. Wie wenig man sich daran hält, zeigt ein wenig später erlassenes Verbot des Trompeteblasens «bey den Hochzeiten vnd anderen geselschafften». In diesen Zeiten feiert man die Taufe eines Neugeborenen um so ausgelassener. Eine Frau – der Chronik nach die des Hausherrn selbst, was zwei Tage nach ihrer Niederkunft wenig wahrscheinlich ist – weckt den Cornet, um mit ihm zu tanzen. Der Betrunkene, Lärm und Bläser hörend, wähnt sich mitten im Angriff. «Er fährt im Schlaf auf und ruft Was ist der Feind vorhanden?, nimmt den Messingleuchter, schlägt dem Nächstgelegenen 3 Wunden in den Kopf und eine Schmarre in den Backen, wodurch das Licht verlöscht. Er ergreift seinen Degen und ersticht hinterwärts den andern durch und durch in die linke Seiten, faßt den andern, war ein trefflicher Musicant aus Schmalkalden, seinesgleichen weit und breit nicht zu finden, sticht ihn hart beim Nabel in den Bauch, durch das Gedärm, daß er nach 12 Stunden danach starb und auf dem Kaufmannsfriedhof begraben wurde. Darauf wurde der Täter gefangen und am 29. Mai auf dem Hospitalplatze mit dem Schwerte gerichtet.» Der Jenaer wird einen Tag vor Unterzeichnung des «Prager Friedens» enthauptet, in dessen Folge die Schweden Erfurt verlassen müssen. Sein Name ist nicht überliefert, aber das Begräbnisbuch der Kaufmannskirche verzeichnet seine beiden Opfer: «Hans Hebenstreiten, den musicanten, 1. Marty 1635» und «Merten den Musicanten, 8. Marty 1635».

Das «Unglück im Haus zum Affen» ereignet sich zu einer Zeit, in der gerade des «Prager Friedens» wegen der Krieg noch blutiger zu werden beginnt. Und es hinterlässt zwei unbesetzte Stellen bei den Erfurter Stadtmusikern. Auf eine von ihnen bewirbt sich Johann Bach, aus dem kaiserlich besetzten Schweinfurt angereist. Im Rathaus haben sich nicht nur die Stadtmusikanten versammelt, sondern auch zwei Bürgermeister, der Stadtschreiber und der Kantor der Predigerkirche. Johann spielt Geige, bläst auf Zink, Trompete, Dulcian, figuriert einen Choral auf den Tasten eines Virginals, seine Töne haben Ernst und Klarheit, er bewährt sich auf fünf weiteren Instrumenten. Sie nehmen seine stille Entschlossenheit wahr, sie lesen das Zeugnis seines Lehrherrn, der einen guten Ruf hat, nehmen ihn mit Handschlag und Eid an und auch den anderen Bewerber, Michael Gottmann.

Für 26 Taler im Jahr, einen halben Malter Korn (ein Malter als Hohlmaß umfasst 350 Liter), ein Klafter Holz (drei Kubikmeter) und Stoff für je ein Sommer- und ein Wintergewand wird Johann Bach, Sohn des Hans Bach aus Wechmar, Bediensteter der Stadt Erfurt, nicht viel Gehalt, aber es kommen Groschen für viele Anlässe hinzu, zu denen die fünfköpfige Compagnie aufspielt – im Herbst dieses Jahres auch beim Friedensfest zum Abzug der schwedischen Garnison. Johann lernt seine Kollegen kennen, mit einigen wohnt er im selben Haus «Zum schwarzen Roß» auf der Krämerbrücke. Dort leben auch der gutmütige Direktor Christoph Volbrecht und Stadtmusikant Georg Rohland, die Witwe des ermordeten Martin Schröter und ihr Sohn Michael, angehender Musikant. Vier Jahrhunderte später werden in dem Haus, das die Nummer 19 trägt, Thüringer Spezialitäten feilgeboten. Kloßschnaps, eine «Kloßtasse» mit aufgedrucktem Rennsteiglied, ein Kuscheltier mit Namen «Klaus, der Kloß». Zu Johanns Zeit kennt man in Thüringen keine Kartoffeln.

Jeden Mittwoch und Samstag, wenn die Buden auf dem Marktplatz am Fuße des Doms aufgeschlagen werden, sogar Salz aus Frankenhausen zu haben ist und viele von auswärts in die Stadt kommen, blasen sie um 10 Uhr vom Rathaus, da zeigt die Stadt, was sie zu bieten hat. Jeden Sonntag spielen sie in einer der Erfurter Kirchen, zu den kirchlichen Hauptfesten blasen sie auf einem der Türme geistliche Weisen auf Trompeten, Zinken und Posaunen. In Erfurt, lernt Johann, feiert man Ostern, Pfingsten und Weihnachten gleich zweimal. Denn die Katholiken im Dom halten sich an den vor gut fünfzig Jahren eingeführten gregorianischen Kalender, und da ist der 24. Dezember schon erreicht, wenn die julianisch zählenden Protestanten – zu ihnen gehören gut 90 Prozent der Erfurter – erst beim 14. Dezember sind. Also spielt Johann seine erste Erfurter Weihnachtsmusik anno 1635 für die Katholiken am Montag im gewaltigen Dom und seine protestantische zweite am Donnerstag zehn Tage später in der Predigerkirche. Extra bezahlt wird der konfessionsübergreifende Doppeleinsatz, der auch noch die Neujahrsmusik betrifft, leider nicht.

Herrn Dr. Benl bringt so ein Zahlensalat überhaupt nicht durcheinander, Kalenderüberschneidungen nicht und Jahreszahlen schon gar nicht. Rudolf Benl sitzt am Esstisch eines weißen Einfamilienhauses in der Löbervorstadt von Erfurt, das er mit seiner Frau bewohnt, und blickt unter buschigen Augenbrauen durch die offene Terrassentür an der Sitzgruppe vorbei in die Jahrhunderte, an deren historischen Daten er im Geiste entlangschreitet wie an Regalen. Er hat so viele Daten im Kopf, dass sie sich untereinander kurzschließen können und zu immer neuen Kapillaren führen, bis er sich unterbricht und sagt: «Da sind wir jetzt ganz weit abgekommen.» Mehr als 20 Jahre lang hat er das Stadtarchiv Erfurt geleitet, jetzt verpasst er mir einen Crashkurs in Erfurter Geschichte, in dem das Nürnberger Tanzstatut von 1521 ebenso vorkommt wie die genaue Adresse eines Abgeordneten im 19. Jahrhundert, sämtliche Stationen der ersten hier entlangführenden Eisenbahnlinie und all die Erfurter Familien, die immer untereinander heirateten und einen Rat von 28 Mitgliedern prägten. «Das müssten Sie», sagt Benl, «mal nachlesen in meiner Beständeübersicht, da habe ich die Verfassungs- und Verwaltungsgeschichte Erfurts beschrieben, 400 Seiten, ich kann die auch nicht mehr auswendig.»

Das darf man wörtlich nehmen. Wahrscheinlich hat er drei Viertel seines Buchs abgespeichert in diesem Gehirn, in dem vier Kilometer Regale miteinander kommunizieren. Versuche von mir, etwas einzukreisen, reitet Benl mitunter unwillig nieder, dann wieder greift er ein Stichwort enthusiastisch auf. Er ist ein archivgewordener Archivar, ein sympathischer Franke, der hier manchmal «eingeschätzt wird als einer aus dem Thüringer Wald. Sie kommen doch aus'm Wald, heißt es dann. Die Sprachgrenze liegt ja auch nicht an der Landesgrenze, sondern auf dem Kamm.» Und rasch zitiert er Scheffels Gedicht vom Rennsteig ebenso flüssig, wie er die barocke Kurrentschrift von den Ratsprotokollen liest, die ich in Kopie mitgebracht habe. Wenn Benl aus der Geschichte erzählt, entsteht eine Harmonie des Faktischen ähnlich der barocken Harmonie der Sphären: Ziffern, Namen, Verbindungen, die sich um die Welt drehen auf transparenten Schalen. Aber dann erzählt er von einer Hinrichtung in Erfurt, nach der der Kopf des Delinquenten monatelang am Rathaus hing, und sagt: «Die Leute waren damals sehr unmittelbar. Wir haben ja keinen unmittelbaren Kontakt zum Tod. Die Gewaltbereitschaft scheint sehr groß gewesen zu sein. Man schlug schnell zu, man schimpfte. Heute wird ja alles mit feuchten Tüchern abgedeckt, die Methoden sind andere geworden. Kälte, Hitze, Regen, alles kam ihnen näher …» So etwa endet sein gewaltiger Monolog, fast etwas sehnsüchtig. Dann taumele ich den Hügel hinab, wieder unter der Bahnlinie hindurch, über den Gargarinring – auch schon wieder Geschichte, dieser Riegel aus der DDR – und schaue mir Johanns nächsten Arbeitsplatz an.

Barbara Hoffmann wartet nun seit bald zehn Jahren auf den Tag, an dem sie mit ihrem Johann eine Familie gründen kann. Aus dem niedergebrannten Suhl kann sie im Oktober 1634 nach Wechmar gezogen sein und dort der altgewordenen Anna helfen, deren Söhne längst aus dem Haus sind. Vielleicht pflegt sie Anna, als im September eine weitere Pestepidemie das Dorf erreicht, die schlimmste bis jetzt, bei der 500 von 600 Einwohnern sterben, im September 1635 auch Anna, mit 53 Jahren. So gern hätte sie erlebt, wie ihr Ältester hier sein erstes Kind taufen lässt, in derselben Kirche, in der vor drei Jahrzehnten, in einer anderen, besseren Zeit, der alte Pfarrherr Sachse sie und ihren Hans zusammenführte. Nun wird sie, da ist sie gewiss, wieder mit Hans beisammen sein. Barbara wartet weiter, und im April kommt endlich Nachricht von Johann aus Erfurt.

Der Stadtmusiker hat sich auch auf die Organistenstelle in der Predigerkirche beworben und ist angenommen worden, das sichert ihm zusätzliche 40 Gulden im Jahr, nun wird geheiratet: Am 6. Juli 1636 wird Barbara in Wechmar seine Frau, einen Monat später ist sie schwanger, doch ehe sie das weiß, erfährt sie vom Tod des Vaters in Suhl, der dort mit seiner Frau und Barbaras Geschwistern, mit Eva und Zacharias und Christoph, geblieben ist. Mit bald 60 Jahren ist der «liebe Lehrherr», wie die Familie Bach ihn nennt, gestorben. Nun ziehen sie alle, das neue Ehepaar und die Halbwaisen aus Suhl, ins Schwarze Ross auf der Erfurter Krämerbrücke. Johann hat jetzt eine ganze Wohnung gemietet, Zacharias und Christoph werden seine Lehrlinge, und aus Schweinfurt, wo die Kaiserlichen immer brutaler auftreten, kommt Heinrich dazu, Johanns jüngster Bruder.

Im sicheren Danzig schreibt zu dieser Zeit Andreas Gryphius, ein aus Schlesien geflohener Gymnasiast von 20 Jahren, das Sonett «Threnen des Vatterlandes»:

Wir sindt doch nuhmer gantz / ja mehr den gantz verheret!
Der frechen völcker schaar / die rasende posaun
Das vom blutt fette schwerdt / die donnernde Carthaun
Hatt aller schweis / vnd fleis / vnd vorraht auff gezehret.
Die türme stehn in glutt / die Kirch ist vmbgekehret.
Das Rahthaus ligt im graus / die starcken sind zerhawn.
Die Jungfrawn sindt geschändt / vnd wo wir hin nur schawn
Ist fewer / pest / vnd todt der hertz vndt geist durchfehret.
Hier durch die schantz vnd Stadt / rint alzeit frisches blutt.
Dreymall sindt schon sechs jahr als vnser ströme flutt
Von so viel leichen schwer / sich langsam fortgedrungen.
Doch schweig ich noch von dem was ärger als der todt.
Was grimmer den die pest / vndt glutt vndt hungers noth
Das nun der Selen schatz / so vielen abgezwungen.

Dass im Oktober 1636 im schlesischen Wittstock 16 000 Schweden über 22 000 Kaiserliche siegen, bekommen die Erfurter schon im Dezember zu spüren. Da nämlich rückt vorm Löbertor Johan Banér an, schwedischer Feldmarschall, um Erfurt erneut zu erobern. Johann mag diesen Johan schon fünf Jahre zuvor in Breitenfeld zum Kommandeur gehabt haben. Laufgräben lässt der nun ziehen, Geschütze aufstellen. Am 18. Dezember verbietet der Stadtrat ab «drey Viertel auf 6. Uhr» jegliches Glockenläuten, damit bei Beschuss und Brand die Sturmglocke sofort zu hören ist. In der Stadt der 118 Glocken breitet sich unheimliche Stille aus. Am 20. Dezember wird sie zerrissen. «Des Montages so fangen sie an zu flankieren mit den großen Stücken und schießen feurige Granaten 40 rein in die Stadt, dass es an unterschiedenen Orten brennt. Und sind die Stücke vornehmlich auf die Kirchen und auf der Obersten Häuser gerichtet gewesen. So schießen unsere Constabel naus auf der Burg und aus der Stadt und schießen seinen besten Obersten tot und seinen besten Constabel tot und ist seines Volks über 100 Mann tot blieben, dass von unserm Volk kein Mensch ist tot blieben, dann ein Hund, welcher aufm Spielberg vor ein Stück läuft, wird so troffen.» So notiert es der Erfurter Blaufärber Hans Krafft nicht ohne Stolz.

Doch letztlich diktiert der übermächtige Schwede, dessen Truppen ihre Winterfeuer mit den Obstbäumen des Umlandes füttern, die Bedingungen der Kapitulation: «36 tausend Taler und also zwanzigtausend Taler Bargeld auf zwei Termine. Und die sechzehntausend Taler sollen und müssen mit Tuch erlegt und bezahlt werden.» Was zur Folge hat, dass die Stadt ihre Musiker schon bald nicht mehr bezahlen kann. Während Barbara der Niederkunft entgegensieht und der 21-jährige Heinrich Bach ihrer 20-jährigen Schwester nahekommt, die ihm in Suhl schon sein Lehrherr zugedacht hat – das alles in einer winzigen, niedrigen Wohnung mit sechs Personen –, marodieren ab März kaiserliche Truppen vor der Stadt, die nun wieder vom Gegner besetzt ist. Sie schießen Bürger von ihren Pferden, brennen Mühlen nieder, sie vergewaltigen, foltern, verstümmeln, die Handschrift Kraffts taumelt auf dieser Seite. Alle Wut der entwurzelten, verrohten, oft auf ihren Sold wartenden

Männer, die nach einer sinnlosen Schlacht auf die nächste warten, mal freiwillig, mal gezwungen die Seiten wechselnd, denen im Tross ihre unterwegs gezeugten, verwahrlosten Kinder wegsterben, entlädt sich besonders auf die Bauern und Bürger, die ihnen so sicher und wohlversorgt erscheinen auf ihren Feldern, hinter ihren Mauern. Ende April bringt Barbara Bach ein «todtes Söhnlein» zur Welt, «welcher todten Frucht die Mutter eine halbe Stunde darauf nachgefolget».

Inmitten dieser Zeitläufte liegt das Schloss Lichtenburg, 40 Kilometer südöstlich von Wittenberg, wie ein Traum von einer besseren Welt, wie von Zauberhand geschützt, eine lichte Burg voller Kunst und Musik, ein Hort der Wissenschaft, des sozialen Ausgleichs, den selbst Feldmarschall Johan Banér umgeht, der unaufgefordert und unentgeltlich eine Salva Guardia ausstellt, einen Schutzbrief gegen Plünderung und Übergriffe. Denn hier residiert Hedwig, Prinzessin von Dänemark. Es ist die Hand einer Frau, die da waltet, einer der gebildetesten und klügsten Frauen ihrer Zeit, geradezu ein Gegenentwurf zum männlich gesteuerten Töten, Schänden, Plündern, dem Machtstreben jener dreißig Jahre, die sie hier verbringt, von 1611 bis zum 26. November 1641: Hedwig, Schwester des Dänenkönigs Christian, Witwe.

Ihr Mann war jener sächsische Kurfürst Christian II., der, ohnehin meist ganztägig betrunken, nach einem Turnier so unmäßig zechte, dass er, 27-jährig, einen Hirnschlag erlitt und in Hedwigs Anwesenheit starb. Die Zwanzigjährige, kinderlos, hat danach nicht auf eine zweite Ehe gesonnen, sondern den Witwensitz der sächsischen Kurfürsten ausgebaut, schwankend unterstützt vom Bruder und Nachfolger ihres Mannes, jenes bierseligen Johann Georg I. von Sachsen, den wir schon als schwer berechenbares Zünglein an der Waage des Krieges kennen und der seit 1635 auf kaiserlicher Seite agiert. Hedwig spricht, schreibt, liest das Dänisch ihrer Eltern, das Deutsch der Großeltern, zu denen sie als siebenjährige Halbwaise mit ihrem Bruder kam, das Französisch, das für Europas Höfe zunehmend unabdingbar wird. Sie ist Mitglied der «Tugendhaften Gesellschaft», eines Netzwerks intellektueller, literarisch interessierter und produktiver Frauen, des weiblichen Pendants der «Fruchtbringenden Gesellschaft», sie sammelt Zeitmessgeräte und Gemälde, die sie teils selbst in Auftrag gibt, 500 Bilder umfasst am Ende ihre Sammlung, sie spielt mehrere Instrumente und unterhält wohl auch eine Hofkapelle, denn sie sorgt für Musiker unterschiedlichster Profession. Den begabten Verwandten einer Dienerin hat sie zum Geiger ausbilden lassen, so gut, dass Heinrich Schütz sich diesen Anton Heidekampf 1621 für die Dresdner Hofkapelle erbeten hat, mit Erfolg.

Schütz verdankt ihr noch viel mehr, auch sein Überleben als Komponist in dieser Zeit. Sie finanziert sein Haus in Dresden, regt ihn an zu seiner ersten Oper, der ersten deutschen Oper überhaupt, der verlorenen «Dafne», er widmet ihr Musik: «... so hat es doch Gott dem Allmechtigen / nach seinem alleine weisen Rath / vnd gnedigen willen gefallen / durch ein sonderliches HausCreutz / vnd durch den vnverhofften Todesfall / meines weiland lieben Weibes Magdalenen Wildeckin / mir solche fürhabene andre Arbeit zu erleiden / vnd dieses Psalterbüchlein / als aus welchen ich in meinem Betrübnüß mehr Trost schöpffen künte / gleichsam in die Hände zugeben. Dahero ich dann ohne fernere erinnerung für mich selbsten an diese Arbeit / als eine Trösterin meiner Trawrigkeit allerwilligst gangen bin / vnd endlichen dieses Wercklein / wie es hier für Augen ist / durch Gottes hülffe verfertiget habe.»

Das ist ein Schreiben gleichsam von Witwer zu Witwe im Jahr 1627, da ist Hedwig von Dänemark 46 Jahre alt und Heinrich Schütz 42; weder er noch sie haben je wieder geheiratet.

Später vermittelt sie Schütz eine Anstellung am Kopenhagener Hof, in der er nach eigenem Bekunden seine «besten musicalischen Sachen» schreibt. Ihre Verwandtschaft ist es auch, der Schloss Lichtenburg den Schutz schwedischer Warlords vor der Plünderung verdankt. Was nichts daran ändert, dass in den Dörfern rings um Prettin während des Krieges zwei Drittel der Häuser zerstört, drei Viertel der Bevölkerung getötet oder vertrieben und Hedwigs Mittel immer knapper werden.

Vor dieser Frau steht also, so darf man vermuten, zur Mitte der 1630er, ein junger Musiker, der «musicam instrumentalem» erlernt hat, wie später sein berühmtester Enkel schreibt: Christoph Bach, der seine Gesellenjahre am Weimarer Hof absolviert hat und Hedwig von dort empfohlen worden sein mag. Die dänische Prinzessin ist nun im Alter seiner Mutter; vielleicht trifft er sie im Herbst 1635, als in Wechmar Anna Bach der Pest erliegt und dort zum letzten Mal Christophs Teilnahme am Abendmahl verzeichnet wird. Das nächste für Christoph überlieferte Datum ist seine Hochzeit in Prettin am 18. Oktober 1641. Was sollte einen guten Musiker aus Thüringen in den Jahren davor nach Prettin geführt haben, wenn nicht die kunstsinnige Hedwig auf Schloss Lichtenberg?

Einer solchen Fürstin ist der Sohn der Gastwirtstochter Anna und des Spielmanns Hans noch nicht begegnet, und einer vergleichbaren wird er auch nicht wieder begegnen. Da ist zwar die standesgemäße Distanz, bis in die Wortwahl, die Gestik, die Kleidung, da ist aber auch etwas, das ihre gut fünf Jahrzehnte und ihren Stand zur Nebensache macht, etwas Unergründliches zwischen der Skepsis und Ironie, die schon ein Porträt der jungen Witwe ahnen lässt, verbunden mit der größten Sicherheit und mit Geist. Und wen sieht sie? Ähnelt dieser Mittzwanziger mit dem frei auf die Schultern herabfallenden Haar, dem knappen Bart unter Nase und Kinn seinem Enkel, den wir kennen und den er nie kennenlernen wird, in ähnlichem Alter porträtiert, doch ohne Bart und mit Perücke? Möglich, dass schon Christoph diese starken Augenbrauen hat, von Hans, die dunklen Augen, von Anna, und diesen abwartenden Stolz um einen nicht allzu gesprächigen Mund, von Veit, dem Großvater. Der mag ihr gefallen, denn sie selbst ist eine äußerst beherrschte Person. Nie hört jemand scharfe Worte von ihr, sie weiß «den Affect des Zorns also zu moderieren», dass sie «mit dem Gesicht und Stillschweigen erinnerte was Unrecht war». Ihre Briefe an den dicken Schwager in Dresden, an «Euer Libden», den das Volk den «Bierjörge» nennt, künden von diplomatischem Geschick sondergleichen.

An Hedwigs Hof also, dessen Notenbibliothek mit dem Avanciertesten der Zeitgenossen versehen ist, mit Werken nicht nur von Heinrich Schütz, sondern auch dem von Hedwig geförderten Michael Praetorius, erschließt sich Christoph ein Horizont, an dem noch anderes zu sehen ist als Rauch und Feuer. Er ist nicht nachgewiesen auf der nach ihrem Tod erstellten Liste der Hofdiener, die trotz aller Sparmaßnahmen standesgemäß ist. Noch am Ende hat sie einen Kellerschreiber für die Weine, einen vielseitigen Tischler, der ihre Uhrensammlung betreut. Viele beschäftigt sie in Doppelfunktion, und Christoph kann auch zu den Lehrern ihrer Ziehkinder gehört haben, des Johann Georg und der Anna Maria von Mecklenburg. Er arbeitet hier in einer Umgebung, die neben der Realität des Krieges wie ein Paralleluniversum der Humanität wirkt.

Bei Hedwigs Noten steht ein frischer Quartband, vor wenigen Jahren erst gedruckt, Christoph schlägt ihn auf, da sieht man die Harmonia links und die Mensura rechts, Harmonie und Takt, in schönen Gewändern und unten den Herrn Jesus Christus von seinen Aposteln umgeben und Scharen harfespielender Engel, und in der Mitte steht zu lesen: «Erster Theil

Kleiner Geistlicher Concerten / Mit 1. 2. 3. 4. Und 5. Stimmen sampt beygefügten Basso Continuo Vor die Orgell. In die Music Übersetzet Durch / Henricum Sagittarium / Churf. Durchl. Sachsen Kapellmeister. Cum Privilegio Electoris Saxonia / Leipzig. / In Verlegung Gottfried Grossen Buchhänd / M.DC.XXXVI.»

Ich hab mein Sach Gott heimgestellt,
er mach's mit mir, wie's ihm gefällt,
soll ich allhier noch länger leb'n,
nicht widerstreb'n, seim Willen tu ich mich ergebn.

So lautet die erste von achtzehn Strophen, in denen sich hinter einer schlichten Choralmelodie und feiner, sparsamer Mehrstimmigkeit tiefes Leid verbirgt. Heinrich Schütz hat das schon 1625 komponiert, noch vor dem Tod seiner Frau, auf den Tod ihrer Schwester, die ihr vorausging. Und 1636, nach dem Grauen der Schlacht von Wittstock, fügt Heinrich Schütz diese Choralvariationen, in denen sich zwei Soprane, Alt, Tenor und Bass in unterschiedlichen Konstellationen finden, ein in die Sammlung seiner «Kleinen geistlichen Konzerte», deren knappe Besetzung der Situation entspricht: «Gantz niedergeleget» sei durch die vielen Kriegstoten die Musik an manchen Orten, schreibt er im Vorwort. So ist die Sammlung, hoch konzentriert, unaufwendig realisierbar, ein Akt kultureller Selbstbehauptung, ein *survival kit*.

Es ist allhier ein Jammertal,
Angst, Not und Trübsal überall,
des Bleibens ist ein kleine Zeit,
voller Mühseligkeit, und wers bedenkt,
ist immer im Streit.

Was ist der Mensch, ein Erdenkloß,
von Mutterleib kömmt er nacket und bloß,
bringt nichts mit sich auf diese Welt,
kein Gut noch Geld, nimmt nichts mit sich,
wenn er hinfällt.
Es hilft kein Reichtum, Geld noch Gut,
kein Kunst noch Gunst, kein stolzer Mut,
fürn Tod kein Kraut gewachsen ist,
mein frommer Christ, alles was lebet, sterblich ist.
Heut sind wir frisch, gesund und stark,
bald morgen tot und liegen im Sarg,
heut blühn wir wie ein Rose rot,
bald krank und tot, ist allenthalben Müh und Not.

Als Christoph Bach am 18. Oktober 1641 in Prettin die tugendsame Jungfer Maria Magdalena Grabler heiratet, Tochter eines Landwirts, die möglicherweise ebenfalls für Hedwig arbeitet, ist die Fürstin erkrankt. Wie so oft hat sie heftige Schmerzen im Bein und kann kaum gehen, auch die Mittel aus der eigenen Apotheke helfen nicht. Im November wird es schlimmer, sie lässt Ärzte kommen; kaum, dass es besser wird, mag sie nicht liegen bleiben, erledigt am 25. November wieder ihre Korrespondenz und erliegt am Mittag des folgenden Tages der Embolie, die einer Thrombose folgen kann. Auch Christoph und Maria, 28 und 24 Jahre alt, können dort Abschied nehmen, stehen an dem schwarz ausgeschlagenen Sarg, der in der Schloßkirche auf schwarzem Seidenatlaspolster ruht.

Das junge Paar verlässt Prettin. Im Januar wird Maria schwanger. In Erfurt kümmert sich Johann um eine Stelle für seinen Bruder und um eine Wohnung. Er selbst hat wieder geheiratet, eine gute Partie: Die Lämmerhirts sind Kürschner aus Schlesien, Johanns Schwiegervater Valentin Lämmerhirt hat Ehrenämter in der Stadt und ein Haus am Junkersand, an der Furt der Gera, «Zu den drei Rosen». Johann und seine Frau Hedwig, dreizehn Jahre jünger als er, sind in die nahe Kürschnergasse gezogen und haben einen Sohn, der seine ersten Worte lernt, als Christoph und Maria aus Prettin in den «Drei Rosen» unterkommen. Die beiden Brüder tauschen sich aus. Heinrich, der jüngste, ist vor kurzem nach Arnstadt gezogen, wo seinem alten Onkel Caspar und dessen Catharina mittlerweile noch vier weitere Söhne gestorben sind, und hat dort im Januar seine Eva geheiratet.

Was Christoph vom fernen Musenhof der Hedwig erzählt, hört Johann mit Staunen. Sie haben in Erfurt schwere Zeiten gehabt, ein Jahr schlimmer als das andere. Nach Barbaras Tod, «wir sind beisammen gewesen neun Monate», als draußen die Kaiserlichen gewütet hatten, kamen die Hamster und Mäuse auf die Felder und fraßen das Getreide weg, da kostete ein Malter Korn 32 Taler. Im nächsten Jahr, als er die Hedwig zur Frau nahm, kam die Dürre, «da waren der Heuschrecken so viele, dass man im Feld gemeint hat, wenn man gegangen ist, es schlosse», sagt Johann, es hagelte Heuschrecken. Die ließen nur noch das Stroh stehen, und als mit dem Sommerregen Hafer und Gerste nachkamen, da schnitten die Leute das Grün weg und gruben um, damit es im nächsten Jahr besser wächst, da wuchs aber gar nichts. «Im Mai ist unser Johann Heinrich zur Welt geboren, der war so klein und schwach, dass ihn Gott der Herr nach drei Monaten zu sich geholt hat», sagt Johann, und Hedwig, die wieder schwanger ist und mit dem kleinen Johann Christian dabeisitzt, sagt nichts. «Dann kam die große geschwinde Teuerung um die Erntezeit 1639. Etliche viele Tausend sind Hungers gestorben. Da kostet ein Malter Korn 37 Taler, da konnte kein Tagelöhner mehr Brot bekommen. Die armen Leute sind auf'n Schindanger gegangen und haben vom Aas der Pferde und Kühe das Fleisch geschnitten …»

Hedwig erhebt sich still und führt den kleinen Christian weg, das soll er nicht hören, auch wenn er's nicht versteht, «… und gekocht und auch verkauft. Zwei Jahre ist es her.» Christoph schweigt und blickt vor sich hin. Johann fährt nach einigem Bedenken fort: «Dann hat im Dezember der Kommandant auf'm Spittelrasen einen köpfen und vierteilen lassen aus Verräterei halben, dem haben die armen Leute das Herz rausgenommen und das Fleisch abgeschnitten, gekocht, gegessen.»

Er sagt das alles ganz ruhig. Christoph solle sich das gut überlegen, in die Compagnie einzutreten. Zunächst könne er Adjunkt des alten Nelner werden, der kaum noch spiele, für das halbe Gehalt. Aber ohnehin seien die Stadtmusikanten seit zwei Jahren ohne Besoldung, alles Geld holten sich die Schweden. Der Rat könne nichts tun, als den Musikanten gegen die Spielleute und Fiedler beizustehen, damit die ihnen nicht die Akzidentien bei den Hochzeiten wegfiedelten und wegbliesen. Aber Christoph will die halbe Stelle haben. Wo er denn sonst hinsolle mit seiner Maria. Es könne mit Gott noch alles gelingen, meint er. Er nimmt Johanns Hände, der große Bruder sieht alt geworden aus mit seinen 37 Jahren, aber große Kraft geht von ihm aus. «Weißt du, wie der Vater abends noch kam», sagt Christoph, «denselbigen Tag wie du, in Wechmar?» «Ja. Da hat unsere Schwester Anna noch gelebt.» «Sie hat getanzt.» «Du hast Geige gespielt, mit Zierlichkeit.» «Unser Bruder spielte die Flöte und hat auch gesungen.» Es ist gut sechzehn Jahre her, schon da war der Krieg überall. Er höre, sagt Johann, immer Heinrichs Stimme an jenem Abend, wenn er etwas für Sopran setze, für den Canto der Knaben im Chorus musicus. «Und im Alto immer mich», sagt Christoph, das fragt er nicht, das weiß er. Johann steht auf. «Ich zeig dir was.»

Mit einigen Notenblättern kehrt er wieder, frisch liniert und beschrieben. Christoph liest. Sechs Stimmen. «Unser Leben». Zweimal werden die Worte zu Anfang gesungen, in großen Akkorden. Zuerst c-Moll, mit kleiner Bewegung der Mittelstimmen zu G-Dur erleichtert, von dort in einem großen Schritt zu Es-Dur, ein Schritt, der von alten italienischen Quellen dieser Musik kündet und von einem ganzen Leben. Unser Leben, sagt Johann in diesen ersten sechs Takten, ist groß, schwer, reich. Aber es ist auch so leicht, dass es verweht. Aus dem B-Dur lösen sich eilige Noten. «Unser Leben ist ein Schatten.» Der Schatten verflüchtigt sich nach oben in Sechzehnteln des Soprans, dann des Alts, dann beginnen die Schatten, in Terzen geführt wie Flatterbänder, sogar miteinander zu spielen.

Christoph kennt die Worte, sie stehen im Buch Hiob. «Und was du zu erst zu wenig gehabt hast», übersetzt Luther, «wird hernach fast zunemen. Denn frage die vorigen Geschlechte / vnd nim dir fur zu forschen ire Veter. Denn wir sind von gestern her vnd wissen nichts / Unser Leben ist ein Schatten auff Erden. Sie werden dichs leren vnd dir sagen / vnd ire rede aus irem hertzen erfur bringen.» Das alles hört er lesend mit in dem Satz, den Johann in Töne gebracht hat. Aber die folgenden Worte kennt er nicht.

Ich weiß wohl, daß unser Leben
oft nur als ein Nebel ist,
denn wir hier zu jeder Frist
mit dem Tode seind umgeben,
drum ob's heute nicht geschicht
meinen Jesum laß ich nicht!

Drei Stimmen singen das, die zuvor nicht da waren, «Chorus latens» hat Johann darüber geschrieben, «versteckt», Alto, Tenore, Basso. Die andern sechs lösen sie lauter ab, sie wiederholen: «zu jeder Frist». Und so tun sie es wieder mit der sechsten Zeile. Es sind die Lebenden, die von den Toten lernen, vom kleinen Chor aus dem Jenseits, ohne den Glanz des Soprans, des Knabenalters, ein Chor der Väter, der den Söhnen das vorspricht, was sie dann in Zuversicht wenden.

Christoph blickt auf. Wer die Worte geschrieben habe? «Dem Flittner sein Sohn, er heißt wie ich.» Den hat Christoph zuletzt in Suhl gesehen, als der noch ein Knabe war, Sohn des Kilian, der ein Eisenbergwerk hatte und mit Waffen und mit Wein gehandelt hat. Er sei, sagt Johann, dem Heinrich befreundet, drei Jahre jünger als er, aber klug über seine Jahre hinaus. Der Johann Flittner studiere jetzt Theologie in Leipzig, 23 Jahre alt, und habe Heinrich diese Verse gegeben, auch noch welche von einem aus Schleusingen, der jetzt wohl Bäcker in Coburg sei, aber ebenso ein starker Poet, die will Johann auch noch setzen in diesem Werk für die Predigerkirche. «Das ist nichts als ein Anfang», sagt er.

Sterb ich bald, so komm ich abe
von der Welt Beschwerlichkeit,
ruhe bis zur vollen Freud …
Ruhe bis zur vollen Freud.
… und weiß, daß im finstern Grabe
Jesus ist mein helles Licht,
meinen Jesum laß ich nicht!
Meinen Jesum laß ich nicht!

KAPITEL 3 DER AUFSTIEG

Wie Zwillinge aus Erfurt zu Virtuosen werden und zwei ungleiche Brüder aus Arnstadt den Klang der Zeit komponieren

Haltet euch so getrost als ihr immer könnt», sagt die Wehemutter, die Christoph mitten in der Nacht in die Kürschnergasse geholt hat. Vor kurzem erst sind sie hierhergezogen, nur wenige Schritte weit. Er hört, wie sie nebenan auf seine Frau einredet. «Lasst den Mut und die gute Hoffnung nur nicht fallen, ich versichere euch, es wird mit Gottes Hülfe besser gehen, als ihr denkt!» Maria Magdalena ist dieses Mal so großen Leibes, dass sie sich in der vorigen Woche kaum noch hat rühren können. Zuerst einmal hat die Hebamme Maria Einhalt geboten, die sich nach altem Brauch das Haarband lösen will – es sei ein Aberglaube, sagt sie, dass eine Frau nur gebären kann, wenn sie alle Knoten und Bänder löst, die sie an sich hat. «Haltet euch mit den Händen nur feste an, dass ihr nicht so zittert! Es geht gleich wieder vorüber!» Christoph wünscht das Gleiche für sich, er hat rasendes Zahnweh und kippt noch einen Wein hinunter, roten, wie ihn die Wehmutter seiner Frau gegeben hat. «Ihr werdet sehn, dass euch der liebe Gott bald helfen wird.» Maria schreit auf, die Wehmutter redet ruhig weiter auf sie ein. «Wie bald ist eine Weh vorbei! Wer wollte seinen Mut so bald sinken lassen?» Aber es währt und währt, und als der

Morgen des 22. Februar 1645 über Erfurt dämmert, hält Christoph es nicht mehr aus. Der Stadtmusiker überlässt seine Frau Gott und der Hebamme – ihren kleinen Georg Christoph haben sie der Schwägerin gebracht – und eilt zum Zahnzieher.

Christoph hat gegen seinen Schmerz schon alles ausprobiert, Bilsenkraut und Alraune, Kampferöl und Lavendel. Seit gut zwanzig Jahren ist auch unter belesenen Chirurgen die Wirkung der Gewürznelke anerkannt, die er schon aus Prinzessin Hedwigs gut sortierter Lichtenburger Apotheke kennen dürfte. Nun findet er sich im Sessel sitzend, den Behandler im Rücken, der ihn lobt, schon Wein getrunken zu haben, und ihm noch einen Becher reicht – lokale Anästhesie wird zwar hier und da schon versucht, aber Rabenmist und gehackte Würmer haben allenfalls suggestive Wirkung. Der Alte lässt Christoph einen Becher mit Weingeist und Lavendel trinken, dann legt er ihm, mit der Linken unter das Kinn greifend, den Kopf in den Nacken, ermittelt den kranken Backenzahn, legt ihn mit einem Schaber frei – Christoph ballt die Fäuste über der Brust – und greift dann zum gefürchteten Pelikan, einer Art festem, offenstehendem Metallschnabel, mit dessen Hebelwirkung nur kundige Chirurgen so umgehen können, dass nicht gleich drei Zähne aus der Fassung geraten. Darum bevorzugt man alte Zahnbehandler, erfahren und bedachtsam. Dieser Patient hat Glück, auch wenn das für die Leute draußen auf der Gasse nicht so klingt. Geißfuß und Stoßeisen kommen nicht zum Einsatz, die Zange nur für die finale Extraktion, nach der Christoph, fast ohnmächtig geworden, mit Weingeist spült und eine Pfeife mit Brasiltabak zum Rauchen erhält.

Trotzdem hat er Tränen in den Augen, noch ehe er, benebelt zurück im «Haus zum Christoffel», die gute Nachricht vernimmt. Es riecht auch hier nach Alkohol, nach Branntwein, und die Hebamme kommt ihm entgegen. «Nur einmal ist das

Wasser gesprungen», sagt sie fröhlich, «und dann ist ein Kind gleich dem andern gefolgt, mit Gottes Hilfe!» Die Nabelschnur sei so lang gewesen, dass die beiden damit auf dem Wehelager hätten tanzen können. Die beiden? In warme Tücher gewickelt, mit Branntwein abgerieben liegen sie da, die Zwillinge, zwei Knaben, die sich wie ein Ei dem andern gleichen. Wie es kommt, dass es auch einander weniger ähnliche Zwillinge gibt, weiß man noch nicht. Zwei Tage später werden die Knaben in der Erfurter Kaufmannskirche getauft: Johann Ambrosius und Johann Christoph. Unlängst ist dort auch ihr Cousin Johann Ägidius zur Taufe getragen worden, zweiter überlebender Sohn von Hedwig und Johann, die freilich schon zwei kleine Knaben wieder verloren haben und noch weitere drei von zehn Kindern werden begraben müssen.

Unterdessen erreicht der Krieg die Phase der letzten Schlachten, die fern von Thüringen geschlagen werden, das Land aber noch einmal schwer treffen. Lennart Torstensson, einst Page Gustav II. Adolfs, der schon in Breitenfeld und Wittstock die schwedische Artillerie kommandierte, hat die Wendigkeit der Geschütze und Einheiten mit einer Zielstrebigkeit entwickelt, die man in der Medizin und Zahnmedizin des Jahrhunderts vermisst. Er schlägt im März dieses Jahres 1645 bei Prag – unfern der ersten Schlacht des Dreißigjährigen Krieges – mit 16 000 Söldnern und 80 Geschützen die zahlenmäßig überlegenen, aber schlechter bewaffneten Truppen Kaiser Ferdinands III. so vernichtend, dass der verstärkt auf Frieden sinnt. Im April wird der Kurfürst von Trier freigesetzt, den zehn Jahre zuvor spanische Truppen gefangen genommen hatten, im August lädt der Kaiser, ganz gegen seine vorherige Machtpraxis, sämtliche rund 140 Reichsstände zu dem Friedenskongress ein, der sich seit zwei Jahren in den neutralen Städten Münster und Osnabrück dahinschleppt.

In Erfurt merkt man wenig von diesem Licht am Horizont. Der schwedische Stadtkommandant Caspar Ermes, den man den «lahmen Bösewicht» nennt, tut sich durch brutale Justizpraxis hervor, und einem harten Winter, in dem das Eis auf der Gera 30 Zentimeter dick wird, folgen im Februar Torstenssons Truppen auf dem Weg zurück nach Norden. «Anno 1646 ist das schwedische Volk, die ganze Armee, in das Thüringer Land dieser Seit der Saale, Jena, Rudolstadt, Stadtilm hat der Stab gelegen, Arnstadt, Ohrdruf, Eisenach, Gotha, Weimar, Buttstädt, und aller Wegen, auf allen Dörfern, so sind sie verwüstet worden», schreibt Blaufärber Hans Krafft – wobei sich im Wort «verwüstet» das erneute Niederbrennen ganzer Dörfer verbirgt, Plünderung, Folter, Vergewaltigung, Mord, all das, was Krafft nicht noch einmal aufschreiben will. «Im Februar so sind sie ankommen und gelegen bis 16. März. So ist der Generalfeldmarschall Lehnart Dorsten Son und Generalfeldzeugmeister Frangel mit dem ganzen Stab in Erfurt [gewesen].»

Die Finanzen der Stadt erlauben jetzt erst recht keine Bezahlung ihrer Musiker. Noch 1665 wird Christoph Volbrecht, Direktor der Stadtmusikanten, schreiben, dass er und seine vier «Cameraden» «in 26 Jahren keine Besoldung bekommen undt doch unsere Dienste wie bey der Besoldung dreulich und fleyßig verrichten». Das tun sie – darunter Johann und Christoph Bach – auch beim Erfurter Friedensfest, das wegen fehlender Mittel erst knapp zwei Jahre nach dem Westfälischen Frieden stattfinden kann. Freilich haben die letzten 600 schwedischen Fußsoldaten die Stadt auch erst zehn Tage vor diesem 8. September 1650 verlassen. Erfurt hat jetzt 13 475 Einwohner, gut 5500 weniger als vor dreißig Jahren. Das Fest beginnt mit einem Gottesdienst, bei dem einem Präambulum der Orgel, vielleicht von Johann gespielt, Chormusik folgt, von Studenten und Kantorei gesungen: «Komm heiliger Geist, Herre Gott».

Die Stadtmusikanten verstärken an diesem Tag das Collegium musicum der Universität beim «Academischen Triumph- und Jubelgeschrey». Die Knaben der Bachs ziehen mit den Musikern durch die Stadt, die an wechselnden Orten anhalten und «allerhand Lob- und Danklieder figuraliter und choraliter» vortragen. Abends steigen ihre Väter nacheinander auf die vier höchsten Kirchtürme der Stadt, nah beieinander, Allerheiligen beim Fischmarkt, St. Ägidien an der Kramerbrücke, die Kaufmannskirche und St. Bartholomäi am Anger. Die beiden Cousins Georg Christoph und Johann Christian, acht und zehn Jahre alt, dürfen mit nach oben – immerhin ist es Georgs Tauftag! –, drei Fünfjährige bleiben unten und sehen hinauf. Die Zwillinge Ambrosius und Johann Christoph und ihr Cousin Ägidius hören, kennen und singen mit, was da oben geblasen wird: «Allein Gott in der Höh' sei Ehr».

Dem zuversichtlichen Heinrich geht es unterdessen in Arnstadt nicht gut. Seine Stelle als Organist an der zum Hof gehörenden Oberkirche verdankt er der Verzweiflung des Hofkapellmeisters und Organisten Christoph Klemse. Dieser Studienfreund von Heinrich Schütz hat in Arnstadt noch goldene Zeiten erlebt, bis hinein in die ersten Kriegsjahre, als Caspar Bach den Dulzian in der Kapelle spielte und dessen ältester Sohn als große Hoffnung nach Bayreuth und Dresden ging. Aber schon ab Mitte der Zwanziger bröckelte kriegsbedingt der Etat, und 1640 hat Klemse, unregelmäßig bezahlt, um Urlaub gebeten, um sich woanders eine Anstellung suchen zu können. Die Grafen lehnen ab, bis ihr bester Musiker Kleider und Hausrat verkaufen muss, um seine Familie durchzubringen – während das gräfliche Geld durchaus noch reicht, die Kirche des Hofs mit neuer Taufe und Kanzel und neuem Altar prunkvoll auszustatten, «alle drey Stück sehr künstlich und von sonderlicher Invention», wie die Stadtchronik rühmt.

Diese künstlichen Stücke kennt Heinrich gut. Nach Klemses Entlassung hat er im September 1641 das Organistenamt übernommen, während die Leitung der heruntergekommenen Hofkapelle unbesetzt bleibt, und gründet eine Familie, vielleicht in dem kleinen Häuschen, das sein Onkel Caspar seit einigen Jahren in der Jakobsgasse besitzt. Aber seine Besoldung – 52 Gulden jährlich – erhält er nur als Bittsteller, «fast mit weinenden Augen», wie er den beiden jungen Grafen von Schwarzburg im August 1644 schreibt. Da hat der 28-Jährige schon über ein Jahr lang kein Geld erhalten, ist Vater eines zweijährigen Johann Christoph und sieht mit Sorge der nahen Geburt des nächsten Kindes entgegen. Die gräfliche Kanzlei befiehlt dem Verwalter des «Gotteskastens», aus dem die Bedienten der Kirchen und Schulen bezahlt werden, Abhilfe zu leisten. Der Kasten, erklärt der Verwalter, sei infolge des Krieges leer und von den dreizehn Jahren seiner Tätigkeit sei dieses das schlimmste. Heinrichs und Evas zweiter Sohn, im Januar 1645 geboren, wird keine zwei Jahre alt. Johann Christoph, der erstgeborene, lernt die Not schon kennen, ehe sich nach Kriegsende zögernd das Blatt wendet. Und er erkundet die Orgel seines Vaters in der Oberkirche, deren Töne, solange die Kalkanten den Blasebalg bedienen, für die Ewigkeit stehen.

Ehe wir für ein Konzert in der Neuen Kirche proben, schließt uns Kantor Jörg Reddin die Oberkirche, die Barfüßerkirche, Heinrichs Kirche auf. Sie wird seit Jahren renoviert. Die Adelsstände auf der Empore rechts leuchten in frischen Farben, links ist die Treppe zur Kanzel im Bau, alte Schnitzereien eingepasst in neue Hölzer, auf dem Boden liegen in Folie verpackte Teile. Heinrichs Orgel, 1611 gebaut, gibt es seit gut hundert Jahren nicht mehr, aber immerhin hielt sie fast drei Jahrhunderte lang. Das verputzte Tonnengewölbe oben hat er nicht gekannt, sondern eine Holzwölbung. Aber die klare, schöne Akustik, den Lichteinfall durch die Chorfenster, das Raumgefühl. Es ist eine gute Stelle, diese Anhöhe hundert Schritte südlich vom Marktplatz, es sind gute Proportionen in diesem 700 Jahre alten gotischen Rechteckbau. Schlicht, keine Säulen, keine Seitenschiffe. Spannung fällt von einem ab, wenn man da steht. Und dann ist da dieses Bild. Unser Fagottist entdeckt es als Erster, er ist auch Maler von Profession. «Das ist ja unglaublich!» Von wann das denn sei? Das Epitaph darunter nennt das Jahr 1594. Kann nicht sein, meint er. Es sehe aus wie mindestens zwanzig Jahre früher und sehr italienisch. Er hat recht.

Heinrich sieht es fast täglich, wie später seine Söhne. Es tröstet die Augen und die Seele, das lichte Wunder aus einer anderen Zeit, das ein Niederländer malte in den Jahren, da Veit Bach in Pressburg zur Welt kam. Frans Floris, ein Schüler Michelangelos, 1517 in Antwerpen geboren, hat zu Füßen des Gekreuzigten dessen Mutter gemalt, hingesunken in den Schoß einer Frau, vermutlich Maria Magdalena, die ihr beisteht zusammen mit einer anderen. Maria hat das Bewusstsein verloren, sie schläft unterm Kreuz ihres Sohnes, entspannt sind ihre Glieder, vielleicht schon in der Gewissheit, dass nun den Menschen der Himmel aufgeschlossen ist. Floris' fließende Linien verbinden Körper, deren Wärme man spürt, die Gesichter sind bei aller Ebenmäßigkeit von einer Ausdrucksstärke, die keinen unberührt lässt. Seit 1594 hat das Bild in der Oberkirche seinen Platz, als Mittelstück eines Flügelaltars für Günther den Streitbaren, Generationen von Musikern nehmen seinen Anblick in sich auf.

Wir verlassen die Kirche durch die kleine Westtür und gehen weiter zur Liebfrauenkirche, in der Heinrich ebenfalls Orgel spielte. Sie ist mindestens ebenso alt wie die Oberkirche, aber größer, höher, dreischiffig, mit hochgotischem Kreuzgewölbe und zwei Türmen. Auf der nördlichen Turmspitze fehlt die Steinkugel, sie wurde zwei Tage zuvor bei schwerem Unwetter vom Blitz getroffen und zerschlug das Dach, unten hat man die Ziegeltrümmer zusammengekehrt. «Der hat auch was abgekriegt», sagt eine Frau in ihrem Vorgarten bei der Kirche und zeigt auf ein Wohnmobil. Da ist das Dach mit Klebeband geflickt. Auf der Seite des Wagens steht der Typenname: «Komet».

1654 erfährt Christoph, der Stadtmusiker in Erfurt, von seinem Bruder Heinrich, in Arnstadt werde ein Hofmusikant als «Meister der Haussleute» gebraucht. Er bewirbt sich mit Erfolg. Er wird «alhier in der Kirchen bei der Music und auf dem Chor, wie auch zu Hof, so oft wir es begehren und Ihn erfordern lassen, nebst seinen Adjuvanten, sowohl mit Violen als blasenden Instrumenten, wie es die Kunst mit sich bringet, fleißig und unverdrossen aufwarten, täglich von dem Schloßthurm alhier zweymahl, alss zu Mittag und Abends und auf die Hohe Feste den ersten Tag auch Morgens frühe, abblasen und bey solchem allen keinen Mangel verspüren lassen, sondern sich damit allenthalben, wie einem ehrliebende Musicanten zustehet, verhalten solle …» Diese Bedingungen unterzeichnet am 17. Mai 1654 Graf Christian Günther, nachdem Christoph «mit Hand und Mundt zugesaget hat». Die Besoldung ist gering – 35 Gulden jährlich inklusive Mietzuschuss, dazu aber noch zehn Maß Korn und die Genehmigung zum Bierbrauen. Außerdem darf Christoph auswärts musizieren, und an ihn müssen sich Bürger wenden, die Musiker für Hochzeiten und Kindtaufen engagieren wollen.

Nun steigt also auch er täglich die 162 Stufen hoch, aber in besserer Position als Caspar Bach drei Jahrzehnte zuvor, Caspar, der seit zehn Jahren nicht mehr lebt. Christophs Söhne lieben das Schloss und seine Gärten. Da ist die gewaltige Linde mit ihren Tanzböden auf drei Etagen, durch Leitern verbunden, und die Grotte, mit weißen und blauen Steinen ausgelegt, die durch verborgene Wasserröhren zum Bassin gemacht werden kann. Graf Christian Günther II. von Schwarzburg-Sondershausen zu Arnstadt, ein Jahr jünger als Heinrich, gefallen solche Spielereien, er hat Wasserrohre sogar bis zu den Rasenbänken vor der Grotte legen lassen. «Setzt euch nieder», sagt der Gärtner den Zwillingen Ambrosius und Toffel, dann lässt er das Wasser fließen, und sie juchzen auf, als im eben noch trockenen Gras ihre Beinkleider nass werden – so wie die der erwachsenen Gäste, mit denen sich der Graf solche Späße erlaubt. Sie staunen über die Eisgrube, aus der mitten im Sommer das dort verwahrte Eis geholt werden kann, um Getränke zu kühlen, über den Springbrunnen im Rosengarten, der allerlei kleine Wasserkünste antreibt, aber viel Zeit ist für solche Entdeckungen nicht neben dem Lernen. Schon machen sich die Zwillinge, jetzt neun Jahre alt, neben dem Schulunterricht auf Instrumenten kundig, wie auch ihr älterer Bruder Georg Christoph. Er neigt zur Orgel, auf der sein Onkel Heinrich ihn unterweist, die Jüngeren sind für die Geige geboren.

1655 spricht es sich auch bei den Arnstädter Musikern herum, dass einer ihrer hoffnungsvollsten Kollegen das Land verlassen hat, aus Leipzig geflohen ist. Der hochbegabte Thomaskantor *in spe*, Johann Rosenmüller, 36 Jahre alt, ist «per publicam famam grober Excesse bezüchtiget», aller Ämter enthoben und wie einige Thomasschüler inhaftiert worden. Dass ihm die Flucht über Hamburg nach Venedig gelingt, schon längst eine Insel der Libertinage, rettet ihm das Leben. Denn die seit 1532 unverändert geltende «Constitutio», erstes allgemeines deutsches Strafgesetzbuch, ahndet die Homosexualität mit der Todesstrafe: «Item so eyn mensch mit eynem vihe, mann mit mann, weib mit weib, vnkeusch treiben, die haben sich das leben verwürckt, vnd man soll sie der gemeynen gewonheyt nach mit dem fewer vom leben zum todt richten.» Für den Arnstädter Kantor Jonas de Fletin, einen Schüler von Heinrich Schütz, ist die üble Fama kein Grund, die bereits gedruckten Sammlungen Rosenmüllers aus den Beständen zu entfernen, und überhaupt scheinen die Kunstsinnigen des 17. Jahrhunderts der deutschen Rechtsprechung um Jahrhunderte voraus zu sein. Als sich Rosenmüller wenige Jahre später in Venedig als Komponist etabliert hat, lässt der Weimarer Hof sogleich neue Kompositionen von seiner Hand in Venedig erwerben, später wird der Thüringer Johann Philipp Krieger dort sein Schüler, und 1682 holt der Wolfenbütteler Herzog Anton Ulrich den Wahlvenezianer an seinen Hof.

Ein früheres Italien klingt derweil nach in dem, was Heinrich Bach für Kirche und Hof in Arnstadt schreibt. Eine Sonata in C stellt er den Zwillingen aufs Pult, als sie elf sind, ans Cembalo setzt sich ihr älterer Bruder, den Violone übernimmt ihr Vater, der ohnehin jedes Instrument beherrscht. Und die zwei Viole da braccio, die Bratschen? Vielleicht spielt Fletin die eine, und die andere nimmt widerstrebend Heinrichs Ältester Johann Christoph, der im Jahr 1656 vierzehn Jahre alt wird und sich nur an der Orgel wohl fühlt, ganz wie sein Vater. Er möge nicht so halsstarrig sein, meint Heinrich, hier gelte es, dass die Jüngsten sich bewähren, die Zwillinge. Die triumphieren, als sie zum ersten Mal auf ihren Geigen gut durch die Noten gekommen sind, immerhin mit allerlei Synkopen durchsetzt. Fletin lächelt. Das müsse freilich noch zweimal so geschwinde werden, sagt er, und das Wichtigste fehle überhaupt. Das Wichtigste? «Das versteht Euer Vater am besten», sagt er. Christoph legt den Violone hin, greift sich Ambrosius' Geige und spielt die Stimme mit so vielen Tönen, wie Heinrich sie gar nicht geschrieben hat, überall sprudeln neue kleine Noten hervor, Umspielungen, Verzierungen. «Diminutionen», sagt Fletin. Wenn sie was werden wollten, müssten sie das Diminuieren lernen, die Ornamente.

Gut, dass sie zu zweit sind, nicht leicht zu entmutigen. Sie versuchen es. Sie fügen kleine Schnörkel hinzu, einander nachspielend in dem fugierten Anfang, und als es dann im gemeinsamen Rhythmus weitergeht, stellen sie erstaunt fest, dass sie just dasselbe fantasieren, als stünde es geschrieben, mal steuern sie einen Ton von oben an, mal von unten, fast immer zugleich. Da ruft Fletin «Hollaho!», sie werden kühner, und am Ende sagt Christoph stolz: «Da hört ihr, dass sie Zwillinge sind!» Und Heinrich sagt: «Mehr noch, sie sind Musikanten.» Die jüngeren Geschwister haben staunend zugehört, Johann Michael, Heinrichs achtjähriger Sohn, und seine fünfjährige Schwester Maria Catharina, und noch ein besonderes kleines Mädchen auf dem Schoß von Christophs Frau Magdalena. Von der kleinen Dorothea Marie ahnen ihre Eltern schon, dass sie zeitlebens Hilfe brauchen wird. Und immer wird sie eine Familie Bach um sich haben.

Dreizehn Bachs leben jetzt in dem Residenzstädtchen am Fuß des Thüringer Waldes. Caspar Bachs Witwe Catharina ist hochbetagt gestorben, in ihrem Haus in der Jakobsgasse wohnt ihr einziges noch lebendes Kind, Christina, mit ihrem Mann. Die jungen Bachs, die jetzt in Arnstadt und Erfurt herumlaufen, erleben das Musikerdasein als etwas Selbstverständliches in einem Land, das sich langsam von einem Krieg erholt. So langsam freilich, dass auch Christophs Etat knapp ist und er sich im Juni 1661 auf eine Stadtpfeiferstelle in Naumburg bewirbt. Die Zusage der Naumburger, falls es sie gibt, kommt zu spät. Die Arnstädter Chronik verzeichnet für das Jahr 1661 keine Seuche, keinen Hinweis auf Pocken, Typhus, Cholera oder gar die Pest, die in diesem Jahr in Danzig fünftausend Menschen tötet. Aber eine Epidemie ist es wohl, der innerhalb von knapp vier Wochen im Herbst zuerst Christoph Bach und dann seine Frau Maria Magdalena erliegen, er mit 48 Jahren und sie kurz vor ihrem 47. Geburtstag.

Die Zwillinge sind bei diesem Verlust sechzehn Jahre alt, als Musiker mitten in der Lehre bei ihrem Vater. Sie bitten den Grafen schriftlich, ihnen Christophs Besoldung für das laufende Quartal noch zu zahlen, und verweisen auf Dorothea Marie: «Absonderlich aber vnsre Schwester blöden Sinnes, vnd gegen andre Menschen zu rechnen, Vn förmlichen gestalt und thuns ist, dannenhero Sie viel wartens vnd Große vffsicht bedarff.» Sie bieten zugleich an, «bei der Musik in Kirchen vnd sonsten nach unseren besten Vermögen auffs fleißigste aufzuwarten». Ihrer Bitte wird entsprochen. Ambrosius und Johann Christoph bleiben bis Ende des Jahres in Arnstadt, wo der Nachfolger ihres Vaters, Heinrich Gräser, nur halb so viel Gehalt bekommt wie Christoph Bach – was seine Sympathie für die Bachs nicht befördert. Während die kleine Schwester in die Obhut des Onkels Heinrich und seiner Frau Eva kommt, bleibt der Älteste, Georg Christoph, noch zwei Jahre Schüler des Kantors Jonas de Fletin, dann zieht er aufs Gymnasium nach Coburg. Er ist der Erste in der Familie, der Latein lernt, dem Ehrgeiz des Vaters entsprechend, der ihn schon als Neunjährigen an der Erfurter Universität hat immatrikulieren lassen.

Doch es sind Ambrosius und Johann Christoph, die Unzertrennlichen, die nun nach Erfurt ziehen. Ihren siebzehnten Geburtstag am 22. Februar 1662 feiern sie bei ihrem Vormund und neuen Lehrherrn Johann Bach, der dort weit verzweigte Verbindungen hat und die Hoffnung, sie irgendwann in der Compagnie unterbringen zu können. In dieser Stadt, wo mehr als fünfmal so viele Menschen leben als im beschaulichen Arnstadt, herrscht eine Stimmung, als sei der Krieg noch nicht vorbei. Es brodelt zwischen Rat und Bürgern, zwischen alten Oligarchen und demokratischen Kräften, und beider Hoffnungen, endlich Bewohner einer freien Reichsstadt zu werden, ist ein ferner Politiker im Wege, der Mainzer Kurfürst Johann Philipp von Schönborn. Ein Jahr nach Johann Bach geboren, im Jahre 1662 also 57 Jahre alt, zählt er zu den klügsten Politikern der Zeit. Protestantisch getauft, aber von Jesuiten erzogen, 1642 zum Bischof von Würzburg ernannt, hat er bei den Verhandlungen zum Westfälischen Frieden viele Fäden gezogen und nicht nur das Erzbistum Mainz errungen, sondern auch die territorialen Rechte dieses Bistums an Erfurt. Formal bestehen sie seit neunhundert Jahren, aber de facto hat die Stadt ihre Selbständigkeit bewahrt.

Schönborn setzt nun den Hebel mit einer Formalie an: Ins Kirchengebet sollen die kurfürstlichen Gnaden von Mainz eingeschlossen werden. Schönborn hat die Macht, das durchzusetzen. Er ist auch Kurerzkanzler des Reiches, er hat beste Verbindungen zum Kaiser, aber ebenso zu Frankreich, und Erfurts vermeintlichen Verbündeten in Sachsen weiß er zu neutralisieren, soweit der das nicht schon selbst macht. Kurfürst Johann Georg II. in Dresden säuft wie sein Vorgänger, der Bierjörge, dermaßen, dass er bereits nachmittags nicht mehr ansprechbar ist. Bestechungsgelder sind auch im Spiel. Der Druck auf Erfurt wächst, die stadtinternen Fraktionen bekämpfen einander und sind sich zugleich einig, das Kirchengebet nicht zu akzeptieren. Dann knickt der Rat ein, während die antimainzische und antikatholische Stimmung steigt.

Es ist indessen ein Protestant aus der Gemeinde der Kaufmannskirche, an dem sich die Spannung entlädt. Obervierherr und Ratsmeister Volkmar Limprecht wird verhaftet, ein Parteigänger Schönborns. Er gesteht unter der Folter seine Verbindungen mit Mainz und wird am 20. November 1663 auf dem Fischmarkt von einem Vermummten mit dem Schwert enthauptet, nah jenem «Haus zum Affen», in dem einst Johann Bachs Vorgänger sein Leben verlor. Der Kopf wird monatelang am Rathaus zur Schau gestellt, neben jenem stattlichen Balkon, den Limprecht erst vor wenigen Jahren für die Auftritte der Stadtmusikanten hat bauen lassen. Tumulte, Schreie, Vorgänge, die sich einbrennen ins Gedächtnis der Bachs, die diesen Mann und seine Familie kennen. Die Raserei der Kreuzigungswütigen, die in der Johannespassion singen, mag noch ein Echo dessen sein, was der Vater des Komponisten hier als Achtzehnjähriger erlebt.

Jetzt wird über Erfurt die Reichsacht verhängt, aber der Herold, der sie überbringt, wird von tobenden Bürgern fast totgeschlagen, innerhalb der Bürgerschaft kommt es zu Ausschreitungen, ein Mann wird erschossen. Mainzer Truppen erscheinen vor der Stadt und werden mit einem Ausfall in die Flucht geschlagen. Da zieht Schönborn das große Register. Er hat sich französischer Unterstützung versichert. 6000 Soldaten des Sonnenkönigs stoßen zu den Truppen aus Mainz, Würzburg, Köln, 18 000 Soldaten belagern im September 1664 die Stadt Erfurt, die sich ernsthafter bedroht sieht als selbst zu Zeiten des Dreißigjährigen Krieges. Nach 36 Tagen Belagerung beginnt der Beschuss, es gibt Tote auf beiden Seiten. Aus Mainz reist unterdessen der Kurfürst und Kurerzkanzler Schönborn persönlich an, im kleinen Arnstadt macht er am 10. Oktober Station. Auch Heinrichs Söhne Christoph und Michael, jetzt 22 und 16 Jahre alt, werden ihn dort bestaunt haben.

Am 15. Oktober unterschreiben Erfurter Räte im Heerlager bei Bindersleben die Kapitulation. Der Mainzer Regent selbst ist bereits am 12. Oktober in die gebrochene Stadt eingeritten, hoch auf weißem Ross, in Goldbrokat und Hermelinpelz. Zwei Wochen später lässt sich der Kurfürst auf der Domtreppe von knienden Delegierten der Stadt huldigen, unter einem Baldachin thronend. Es ist die durchdachte und einprägsame Inszenierung einer Macht, die er nicht missbraucht. Schönborn, der an seinem Mainzer Hof auch protestantische Geister wie Leibniz um sich versammelt, sichert Erfurt die freie Ausübung des Augsburger Bekenntnisses zu, missioniert wird nicht. Der Leichnam des einstigen Volkstribunen Limprecht muss auf sein Geheiß exhumiert und feierlich in der Kaufmannskirche bestattet werden, der Hauskirche der Erfurter Bachs. Gut möglich, dass sie dort auch musizieren für das *decollirte*, rehabilitierte Gemeindemitglied, der altgewordene Johann und seine größeren Söhne Johann Christian und Ägidius, beide Musiker der Compagnie, in der auch die Zwillinge längst aushelfen, vorerst ohne feste Stelle.

In Erfurt hört man jetzt oft Italienisch reden. Die Stadt und weitere 72 Ortschaften, 40 000 Einwohner insgesamt, stehen unter kurmainzischer Verwaltung, dafür setzt der Mainzer Kurbischof ein monumentales Zeichen. «Chur-Mäintz», melden in München die «Ordentliche Wochentliche Post-Zeitungen» am 22. November, «lassen das Closter S. Petri stark fortificiren.» Unablässig rollen nun die Wagen zur größten Baustelle Thüringens, modebewusst lässt Schönborn italienische Steinmetze kommen. Dicht nordwestlich der Stadt wird auf einer Anhöhe die Zwingfestung Petersberg errichtet, rund um eine alte Klosterkirche, um dort eine Garnison zu stationieren. 70 Jahre lang wird der Bau immer wieder ergänzt, bis weit ins 20. Jahrhundert hinein militärisch und machtpolitisch genutzt: Napoleon besetzt die Zitadelle, die Nazis bringen hier politische Gefangene unter, in Zeiten der DDR sind hier Stasi, Vopos und Nationale Volksarmee untergebracht. Wer heute den Hügel erklimmt, über eine Brücke durchs stattliche Tor von 1670 schreitend, spürt oben zwischen kahlen Mauern und verbretterten Fenstern, mit Blick über die Altstadt zu Hochhäusern, eine ungeheure Tristesse, den langen Schatten der Machtausübung. Doch in den ersten Jahren sorgt die Baustelle für Bewegung.

Am 17. Dezember 1666 stirbt einer der Stadtmusiker, der Sohn des schon 74-jährigen Ensembleleiters Christoph Volbrecht, und Johann Christoph Bach nimmt seine Stelle ein. Sein Bruder Ambrosius muss nicht lange warten. Der greise Volbrecht selbst reicht im April des nächsten Jahres sein Rücktrittsgesuch ein und übergibt dem Rat der Stadt vollzählig die «musicalischen Instrumenta», die ihm dreieinhalb Jahrzehnte zuvor, mitten im großen Krieg, ausgehändigt wurden: «1. Ein Baß-Bombart in einem Futteral, 2. Ein Tenor-Bombart, 3. Vier Grumbhörner in einem Futteral, 4. Drey Dulcian, 5. Ein Partbuch in welchem 6stimmige Madrigali zu finden.» Vier Tage später, am 15. April, werden die schon aus der Mode kommenden Holzblasinstrumente dem Nachfolger Volbrechts als Direktor «abgefolget», nämlich Christian, Johann Bachs ältestem Sohn. Für den rückt in der Compagnie Ambrosius nach. Spätestens jetzt spricht man in Erfurt nicht mehr von Stadtmusikanten, sondern von «den Stadt-Bachen». Und jetzt können die Zwillinge auf Brautschau gehen.

Wie er wolle geküsset seyn

Nirgends hin / als auff den Mund/
da sinckts in deß Hertzens Grund.
Nicht zu frey / nicht zu gezwungen
nicht mit gar zu fauler Zungen.
Nicht zu wenig / nicht zu viel!
Beydes wird sonst Kinder-spiel.
Nicht zu laut / und nicht zu leise/
Beyder Maß' ist rechte Weise.
Nicht zu nahe / nicht zu weit.

Diß macht Kummer / jenes Leid.
Nicht zu trucken / nicht zu feuchte/
wie Adonis Venus reichte.
Nicht zu harte / nicht zu weich.
Bald zugleich / bald nicht zugleich.
Nicht zu langsam / nicht zu schnelle.
Nicht ohn Unterscheid der Stelle.
Halb gebissen / halb gehaucht.
Halb die Lippen eingetaucht.
Nicht ohn Unterscheid der Zeiten.
Mehr alleine denn bei Leuten.
Küsse nun ein Jedermann/
wie er weiß / will / soll und kan.
Ich nur und die Liebste wissen/
wie wir uns recht sollen küssen.

Schon 1640 ist dieses Gedicht des Pfarrersohns und Mediziners Paul Fleming erschienen, und man zitiert es heute lieber als die «Constitutio Criminalis Carolina», das im Heiligen Römischen Reich Deutscher Nation geltende Recht. Für deutsche Bürger des 17. Jahrhunderts gibt es außer der Ehe keine Alternative der Partnerschaft oder Sexualität, die nicht lebensgefährlich wäre. Der Druck von Justiz, Kirche und Gesellschaft ist enorm. Eine Bürgerin, die sich weigert, zu ihrem Gemahl zurückzukehren, ist 1643 in Erfurt zusammen mit dem Mann ihrer Wahl hingerichtet worden. Wegen Ehebruchs wird noch 1698 in Arnstadt ein Mann *decolliret*. Eine Frau, die ein uneheliches Kind zur Welt bringt wie 1652 die Tochter von Johann Bachs Kantor Martin Schade an der Erfurter Predigerkirche, hat es vermutlich dem guten Ruf des Vaters zu verdanken, wenn sie am Ende nur gezwungen wird, den Kindsvater zu heiraten. In anderen Fällen kann sie rasch als Hure gelten. Eine Frau, die in Erfurt «mit zwölf Ehemännern ihre Hurerei getrieben» haben soll, wird vier Monate inhaftiert, muss dann, in Eisen geschlagen und mit einer Pferdeschelle behängt, Gassen reinigen und wird schließlich der Stadt verwiesen, wobei solche Verweisungen – die am meisten verbreitete Strafe für «peinliche Vergehen» – meist mit der Züchtigung verbunden sind: Mit 40 Rutenschlägen auf die entblößten Schultern werden die Verurteilten vom Pranger durch die Straßen getrieben. Aus Angst vor solchen Maßnahmen bringen viele Frauen ihre unehelichen Kinder ums Leben. Für das Jahr 1675 vermerkt die Arnstädter Chronik: «=den 3. Aug ist Barbara von Stadt Ilmen mit dem Schwerdt vor dem Lazareth gerichtet worden / weil sie ihr Kind umgebracht und es im hiesigen Gasthofe zum Schwane ins heimliche Gemach geworffen.»

In Venedig dagegen, Hauptstadt der Musik und der Libertinage, wo es Tausende Prostituierte und eine jährliche festliche Regatta der Konkubinen gibt, existiert das Ospedale della Pietà als karitative Antwort auf die Folgen nichtehelicher Verbindungen. Es verfügt über eine Babyklappe und nimmt ausschließlich Mädchen auf, von denen die begabten als «figlie di coro» zu Sängerinnen und Instrumentalistinnen von höchster Qualität ausgebildet werden. In den 1670er Jahren arbeitet auch Rosenmüller dort, der aus Leipzig Geflohene, später wird das Ospedale musikalisches Labor für einen Komponisten, ohne den Johann Sebastian Bachs Kunst sich anders entwickelt hätte: Antonio Vivaldi.

Und ohne die Ehe, die am 8. April 1668 in der Erfurter Kaufmannskirche geschlossen wird, hätte es Johann Sebastian nicht gegeben. Stadtmusikant Johann Ambrosius Bach, 23-jährig, tritt mit Maria Elisabetha Lämmerhirt vor den Altar, der 24-jährigen Tochter desselben Kürschnermeisters Valentin, dessen Tochter Hedwig aus erster Ehe den Johann Bach geheiratet hat. Es währt gerade einmal neun Monate, bis in der Kirche das erste Kind der beiden getauft wird, eines von 61 hier getauften Kindern der Bachfamilien. Der kleine Rudolphus wird nur ein halbes Jahr alt. Ein knappes Jahr nach der Bestattung des Kleinen bringt Ambrosius seinen nächsten Sohn zum Taufbecken. Er wohnt mit seiner Familie inzwischen am Junkersand, im Haus «Zur silbernen Tasche», das sein Cousin und Vorgesetzter Johann Christian 1670 erworben hat, und dort kommt am 22. Juni 1671 Johann Christoph zur Welt. Als Pate ist aus Arnstadt Johann Christoph Herthum gekommen, Hoforganist und Küchenschreiber des Grafen, Schwiegersohn von Heinrich Bach, und dessen Namen erhält der Junge. Zur Freude des Toffel, der denselben Namen trägt, zur Verwirrung der Nachwelt, die es nun mit nicht weniger als drei Johann Christoph Bachs zugleich zu tun hat, zu denen im Laufe der Jahre noch weitere vierzehn hinzukommen.

Zum ersten Mal haben sich die Wege der Zwillinge getrennt. Seit dem Februar 1671 ist Ambrosius' Bruder in Diensten des Grafen Ludwig Günther in Arnstadt, der ihn im Anstellungsvertrag geradezu familiär damit begrüßt hat, «daß wir Unseren Lieben Getreuen Johann Christoph Bachen zu Unserem Hof-Musico undt Violinisten angenommen, und bestellet haben, dergestaldt undt also, daß Er Uns getreue Holdt und Gehorsamb seyn und alss ein fleißiger Hof-Musicant Uns jederzeit ufwarten, insonderheith aber in der Kirche jederzeith der Music beiwohnen …» Das bedarfsweise «Abblasen» vom Turm bleibt auch ihm nicht erspart, besonderen Wert legt der Graf aber auf die «Zierligkeit im Geigen». Und zum Gehalt von 30 Gulden und allerlei Naturalien nebst Braurecht kommt noch die Anweisung an den Chef der Stadtmusiker, Christoph müsse «allen anderen vorgezogen» werden, wenn bei besonderen Anlässen eine größere Besetzung gebraucht werde. Diese Klausel bringt Heinrich Gräser in Rage. Es ist keine zwei Jahre her, dass man ihn hier wider allen Brauch und kaiserliches Statut überging, als nämlich der Sohn von Bürgermeiser Struppert Hochzeit hielt und dazu drei Bachs aus Erfurt kommen ließ, Ambrosius und Christoph und einen ihrer Vettern. Und nun soll er einen dieser Schelme, wie er sie schilt, noch bevorzugt einsetzen! Gräser wird dem Toffel das Leben nicht leichtmachen, er wird ihm übel nachreden und sogar drohen. Spannungen zwischen den Bürgern sind nicht ungefährlich in dieser kleinen Stadt, wo allein in dreieinhalb Monaten des Jahres 1669, dem Jahr jener Hochzeit mit Erfurter Musikern, vier Frauen als «Hexen» das Leben verlieren. Am 30. März 1669 stirbt Catharina Kleebach vor der Arnstädter Walkmühle den Feuertod. Am 25. Mai wird eine «Hexe von Rockhausen» verbrannt, am 8. Juni «noch eine vor dem Lazareth decolliret und auff dem Scheiterhaufen verbrannd».

Am 12. Juli desselben Jahres mag Heinrich Bach die Leute gesehen haben, die zum Erfurter Tor hinausgingen, zum Siechhof, um der nächsten Hinrichtung beizuwohnen, zwei Wochen nach dem «Geständnis» der Barbara Elisabeth Schulzin, drei Monate nachdem ein Nachbar sie der Hexerei wegen angezeigt hat. «Das unverständige Pöbelvolk», sagt Johann Wedemann neben ihm, der Stadtschreiber und Schwiegervater seines Christoph, «es kann sein Mütlein anders nicht kühlen.» Sie habe unter der Tortur gestanden, hat Heinrich gehört. «Ja, sie haben ihr die Daumenstöcke zugeschraubt und mit dem Schnüren angefangen.» So viel wisse er von einem der Herren Räte, die daraufhin mit dem Amtsschösser den *locum torturae* im Schloss verlassen und die Frau mit Richter, Scharfrichter und Knechten allein gelassen haben. «Soll ich denn lügen, hat sie geschrien, soll ich mein Gewissen beschweren? Da könne sie nimmermehr beten. Sie wollt's bekennen, wenn sie nur wüsste, man sage ja, sie solle nicht lügen. Doch wenn sie eines sage, so wollten sie doch gleich wieder ein anderes wissen. Und so ist es auch gekommen.» Sie sei eine rechtschaffene Frau, sagt Heinrich leise. Sie hat drei Kinder aufgezogen, der Jüngste geht noch zur Schule. Auch Heinrichs Familie kann ihre Dienste als Lohnwäscherin in Anspruch genommen haben, die sie noch neben der Futterschneiderei betrieb.

«Was dahinter steckt, sind die feindselige Affekten des Nachbars Darr, des Seilers, der mag ihr einmal nachgestellt haben, und mit seinen frechen Söhnen war sie wohl streng. Hernach haben Weiber hässlicher als dieses sie durch die Hechel gezogen.» Klumpen Feuers sollen aus ihrem Haus geflogen sein, ein großer Hase sei in ihrem Hof gesehen worden, und die Schellenbergerin will sich erinnern, dass vor zehn Jahren, als sie ein Mädchen war, die Inquisitin ihr vorschlug, sie sollten auf dem Kreuzweg die Hexen tanzen sehen. Dann erinnert sich ein früherer Amtsschreiber, die Futterschneiderin habe einmal auf dem gräflichen Amt Geld verlangt für ihres und ihres Mannes Arbeit, dass ihr auch zustand, nur habe er ihr keins geben können. Sie habe aber nicht abgelassen, die «Bluthure», und ihn dann «voll Läuse gemacht». Überhaupt wollen nun mehrere Leute ihre Läuse von dieser Frau angehext bekommen haben. Es kommen neunzehn Belastungszeugen zusammen, einer davon ist zugleich jener Richter Sonnebecker, der die hochnotpeinliche Befragung bis zum Geständnis leitet: Ja, sie habe mit dem bösen Feind ihre Unzucht getrieben und sich von ihm Speck und Butter bringen lassen, sei auf den Brockelsberg zum Tanz gezogen, sie habe auch dem Schreiber Lindner den Mantel voll Läuse gemacht. Sie bitte nur noch um die obrigkeitliche Gnade, mit dem Schwert hingerichtet zu werden.

Heinrich blickt auf den Boden. Es ist sein Namenstag heute, an dem diese Frau ihr Leben verliert. Ob nicht der Graf, in seiner Verständigkeit … Der Graf, sagt Wedemann, habe ihr die Gnade des Schwerts gewährt, was der sonst darüber denke, tue wenig. «Wann nicht eine Obrigkeit auf ihr nichtswürdiges Geschrei so bald fänget, foltert und brennet, so muß sie hören, dass ihnen entweder vor ihre selbst eigene Person oder vor ihre Weiber oder Freunde bang sei. Oder sie seien von den Reichen bestochen, die fürnehmsten Geschlechter in der Stadt seien mit der Zauberei behaftet und was des Dings mehr ist …» Sie gehen nicht vors Tor zum Siechhof, wo die *decollirung* und Verbrennung vollzogen wird.

Im selben Jahr entscheiden Erfurter Juristen zugunsten eines Mannes, der der Zauberei angeklagt ist. Er sei freizulassen, die Verhörprotokolle seien vom Rat zur Untersuchung herauszugeben. Langsam wandeln sich die Zeiten auch in Thüringen, und dafür sorgt der Mainzer Kurfürst. Er bedrängt die Stadt mit seiner Festung, bringt aber die Aufklärung mit und unterbindet auf seinem Territorium die Verfolgung von «Hexen» und «Zauberern». Er hat ein bahnbrechendes Werk zum Thema vermutlich schon im lateinischen Original gelesen: «Cautio Criminalis» heißt Friedrich von Spees Kampfschrift gegen die Hexenprozesse, 1631 anonym erschienen, 1649 ins Deutsche übersetzt. Spee, auch als Lyriker ein Großer seiner Zeit, geißelt in seiner Schrift nicht nur die juristische und kirchliche Praxis, er schildert auch den Druck von unten, der an die Macht der «Sozialen Netzwerke» heute denken lässt. Kurfürst Schönborn jedenfalls hat schon 1649, im Erscheinungsjahr dieser Übersetzung, die Hinrichtung einer Frau abgewendet, die seinen Worten zufolge «ohne vorhergehende genungsambe inditia und rechtliche bekandnuß zur captur und peinliche[n] befragung gebracht» worden sei. Auf seinen Territorien geht er gegen die

Hexenverfolgung an, aber bis zur letzten Hexenhinrichtung in Deutschland wird es weitere hundert Jahre dauern. Und noch 1696 wird man im Arnstädter Gefängnis eine Inhaftierte nach der Folter «tot auffinden».

«Ich danke dir Gott, dass ich wunderbarlich gemacht bin», diese Worte aus dem 139. Psalm komponiert Heinrich zum 17. Sonntag nach Trinitatis. Es ist keine moderne Musik, sondern angelehnt an ältere italienische Modelle. In überschaubarer Harmonik finden sich Streicher, Chor und Solisten, fünfstimmig, zu fugierten und zu homorhythmischen Passagen. Nicht abgründig, auch nicht oberflächlich, es ist lauteres und gläubiges Handwerk. Heinrichs Sicherheit im Gruppieren und Balancieren der Stimmen ist eine Basis für seine beiden ältesten Söhne, die als herausragende Komponisten die Musik der kommenden Jahre jeder auf seine Weise prägen werden. Johann Christoph hat die Stadt schon verlassen, als sein Cousin und Namensvetter zurückkehrt, der Toffel. Seit 1665 arbeitet Heinrichs Ältester in Eisenach, während ihm sein Bruder Johann Michael an der Orgel der Schloßkapelle Arnstadt nachgefolgt ist.

Arnstadt floriert. Fast tausend Einwohner hatte die Stadt durch Krieg und Pest verloren, seit Caspar einst herkam, ein Drittel etwa, um 1670 sind es wieder mehr als 3000. Etliche Mühlen treibt die Gera an, die sich hier in zwei Arme teilt. Es gibt die sechzehngängige Günthersmühle für Mehl und Graupen, Walkmühlen für die Weißgerber, Mühlen für Papier, Öl, Kalk, Pulver, einen Messinghammer im Schloßgarten. Fast jeder Bürger baut neben einem Handwerk auch Getreide an, man muss sich die hiesigen Bachs von jeher auch hinter dem Pflug denken und beim Bierbrauen: Gut 120 Brauhöfe gibt es dafür, wo neben Gerstenmalz auch Weizenmalz in den Maischebottichen brodelt. Zudem wird Blautöpferware in Exportmengen hergestellt, «aus Weissem Thon allerley Geschirr bereitet / mit Blawer Farbe gar lieblich gezieret» und bis nach Skandinavien gehandelt. Der Hof sichert die Existenz etlicher Künstler, Wissenschaftler, Handwerker, Beamter und Bedienter. Und inmitten der Stadt, gleich neben dem Rathaus, stehen die begrünten Fundamente einer Kirche, die dem verheerenden Brand des Jahres 1581 zum Opfer fiel.

Es ist kein Scheiterhaufen, der es in den Nachtstunden des Ostersonntags 1670 nach Brand riechen lässt. Beim Fleischhauer Töpfer am Holzmarkt ist ein Feuer ausgebrochen, und es breitet sich in der dichten Bebauung rasend schnell aus. Innerhalb von zwei Stunden brennen an vierzehn Straßen und Plätzen 170 Häuser nieder, Scheunen und Ställe nicht gezählt. Im Zuge des Wiederaufbaus beschließt man, auch gleich eine neue Kirche zu errichten. An der Stelle der längst zerstörten Bonifatiuskirche neben dem Rathaus wird der Grundstein zwischen den mittelalterlichen Fundamenten gelegt. «A. C. 1676. den 24. April. wurde der erste Stein zum Bau der neuen Kirche geleget dazu die verwittwete Fr. Gräfin / Sophia Dorothea / einen reichlichen Beytrag gethan.»

«Neulich war hier noch eine Baustelle», sage ich, als wir 339 Jahre später auf die Neue Kirche zugehen, wie sie noch immer heißt, bescheiden ohne Turm, aber geräumig: Mit ihren hölzernen Doppelemporen bietet sie weit mehr Platz als die anderen beiden Kirchen der Stadt. «Neulich?» «Ich meine 1676», antworte ich, und die anderen Musiker lachen. Ich käme ja wohl gar nicht mehr aus meinen Recherchen heraus. Es tut jedenfalls gut, sich mit einem lebenden Arnstädter zu unterhalten, dem aus Rostock zugezogenen Kantor Jörg Reddin, dem jetzigen Nachfolger Johann Sebastian Bachs, der in der Neuen Kirche für vier Jahre Organist war. Er ist groß, kräftig, heiter, um die vierzig, hat die schwarzen Haare zum Zopf gebunden und sagt: «Ich müsste lügen, wenn mich das mit Bach kaltließe.

Und wo gibt's denn in einer Kleinstadt wie dieser sonst eine volle A-Stelle? Aber ich mache auch ganz andere Sachen, südeuropäische Kirchenmusik zum Beispiel, das Tedeum von Bizet, fette Klänge.» Schließlich gibt es in seiner Kirche außer der für viel Geld restaurierten Orgel, an der Bach selbst spielte, noch eine schöne romantische.

Reddin macht in seiner direkten mecklenburgischen Art kein Hehl daraus, dass die touristische Bachverehrung hier mitunter seltsame Züge annimmt. «Da kam mal ein Engländer und setzte sich einfach so an den Orgeltisch. Da hab ich dann das Gefühl, ich werde hier nur als Hausmeister gesehen, und sage nur noch das Nötigste. Manchmal wird da ein Geist reintransportiert, der das Herz draußen lässt.» Was die vielen Bachs vor Johann Sebastian angeht, deren Namen nebst Lebensdaten auf Messingschildern im «Hotel zur Sonne» die Zimmertüren schmücken, meint er: «Wir wissen nicht, wie es damals war. Manchmal ist es gut, wenn keine Tagebücher geschrieben werden.» Er wehrt sich gegen allzuviel Vergangenheit, vielleicht auch gegen eine Flucht aus der Gegenwart, die im schmucken Arnstadt manche gern antreten. Die kleine Stadt liegt schließlich nicht hinter dem Mond, sondern mitten in Europa: Auch ein schwuler Kirchenmusiker, meint der Mecklenburger, könne heute in Arnstadt gut leben.

Gleich unter der Grundsteinlegung zur Neuen Kirche meldet die Chronik für 1676 eine außergewöhnliche Taufe. «Den 28. April. wurde allhier ein Jüde von 20. Jahren getaufft von Herrn Superint. Tentzeln / nahmens Ludwig Christian / dessen Tauffbathe Herr Ludw. Günther / Graf zu Schwarzburg gewesen.» Dass sich ein Jude taufen lässt und unter Schutz und Schirm des Landesherrn, wird als sensationelles Ereignis gewertet. Zu dieser Zeit siedeln sich offenbar vermehrt Juden im florierenden Arnstadt an. Aber schon wenige Jahre später «wurden sie von wilden Horden wegen Beschuldigung an der hier stark grassierenden Pest und Hungersnot im Jahre 1681 abermals vertrieben und ihre Wohnhäuser eingeäschert», so meldet es eine Chronik von 1877, als sich nach knapp zwei Jahrhunderten erstmals wieder eine jüdische Familie hier niedergelassen hat. Die Arnstädter Chronik von 1700 bestätigt das aus anderer Perspektive: «Es seind zwar auch Juden zu Arnstadt gewesen / und haben sie ihre *Synagogam* noch C. C. 1521. daselbst gehabt / welche in der Erfurttischen Strasse / wo anitzo das Bartholomäische Hinter-Gebäude ist / gestanden / und ihren Kirchhoff haben sie an der Ichtershäuser Strassen gehabt / nebst Werner Meuffels Acker; Allein sie sind Gott lob! Ausgetilgt / und hingegen die Christen allhier erhalten worden.»

Joshua Rifkin ist 1944 als Nachfahre russischer Juden in New York zur Welt gekommen, hat dort an der Juilliard School Klavier studiert, nebenher gejazzt, den 17-Jährigen findet man in Darmstadt, wo er in einem Seminar bei Karlheinz Stockhausen sitzt, zugleich erwirbt er die Neue Bachausgabe. Dann studiert er in Göttingen und Princeton. 1970 spielt er für das Label Nonesuch die Werke eines halb vergessenen Musikers ein und verhilft ihm zur Weltgeltung: Rifkins Vinyl mit Scott Joplins «Ragtimes» wird millionenfach verkauft, die «New York Times» fordert: «Wissenschaftler, kümmert euch um Scott Joplin!» Doch als Musikwissenschaftler, der Rifkin auch ist, kümmert er sich um Bach. 1978 gründet er sein «Bach Ensemble» mit historischen Instrumenten, 1981 macht er Furore mit einem Indizienprozess, der darauf hindeutet, dass Bach die Chorpartien seiner Kantaten, Messen, Passionen und Oratorien in der Regel nur mit einem Sänger pro Stimme besetzte. Die Gegenwehr ist heftig, bis immer mehr Musiker und Gelehrte Joshua Rifkins These ernst nehmen, auch weil sie, in die Praxis umgesetzt, zu bezwingenden Ergebnissen führt.

«2008 haben mein Ensemble und ich ein Konzert in Weimar gemacht. An einem Sonntag dachte ich, gut, ich mache einen Ausflug nach Eisenach.» Über der A 4 tobt ein heftiges Gewitter. Nichts geht mehr, die Autos kriechen. «Da sehe ich ein Schild nach Arnstadt. Gut, ich biege hier ab. So komme ich dahin, laufe ein bisschen herum und sehe in der nahen Ferne einen Kirchturm.» Den kennt er nicht aus der einschlägigen Literatur. «Sie wissen, als Musiker kann man an keiner Kirche vorbei. Die Tür ist geöffnet, es stehen zwei Männer dort, darf ich? Man sagt mir ziemlich schroff, nein, wir haben schon zu. Aber irgendwie hab ich dann …» Er lächelt, ein Mann, dessen Verbindlichkeit man seine Hartnäckigkeit nicht anmerkt. «Die Kirche war eine einzige Baustelle, es war die Oberkirche, irgendwie war ich angetan. Und dann kam ich mit einem der beiden Männer ins Gespräch, der war Leiter des Kirchenvereins …» Eine Freundschaft entsteht, der ein Konzert folgt und bald ein ganzes Festival. Mittlerweile wird der Bachsommer unter Rifkins künstlerischer Leitung weit über die Region hinaus wahrgenommen. Doch zur Verklärung neigt der amerikanische Musiker nicht. «Es ist eine Stadt mit einer ziemlich problematischen Geschichte», sagt er, «vor allem in der ersten Hälfte des 20. Jahrhunderts war das wirklich keine schöne Geschichte. Ich meine, Thüringen war schrecklich braun und Arnstadt auch. Man muss ständig mit dieser Geschichte umgehen. Es ist ein Teil des Lebens, Teil von dem, was wir haben.»

Schon bei der Reichstagswahl 1932 errang die NSDAP hier die Hälfte aller abgegebenen Stimmen, 1938 wurde, 55 Jahre nach ihrer Einweihung, die Synagoge niedergebrannt. Die Beseitigung der Trümmer und die Einebnung des Geländes musste die jüdische Gemeinde bezahlen, Häuser und Wohnungen jüdischer Bürger wurden verwüstet, Festgenommene im Ratskeller misshandelt wie einst im Schlossverlies die Barbara

Elisabeth Schulzin. Inzwischen sind im Stadtgebiet weit über 100 «Stolpersteine» mit den Namen verschleppter, vertriebener, ermordeter jüdischer Bürger zu finden. Die Stadt verweist auf ihrer Website aber nicht nur auf die Stolpersteine, sondern auch auf die AG «Zivilcourage». Rechtsextremismus, der sich vor allem gegen Asylbewerber und Ausländer richtet, zählt zur Thüringer Gegenwart. Aber die 150 bis 200 «Thügida»-Anhänger, die sich im Mai 2015 gegen «Überfremdung» durch Asylbewerber versammeln, bleiben auf dem Arnstädter Marktplatz nicht allein: 300 Gegendemonstranten, auf ihrer Seite der parteilose Bürgermeister, entsprechen etwa der Zahl der Flüchtlinge, die zu der Zeit im Ilmkreis leben und andere Fragen haben als die nach den Adressen der Bachs in Arnstadt.

Spiegelnde Fläche, die sich ausbreitet, E-Dur dreier Gamben, zum Raum sich weitend nach a-Moll hin, dunkler, ein Meer, mit sanften, schweren Wellen.

Ach, daß ich Wassers gnug hätte
in meinem Haupte,
und meine Augen Tränenquellen wären,
daß ich Tag und Nacht
beweinen könnte meine Sünde!
Meine Sünden gehen über mein Haupt,
wie eine schwere Last
sind sie mir zu schwer worden,
darum weine ich so,
und meine beiden Augen fließen mit Wasser,
meines Seufzens ist viel,
und mein Herz ist betrübet,
denn der Herr hat mich voll Jammers gemacht,
am Tage seines grimmigen Zorns.

Erst nach einigen Takten setzt die Altstimme ein, zögernd, mehrfach «Ach» klagend, und übernimmt für das «Wasser» die Wellenbewegung, die sich in den Streichern fortsetzt. Die scheinen selbst zu sprechen, zu vertiefen, was der Mensch klagt. Eine Geige löst sich heraus und wiederholt wie tröstend einige Rufe. In Triolen reden Alt und Violine abwechselnd von den «Tränenquellen», chromatisch sanft herniedersinkend, bis man in lauteres F-Dur mündet. Zur «Sünde», die sich in zwei langen Silben um einen Halbton senkt, spielt die Geige drei große Bögen wie vom Himmel herab. Aber der Mensch ist untröstlich. Das wieder erreichte E-Dur ist nur ein provisorischer Halt, es verdunkelt sich jäh zu e-Moll. «Meine Sünden gehen über mein Haupt, wie eine Last sind sie mir zu schwer worden, darum weine ich so.» Weiterhin sind Sprache und Klang nicht zu unterscheiden, die Vertiefung der Worte führt Wechsel im Rhythmus, im Tempo, der Harmonie, der Lage der Töne herbei. Das Herz betrübt sich zu hörbarer Verengung, der grimmige, alttestamentarische Zorn des Herrn wird in archaisch schlichte Ausrufezeichen gebracht, unausweichlich. Unausweichlich? Es ist der letzte Ton des Sängers, der ihn rettet, das E in diesem mittlerweile erreichten C-Dur, und dieser Ton legitimiert den Sprung zum Neubeginn: Das E wird zum Grundton von E-Dur. Noch einmal die sanften Wellen und Klagen, diesmal erleben wir sie anders. Vielleicht nicht einmal hoffnungsreicher, aber wissender.

Diese Musik umfasst mehr als die sieben, acht, neun Minuten, die sie braucht, um aufgeführt und gehört zu werden. Die Ersten, die sie hören, sind die Besucher der zwei Gottesdienste, die am 6. Dezember 1672 um 8 und um 13 Uhr in der Eisenacher Georgenkirche stattfinden. Es ist ein Freitag, ein von der Landesherrschaft anberaumter Tag der Buße, an dem jegliches Handwerk zu ruhen hat, in den Häusern Stille bewahrt werden soll und das Vieh in den Ställen bleiben muss. Das Lamento hat Johann Christoph Bach komponiert, 30 Jahre alt, seit 1665 Organist der drei Kirchen in Eisenach. Es ist das früheste der datierbaren seiner Werke, und es hat schon die musikalische, ja sogar gedankliche Handschrift, die noch das späteste trägt, eben die des «profonden Componisten», als den ihn Johann Sebastian in seinen «Ursprung» eintragen wird. Die Handschrift, in der die Noten geschrieben sind, ist nicht die des Komponisten. Aber denjenigen, der auf das Titelblatt schreibt «Johann: Christoph: Bach. org. in Eisenach», kennen wir. Es ist Ambrosius, und er hat wohl auch die Geigenstimme bei dem gespielt, was man zu der Zeit nicht «Uraufführung» nennt, so wenig wie man es nötig findet, zu jeder neuen Musik den Namen des Komponisten zu vermerken.

Auch Ambrosius lebt jetzt in Eisenach. Gleich nach dem Probespiel als neuer «Haußmann», als Leiter der Stadtmusik, angereist mit drei Lehrjungen und einem Gesellen, hat er seinen Vertrag bekommen, im Oktober 1671. Und spätestens seit Ostern des nächsten Jahres ist der energische Musiker Stadtgespräch in Eisenach. «1672 hat der neue haus Mann auf ostern mit orgell geigen zingen [Zinken] und trombpeten und mit herpaucken dar reingeschlagen das noch kein Canter [Kantor] und haus Mann weil [solange] Eisenach gestanden nicht geschehen», notiert ergriffen der Stadtchronist Georg Dressel. Über Trompeter verfügt sonst nur die Hofmusik, und Ambrosius verdankt die glanzvolle Besetzung – zu der auch Organist Johann Christoph Bach zählt – einem Glücksfall. Kurz nach seinem Umzug von Erfurt nach Eisenach verlegt nämlich auch Herzog Johann Georg I. von Sachsen-Eisenach seine Residenz von Marksuhl in die Stadt unter der Wartburg und bringt Spitzenkräfte mit: neben vier Trompetern auch den Geiger Daniel Eberlin.

Eisenach, das sich von den Folgen des Dreißigjährigen Krieges noch erholt, erlebt in diesem Jahr 1672 einen kulturellen Schub, der auch den Organisten Johann Christoph beflügelt. Die Hauptkirche der Stadt, St. Georg, wird nun Hofkirche, und genau wie Ambrosius hilft Christoph in der Hofkapelle aus, als Cembalist. Mehr noch: Es gibt Kompositionsaufträge für ihn, der mit der Arnstädter Stadtschreibertocher Maria Elisabetha Wedemann bereits einen dreijährigen Sohn hat, und er trifft auf einen der vielseitigsten Geister seiner Zeit, den neun Jahre älteren Kaspar Stieler, den Kammer-, Lehns- und Gerichtssekretär des Herzogs, einen Advokaten, Poeten und Sprachkundler.

Selten sieht man Stieler auf der Straße ohne seine Zeitung, er ist ein geradezu besessener Leser. Die Posttage sind seine Festtage, dann eilt er mit der «Dantziger Ordinari Freytags-Zeitung» durch die Stadt oder der «Ordinairen Post=Zeitung» aus Kopenhagen. «Die zarische Majestät von Russland hilft dem polnischen König auf dem Krim», ruft er im Juni 1673 dem verblüfften Stophus zu, der gar nicht weiß, wo dieser Krim sich befindet und dass sich Polen, Russen und Osmanen um die Herrschaft über die Ukraine schlagen. Stieler selbst ist schon als 24-Jähriger zum Zeugen der großen Schlacht bei Warschau geworden, als Militärjurist auf brandenburgischer Seite, mit den Schweden gegen Polen und Krimtataren. Später hat es ihn bis nach Spanien verschlagen, Frankreich und Italien hat er bereist, die Sprachen dort fließend gelernt, die alten Sprachen ohnehin. Aber aufgewachsen ist er in Erfurt, als Apothekerssohn, in der Kaufmannskirche getauft, natürlich kennt er die Familie Bach, und auch ihn hat es bewegt, dass vor wenigen Wochen der erste und älteste der Erfurter Bachs zu Grabe getragen worden ist, Johann, in seinem neunundsechzigsten Lebensjahr. Aber er kennt noch viele andere, auch Volkmar Happe, den Sohn unseres gleichnamigen Chronisten im Dreißigjährigen Krieg, mit dem gemeinsam er in die «Fruchtbringende Gesellschaft» aufgenommen worden ist. Stieler hat unendlich viel zu erzählen; er erzählt so, wie er liest und schreibt, isst und trinkt, nicht enden wollend, man sieht es fast seinen üppigen Lippen an, die, wenn er nicht redet, mit einem spöttischen Zug aufeinanderliegen unter großen, dunklen, nur scheinbar etwas schläfrigen Augen.

Es dauert nicht lange, bis er und die Bach'schen Cousins zueinanderfinden, der wuchtige Ambrosius und der hagere, nachdenkliche Stophus. Und natürlich Daniel Eberlin, der herzogliche Kapellmeister, ein breitschultriger Kerl, der ähnlich weit herumgekommen ist wie Stieler, ein Nürnberger, der in Rom die Musik lernte und danach, wie auch immer es dazu kam, als Hauptmann auf einer von 20 venezianischen Galeeren gen Kreta gesegelt ist, um das von den Türken belagerte Candia zu befreien. Obendrein ist er schriftgewandt, ein guter Komponist, als Geiger dem Ambrosius gewachsen und experimentierfroh: Leidenschaftlich gern probiert er Scordaturen aus, bei denen eine oder mehrere Saiten der Geige anders gestimmt werden. 2000 sinnvolle Kombinationen müsse es geben, rechnet er aus.

Ambrosius hat nicht nur den Stadtchronisten beeindruckt. Der Rat bestätigt, dass er «sowohl mit vokal= als instrumental Music beym Gottes Dienst vndt ehrlichen Zusammenkünften mit hoch vndt niedrigen Standespersonen guter vergnügung aufwarten kann, also, daß wir unß desgleichen soweit wir gedencken, hiesigen Orths nicht erinnern.» Anlass dieses Schreibens ans Residenzhaus ist banalerweise der Antrag des Musikers, man möge ihm wie seinem Vorgänger das Braurecht gewähren – was daraufhin vonseiten des Herzogs geschieht. Noch wohnen Ambrosius und Maria Elisabetha zur Miete in der Rittergasse, im großen Haus des Oberförsters Balthasar

Schneider, der auch Pate des zweiten Sohns im März 1673 wird. Und sie haben aus Arnstadt Ambrosius' Schwester Dorothea Marie zu sich geholt, jetzt Anfang 20 und noch immer ein Kind. Den Mietzins – etwa sieben Gulden für ein Jahr – übernimmt die Stadt, die ihm jährlich gut 41 Gulden für seine Dienste zahlt, dreizehn Gulden mehr als seinem Vorgänger Christoph Schmidt, mehr auch als das, was sein Zwillingsbruder in Arnstadt verdient – und dazu kommen noch die Akzidentien bei den Festen der Bürger, die Auftritte beim Herzog, der ihm allein für die Neujahrsmusik fast so viel zahlt wie eine ganze Jahresmiete und genug für fünf Paar lange Stiefel, nämlich neun Gulden und drei Groschen. Es wird Zeit, ein Haus zu kaufen.

«Spät kommt er, der Späte!», ruft Ambrosius, der im Sommer 1675 zu seinem neuen Bier einlädt, im Garten hinter dem Haus, das er in der Fleischgasse erworben hat. «Der Spahte» ist Kaspar Stielers Pseudonym in der «Fruchtbringenden Gesellschaft», dem Zusammenschluss von Intellektuellen quer durch alle Stände, und beeindruckt vernimmt Ambrosius, dass auch sein Herzog zu ihren Mitgliedern zählt und «Der Trachtende» heißt. Gerade hat der «Spahte» ein Buch fertiggestellt, «Die Teutsche Sekretariat-Kunst», nicht sein erstes, wie er gesteht, aber über das erste mag er ungern reden. Er sei doch aber wohl auch ein Dichter, sagt der Stophus, ein Leser von Poesie und Prosa, dem Stieler Einzeldrucke aus den Kreisen der Leipziger und Königsberger Dichter gegeben hat, in denen er verkehrte; selbst Simon Dach hat Stieler noch kennengelernt, als er nahe Königsberg Hauslehrer war. Er sei eben kein Poet, meint Stieler und nimmt einen großen Schluck, «meine vorige Schreiberei macht mir Ekel, es war Übereilung». Dabei hat er anno 1660 seine Sammlung «Geharnschte Venus» nicht nur drucken lassen, sondern einige der Liebesgedichte selbst vertont. Und als vor jetzt gerade zwei Jahren das neue «Eisenachische Gesangbuch» unter fürstlichem Patronat herauskam, die Texte von 612 Liedern auf 1009 Seiten, ist darin gleich nach der Vorrede ein Gedicht des «Spahten» gedruckt worden.

Auf die Musik versteht er sich also auch? «So ich selbst welche versuchte, als ein elender Prülker und Stümper», meint Stieler, «aber welcher Maßen ihr in eurer Profession qualificirt seid, das höre ich gut.» Ob sie übrigens nicht meinten, dass das Wort «Geige» mit dem französischen «gay» zu tun habe, da doch das Geigenspiel so viel Freude verbreite? So etwas interessiert ihn, denn er bereitet eine Sammlung deutscher Wörter vor, von der er noch nicht weiß, dass sie ihn 20 Jahre Arbeit kosten und 60 000 Wörter umfassen wird, dass sie ihn zum Pionier der deutschsprachigen Lexikographie machen wird. Nicht einfach nur eine Sammlung, ein «Sprachschatz», sondern zugleich «Der Teutschen Sprache Stammbaum und Fortwachs», angeregt von den Köpfen der «Fruchtbringenden Gesellschaft». Neugierig und gierig, wie Stieler ist, genügt ihm nicht die Bestandsaufnahme, er will auch die Etymologie, zudem auch noch jene Neuschöpfungen, von denen er findet, sie fehlten noch.

«Natur», ruft er, nimmt wieder einen Schluck unter der Kastanie und blickt den Hang nach Osten hinab in die anderen Gärten. «Natur, was meint ihr, woher muss dies entsprungen sein?» «Aus einer Wurzel», sagt Ambrosius ratlos. «Sintemalen! Und aus einer teutschen Wurzel!» Aber «natura», erlaubt der Stophus sich einzuwenden, sei doch ein lateinisches Wort. Darauf hat Stieler gewartet. Man müsse die Natur zerlegen, um die Wahrheit zu finden, sagt er, «und was findet ihr da? Da findet ihr Nah – d – ur.» «Nah der Uhr?», sagt Ambrosius fröhlich, «da bin ich zweimal jeden Tag, auf'm Rathaus beim Abblasen.» Stieler lacht. «Nah dem Ur!» Natur sei der Zustand nach dem allerersten Beginn, *primo mundi principio*, dem Ur, und das «Ur» sei wie das «nah» ganz deutsch, welches auf dem allerältesten

Hebräischen fuße, die Römer hingegen hätten nur eine Flicksprache aus dem Griechischen und dem gemacht, was die Etrusker redeten, «und diese *Hetrusci* haben im Grunde Teutsch geredet!» «Naduhr!» Jetzt kann sich Ambrosius, auch schon gut angefüllt mit dem Weizensaft, nicht mehr vor Lachen halten, während Christoph fein vor sich hin lächelt. «Jetzt zielt Ihr aber drüber hin, Herr Sekretarius! Wollt Ihr gleich behaupten, dass auch die Vögel in den Bäumen schon mit den Tusken oder wie ihr sie nennt Teutsch gelernt?» Kaspar Stieler lässt sich nicht verdrießen. «Dergleichen Wörter im Gebrauch sind hunderte! Predigen, zum Exempel. Es entspringt, denk ich, nicht von predicare, sondern vom alten deutschen praeten, reden …» «Wo nicht gar vom Schwätzen», sagt Christoph, der keineswegs alles, was er von den Kanzeln hört, für Gottes Wort hält.

Ein paar Tage später bekommt Kaspar Stieler eine Trauernachricht aus Erfurt. Dort ist mit erst 21 Jahren der einzige Sohn eines guten Freundes gestorben, Johann Georg Kelner, Jurastudent, ein hochbegabter junger Mann, den Stieler selbst kennt. Er kondoliert nicht nur dem Vater, einem Advokaten am Stadtgericht Erfurt, er vermittelt auch eine Vertonung des Leichentextes, die in der Michaeliskirche aufgeführt wird.

Der Gerechte,
ob er gleich zu zeitlich stirbt,
ist er doch in der Ruhe.
Er gefällt Gott wohl
und ist ihm lieb,
und wird weggenommen
aus dem Leben unter den Sündern
und wird hingerücket,
daß die Bosheit
seinen Verstand nicht verkehre,

noch falsche Lehre
seine Seele betrübe,
ist er bald vollkommen worden,
und hat viel Jahr erfüllet.
Denn seine Seele gefällt Gott wohl,
darum eilet er mit ihm
aus dem bösen Leben.

Auf gedrängtem Raum setzt Christoph alle Künste ein, um den Erfurter Advokaten zu trösten, der den einzigen Sohn verlor, und vielleicht auch Kaspar Stieler, der den Jüngling mochte und dessen Kondolenzschreiben zusammen mit der Predigt gedruckt wird. Der Komponist setzt leuchtende und ausgreifende Akkorde für den «Gerechten», er umkreist mit versetzten Einsätzen das allzu frühe Sterben, lässt die Stimmen zur «Ruhe» nach unten sinken, ändert Rhythmus und Tempo für das Wohlgefallen Gottes an diesem Menschen und lässt die Harmonien ins Ungewisse gleiten für die Verkehrung des Verstandes, den die Bosheit bewirkt – wobei diese Modulationen eines sehr wachen Verstandes bedürfen –, und dann fällt er in einen munteren Dreier, in dem die fünf Stimmen einander hinterher nach oben eilen, hinweg aus dem bösen Leben.

Heinrich Bach sichert in Arnstadt diese Musik für die Nachwelt, der Vater des Komponisten, jetzt 60 Jahre alt. Ihm stehen nur die einzelnen Stimmen zur Verfügung, die sein Sohn nach Erfurt sandte. So macht er sich die Mühe des Spartierens, fügt sie zusammen zur Partitur, und es ist nicht das einzige Werk, das so erhalten bleibt. Wann immer es geht und auch wenn es eigentlich nicht geht, macht sich der Alte auf den Weg, um die Musik seiner ältesten Söhne zu hören, er handelt sich für seine Wanderlust sogar Ärger mit dem Dienstherrn ein. Sein Jüngster, Johann Günther, lebt anno 1675 noch unverheiratet in Arnstadt, als Organist und Instrumentenbauer, während dessen jüngere Schwester Anna Elisabetha sich schon mit einem Kantor verlobt hat. Heinrichs älteste Tochter Maria Catharina, Frau des Arnstädter Organisten und Küchenschreibers Herthum, hat inzwischen drei Töchter. Und Johann Michael?

Heinrich atmet immer auf, wenn er an seinen zweitältesten Sohn denkt, sosehr er den ältesten bewundert. Michael ist dem Vater ähnlicher, ein stiller, aber heiterer Mensch, und kein geringerer Komponist als der Stophus, der den Grübelsinn seiner Mutter Eva hat. Nur ein ganz anderer. Eine gemeinsame Wahl haben die ungleichen Brüder allerdings getroffen, nämlich jene Arnstädter Stadtschreiberfamilie Wedemann, aus der ihre Ehefrauen kommen, Schwestern wie schon Heinrichs und Johanns Frauen. Im Januar 1675 hat Michael die Catharina geheiratet, und sie wird schon im November ihr erstes Kind bekommen – in Gehren, einem Städtchen nach Süden hin, das sich von Arnstadt aus in fünf Stunden zu Fuß erreichen lässt. Seit zwei Jahren ist Michael dort Organist, zudem noch Stadtschreiber, und beide Ämter zusammen sichern ihm ein Einkommen von 73 Gulden, mit Abstand das höchste Festgehalt, das es bei den Bachs jetzt gibt. In schöner Handschrift setzt Michael zwei Jahrzehnte lang sämtliche Kauf-, Tausch-, Ehe- und Erbkontrakte auf, die das Leben in seiner Stadt regeln, daneben komponiert er unablässig. Einmal ist seine Musik ein durchtriebener Kommentar zu dem, was er im Rathaus erlebt. «Die Furcht des Herrn ist der Weisheit Anfang», so beginnt das zur Ratswahl bestellte Werk.

Wie bis in die Achtelnote wortbezogen diese Musik ist – hier ein nicht enden wollendes «ewig», da ein schütteres, einsames «zu gering» –, muss man sich vor Ohren halten, um die Kritik an den Ratsherren zu ermessen, die den Bibeltexten einkomponiert ist, und zwar so, dass die Weisheit selbst sie äußert.

«Durch mich regieren die Könige, und die Ratsherrn setzen das Recht.» Die «Könige» regieren in fanfarenhaften Wendungen, nach denen die Pracht unmittelbar reduziert wird und die «Ratsherren» das Recht in Tönen keinesfalls «setzen» – was sich in breiten, rhythmisch stabilen Tönen gut hätte machen lassen. Nein, sie biegen und brechen es! Das Verb «setzen» wird segmentiert bis auf die Silben, die in gebundenen Intervallen einem Glissandoeffekt unterzogen werden. Verbogene Rechtspartikel hören wir da, von der Geige karikierend nachgeäfft. Für das «Recht» bleibt oft nur eine kurze Note, Synkopen und Betonungsverschiebungen entziehen der Juristerei den Boden. Eine bodenlose Frechheit ist das, wacker bekräftigt von den weiteren Sängern, die der Komponist als Bürgermeister, Kämmerer und Rat bezeichnet, eine subtile Form der Kritik aber auch, die keiner Beleidigungsklage Anhalt bietet, so wie die sinfonischen Systemkritiken des Dmitri Schostakowitsch 300 Jahre später. Michaels Bruder Christoph in Eisenach gefällt das so gut, dass diesmal er zum Kopisten der Noten wird.

Wenn Michael aber Geistliches schreibt, ist er ein anderer. Ihn interessiert weniger als Christoph das Drama, das Leiden, die Beschreibung eines Weges, die subjektive Arbeit an einer Hoffnung, bei der kühnste Modulationen entstehen können. Er hat mehr Zuversicht und führt die lutherischen Choralmelodien in eine Weite, in der er sich später nur mit einem trifft, Johann Sebastian. «Ein *habiler Componist*», schreibt der über diesen Cousin seines Vaters, was nur so viel heißt wie geschickt, gewandt und fähig. Aber dieser Spätere verliert ohnehin nicht viele Worte. Er hat vielmehr die anspruchsvollste aller seiner Motetten über genau den Choral komponiert, mit dem Johann Michael Bach die Höhe seiner Kunst erreicht: «Jesu, meine Freude».

Dieser Choral bündelt die Erfahrungen des Jahrhunderts.

Der Textdichter ist Johann Franck, 1618 in Guben geboren, drei Jahre nach Heinrich Bach. Wie er hat Franck den Krieg erlebt, die Verwüstung seiner Heimat. Beim Studium der Rechte in Königsberg hat er Simon Dach kennengelernt, später auch unter dessen Einfluss seine rund hundert Kirchenlieder geschrieben. Zwanzig Jahre vor ihm ist ebenfalls bei Guben Johann Crüger zur Welt gekommen, der Komponist und Kantor der Berliner Nikolaikirche. Seine «Übung der Gottseligkeit in christlichen und trostreichen Gesängen» wird mit 44 Auflagen zum meistgedruckten Gesangbuch in der Geschichte der Protestanten. In der fünften Ausgabe dieser «Praxis Pietatis Melica» erscheint 1653 Crügers Vertonung von Francks Text, der seinerseits auf ein Liebespoem zurückgeht.

«Flora, meine Freude» hat Christoph Kaldenbach 1642 publiziert, auch er übrigens Student in Königsberg und Mitglied der «Kürbishütte» um den Dichter Simon Dach.

Flora, meine Freude,
meiner Seelen Weide,
meine ganze Ruh,
was mich so verzücket
und den Geist bestricket,
Flora, das bist du;
deine Pracht glänzt Tag und Nacht
mir für Augen und im Herzen
zwischen Trost und Schmerzen.

Johann Franck schreibt:

Jesu, meine Freude,
meines Herzens Weide,
Jesu, meine Zier.

Ach, wie lang, ach lange
ist dem Herzen bange,
und verlangt nach dir!
Gottes Lamm, mein Bräutigam,
außer dir soll mir auf Erden
nichts sonst Liebers werden.

Aus dem «wir» in den Chorälen der Lutherzeit ist ein «ich» geworden, ein leidendes Subjekt, das sich auf den Tod und auf Jesus freut mit der Inbrunst der Liebenden. Johann Crüger folgt ihr mit einer Melodie, die das Vier-Takte-Schema aufbricht, mit Leittönen, die die Harmonik aus dem alten Reich der Kirchentonarten zur gespannteren Dur-Moll-Tonalität bringen. Die Schlichtheit und Stabilität, für den Gemeindegesang und die Einprägsamkeit unerlässlich, bleibt bewahrt. Seit Luthers Zeiten ist in den Chorälen eine Gewissheit gespeichert, die für die Protestanten des 17. Jahrhunderts geradezu ein Überlebensmittel ist, ein Mittel, den Tod zu entkräften. Und nun setzt Johann Michael fort, was bei Johann Bach begonnen hat und bei Johann Sebastian die letzte Höhe erleben wird. Er steigert die Kraft des Chorals, indem er ihn zerlegt. Die Choralmelodie, von anderer Musik unterbrochen, beweist gerade dadurch ihre Bindungskraft, dass die Hörer sie weiterdenken und wieder aufnehmen können, zugleich wirkt sie wie etwas immer Vorhandenes, Ewiges, das wie durch Fenster zu erblicken ist. Michael stellt den Zeilen von «Jesu meine Freude» die von «Halt, was du hast» gegenüber. Während im Choral auf Schätze und Ehren verzichtet wird, glänzen dort die «Krone» und das «herrliche Reich», von dem die Offenbarung des Johannes spricht: «Ich komme bald, halt, was du hast, dass niemand deine Krone nehme!» Die Krone steht für das Gottvertrauen.

Mit diesem Text beginnt Johann Michael, er lässt ihn «irdisch» singen, ohne Sopran, von Altus, zwei Tenorstimmen, Bass, und über das Ende der ersten Passage legt sich der Beginn von «Jesu meine Freude», gesungen von Sopran, Alt, Tenor, Bass, dem anderen Chor. Beide Gruppen folgen abschnittweise ihren Texten, oben die Choralweise, unten die unregelmäßige, harmonisch vagierende, sprechende Prosa. Dazwischen öffnet sich ein leuchtender Raum, in dem man größte Geborgenheit erlebt. Die Multiperspektivik kommt anstrengungslos zustande, als sei es nicht ein weiter Weg gewesen zur Synthese venezianischer Mehrchörigkeit und protestantischen Choralgesangs. Michael zählt zur Generation derer, die die Ruhe haben, sich zu finden. Er schreibt einen Klang seiner Zeit, sinnlich, menschlich, voller Nähe.

Im Mai 1677 wird in Eisenach Ambrosius zum fünften Mal Vater. Nach den Söhnen Rudolphus (der als Baby starb), Johann Christoph, Johann Balthasar und Johann Jonas hat Maria Elisabetha eine Tochter zur Welt gebracht. Patin ist Maria Salome, eine Verwandte der Mutter aus dem weit verzweigten Erfurter Kürschnerclan der Lämmerhirts. Zum Tauffest der kleinen Salome am 27. Mai sammeln sich die Musiker der Stadt in Ambrosius' Garten, verspätet kommt auch an diesem Montag Kaspar Stieler, «der Spahte», noch in Hoftracht, die schwarzen Locken der Allongeperücke fallen ihm bis weit über die Schultern hinab, bis auf gleiche Höhe mit dem weißen Spitzenkragen über blauer Seide, und in der Rechten trägt er, wie meist, Frischgedrucktes im Quartformat. «Die Schweden haben sich eingeschifft!», ruft er. Seit im vergangenen Jahr seine Regina gestorben ist, über der Geburt des siebten Kindes, mit erst 36 Jahren, stürzt sich Stieler erst recht in die Novitäten. Er hat zwar gerade erst neu geheiratet, eine Bürgermeisterstochter aus Eisenach, doch nur damit die Jüngsten eine Mutter haben. Aus Stockholm komme Bericht, dass alle Macht des schwedischen Königreichs nach Schonen geführt werde, wider die Dänen, wohin auch das verbündete Münsterische Fußvolk sich von Kiel aus begeben werde. «Sie haben aber», liest Stieler vor, «wegen widerwärtigen Windes noch allda im Fährwasser liegen müssen.» Der Schonische Krieg geht ins dritte Jahr, und zweimal in der Woche berichtet der «Teutsche Kriegs-Currier» nicht nur von diesem Konflikt.

Es schwelt und brennt noch und wieder an etlichen Stellen Europas, der französische König hat gerade Saarbrücken besetzen lassen. So ist jedenfalls Stielers Kenntnisstand. Seit die acht Seiten in Nürnberg aus der Druckerei gekommen sind, vergingen schon vier Tage, und bis zur Ausfertigung am 4. Juni gregorianischen Kalenders – in Eisenach ist man julianisch noch beim 25. Mai – haben die Nürnberger Redakteure noch nicht wissen können, dass die Seeschlacht bei Møn bereits am 1. Juni den Schweden eine katastrophale Niederlage beschert hat und dass Saarbrücken von den Franzosen nicht nur besetzt, sondern schon bis auf acht Häuser niedergebrannt worden ist.

«Ruhmwürdiges Nürnberg», meint Stieler, «das solche Avisen hervorbringt! Man darf ihnen nicht leichthin trauen, aber die Novellen pflegen der Historie das erste Fundament zu geben.» Dann endlich besinnt er sich des Anlasses und ergänzt charmant, die allerlieblichste Novelle sei an diesem Tag die von der kleinen Salome, auch wenn wohl keine Historie geschrieben werde über die, «die wir itzt in der Welt leben und keine Könige sind». Worauf er mit breitem Lächeln einen Becher Bier ergreift, den die Magd ihm bringt. «Ruhmwürdiges Nürnberg», ruft nun Ambrosius, «das uns neben dem rechtschaffenen Eberlin noch einen Virtuosen geschickt hat!» Er zeigt auf den verlegenen jungen Mann, dem Daniel Eberlin den Arm um die Schultern gelegt hat. Eberlin sagt: «Ein perfekter und rarer Virtuose, ein aufrichtiges Gemüt!»

Der junge Franke wird rot bis an seine hohe, glatte Stirne, und Kaspar Stieler betrachtet ihn aufmerksam. Er kennt ihn schon, der Vertrag ist über seinen Tisch gegangen, mit dem vor gut drei Wochen Johann Pachelbel in die Dienste des Herzogs Johann Georg I. getreten ist. Bestens *recommendirt* von Wien her, wo er zuletzt Gehilfe des Organisten Johann Caspar Kerll am Stephansdom gewesen ist, entsprossen einer ganz unmusikalischen Familie zu Nürnberg, der Vater ein Flaschner! Pachelbel ist erleichtert, als Johann Christoph zu ihm tritt, um ihn über die Orgel des Stephansdoms auszufragen, über Kerll, über Kaiser Leopolds Hofkapelle, über das ganze Musikleben der riesigen Stadt, mit 80 000 Einwohnern mehr als zehnmal so groß wie Eisenach. Ob er es denn wohl aushalten werde in diesen engen Mauern, fragt Christoph den jungen Kollegen. «Ich hab' behorcht, wie Ihr an Eurer kleinen Orgel präludiert habt», sagt Pachelbel, «und hab' dabei schon mehr über den *contrapunct* gelernt als in vier Jahren zu Wien.» Tatsächlich wird die Musik der Brüder Christoph und Michael Bach seinen Weg als Komponist beinflussen. Die kleine Stadt versammelt jetzt so viele helle Köpfe wie wohl nie zuvor und nie danach.

Am 29. September 1677, Michaelistag, ein Samstag, drängen sich vor der Georgenkirche so viele zum Gottesdienst, dass etliche abgewiesen werden müssen. Es hat sich herumgesprochen, dass eine neue Musik in gewaltiger Besetzung gespielt werden soll, die der Organist Johann Christoph Bach gefertigt hat, mit großen Chören und vielen Instrumenten, alle herzoglichen Trompeter sollen dabei sein und die beiden besten Geiger der Stadt.

So ist es, und eine Musik von solcher Wucht hat man noch nie vernommen, in Eisenach nicht und auch nicht anderswo. Christoph hat dieses Mal nicht seine feine und empfindsame Modulationskunst eingesetzt, das erlauben die Naturtöne der

Trompeten nicht und ebenso wenig die Worte. «Es erhub sich ein Streit im Himmel, Michael und seine Engel stritten mit dem Drachen … und es ward ausgeworfen der große Drach', die alte Schlange, die da heißet der Teufel und Satanas.» Ungeheuerlich, was da von der Empore kommt. Es ist, als balle sich in diesen Klangblöcken alle Schwärze der Kriege, vom rotgoldenen Magma der Trompeten durchzogen, als schlügen in den Paukenschlägen Kugeln in die Mauern, als seien es wirklich keine Menschen mehr, die da singen, sondern kriegerische Engel in gleißenden Rüstungen. Nachtschwarz schimmernde Bässe, Soprane, hoch in einer unerbittlichen Sonne glänzend, miteinander, gegeneinander. Da erklingen balkendicke Akkordtableaus, in der Luft schwebend und sich zu einer Treppe für Riesen fügend.

«… und ich hörte eine große Stimme, die sprach im Himmel. Nun ist das Heil und die Kraft und das Reich und die Macht unsers Gottes seines Christus worden.» Die große Stimme spricht in der Kirche in zehn unterschiedenen Stimmen, zweichörig, alle Knaben der Kurrende werden gebraucht. Vier Trompeten sind aufgeboten, es schmettern Emanuel Germann, Martin Buchspieß, Hans Georg Schneider, Zacharias Bernd, dass es gar nicht zu beschreiben ist, und dazwischen jagen einander die Läufe der Geiger Daniel Eberlin und Ambrosius Bach, der als Hausmann alles leitet und die Heerpauke bis zum Bersten dreschen lässt, es kommen zwei Bratschen und Violone und Fagott dazu, während der Komponist am Orgelpositiv alles um den halben Ton tiefer spielt, um den seine Orgel zu hoch für die Bläser und ihr C-Dur ist. Nah ihnen sitzt der alte Heinrich, zwei Tage weit angereist, und lächelt, während ihm die Tränen über die Wangen laufen. Die Bachs dieses Jahrhunderts haben ihren Zenit erreicht.

KAPITEL 4 DIE HOCHZEIT

Wie sich siebzig Bachs und Freunde am 29. April 1679 in Ohrdruf treffen und erstmals «Meine Freundin, du bist schön» erklingt

Die aus Eisenach machen sich am Sonntag auf den Weg, nach dem Gottesdienst, durchs Nikolaitor gen Osten. Für die 40 Kilometer werden die Leiterwagen, von Kaltblütern gezogen, zwei halbe Tage brauchen. Ambrosius hält die Zügel auf dem ersten Wagen, obwohl sein Cousin bissig anmerkt, er möge das besser seiner Frau überlassen und seine Hände schonen für das große Solo, das er ihm komponiert hat. Das kenne seine Geige schon so gut, dass sie es ganz allein spielen könne, sagt Ambrosius und klopft auf den Kasten mit dem Instrument. Er beherrscht die Violine vielleicht noch um eine Spur virtuoser als sein Zwillingsbruder, dem er zu seiner Hochzeit aufspielen will, in Ohrdruf.

Für die Bachs ist Ohrdruf ein weißer Fleck auf der Clankarte, obwohl es nur zehn Kilometer von Wechmar, ihrem Ursprung, entfernt ist, ein Städtchen von 3000 Einwohnern im äußersten Südosten des Berg- und Hügellandes von Westthüringen. Keiner von ihnen hat je hier gearbeitet. Jetzt aber steht dem Ort ein Branchentreffen von Berufsmusikern bevor. Denn auch das wird diese Hochzeit sein, von deren erwachsenen Gästen etwa jeder zweite als Musiker einer Stadt, einer Kirche oder eines Hofes arbeitet. Rund 70 Bachs und Freunde machen sich auf den Weg, weil in Ohrdruf am 29. April 1679 der Toffel heiratet, Johann Christoph, der Zwillingsbruder von Ambrosius, Arnstädter Hofmusikus und Trotzkopf, von dem alle lange fürchteten, der könne sich für gar keine mehr entscheiden und für den es höchste Zeit wird, immerhin ist er schon 34 Jahre alt. In der weit verzweigten Familie ist es ohnehin Brauch, sich einmal im Jahr zu treffen. Sie haben «eine sehr große Anhänglichkeit aneinander. Da sie unmöglich alle an einem einzigen Orte beysammen leben konnten, so wollten sie sich doch wenigstens einmahl im Jahre sehen, und bestimmten einen gewissen Tag, an welchem sie sich sämmtlich an einem dazu gewählten Orte einfinden mußten.» So wird Johann Forkel, Bachs erster Biograph, hundert Jahre später aufschreiben, was ihm Carl Philipp Emanuel erzählt, der es wiederum von seinem Vater Johann Sebastian hat.

Für gewöhnlich trifft sich der Clan in Eisenach, Erfurt oder Arnstadt, diesmal aber reisen sie alle nach Ohrdruf, weil die Braut dort wohnt. Das Treffen wird auch ein musikalisches Ereignis, dessen Vorlage sich Note für Note und Wort für Wort bis heute erhalten hat – ein 600 Takte langer Hochzeitsdialog, den der Eisenacher Johann Christoph im Auftrag seines Cousins Ambrosius geschrieben hat. Der ist jetzt seit sieben Jahren «Hausmann» in Eisenach, Direktor der Ratsmusik, Mitglied der herzoglichen Kapelle. Und schon seit vierzehn Jahren ist sein Cousin Johann Christoph Organist an den drei Kirchen Eisenachs. Die beiden Mittdreißiger könnten kaum unterschiedlicher sein. Der Geiger ist ein fast bulliger Typ mit starkem Kinn, funkelnden Augen und schulterlangen dunklen Locken, dessen wuchtiges Auftreten darüber täuscht, wie sanft und entgegenkommend er sein kann. Der Organist mit schmalem Gesicht und schmalen Händen wirkt zerbrechlicher, entwickelt aber glühende Hartnäckigkeit, wenn er in wichtigen Dingen auf Widerstand stößt.

Nach Ohrdruf reisen sie in zwei Wagen, denn zu den ohnehin schon zwölf Personen (und einem Dackel, dem Ambrosius den Namen Xerxes gegeben hat) werden in Thal noch vier weitere kommen. Johann Christophs Frau, Maria Elisabetha, hat gezögert, sich mit ihrer Jüngsten auf die Reise zu begeben, die erst acht Monate alt ist – aber sie würde gern ihre Schwester wiedersehen, die zugleich ihre Schwägerin ist. Kein seltener Fall bei den Bachs, die mit anderen Familien oft gleich mehrfach verheiratet sind, ein Geflecht von einer Komplexität, die ans nicht ganz so umfangreiche Personal von Wagners «Ring» denken lässt. Zudem schätzt die vitale Frau des Organisten die etwas stillere Frau des Geigers, die genau wie sie selbst Maria Elisabetha heißt. Die beiden verbünden sich gern mal sanft bis sarkastisch gegen ihre Musikmänner, diese Besessenen, und sie neutralisieren eine gewisse Konkurrenz, die es zwischen den ungleichen Musikern durchaus auch gibt. Ambrosius hat es, in seiner offenen Art, in Eisenach leichter als der Cousin, dem manche seine Verschwiegenheit jenseits der Orgel als Hochmut auslegen und dessen verzweigter Geist sich über ökonomische Engpässe gern hinwegdenkt, während Ambrosius ein handfester Rechner ist.

Zwei Ehepaare mit acht Kindern im Alter von acht Monaten bis neun Jahren reisen da, von denen auch noch gleich zwei Johann Christoph heißen. Der eine, jetzt sieben Jahre alt, wird später einen kleinen Bruder unterrichten, der den Namen der Familie in aller Welt bekannt macht. Die Spur des anderen, jetzt Zweijährigen, wird sich um 1740 in London verlieren. Es gibt in dieser verzweigten Familie schon jetzt so viele Johann Christophs, dass man mit dem Ersinnen von Spitznamen von «Toffel» über «Stophus» bis «Jockel» kaum noch nachkommt.

Am Sonntagabend platzt das Haus des Schulmeisters Jacob Bach in Thal aus allen Nähten. Dort machen die Eisenacher Station, dort ist ihnen schon mit Jubelschreien Ludwig entgegengerannt, der gut Zweijährige, gefolgt von seinem Großvater Wendel aus Wolfsbehringen, einem 53-jährigen Landwirt und, in Thüringen kaum verwunderlich, vorzüglichen Sänger, dem Ambrosius sofort die Basspartie der Hochzeitskantate reicht – von ihm selbst säuberlich notiert wie auch die Partitur des Cousins. Wendel, ein hochgewachsener Mann mit vielen Lachfältchen im Gesicht, steht in der Abendsonne vorm Schulmeisterhaus seines Sohnes, während die Kinder und der Dackel herumrasen, und singt sogleich vom Blatt, das ihm Ambrosius gegeben hat. «Meine Freundin … du bist schön!», wendet er sich volltönend an die beiden Maria Elisabethas, die kichernd nebeneinanderstehen. «Wende deine Augen von mir, denn sie machen mich …» Er blickt auf den Text, zögert und singt dann mit Wucht: «… brünstig!» Ambrosius lacht begeistert, sein Vetter lächelt fein in sich hinein. Wendels Enkel Ludwig, der Zweijährige, stellt sich neben ihn, lässt sich die Noten reichen, tut, als könne er sie lesen, und fantasiert mit Inbrunst in Fantasiesprache. Seine Mutter erscheint blass in der Tür. Sie hat eine Fehlgeburt hinter sich.

Am nächsten Tag werden die Plätze neu verteilt. Ganz vorn Wendel mit seinem Enkel, der auf diesem Platz bestanden hat. Einen rätselhaften Sack, fünf Steine schwer, gut hundert Pfund, haben Wendel und sein Sohn Jacob noch hinaufgewuchtet, von dem der Landwirt nur lächelnd sagt, dass man ihn wird brauchen können. Jacobs Frau bleibt zu Hause, sie muss sich erholen.

Auch ich mache mich auf den Weg nach Ohrdruf. Den Bus habe ich infolge der üblichen Zugverspätungen verpasst, also muss es ab Gotha ein Taxi sein. Der Fahrer ist redselig. Wir kommen bald auf den Truppenübungsplatz zu sprechen, in dessen Schatten das Städchen Ohrdruf seit fast 100 Jahren liegt. Noch bis 1989 sei dort so viel geschossen worden, dass es wie der Donner eines anhaltenden Gewitters über der Gegend gelegen habe, sagt er, um die 60 Jahre alt, graue Stoppelhaare, gebräuntes Gesicht, gemütlich und heiter. Er hat da Ende der Siebziger mal tagelang alte Wehrmachtsmunition wegballern müssen, ehe die neue Munition der Russen zum Einsatz kam. Jetzt, im Sommer 2014, trainiere die Bundeswehr dort für Afghanistan (das zweite und dritte «a» färbt er thüringisch zum «o» hin), ein Soldat habe ihm erzählt, man verdiene da «ein Schweinegeld». «Aber was hat er davon, wenn ihm hinterher die Hände fehlen?», sagt der Fahrer. Seine Tochter ist hier «von einer Zeitarbeit in die andere gefallen» und weggezogen, in Fürth ist sie jetzt Hotelfachfrau.

Als er erfährt, dass mich das historische Ohrdruf interessiert, erzählt er vom Brand. Schloss Ehrenstein, dessen Turm bald vor uns auftaucht, habe nach aufwändiger Sanierung im November 2013 wieder eröffnet werden sollen. In der Kälte sei den Handwerkern eine Leiter am Dachboden festgefroren, am Schiefer, und denen sei nichts besseres eingefallen, als mit dem Schneidbrenner das Eis zu schmelzen. Die Dachpappe unter dem Schiefer wurde heiß, ein Schwelbrand entstand, Stunden später schlugen Flammen aus dem Dach, der komplette Südflügel wurde zerstört. Elf Millionen Euro Schaden. Bis dahin hatte das Renaissanceschloss vierhundert Jahre überstanden, lese ich später nach, zwei Weltkriege und die zwei großen Stadtbrände von 1753 und 1808, deretwegen kaum eines der Gebäude noch steht, die die Bachs im April 1679 sehen konnten – bis auf Teile der Stadtmauer, einen Brunnen und den Turm der Kirche, in der die Hochzeit stattfand, und das trotz des Brandes immer noch stattliche Schloss Ehrenstein mit seinem Turm am anderen Ufer der Ohra. Nur am Straßenverlauf hat sich fast nichts geändert. In der Innenstadt käme man auch jetzt mit dem ältesten erhaltenen Plan, dem von 1747, ganz gut zurecht. Da, wo von jeher das Rathaus stand, steht es immer noch, da bin ich verabredet.

Auf dem Kutschbock des zweiten Wagens sitzen jetzt Johann Christoph und sein kluger Ältester, Johann Nikolaus. Zwischen die beiden Maria Elisabethas auf dem «Knochenknacker», wie sie das Gefährt nennen, hat sich auf Bitten der Frauen Ambrosius gezwängt, der ihnen noch einmal genau die Liebesgeschichte seines Zwillingsbruders erzählen soll. Dass jemand aus Liebe heiratet, ist ganz ungewöhnlich, und Ambrosius kennt sich bei seinem Bruder bestens aus. Der hat es sogar auf ein Verhör ankommen lassen, um nicht bei der Falschen zu enden. Sie wüssten wohl noch, dass sein Zwilling sich vor nun schon sechs Jahren mit einer Weibesperson geschleppt habe, einer Anna Cunigunda, die Tochter der Witwe Wiener in Arnstadt, gar keine schlechte Partie. Der Toffel habe mit ihr sogar schon Ringe getauscht. Gleich danach aber sei sie unausstehlich geworden, habe ihn einen «Tabaksäufer» genannt und über ihn bestimmen wollen. Nichts sei so scharf wie eine Zunge, das wisse man ja, aber es sei eben auch niemand so trutzig wie der Toffel.

«Da ist nun seine Affection gegen sie ganz erloschen, ehe noch eine andre da war, wenn sie gleich gemeint hat, Leuchtens Tochter sei auch im Spiel. Und sie hat ihm den Ring wieder desideriret, und er möchte ihr nur auch seinen Ring wieder geben.» Warum es aber dann ein Verhör habe geben müssen? Der Witwe wegen, ihrer Mutter, die habe sich an das Konsistorialgericht zu Arnstadt gewandt. «Ein ums andre Mal sind unser Toffel und die Cunigunda inquisiert worden, ein Jahr ging das hin. Er hat auch gestanden, er habe die Cunigunda um die Ehe angeredet, hätte sich aber nicht verbindlich eingelassen. Daher befürchte er Gottes Strafe nicht.» Jetzt wird den Frauen bang um den Toffel, obwohl doch alles gut ausging. Wie viele haben nicht in Verhören sich vergeblich auf den Herrgott berufen! «In all der Zeit», sagt Ambrosius, «hat aber auch der Teufel sein Unwesen getrieben in Gestalt des Gräsers.» «Der alte Stadtmusikus!», erinnert sich Maria Elisabetha, die Tochter des Arnstädter Stadtschreibers. «Ja, der! Immer gelb vor Neid, weil der Bürgermeister zur Musik lieber die Bachen bestellt! Er hat dasselbe gehöhnt wie die beiden Weiber, dass mein Bruder ein Tabaksäufer sei und trutzig und stutzig, und sein Geigen nannte er Fliegengewedel, da doch alle Welt seine Zierligkeit im Geigen kennt!» Beide Maria Elisabethas sind empört, und Ambrosius legt noch nach: Des Gräser Verleumdungen, auch schriftlich eingereicht, hätten das Konsistorium gegen den Bruder entscheiden lassen: Ein Ehepromess liege vor und müsse eingelöst werden. Sonst könne es, hätten sie ihm zugeredet, «leicht die Wege erreichen, daß er sich jurato purgiren müsse.» Jetzt sind die Frauen fassungslos.

«In einem hat der alte Gräser aber schon recht», sagt Ambrosius genießerisch, während sie über die Emse bei Schwarzhausen poltern, «trutzig ist der Toffel mehr noch, als ich bin, und darum ist er doch von der Wienerin freigekommen. Eben zu der Zeit, anno domini 1675, ist ihm nämlich die Eisentrautin in den Weg gelaufen mit ihrem Mündlein von Korallen …» Der schwärmerische Hinweis trägt ihm einen Rippenstoß seiner Frau ein, er fährt fort: «Nach solchem Blitzschlag ist ihm das Geduld gerissen!» Der Toffel habe wegen der Verlobungssache an das Obergericht zu Weimar appelliert. Diese Kühnheit konnte ihn seine Stellung kosten, den Hofmusikus des Grafen Ludwig Günther von Schwarzburg-Arnstadt. Doch der schätzte ihn, dessen Vater schon seinem Vater gedient hatte, als «Unseren Lieben Getreuen Johann Christoph Bachen», wie es im Einstellungsvertrag heißt. Er sah sich womöglich in seiner Wertschätzung noch bestätigt, als das Weimarer Gericht dem trotzigen Musiker tatsächlich recht gab und ihn von der leidigen Wienerin erlöste. Er hatte dort erklärt, sie sei ihm nun so feind, dass er sie nicht vor Augen sehen könne.

Diesen Ausspruch musste er vor der Arnstädter Behörde indessen noch widerrufen, ehe sie ihn freigab. Was freilich nicht hieß, dass Christoph sich nun ohne weiteres mit der Eisentrautin sehen lassen konnte. Die geheimen Treffen, erzählt Ambrosius, würden sie schon noch in Tönen ausgemalt finden. Der alte Gräser habe übrigens nach der Sache erst recht kein Maß mehr gekannt, sondern seine Beleidigungen auf die ganze Familie ausgedehnt. Die Bache, so habe er zweien ihrer Gesellen gegenüber geäußert, seien keine ehrlichen Stadtpfeifer, sondern Leute, die anderen ihr Brot abstehlen. Er wolle dafür sorgen, dass Gesellen, die bei den Bachen gelernt hätten, als Schelme und Diebe behandelt würden, er selbst würde ihnen, sollten sie ihm ins Haus kommen, Arme und Beine abschlagen.

Am 6. Februar 1677 reichen fünf Bachs gemeinsam Klage bei der gräflichen Kanzlei ein: Johann Christoph und sein Cousin Johann Günther, der Arnstädter Instrumentenbauer, dessen Vater Heinrich, Organist und in gräflichen Diensten, die Erfurter Cousins Ägidius und Nikolaus. Sie wollen, dass Gräser des Landes verwiesen oder in den Turm geworfen werde. Der Graf lässt die Gesellen vernehmen, die die Beleidigungen herumerzählt haben, aber die wissen von nichts mehr, und Gräser wird nur vermahnt. Noch Jahrhunderte später zählt zu den in Arnstadt verwahrten «Bachiana» eine Mappe, beschriftet «Johann Christoph Bach contra Heinrich Gräser 1669–1677», die nicht weniger als 48 Blätter enthält. Trotz des Musikerbedarfs an Thüringer Höfen, in Kirchen und Städten herrscht ein Konkurrenzdruck, der die Bachs nicht minder zusammenschweißt als ihre «große Anhänglichkeit aneinander». Gräser hat recht, als er einmal sagt: «Wenn ich Bach hieße, hätte ich überall Hilfe.»

Auf dem Kutschbock wundert sich Johann Nikolaus, der Neunjährige, dass er heute früh um Schlag sieben längst schon die Sonne habe sehen können, wobei er doch genau wisse, dass es am Ostersonntag zur selben Stunde noch fast dunkel gewesen sei, als er, dem Vater bei der Orgel zu helfen, mit ihm das Haus verließ. Die Tage würden länger, sagt Johann Christoph, das wisse er doch, es sei so eingerichtet, damit das Korn wachsen könne in der Wärme der Sonne, es stehe so fest seit Anbeginn der Welt und werde immer so bleiben. Aber die Sonnenuhr, grübelt Nikolaus, werfe doch ihren Schatten das Jahr über immer mittags um zwölf Uhr auf die Zwölf, obwohl sie jeden Tag früher ihren Lauf beginne. Der Organist ist ratlos und spricht von der Sphäre, an der die Sonne befestigt sei. Was denn eine Sphäre sei, fragt Nikolaus. Johann Christoph sagt, er werde ihn wohl studieren lassen müssen, und sucht zusammen, was er weiß.

Um die Erde herum, die eine Kugel sei, wie er wisse, gebe es sieben Schalen, gewaltige, durchsichtige Kugelschalen, voneinander getrennt, mit denen kreisten die Himmelskörper. Zunächst Mond, Merkur und Venus, dann die Sonne, sodann Mars, Jupiter und Saturn. Dahinter sei die Sphäre mit allen Sternen. Und dahinter? Das wisse Gott allein. Und die Erde, die stehe ganz fest, herumgemauert um die Hölle? Nach Ort und Art der Hölle sei nicht zu fragen, sagt Johann Christoph. Er habe von Gelehrten gehört, die behaupteten, die Erde ziehe eine Bahn um die Sonne. Das würde ihm gefallen, sagt Nikolaus, vielleicht sei man ja von der Hölle weit weg. Ein vermessener Wunsch, sagt Johann Christoph, den der Gedanke einer wandernden Erde erschreckt. In der protestantischen Kirche ist er immerhin nicht verpönt, und längst liegen gedruckte Bände vor, in denen helio- und geozentrische Systeme nebeneinander vorgestellt werden.

Der Organist, wenn auch belesen, weiß nicht, wie nahe an seiner Durchsetzung sich das kopernikanische Weltbild befindet. Im selben Jahr wie er, 1642, ist in England der Bauernsohn Isaac Newton zur Welt gekommen, er arbeitet jetzt an dem Werk, mit dem er die Gravitation und die Bewegungen der Planeten berechenbar machen wird – doch seine *Principia Mathematica* werden erst 1687 erscheinen, in einer Auflage von 300 Exemplaren, und zu ihrer Wirkung in Europa noch einige Zeit brauchen. Der Laienastrologe und Schriftsteller Grimmelshausen, dessen «Simplicius» Johann Christoph besitzen könnte, hält bis zu seinem Tod 1676 das heliozentrische System für einen Irrtum, der «nach Aristarch von Copernico einem moderno astrologo widerumb uff die Bahn ist gebracht worden». Schließlich, sagt Johann Christoph nach längerem Nachdenken seinem Sohn, entstehe durch die Bewegung der Sphären die Harmonie des Universums, die in der Harmonie der Musik hörbar werde. Nikolaus scheint in Gedanken woanders. Wenn sich die Erde um die Sonne bewegte, sagt er dann, würde nicht die Sonne immer nur auf die eine Hälfte der Kugel scheinen? Müsste sich dann die Erde nicht sogar um sich selbst drehen? Und fallen wir dann nicht herunter? Er wird es erfahren, er lebt lange genug.

Plötzlich hält der vordere Wagen. Wendel ist abgestiegen, den quengelnden Johann Ludwig im Arm. Er zeigt hilflos auf dessen Kittel. Die beiden Maria Elisabethas begreifen sofort. Auch bei Christine Dorothea, der Allerjüngsten von Johann Christoph, sollte man mal nachschauen, und bei Maria Salome, der Zweijährigen von Ambrosius. Hier vor Friedrichsroda kommt alle Viertelmeile ein Wasserlauf den Berg herunter. Zuerst wird Wasser gefasst, dann saufen Dackel Xerxes und die sechs Pferde, dann werden die Leinenwindeln ausgespült und zum Trocknen an den Wagen gehängt. Als es weitergeht, setzt sich Ambrosius' Wagen an die Spitze, hinter ihm folgt Wendels, auf dem der kleine Ludwig fast sofort im Schatten der Plane eingeschlafen ist. Der Geiger will weitere Arnstädter Intrigen zum Besten geben, da hört er Wendels kräftigen Bass singen: «Esset, meine Lieben!» Und in derselben Melodie folgt ihm auf dem hinteren Wagen ein Sopran, ein Knabensopran.

Ambrosius strahlt. Sein Ältester ist das, Johann Christoph, der vom Blatt singt, das Wendel hochhält. «… und trinket, meine Freunde!» Jetzt folgen drei Takte Geigensolo, das sind seine, Ambrosius singt sie auswendig, eine Oktave tiefer natürlich. Ludwigs Vater Jacob lässt sich hören, im Tenor: «So sehe ich nun das für gut an, dass es fein sei …», gefolgt vom Ältesten des Komponisten im Alt. Alles sauber, alles richtig, *prima vista* und ohne Basso continuo! Die beiden Maria Elisabethas lauschen nur noch auf die Stimmen ihrer Söhne in Sopran und Alt. «… wenn man isset und trinket und gut's Muts ist, denn das ist eine Gabe, denn das ist eine Gabe …», jetzt brummelt Ambrosius in den vierstimmig werdenden Chor seine Geigenpartie hinein, und ihm ist, als kämen die Töne der fehlenden Instrumente aus dem Wald hervor, und eher bewegten sich der Wald und die Welt um sie, als dass die Knochenknacker rollten, «denn das ist eine Gabe Gottes.» Ambrosius' Frau freut sich über ihren glockenrein singenden Sohn und muss an den kleinen Rudolphus denken, den sie vor neun Jahren verlor, und liebt ihren Mann auf einmal, als hätte sie ihn auch aus Liebe geheiratet, diesen Verrückten, der nun auch noch die rasenden Sechzehntel seines Violinsolos vocaliter imitiert und in den coro hineinjuchzt, bis selbst der Komponist auf dem Kutschbock, der bis dahin verhalten vor sich hin gelächelt hat, auf einmal den raptus hat und das repetierte «D» der Trunkenheit anstelle der Gamben in den Wald ruft: «Hu-hu-hu-hu …»

Brächen jetzt tausend Söldner aus dem Forst hervor, sie müssten die Waffen fallen lassen und lauschen, starr vor Staunen. Aber in Thüringen ist jetzt kein Krieg, kein Heeresdurchzug, wenn auch das länderfressende Frankreich und Brandenburg noch kämpfen im Westen und es nicht mehr lange währt bis zum nächsten Türkenkrieg im Süden, und wann die nächste *contagion* kommt, das wissen wir, aber nicht sie, die so viele verlieren werden. Jetzt ist jetzt. Sie singen bis zum Schluss, bis zum vielfach wiederholten Amen, von dem Ludwig wieder aufwacht und das er nun lange noch nachmacht, bis zwei Turmspitzen in der Ebene vor ihnen am Horizont erscheinen.

Beide stehen heute noch, die Türme des Schlosses und der Michaeliskirche. Das prächtige Renaissancerathaus, das die Bachs kurz nach ihrer Einfahrt durchs Westtor sehen können, ist im Jahr 1808 niedergebrannt, wie 200 von 737 Häusern. In seinem schlichten Nachfolgebau aus demselben Jahr steige ich durchs hölzerne Treppenhaus in den 2. Stock, Zimmer 34. Dort hat Manfred Ständer sein Büro, und er weiß vielleicht, wo die Bachs gefeiert haben könnten. Denn Ständer, ein gelassener, robuster Mann Mitte 50, der von seinem Schreibtisch aus einen schönen Blick auf den Marktplatz genießt, ist einer der besten Kenner der Stadtgeschichte. In der DDR hat er als Programmierer gearbeitet, aber als nach der Wende die Leute aus dem Westen mit neuester Technik «hier eingeritten sind», orientierte er sich neu und bewarb sich auf die Rathausstelle für Kultur und Tourismus. Daraus ist eine Leidenschaft geworden, und für die Freiwillige Feuerwehr hat er die großen Brände recherchiert.

«Unsere liebe Stadt» nennt er den Ort in seinem Buch über «Verheerende Brände und andere Katastrophen in der Stadt

Ohrdruf». Der Titel ist auf flammendem Hintergrund mit schwarzen Buchstaben gedruckt, aus denen ebenfalls Flämmchen züngeln – aber eine billige Sammlung schauriger Sensationen verbirgt sich nicht dahinter. Mit enormer Akribie hat Ständer Akten aus Jahrhunderten ausgewertet, hat Prozesse rekonstruiert wie den gegen Michael Heinrich Bachmann, der 1754 der Brandstiftung verdächtigt und schließlich der Folter mit Daumenstöcken und Beinschrauben unterzogen wurde. Er beleuchtet gleichsam im Lichte der Flammen die Stadt, ihre Bewohner, ihre Gesetze, ihre Gebäude, den Fortschritt der Technik quer durch die Epochen. Worauf wir überhaupt nur kommen, weil auch der Gasthof, der für das große Treffen der Bachs in Frage kommt, 1808 ein Raub der Flammen wurde. Der stand gleich gegenüber vom Rathaus und hieß zuerst «Der Steinerne Gasthof», da es kein Fachwerkbau war und als einziges feuerfestes Gebäude galt. Auf der Karte von 1747 steht bereits «Anker» vor dem Haus, und der Name «Zum goldenen Anker» ziert noch jetzt ein Gebäude an derselben Stelle.

Herr Ständer fände es schöner, wenn die Bachs ihre Hochzeit im Ratskeller, sozusagen unter seinem Büro, gefeiert hätten, dessen gotisches Gewölbe alle Brände überstanden hat. Doch als er erfährt, wie viele Gäste ich mir da denke und dass Platz sein müsse für die Uraufführung einer Musik mit vier Sängern und sieben Instrumentalisten, hält er den «Anker» für die bessere Wahl. Er stöbert am Bildschirm in einer «Renovaturliste» aus dem 17. Jahrhundert, die die Steuerzahler von Ohrdruf verzeichnet, und stellt fest, dass ein Mitglied der Brautfamilie Eisentraut im Marktviertel wohnte. Zu dem gehört auch der «Anker», das passt doch! Dann unterbricht er das Gespräch: Er müsse kurz hinunter, ein Hochzeitspaar fotografieren. Auch das gehört zu seinen Aufgaben.

Ich gehe mit und sehe, wie man sich heute in Thüringen zur

Hochzeit kleiden kann. Braut und Bräutigam kommen zur Trauung im Rathaus im Zweispänner angefahren, vorbei am «Hotel Goldener Anker», beide Mitte 20. Keine Wolken, die Sonne scheint, aber nur wenige schauen zu – der Marktplatz ist mitten in der Woche fast leer. Der Mann hat kurze rotblonde Haare und trägt einen schimmernden, eckigen Anzug in hellem Senfbraun, den er nie wieder anlegen wird, dazu lila Hemd und weiße Krawatte, und im Gesicht den Ernst der großen Stunde, hinter dem man noch letzte Reste eines Knaben ahnt. Die Braut blickt wie um sieben Jahre wissender. Sie trägt die schulterlangen schwarzen Haare offen, weißes Chiffon über einem cremerosafarbenen, über den Knien endenden Kleid und glitzernde, hellrosafarbene Pumps.

Was werden Johann Christoph und Martha Elisabeth getragen haben, vor 325 Jahren? Jetzt, wenige Meter von der Stelle entfernt, an der sie wohl feierten, entrücken sie mir, mitsamt ihrer Musik. An der Stelle des Gasthofs steht ein wuchtiger Bau, drei Etagen, unten Kaiserzeit, oben Nachkriegszeit, den sich die Kreissparkasse und andere Dienstleister teilen, Psychotherapeuten, Logopäden, Rechtsanwälte, eine Zahnärztin und die Lohnsteuerhilfe. Nur der Schriftzug «Hotel Goldener Anker» in angeschraubten Frakturbuchstaben verbindet noch die Zeiten. Und Manfred Ständer natürlich, der in Geschichte wie Gegenwart gleichermaßen geerdet ist. Nach seinem Fotografeneinsatz steigen wir in den Keller des Rathauses, ins leere Gewölbe, vorbei an zwei Sekretärinnen, die oben an der Treppe ihre Rauchpause machen, an der Schnittstelle zwischen dem 16. und dem 21. Jahrhundert.

Könnte man im Ratskeller nicht wieder eine Gastronomie einrichten? «Hier geht ja keiner mittagessen», sagt Herr Ständer, «aus Geldmangel.» Bis zum Ersten Weltkrieg habe es 40 Gaststätten gegeben, gegenüber den zwei bis drei passablen, die man jetzt noch finde. Arbeit sei schon da, im neuen Gewerbegebiet vor der Stadt, aber «das Leben auf der Straße hier ist überschaubar, wenn man das fröhlich ausdrücken will». Eine Dreiraumwohnung im Zentrum bekommt man für 312 Euro Kaltmiete, ein Hof in der Gegend, 19 000 Quadratmeter Grundfläche, 300 Quadratmeter Wohnfläche, ist für 80 000 Euro zu erwerben. Mangelnder Andrang. Wer an der Bushaltestelle wartet, zieht Blicke aus den Autos auf sich wie ein Fremder in einem Dorf. Und still ist es.

Die Stadt, der sich die Bachs Ende April 1679 nähern, ist weder leer noch still. Den Lärm der Hammerwerke, die vom Wasser der Ohra angetrieben werden, hören die Reisenden schon lange, ehe sie das westliche Stadttor erreichen. 40 Gewerke nutzen das Wasser. Es gibt Draht- und Kupferhämmer, Papiermühlen, Kornmühlen, Lohmühlen, in denen Eichenrinde für die Gerber zermahlen wird. Und immer hört man in der Stadt irgendwo einen Hufschmied. Denn nicht weit von hier verläuft die Via Regia, Europas größter Handelsweg, von Spanien bis Moskau, und wer sie in Gotha nach Süden hin über den Thüringer Wald verlässt, über die spätere Bundesstraße 247, wechselt in Ohrdruf die Pferde – nur Kaltblüter können die schweren Wagen bergan ziehen, viele hier verdienen sich ein Zubrot mit Pferdeverleih und «Vorspanndiensten». Dieses Ohrdruf, das über die Stadtmauern noch kaum hinausgewachsen ist mit seinen 3000 Bewohnern, brodelt von Leben und weiter Welt, riecht nach Pferden und Gerbereien und pulsiert polymetrisch im Takt der Hämmer.

Als am Montagnachmittag die beiden Wagen aus Eisenach durchs Westtor auf den Marktplatz gerollt sind, kommt der Bräutigam durchs Menschengedränge angelaufen, ehe sein Bruder ihn suchen kann. Und wie immer sind auch die verblüfft, die die Zwillinge schon oft gesehen haben. Ambrosius steigt vom Wagen, um dem Toffel in die Arme zu fallen, der wie er die schulterlangen dunklen Locken frei trägt. «Diese Zwillinge sind vielleicht von ihrer Art die einzigen, die man weiß», wird Carl Philipp Emanuel noch siebzig Jahre später überliefern. «Sie liebten sich aufs Äußerste. Sie sahen sich einander so ähnlich, daß so gar ihre Frauen sie nicht unterscheiden konnten. Sie waren ein Wunder für große Herren u. für Jedermann, der sie sahe. Sprache, Gesinnung, alles war einerley. Auch in der Musik waren sie nicht zu unterscheiden, sie spielten einerley; sie dachten ihren Vortrag einerley ...»

Tatsächlich ist sich Maria Elisabetha, die Ältere, einen Moment lang nicht mehr sicher, ob ihr Ambrosius nicht doch eine grüne Weste trägt. Wer ist wer? Erst als sich die Brüder voneinander gelöst haben, weiß sie es wieder: Toffel tritt genau so fest auf wie Ambrosius, aber doch nachdenklicher, und natürlich sieht er sie anders an, von weiter her. Der Blick trifft sie eigentümlich. Die jüngere Maria Elisabetha bricht die Beklommenheit: «Hoffentlich schleppt deine Braut morgen nicht den Falschen zum Altar, Toffel!» Der lächelt so, dass man sieht, wie verliebt er ist, und Ambrosius sieht ihn mit stolzer, zärtlicher Begeisterung an. Der kleine Johann Ludwig springt zwischen den Zwillingen hin und her. «Wo ist der Toffel?» fragen sie ihn abwechselnd. «Da is Toffel! Und da is Toffel!» Er kreischt vor Vergnügen, während er sich mit wehenden Goldlocken mal dem einen, mal dem andern in die Arme wirft und herumgeschleudert wird.

«Luttich!» ruft er, «das is luttich!» «Du bist mir selber so ein Luttich, Ludwig!» meint der schmale Eisenacher Organist und fährt dem Zweijährigen durchs Haar. Auf einmal klammert sich der Kleine an seinen Beinen fest, als wolle er Schutz suchen, und späht durch sie hindurch. «Tommt einer», sagt er. Es ist eine. Obwohl Ambrosius, der neben den Bruder getreten ist, sie kennt, muss er schlucken. «Siehe, meine Freundin, du bist schön! siehe, schön bist du! Deine Augen sind wie Taubenaugen zwischen deinen Zöpfen. Dein Haar ist wie eine Herde Ziegen, die gelagert sind am Berge Gilead herab.» Auch jene Zeilen des Hoheliedes, die der Cousin nicht vertont hat, kennt Ambrosius gut. Und daran, dass es sich hier um die «Schönste unter den Weibern» handelt, zweifelt keiner, der die 25-jährige Martha Elisabeth Eisentraut in diesem Moment auf dem Marktplatz sieht, mit ihrem Strohhut, dessen rosenrote Bänder im Aprilwind flattern, einem kleinen Korb in der Hand und atemberaubend unbedeckten Unterarmen, ein Wagnis, das man in Paris schon seit Jahren kennt, das aber im Thüringer Bürgertum erst jetzt ankommt. Sie lächelt verlegen. «Ihre Zähne sind wirklich nicht zu groß», sagt die Organistenfrau Maria Elisabetha zur Frau des Ambrosius, die froh ist, dass ihr Mann jetzt nicht auf diese Schönheit zugeht, sondern auf sie selbst, um ihr vom Wagen zu helfen und ihr dann die kleine Salome herunterzureichen.

In der Küche des «Ankers» sind sie schon dabei, die Wickelklöße für das Fest am Dienstag vorzubereiten. Aus Mehl, Eiern und Wasser hat die Köchin einen schönen Teig gemacht und mit Salz und Muskat gewürzt, nun rollen die Mägde ihn dünn aus, bestreuen ihn mit Bröseln, die sie in Butter gebraten haben, rollen ihn auf und schneiden die Rolle in Streifen. Es kommt ihnen im Gedränge höchst ungelegen, dass Wendel seinen geheimnisvollen Sack durch die Tür zerrt. «Zetert nicht!», ruft er und holt einen graubraunen Klumpen heraus. «Dies ist in alten Kräuterbüchern nicht zu finden», sagt er, «und übergeht die Lieblichkeit der Castanien und der Zuckerwurz gar weit!» «Wollt Ihr Steine fressen?», sagt die Köchin und stellt sich schwitzend vor den großen Mann, während die Mägde kichern. Wendel lacht. «Es ist ein neues Gewächs aus Peru. Das hab ich bei mir gezogen in Wolfsbehringen. Ich hab's von dem Hofbotanicus Elsholtz, der lässt es im Küchengarten seines Kurfürsten wachsen, in Berlin …» «Und dieses Berlin, das ist wohl die Hauptstadt von Peru!» meint die Köchin.

«Das ist eine Residenz», sagt Wendel, «einige Tage von hier. Erhabene Meisterin, es ist eine nährende Speise! Habt ihr einen Topf Wasser kochend? Zuerst muss man sie mürbe sieden.» Knurrend schöpft sie aus einem großen Topf brodelndes Wasser in einen kleinen. «Da könnt ihr euren Stein sieden.» Er wirft ein paar seiner Klumpen hinein, schiebt den Sack an die Wand und verschwindet. Wenn das nur kein Teufelswerk ist, denken die Mägde und blicken immer vorsichtig zum Topf, ob sich daraus giftige Dämpfe erheben. «Und wenn man uns zum Verhör zieht?», sagt die Älteste. Sie war dabei, als in Ohrdruf vor elf Jahren, «im April, wie jetzt!», drei Weiber wegen Hexerei verbrannt wurden. «Die Bremern, die Wagnern und Christian Haacken von Wechmar sein Weib!» Die sollte mit fremden Kräutern einen vergiftet haben. «Und die Pfähle vorm Kohltore sind zwanzig, die reichen für uns alle!» Die jungen Mägde erbleichen, nur die Köchin ist furchtlos und scheucht sie an die Arbeit. Wendel gefällt ihr, und warum sollte er die Hochzeitsgesellschaft vergiften? Als er wiederkommt, holt er mit der Kelle einen der Klumpen aus dem Topf, lässt ihn abkühlen und erklärt: «Jetzt zieht man ihnen die auswärtige Haut mit dem Messer ab.» Er führt es vor, und ein wunderbares Gelb kommt zum Vorschein. «Alsdann gießt Wein darüber und lasst sie mit Butter, Salz, Muskatenblumen von neuem kochen. Dann sind sie bereit.» Wie denn die goldenen essbaren Wackersteine heißen, will die Köchin wissen. «Tartuffeln.»

Und die aus Themar? Georg Christoph kommt allein, der ältere Bruder der Zwillinge, gelehrtester der «Triga Fratrum Germanorum Bachiorum», wie er die brüderliche Dreifaltigkeit gern nennt. Gern wäre der Kantor mit der ganzen Familie über den Rücken des Thüringer Waldes gereist, aber drei Tage auf dem Wagen mit vier Kindern, davon eines erst knapp sechs Wochen alt, das geht nicht, auch wenn die Feste des 17. Jahrhunderts immer Feste mit Kindern sind. Sie wolle ihren Jüngsten nicht auch noch verlieren, hat Anna Juditha ihren Mann angefleht. Ihr Johannes Matthäus ging, als er vier Monate alt war, Johann Ernst nach ihm wurde kein Jahr alt, Justina Maria, die sie vor fast genau zwei Jahren gebar, ist ihr vor acht Monaten in den Armen gestorben. Anna Juditha möchte auch die ältesten drei Kinder nicht fortlassen: Valentin, jetzt zehn, der seinem Vater Georg Christoph schon die Orgel registrieren kann, die achtjährige Juditha und deren kleine Schwester Sybilla, sechs, die sie um fast sechzig Jahre überleben wird. Aber Georg Christoph reist und reitet beruhigt. Seine Frau wird unterstützt von Elisabeth Bach, einer mit 55 Jahren schon älteren Dame, der Tochter des längst verstorbenen Ratsherrn Andreas Bach, wie Landwirt Wendel Spross einer jener Linien, die nicht auf den Bäckermeister Veit zurückgehen.

Der Tag ist da, die Glocken läuten. Sie gehen an dem Brunnen vorbei, den es heute noch gibt, achteckig aus Steinen gefügt, mit einfachem gemeißeltem Gittermuster zwischen den Halbsäulen der Ecken, fast archaisch anmutend, so alt wie die Stadt. Vielleicht ließ schon der Engländer Wynfreth ihn graben, besser bekannt als Bonifatius, der im Jahre 727 mit dem päpstlichen Auftrag hier ankam, «ungläubigen Völkern das Geheimnis des Glaubens bekannt zu machen». Er und seine Missionare, Männer aus Irland und Schottland, errichteten ein kleines Kloster an der Ohra, das erste Gotteshaus im heidnischen Thüringen. Und ein Jahrhundert ehe Luther das Geheimnis des Glaubens so folgenreich neu formulierte, wurde an den Mauern des Klosters eine Kirche gebaut, von jener Art, die man später «gotische Hallenkirche» nennt, und auf die gehen nun scharenweise die Bachs und Eisentrauts und ihre Freunde zu.

Hinter dem Brunnen trennen sich Frauen und Männer und warten, dass aus der Kirchentür der Pfarrer tritt, Archidiakon Johann Christoph Wolff. Die Trauung findet vor der Kirche statt. Als er da steht im schwarzen Habit mit weißer Halskrause, ein Mann Ende dreißig, treten von links Martha Elisabeth und von rechts Johann Christoph auf ihn zu. Jäh verstummt das Plaudern, der Geistliche wartet noch etwas, dann beginnt er laut: «Johann Christoph, wiltu Martha Elisabeth zum ehelichen Gemahl haben?» «Ja.» «Martha Elisabeth, wiltu Johann Christoph zum ehelichen Gemahl haben?» «Ja.» Sie geben einander die Trauringe. Wolff fügt ihre beiden rechten Hände zusammen und spricht: «Was Gott zusammenfüget, soll kein Mensch scheiden. Weil denn Johann Christoph Bach und Martha Elisabeth Eisentrautin einander zu der Ehe begehren und solches hie öffentlich für Gott und der Welt bekennen, darauf sie die Hände und Trauringe einander gegeben haben, so spreche ich sie ehelich zusammen im Namen des Vaters und des Sohnes und des Heiligen Geistes. Amen.»

Während nun alle hineingehen, die Frauen und Mädchen unten ins Weibergestühl, die Männer und Jungen nach oben, improvisiert Johann Christoph, der Eisenacher, über den Choral «Sei Lob und Ehr dem höchsten Gut». Den erst vor vier Jahren veröffentlichten Text auf Vulpius' Choralmelodie «Lobet den Herrn ihr Heiden all» werden sie dann singen, wobei Christoph selbst da noch, die Gemeinde begleitend, die aberwitzigsten Modulationen veranstaltet, Zwischenspiele einbaut, deren Ende nur Musiker erraten können, die darüber freilich in noch bessere Laune geraten.

«Sei Lob und Ehr' dem höchsten Gut,
Dem Vater aller Güte,
Dem Gott, der alle Wunder tut,
Dem Gott, der mein Gemüte
Mit seinem reichen Trost erfüllt,
Dem Gott, der allen Jammer stillt.
Gebt unserm Gott die Ehre!»

Magister Wolff ist froh, dass er den einleitenden Eskapaden des Organisten die seit fast eineinhalb Jahrhunderten bewährte Liturgie aus Luthers Traubüchlein entgegensetzen kann, die im Reformationsgebiet unverändert gilt. Mit Gottes Wort aus der Genesis beginnt er seine Rede an die Gemeinde vor dem Altar, wo in der Sonne das Hochzeitspaar kniet. «*Es ist nicht gut, daß der Mensch allein sei, ich will ihm eine Gehülfin machen, die sich zu ihm halte.* Da ließ Gott der Herr einen tiefen Schlaf fallen auf den Menschen und er entschlief, und nahm seiner Rieben eine und schloß die Stätte zu mit Fleisch. Und Gott der Herr baute ein Weib aus der Riebe, die er von dem Menschen nahm, und brachte sie zu ihm. Darum wird ein Mann seinen Vater und Mutter verlassen und an seinem Weibe hangen, und sie werden sein ein Fleisch.»

Er wendet sich nun an Christoph und Martha. «Weil ihr euch beide in den Ehestand begeben habt in Gottes Namen, so höret aufs erste das Gebot Gottes über diesen Stand. So spricht Sankt Paulus: Ihr Männer, liebet eure Weiber, gleichwie Christus geliebet hat die Gemeine, und hat sich selbst für sie gegeben. Also sollen auch die Männer ihre Weiber lieben als ihre eigene Leibe. Wer sein Weib liebet, der liebet sich selbst. Denn niemand hat jemals sein eigen Fleisch gehasset, sondern er nähret es und pfleget sein, gleichwie auch der Herr die Gemeine. Die Weiber sein untertan ihren Männern als dem Herrn. Denn der Mann ist des Weibes Haupt, gleichwie auch Christus das Haupt ist der Gemeine, und er ist seines Leibes Heiland. Aber wie nun die Gemeine Christo ist untertan, also auch die Weiber ihren Männern in allen Dingen.»

Und er spricht vom Kreuz, das Gott auf den Ehestand gelegt hat. «*Ich will dir viel Schmerzen schaffen, wenn du schwanger wirst, du solt mit Schmerzen Kinder gebären, und dein Wille soll deinem Manne unterworfen sein und er soll dein Herr sein.* Und zum Manne sprach Gott: *Dieweil du hast gehorchet der Stimme deines Weibes und gessen von dem Baum, davon ich dir gebot und sprach: Du solt nicht darvon essen: Verflucht sei der Acker und deinetwillen, mit Kummer solt du dich darauf nähren dein Lebenlang, Dorn und Disteln soll er dir tragen, und solt das Kraut auf dem Felde essen. Im Schweiß deines Angesichts solt du dein Brot essen, bis dass du wieder zur Erden werdest, davon du genommen bist. Denn du bist Erde und solt zur Erden werden.*»

«So ist das», fährt er fort, «euer Trost, dass ihr wisset und gläubet, dass euer Stand für Gott angenehm und gesegnet ist. Denn also stehet geschrieben: Gott schuf den Menschen ihm selbst zum Bilde, ja zum Bilde Gottes schuf er ihn. Er schuf sie ein Männlein und Fräulein. Und Gott segnet sie und sprach zu ihnen: *Seid fruchtbar und mehret euch, und füllet die Erden und machet sie euch untertan, und herrschet über Fisch im Meer und über Vogel unter dem Himmel und über alles Tier, das auf Erden kreucht.* Und Gott sahe alles, was er gemacht hatte, und siehe da, es war alles sehr gut.»

Der Archidiaconus streckt die Hände aus über die Köpfe der beiden und betet: «Herr Gott, der du Mann und Weib geschaffen und zum Ehestand verordnet hast, darzu mit Früchten des Leibes gesegnet, und das Sakrament deines lieben Sohnes Jesu Christi und der Kirchen, seiner Braut, darin bezeichnet: wir bitten deine grundlose Güte, du wollest solch dein Geschöpf,

Ordnung und Segen nicht lassen verrücken noch verderben, sondern gnädiglich in uns bewahren, durch Jesum Christum, unsern Herrn! Amen.»

Die fünf Glocken läuten, zehn Männer braucht es, um sie in Bewegung zu setzen, während alle aus der Kirche kommen. Ein Wunder, dass sie noch läuten, erzählt die verwitwete Brautmutter Martha. Ihre Tochter war sechs Jahre alt, Anno Domini 1660, als es im Dezember am Nachmittag ein heftiges Gewitter gab, der Blitz schlug in den Kirchturm ein, der brannte sogleich, und ein Sturm fachte noch die Flammen an. Da wagte es der Zimmermann Hartung, mit nassen Rindshäuten überm Kopf in die Spitze zu steigen, da haute er die brennenden Säulen herunter. Der Turm, den er gerettet hat, steht noch im Jahre 2014, aber auf die Kirche, aus der die Bachs jetzt kommen, auch jener siebenjährige Johann Christoph, der einmal ihr Organist sein wird, hat es das Schicksal später geradezu abgesehen. Beim ersten Mal am 27. November 1753, als in wenigen Stunden der größte Teil der Stadt zu Asche wurde und der obere Teil des brennenden Kirchturms mitsamt den Glocken ins Kirchenschiff stürzte, in dem alle fünf Glocken schmolzen. Auch die Bonifatiuskapelle, die seit über tausend Jahren stand, verbrannte, es blieben nur eine Grafengruft und der untere Teil des Turms. Der wurde in den nächsten, barocken Kirchenbau integriert, auf den Turmstumpf wurde ein Oktogon mit Haube gesetzt, nach sechs Jahren war der Bau fertig, er hielt nicht einmal ein halbes Jahrhundert, bis, wieder in der dunklen Jahreszeit, am 5. Januar 1808 ein weiteres Feuer die ganze Stadt verwüstete. Wieder stürzten die Glocken ins Schiff, 62 Zentner geschmolzenes Erz flossen ins Gewölbe darunter, die Umfassungsmauern blieben stehen. Und der Turm mit dem Archiv. Diesmal wurde die Kirche nicht neu gebaut, nur schlicht erneuert, und so hielt sie sich bis zum 6. Februar 1945, als drei amerikanische

Sprengbomben das Gebäude trafen. Unnötig zu sagen, was stehen blieb: der Turm. Er sieht gar nicht so unzerstörbar aus, wenn man auf ihn zugeht, den Bachs entgegen, die freilich eine gotische Spitze und keine barocke Haube sahen. Eher liebenswürdig. Nicht zu klein, nicht zu groß, nicht zu dick, nicht zu dünn, weiß und beige bemalt, freundlich gegliedert mit seinem umlaufenden Balkon auf halber Höhe und dem weiß gefensterten Türmchen oberhalb der dunkelgrauen Haube. Wenn man aber näher herangeht und um ihn herum – kein Kirchenschiff ist mehr vorhanden, nur ein Grundriss als Intarsie im Pflaster – und hochschaut an den glatt verputzten Mauern des Unterbaus, dann spürt man enorme Massivität und Stärke.

In diesem Turm überstand etwas die Ohrdrufer Flammenmeere, dessen Haltbarkeit noch erstaunlicher ist; ich habe damit nicht im entferntesten gerechnet. Gegenüber vom Turm, in der Kirchstraße 18, entsteigt Herr Dr. Lüttig seinem Auto, ein drahtiger, braungebrannter Mann um die 70, lange Jahre Tierarzt in Ohrdruf, nun ehrenamtlicher Kirchengeschichtler. Er hat mir am Telefon nur gesagt, es gebe da ein Dokument, die Hochzeit bestätigend, nach der ich ihn fragte. Im Gemeindebüro erwartet uns eine Dame. Sie geht zu einer Art Billyregal an der Wand und zieht ein dickes Buch hervor. Sehr dick. Sehr alt. Es handelt sich um das «Trauregister Ohrdruf 1563 – 1808». Etwa 30 Zentimeter breit und 40 Zentimeter lang, ohne Brandspuren.

Dr. Lüttig streift weiße Handschuhe über und wendet die schweren, glatten, gelben, nur etwas stockfleckigen Blätter, bis er Seite 386 erreicht, wie in schwarzer Tinte oben links vermerkt steht, neben «AD 1679», der hingeschnörkelten Jahreszahl, um die die ausschweifenden Bögen der 6 und der 9 zusammen fast ein Ei bilden. Eine wunderschöne Schrift, wie sie auch die ganze Seite bedeckt, Eintrag für Eintrag. Die Tintenlinien sind so sattschwarz und konturscharf, als wären sie gerade erst getrocknet. Für den April gibt es nur einen Eintrag, die zwölfte Trauung des Jahres: «Johann Christoph Bach, Hof-Musicus zu Arnstadt. Und J. Martha Elisabeth Eisentrautis, des K[irchners] Tochter alhier 29. Apr.» Nicht alles können wir entziffern, und dann steht da neben dem Datum noch der Geistliche «M Wolff», der mehrfach auf der Seite auftaucht – Magister Johann Christoph Wolff, Archidiakon, ein gebürtiger Wechmarer, der vor zwei Jahren auch den Vater der Braut eingesegnet hat.

Es ist berauschend, nach Bergen von Sekundärliteratur eine echte Quelle erreicht zu haben. Eine kleine, nichts Bedeutendes, nicht das Autograph eines Komponisten, kein Splitter vom Kreuz, nur der Eintrag eines Kirchenbediensteten zu einer Hochzeit vor 335 Jahren, den ich nicht als Reliquie anstaune, dazu sieht er zu frisch und lebendig aus, nachtschwarz auf elfenbeingelb. Die Dame vom Gemeindebüro freut sich jetzt auch und holt noch ein Buch, diesmal handelt es sich um das «Register der Weiber 1563 – 1710», es enthält all die Bräute von Ohrdruf und nur sie, und auch da ist Martha Elisabeth verzeichnet. Draußen scheint die Julisonne unvermindert.

Draußen scheint die Aprilsonne unvermindert, und die Hochzeiter, die aus der Kirche strömen, öffnen ihre Mäntel. Die als Musiker arbeiten, haben nicht ihr Dienstornat mitgebracht, die langen Mantelröcke mit endlosen Knopfreihen und schweren Ärmelumschlägen, die steifen, schiffsartigen Hüte mit Posamenterie, sondern lockerere Gewänder, wie sie, vom französischen Hof ausgehend über Holland, inzwischen auch im nördlicheren Deutschland getragen werden. Trotzdem staunen die vielen Ohrdrufer, die in der Kirchstraße Spalier stehen und gaffen, über die hohen Absätze der Schuhe, die der Bräutigam trägt, vier Zentimeter mindestens, daran üppige grüne Schleifen, die mit den Quasten an seinen Kniebändern harmonieren. Über denen endet eine rockartige Hose, und zum weiten Rüschenhemd trägt er vor dem Hals ebenfalls weiße Rüsche. Noch mehr staunen sie, als er zum zweiten Mal vorbeimarschiert, in fast identischer *mundirung*, nur die Farben sind andere, und ein paar Details: Ambrosius, der Zwilling. «Willst du noch einmal heiraten?», ruft ihm Wendel zu. «Die meine, ja, die heirate ich jeden Tag neu!» So à la mode wie die Zwillinge ist sonst keiner der Männer gekleidet, da geht es, wie bei den Frauen, schlichter und strenger zu. Nur die Braut übertrifft sie alle, nachdem sie, im großen Saal des Gasthauses, den langen braunen Umhang abgelegt hat.

So bescheiden Martha Elisabeth Eisentraut ist, in der Mode ist sie so kühn, wie es eher den hohen Damen geziemt als den Bürgerlichen. «Wie eine Herzogin», finden die Frauen, eine will Ähnliches bei Elisabeth Sophia von Sachsen-Gotha-Altenburg gesehen haben, die, nun schon in sehr hohen Jahren, der Mode in Thüringen immer weit voraus war. Der Hals der Braut ist fast bis zu den Schultern frei, nur von einer Kette weißer Perlen eng umschlossen, das Dekolletée verdient den Namen – hier gibt es keinen Hauch von Kragen mehr, nur den schönen Schwung zweier Borten, die sich in atemberaubender Tiefe treffen, wo um eine mattglänzende Brosche ein Schal von Seide gewunden ist, dessen anderes Ende ihr über den Arm hängt und dessen schmucklose Blöße noch hervorhebt. Das enge Mieder weist herzförmig auf den Schoß, von da fällt das Kleid üppig bis über die Füße herab. Wie soll neben dieser Braut die Sopranistin bestehen, die, wie sich herumgesprochen hat, nachher in einen Liebesdialogus mit Wendel treten wird, dem Bassisten, der sich, nun ja, nach Kräften fein gemacht hat und den Landwirt nicht verleugnen kann und will?

Die Musiker versammeln sich am Westende des Saals. Da

steht schon das Cembalo, das man vom Kantor geliehen hat, Stühle, Pulte. Licht kommt genug durch die Fenster herein an diesem hellen Nachmittag. Johann Nikolaus Bach aus Erfurt setzt sich mit seinem Violone vors Tasteninstrument, der 26-Jährige ist Junggeselle und hofft hier nicht nur auf berufliche Veränderungen. Mit ihm sind aus Erfurt seine Brüder mit Bratschen gekommen, Johann Ägidius und Johann Christian, deren beider Frauen Schwestern sind. Christians Frau allerdings hat, drei Jahre ist es her, die Geburt ihrer Jüngsten nicht überlebt. Er ist ebenfalls auf Brautschau. Ans Pult der zweiten Geige setzt sich der kugelige Christoph Herthum, der am Arnstädter Hof als Küchenschreiber, Geiger und Organist angestellt ist – und mit der Schwester jenes hageren Mannes verheiratet, der nun mit ernster Miene hinterm Cembalo Platz nimmt: Johann Christoph, der Stophus, Komponist des Spektakels. Ambrosius nestelt am Rand des Saals, der immer voller wird, nervös an seiner Geige und einer Papierrolle in seiner Hand.

Alle da? Nein. Bassist Wendel ist in der Küche des Gasthofs verschwunden, wohin er schon gestern vor der Probe seinen rätselhaften Sack geschleppt hatte. Eine Sopranistin hat sich noch nicht gezeigt – abgesehen davon, dass viele der anwesenden Damen eine Chorpartie singen könnten und einige auch ein Solo wie das bevorstehende. Und der Platz der dritten Geige ist frei. Das wäre auch kein Problem, wenn man noch ein Instrument bekäme, denn diese Partie könnten etliche der Anwesenden vom Blatt spielen. Wenn auch nicht die Solopartie von Ambrosius, die zum Virtuosesten gehört, was für das Instrument bislang geschrieben wurde, neben den Sonaten des Heinrich Ignaz Franz von Bibern in Salzburg. Aber nicht das macht ihn nervös. Wann, in aller Welt, gedenkt denn sein junger fränkischer Freund zu kommen, nebst Violine?

Man schiebt Stühle und Bänke zurecht. Ganz vorn sitzt

schon des Längeren Heinrich Bach, der Älteste hier mit seinen 63 Jahren, der sogar seine schwerkranke Frau überredet hat, aus Arnstadt anzureisen. Vielleicht wünschte Eva es auch selbst, um noch einmal viele Kinder und Enkel beisammen zu sehen, ihren Ältesten aus Eisenach und Johann Michael aus Gehren. Mit ihrer Tochter Maria Catharina und ihrem kugeligen Ehemann, der da an seiner Geige zupft, sind die Alten gekommen und mit dem Sohn Johann Günther, der in Arnstadt Instrumentenbauer ist. Der jüngsten Tochter Anna Elisabetha war der Weg aus Sondershausen zu weit, wo ihr Mann als Kantor arbeitet.

Das Ältestenpaar Heinrich und Eva vertritt hier ganz allein die Generation, zu deren Kindern die meisten erwachsenen Gäste zählen, wie der Bräutigam. Den alten Heinrich umgibt der Nimbus des Überlebenden, und sein Habit, Thüringer Festtagsmode der späten Kriegsjahre, unterstützt das noch. Auf den langen schwarzen Rock hat er einen weißen Kragen gelegt, der hinten als Tuch über die Schulterblätter reicht und den Hals bis unters Kinn umschließt. Auch den Knebelbart hat Heinrich sich nicht abnehmen lassen. Eva, 62 Jahre alt, verbirgt ihre Hinfälligkeit unter einer steifen, hohen und ausladenden Haube, innen weiß, außen schwarz, die noch spanische Strenge ahnen lässt, ebenso wie der fast sockelartige Kragen. Hinter der alten Mode steckt auch beider sprichwörtliche Bescheidenheit und Sparsamkeit. Sie könnte all den feierlustigen Bachs, Herthums, Eisentrauts fast ein schlechtes Gewissen machen, wären Heinrich und Eva nicht so liebe Menschen, dass immer mal wieder ein Kind abgehalten werden muss, ihnen auf den Schoß zu klettern. Und wäre nicht Heinrich Bach vor allem ein Erzmusiker.

Martha Elisabeth erhebt sich in all ihrer Schönheit, der Bräutigam blickt erstaunt auf. Will seine Gemahlin eine Rede halten? Kaum steht sie, da lärmt es vom Ostende des Saals, hastige Schritte, Ambrosius beginnt zu strahlen. «Hänschen!», ruft er, «Und Louis! Ihr Halunken, her mit euch!» Tatsächlich hat Johann Pachelbel, der junge Franke, nicht nur eine Geige mitgebracht. Während er in gestrecktem Galopp aus Erfurt kam, traf aus Eisenach Louis Parisel mit der Laute auf dem Rücken ein. Ambrosius hat Pachelbel, den acht Jahre Jüngeren, lieb gewonnen in dem einen gemeinsamen Eisenacher Jahr. Als wieder eine Landestrauer mit Untersagung aller Musik einsetzte, diesmal für den Herzog Bernhard von Sachsen-Jena, bat der Franke um seine Entlassung aus den Diensten bei Hof, trotz seines stattlichen Jahresgehalts von 60 Talern, und Daniel Eberlin, der Kapellmeister, schrieb dem Feuerkopf eine fulminante «Universal-Recommendation», die ihm den Weg nach Erfurt bahnte: «Alle mögliche Hülff und Beförderung» möge man dem «perfecten und raren Virtuosen» «bestermassen angedeihen lassen». Gerade einen Monat nach dem Abschied aus Eisenach ist der 24-jährige Organist an der Predigerkirche in Erfurt geworden, derselben, in der auch Johann Bach gespielt hat. Lange und eng werden er und die Bachs miteinander zu tun haben.

Louis, der andere Verspätete, spielt die Laute so gut, dass er damit um die ganze Welt reisen könnte. Die ihn noch nicht kennen, schmunzeln über seine Haare. Er trägt die rotblonde, feingelockte Pracht zwar offen, aber nicht lang, sondern eine Handbreit über den Schultern gerade abgeschnitten, fast wie eine Glocke. So etwas, sagt die eine Maria Elisabetha, mit ihrer Salome auf dem Schoß, leise zur andern, habe sie bei einem Manne einmal auf einem ganz alten italienischen Bilde gesehen, aus dem vorigen *saeculum*. So alt sehe er aber nicht aus, kichert ihre Nachbarin. Pachelbel klopft sich den Reisestaub vom Rock, zieht ihn aus und eilt mit der Fiedel an seinen Platz, dem glockenhaarigen Überraschungsgast Louis stellt man rasch einen Schemel neben den Violone hin, da will er sich aus dem Bass die Harmonien klauben, das werde schon gehen, sagt er fröhlich, so als kenne er das Stück. Wendel wird aus der Küche geholt. Das Reden und Lachen mindert sich, sogar die Kinder werden still, außer Salome, die Zweijährige auf dem Schoß von Ambrosius' Frau, die auf die Braut zeigt und ruft: «Da ist die Königin!»

Dann geschieht Erstaunliches. Die «Königin» begibt sich zu den Musikern, stellt sich neben Wendel, holt ein Blatt hervor, sieht den großen Landwirt freundlich an. Die Braut also übernimmt die Rolle der Braut! Im selben Moment greifen Cembalist und Violonespieler in Tasten und Saiten, Ambrosius erbleicht. Er hatte doch eine Inhaltsangabe vorbereitet! Wie sollen sonst alle begreifen, wie ähnlich der Verliebte im Stück seinem Zwillingsbruder, dem Bräutigam, ist, der sich mit seiner Dame auch nur heimlich traf, und warum der so erleichtert ist, wenn sich die unverhofften Begleiter der Schönen als gute Freunde erweisen und nicht als Spitzel … Ach, sie werden es verstehen. Später wird Ambrosius eine sechzehn Paragraphen umfassende «Beschreibung des Stückes» verfassen und seinem Bruder übergeben, die mitsamt den Noten, die er selbst ins Reine geschrieben hat, drei Jahrhunderte übersteht und sogar einen Militärtransport in die Hauptstadt der Ukraine. Ja, später. Es hat begonnen, Wendel singt!

«Meine Freundin, du bist schön. Wende deine Augen von mir, denn sie machen mich brünstig», genießerisch lassen der Komponist und sein Sänger diese Worte um die Braut herumwandern, in Tiefen und Höhen, in Wiederholungen und Ornamenten, bis sie antwortet: «Oh daß ich dich, mein Bruder, draußen finde und dich küssen müsste …» «Wende deine Augen von mir!» «Oh daß ich dich, mein Bruder …» «Wende …»

«Draußen ...», singt sie gedehnt, er wiederholt, «denn sie machen mich brünstig», und sie zugleich «... und dich küssen müsste», die Stimmen finden zusammen, der Saal ist elektrisiert, besser: voller *affection*. «Daß mich niemand höhnete», hofft sie nun, nein, niemand wird sie hier höhnen, sie haben doch mehr oder minder alle von den Arnstädter Versteckspielen gehört, spätestens beim Tratsch rund um die Trauung, und was für eine Stimme! Sie singt ja so schön, wie sie anzusehen ist, schlank und rein und mit feiner Wärme! «Komm, komm!», ruft sie nun lächelnd, «ich komm», antwortet er.

Ambrosius setzt die Geige an. Mit ihr wird er die Geschichte einer Liebe erzählen, die Geschichte hinter den Worten der Braut. Er setzt vor ihr ein über den anderen Streichern, g-Moll, mäßiger Dreiertakt, g, a, b und hinunter zum fis, eine traurige Wendung, denn die große Liebe ist nie nur fröhlich, sie beginnt mit einem Zerren in der Brust, als habe jemand Pfeile hineingeschossen, von denen feine unzerreißbare Fäden bis hinter den Horizont führen. Und sie entlässt keinen aus ihrem Bezirk, darum hat Johann Christoph den langsam kreisenden Dreier gewählt, um den sich der größere Kreis einer viertaktigen harmonischen Folge dreht, eine Chaconne also, in der sich nun die Seele öffnet, bis sie wehrlos ist. «Mein Freund ist mein und ich bin sein», singt Martha, «der unter den Rosen weidet, und er hält sich auch zu mir.» Ambrosius spinnt ihre Worte auf den Saiten weiter, mitunter schmiegen sich seine Töne auch den ihren an, ahmen sie nach, sind ihnen voraus, springen übermütig herum, seufzen, trillern, versuchen auszubrechen. So schlicht, so ruhig die Linien der Sängerin sind, so oft zeigt die Geige die Unruhe, das Brennen dahinter. «Er erquicket mich mit Blumen und labet mich mit Äpfeln ...»

Längst hat sich eine dunklere Glut ausgebreitet, da lehnt sich Nikolaus, der Erfurter Junggeselle, schwer ins tiefe F des

Violone, Ägidius lässt aus seiner Bratsche ein H strömen, die Harmonie kippt über den G-Dur-Septakkord ins schwärzere c-Moll. «Ich bin krank», singt Martha nun, «krank», auf langem gedehntem Ton, «krank vor Liebe.» Jetzt bluten alle Wunden, die Geige ist ratlos, sie scheint mit ihren Wendungen der Liebenden vorsichtig den Nacken zu streicheln … Ist es nicht die schönste Krankheit, die einem widerfahren kann? Und gibt es nicht wenigstens für sie ein Heilmittel? Und sind sie nicht alle hier, um die Heilung zu feiern? Die Sopranistin ist zurückgekehrt zu den Worten «Mein Freund ist mein». Nun ist es kein Wunsch mehr, sondern Wahrheit, und die Violine rast mit Ambrosius (oder war es umgekehrt?) wie besessen vor Erleichterung durch die schnellsten Tonketten, die bis dahin für eine Geige geschrieben wurden. Für einen Moment kommt es Martha vor, als spiele da, mit herumfliegenden dunklen Locken, ihr Liebster selbst, ihr schwindelt.

Kaum wird das Ensemble, dem Solisten folgend, langsamer, leiser, versinkt wie im Traum, da springen zwei dazu, die an der Seite warteten, Wendels Sohn Jacob, der Schulmeister aus Thal, und der Älteste des Komponisten, Nikolaus, und fragen im eifrigen Duett: «Wo ist denn dein Freund hingegangen, o du schönste unter den Weibern?» «Mein Freund ist hinabgegangen, in seinen Garten, zu den Würzgärtlein, dass er sich weide unter dem Garten und Rosen breche.» «So wollen wir ihn suchen!» «Da ist dein Freund!», kräht Catharina, die dreijährige Tochter des Geigers und Küchenschreibers und zeigt auf Wendel, der ja immer noch da steht, Gelächter, aber das macht nichts, jetzt kommt ein heiteres Intermezzo ohne Gesang, der Violone achtelt sich unter einzelnen Akkorden eine ziellose Linie zurecht, und natürlich verstehen alle, dass eben das die Suche ist. Schon 170 Jahre zuvor haben in Italien die Töne begonnen, den Worten zu folgen, sie zu übersetzen, jede Bewegung nachzubilden, sei sie räumlich oder seelisch. «Hir», wird Ambrosius zu dem Intermezzo schreiben, «lauft der Bassus continuus continuirlich herumb und suchet: die andern Instrumenta schreiten auch bißweilen, so zu reden ein bißgen fort, bald stehen Sie wieder still und sehen sich gleichsam hir und dort ümb, biß endlich, da Sie den Liebsten im Garten gewahr werden, alle zusammen lauffen …»

Und dann finden sie, in dieser verrückten Mischung aus Kammeroper, Volkstheater und Hohelied, den Bräutigam, der so biblisch wie sinnlich von Wein und Honig spricht und sich fast die Lippen zu lecken scheint. Tatsächlich dringen aus der Küche schon Düfte in den Saal, aus denen sich der nächste Viertakt von selbst zu formen scheint: «Esset, meine Lieben!», ruft Wendel, und Martha folgt ihm, dann spielend Ambrosius, dann Tenor und Alt, und unvorgesehenerweise folgt auch der kleine Ludwig, der seinem Vater Jacob nun zwischen den Beinen hockt und mitkräht. Was sie gestern vom Blatt in den Wald sangen, a cappella, wird nun irdisch und prall, die Streicher scheinen mit ihren Bögen schon Braten zu zersäbeln und besaufen sich an Tönen, Johann Christoph hat sie dafür geschrieben, «… und werdet trunken!», denn wenn alle ein D spielen müssen, hu, hu, hu, hu!, sollen sie es jetzt nicht sauber tun, sondern schillernd, entgleisend, taumelnd, während Ambrosius darüber womöglich gar noch schnellere Läufe liefert als zuvor, solche, für die Hirn und Hand stocknüchtern sein müssen, die aber schon die helleren Bereiche erschließen, zu denen man sich mitunter emportrinkt, ehe die Zungen schwerer werden.

Es steckt schon die Geschichte vieler Feste in diesem Stück und die Verheißung vieler weiterer, dahinter aber auch so viel Tod und Angst und Sterbenmüssen, dass die Musik selbst eine Insel des Lebens wird, auf der sie sich hier alle versammeln, unsterblich für eine kurze Zeit. «So sehe ich nun das für gut an, daß es fein sei, wenn man esset und trinket und gut's Muts ist, denn das ist eine Gabe Gottes.» «Das Gratias!», ruft schließlich der Tenor Jacob, seine Hand auf Ludwigs wilden blonden Haaren, die anderen zur Andacht, und zu ihrem Choral lässt Ambrosius Sternenbögen aus den Saiten steigen.

«Zerstosse eine Handvoll Mandel / mit ein wenig Milch / wol klein / zwinge selbige alsdann durch [presse sie durch ein Sieb] / indessen zerstosse etliche ohne Salz abgesottene Krebse / und zwinge sie ebenfalls mit obgesagter Mandel=Milch durch: wenn man will / kann man die Krebse auch in der Milch aufsieden / durchzwingen / und dann noch einen Wall aufthun [aufkochen] lassen.» Das haben die Frauen in der Küche des «Anker»-Gasthofs schon längst getan, und natürlich brauchen sie, die wenig lesen können, auch kein Rezept, und die Flußkrebse wurden schon am Montagvormittag aus der Ohra geholt und kühl im Keller bewahrt. Während im Saal die Notenpulte und das Cembalo zur Wand gerückt, Tische und Bänke zu einem großen U gestellt werden, weht aus der Küche das Aroma *würfflicht* geschnittenen weißen Brotes, in Schmalz geröstet, als Garnitur der Krebssuppe. Zu der wird jetzt in den Eisentopf noch ein großes Stück Butter geworfen, dann lässt man sie «gar wenig und gelinde aufstrudeln».

Aber diese Suppe ist nur ein Teil der Herrlichkeiten, mit denen sich die Brautleute zu ruinieren drohen wie so viele Bürger und Bauern der Zeit, die wenigstens bei Hauptereignissen wie Taufe, Heirat und Begräbnis den Landesfürsten nacheifern. Serviert wird in drei Gängen auf den Tischen, an denen rechts die Männer, links die Frauen und in der Mitte das Brautpaar Platz nehmen. Ein gewaltiger Hecht ruht mit aufgerissenem scharfzähnigem Maul, in das die kühneren Kinder gleich ihre Finger halten, schwer in einer sauren Stachelbeerbrühe – neben einer Schüssel gesalzener Schleien, einer prächtigen Wildbretpastete mit eingemachten Essigkirschen und einer Platte voller gedämpfter Hühner, umkränzt mit saurem Ampfer. Der Bräutigam erhebt sich: «Esset nun und trinket, meine Freunde, denn das ist eine Gabe Gottes!»

Es folgen Wickelklöße, gestern vorbereitet, in einer Schüssel rund um den Sauerbraten vom Wildschwein angerichtet, und schließlich thront auf einem Mus von gedörrten Erbsen eine imposante Schweinskeule, flankiert von einer gekümmelten Braunbiersuppe und der rötlich schimmernden Krebssuppe. Doch ehe die Keule angeschnitten wird, erscheint Wendel Bach, der Landwirt und Bassist, mit einer großen, flachen Schale, auf der sich gelbe Bälle türmen, unregelmäßige, seidig glänzende. «Was bringst du uns da, Klumpen Goldes?», ruft Ambrosius. «Tartuffeln!», sagt Wendel triumphierend. «Wie, Tartuffeln?», rufen sie, «was soll das sein? Soll'n wir uns damit bekröpfen?» Er stellt die Schüssel ab, greift sich eines der gelben Dinger, bricht es durch, steckt sich die eine Hälfte in den Mund, die andere gibt er seinem Enkel Ludwig, der neben ihm steht und nicht zögert, sich das Maul zu stopfen. Der eine oder andere Gast hat unterdessen ein, zwei Lücken im Mund. Denn den fragilen Zahnersatz aus Knochen oder Elfenbein legt man ab, ehe man sich zu Tisch begibt.

Maria Elisabetha, die Frau des Eisenacher Komponisten, lässt ihre Christine herumkrabbeln, und zur Linken von Elisabetha sitzt ihre jüngere Schwester Catharina, die Frau des Gehrener Organisten Johann Michael, der sie an den Augen ansieht, was die selbst noch nicht weiß, dass sie nämlich in diesem Jahr auch schon wieder großen Leibs sein wird, dass ihre Friedelena und Anna Dorothea, die hier mit Ludwig und einem der vielen Johann Christophs herumjagen, einen Bruder kriegen werden. Oder noch eine Schwester? Man möchte, man muss viele Kinder haben, um wenigstens das eine oder andere am

Leben erhalten zu können, man hat zugleich auch Angst, sich zu sehr an sie zu binden, da doch viele so früh sterben. Was jetzt von der Pest in Wien zu hören ist, das möchte man nur schnell wieder vergessen. «Ehe sie so weit sind, dass sie dir Sorgen machen können», hat einmal eine Alte zu Elisabetha gesagt, «wirst du die Hälfte oder vielleicht alle wieder verloren haben.» Ein schauriger Trost, den sie nicht nötig hatte und nicht nötig haben wird, als eine von wenigen. Von ihren acht Kindern werden sieben sie überleben, und der Erstgeborene, der vorhin den Altus sang, wird zu den langlebigsten Bachs aller Zeiten zählen.

Die ganze Ambivalenz dieser Zeit gegenüber den Kindern hat ein paar Jahre zuvor in Paris der Theaterdichter Molière gezeigt. In seinem «Eingebildeten Kranken» kommt einem achtjährigen Mädchen, Louison, der jüngeren zweier Schwestern, eine Schlüsselrolle zu. Zugleich aber sagt deren Onkel zu ihrem Vater: «Wie kommt es also, Bruder, daß du bei deinem schönen Vermögen, und da du nur die eine Tochter hast – denn die Kleine rechne ich nicht –, wie kommt es, sage ich, daß du auf den Gedanken gerätst, Angelique in ein Kloster zu schicken?» Car je ne compte pas la petite – die Kleine rechne ich nicht: Denn wer weiß, ob sie alt wird. Philippe Ariès hat in seiner «Geschichte der Kindheit» gezeigt, wie fatalistisch man auch im späten 17. Jahrhundert dem Sterben der Kinder gegenübersteht, wie sehr sie aber auch in ihrer Eigenart entdeckt und ernst genommen werden. «Jetzt will jede Familie die Porträts ihrer Kinder besitzen, und zwar schon dann, wenn sie noch Kinder sind. Diese Gepflogenheit entsteht im 17. Jahrhundert und wird nie wieder verschwinden, nur dass im 19. Jahrhundert die Photographie die Malerei abgelöst hat.» Und, so lässt sich Ariès ergänzen, im 21. Jahrhundert löst die virtuelle Bilderwand das Fotoalbum ab.

In bewegten Bildern haben wohlhabendere Familien ihre größeren Treffen schon zu Beginn des 20. Jahrhunderts dokumentieren lassen, auch die Nachfahren des englischen Schriftstellers Charles Dickens. Bei einer Dame aus dieser Dynastie und ihrem Mann war ich einmal zu Gast, in einem geräumigen Anwesen in den Cotswolds, westlich von Oxford. Abends führten sie einen gelbstichigen Stummfilm vor, um 1918 an der Kanalküste gedreht. Die Dickens' trafen sich, soweit ich das richtig behalten habe, traditionell in den Sommerferien. «There's Monica», sagte die Gastgeberin stolz und wies auf ein munteres Mädchen von vielleicht drei Jahren, mit Pagenschnitt, das in den ruckelnden Aufnahmen zwischen unsommerlich steif gekleideten Erwachsenen herumhüpfte. «Monica?» Sie hob die Brauen und belehrte mich, dass Monica Dickens, 1915 geboren als Urenkelin des großen Charles, selbst eine höchst produktive und populäre Schriftstellerin gewesen sei. «I'll have to read her books», sagte ich betroffen. Am nächsten Morgen stellte ich fest, dass ich neben diesen Büchern genächtigt hatte. Mindestens ein Regalmeter im Gästezimmer unter dem Dach stand voll mit den orangeroten «Penguin»-Ausgaben, ein ganzes Lebenswerk. Am Abend hatte ich Monica Dickens gerade kennengelernt, als hüpfende Dreijährige, am Morgen war das Œuvre schon komplett und die Autorin als alte Frau gestorben – und für mich eine Entdeckung.

Auch bei einigen Kindern auf dem Fest der Bachs wären viele erstaunt zu erfahren, was sie später anrichteten, unabhängig vom Berühmtesten, auf den keineswegs alles zuläuft, auch wenn er alles sammeln wird, darunter die Musik von Johann Ludwig Bach. «Luttich» ist eingeschlafen, auf dem Schoß seines Großvaters Wendel zuerst, der ihn dann behutsam zu einer der Frauen hinübergetragen hat, vielleicht zu Anna Dorothea Peter, einer jungen Witwe aus Erfurt, die, wie er bemerkt hat, den

Kindern sehr zugewandt ist (und einem der anwesenden Musiker). Der wilde kleine Kerl, der dort im Getöse schläft, taucht für die Nachwelt so richtig erst wieder auf mit einem der außergewöhnlichsten Werke des frühen 18. Jahrhunderts, in Meiningen, wo er 1711 die Leitung der Hofkapelle übernimmt und 1724 Verse seines Dienstherrn zu vertonen hat, einen Trauertext, den Herzog Ernst Ludwig für das eigene Leichenbegängnis vorsorglich verfasst hat.

Nach dem frühen Tod des Herzogs komponiert der 57-jährige Ludwig eine fulminante, ja galaktische Trauermusik, doppelchörig, und im zentralen Chor katapultiert er sich weit über das hinaus, was die Zeitgenossen kennen. «Meine Bande sind zurissen», lautet der Text, «Herr, es ist durch dich geschehn.» Die erlöste Seele ist nicht mehr an den Körper gefesselt. Das setzt Ludwig um in Rotationen, Staffelungen, Schnitte von so körperhafter Suggestivität, dass mitunter Effekte der Minimal Music sich einstellen. Die fürs Trügerische stehende Septakkordik zieht einem den Boden weg, saugt uns in einen kalten, dunklen, leeren Kosmos, und den füllt Ludwig später mit einem irrwitzigen, schier endlosen Aufgebot jubelnder himmlischer Heerscharen. Es ist eines von den Kunstwerken, die fremd in ihre Zeit fallen, in denen Mondgestein sich findet, die ihre Nachbarn in anderen Jahrhunderten suchen. Ludwig, der Sproß einer «Seitenlinie» der Bachs, steht für den Eigensinn neben dem, was sich in Jahrhunderten als Mainstream künstlerischer Entwicklung etabliert. Getrennt sind diese Welten nicht: Dass außer Ludwigs Trauermusik auch viele Kantaten erhalten sind, liegt eben daran, dass Johann Sebastian sie in Leipzig aufführte.

«Luttich» schlummert selig, während die Gespräche und das Gelächter immer lauter werden. Noch spannender als Nachrichten über freiwerdende Stellen in Kirchen, an Höfen, in

Städten, die man sich hier zuschiebt, sind nur die Skandale, und die Erfurter haben einen zu bieten. Erst vor wenigen Wochen haben die Stadtmusikanten, deren Leiter Johann Christian ist, ebenfalls bei einer Hochzeit aufgespielt, und da ging es hoch her. «Der Bräutigamsvater», erzählt Ägidius, «war gleich so zugesoffen, dass er beim Tischgebet Gott gelästert hat, und als man's ihm versagte, da warf er mit Brot und griff nach dem Degen, dann sprang der trunkene Schelm hoch, es gab großen Tumult.» «Da stürzten die Tische um», sagt Christian, «die Frauen flohen mit den Kindern, und wir hatten Not, unser Buch aufzulegen.» «Ja, und wie steht's hier damit?», ruft Ambrosius dazwischen. «Das dritte Gericht ist gegessen!» Denn nach dem dritten Gericht dürfen bei einer Hochzeit die Stadtmusikanten zu Erfurt, wie Ambrosius weiß, das Buch auf den Tisch legen, in das alle Gäste eintragen, was sie den Musikern geben wollen. «Hier könnten wir uns alle gegenseitig bezahlen», ruft Ägidius, «arm, wie wir sind!» Sie lachen unbändig.

«Da die Gesellschaft aus lauter Cantoren, Organisten und Stadtmusikanten bestand, die sämmtlich mit der Kirche zu thun hatten, und es überhaupt dahmals noch eine Gewohnheit war, alle Dinge mit Religion anzufangen, so wurde, wenn sie versammelt waren, zuerst ein Choral angestimmt», notiert später Johann Nikolaus Forkel, was ihm Carl Philipp erzählt. «Von diesem andächtigen Anfang gingen sie zu Scherzen über, die häufig sehr gegen denselben abstachen. Sie sangen nehmlich nun Volkslieder, theils von possierlichem, theils auch von schlüpfigem Inhalt zugleich mit einander aus dem Stegreif so, daß zwar die verschiedenen extemporirten Stimmen eine Art von Harmonie ausmachten, die Texte aber in jeder Stimme andern Inhalts waren. Sie nannten diese Art von extemporirter Zusammenstimmung Quodlibet, und konnten nicht nur selbst recht von ganzem Herzen dabey lachen, sondern erregten auch ein eben so herzliches und unwiderstehliches Lachen bey jedem, der sie hörte.»

Choräle haben sie heute schon genug gesungen, darum ergreift Bratscher Ägidius aus Erfurt die Gelegenheit, Ambrosius' Jüngste zu foppen, die dem Vater, müde und nölig geworden, auf den Schoß geklettert ist: «Ei, wie sieht die Salome so sauer um den Schnabel», improvisiert er eine simple Achtelweise, und sein Nachbar antwortet: «Darum, weil der Pferdeknecht sie kitzelt mit der Gabel!» Ägidius darauf: «Ei, wie frisst das Hausgesind so gar viel Käs und Butter!», dann springt er, der auch Organist ist, zum Saalende ans Cembalo, ein paar Takte später improvisiert man bereits, harmoniegestützt, in vier Stimmen und immer verrückter, bis der Erfurter mit einer Kadenz zu einem Dreier überleitet und mit pathetischem Tenor singt: «O ihr Gedanken, warum quälet ihr meinen Geist?» Auf «Geist» ruft jemand «Backtrog!» dazwischen, Gelächter, unbeirrt fährt Ägidius fort: «Warum wollet ihr wanken, da mich die Hoffnung stehen heißt», und in Sopran, Alt, Bass, von Männern und Frauen wird jetzt dauernd «Backtrog» dazwischengerufen, im Takt natürlich und harmonisch passend und viel anspielungsreicher, als es ohne den Anlass des Treffens wäre, denn der Backtrog steht auch für die Wiege, die sie alle in Jahresfrist beim Brautpaar zu sehen erwarten. So ist nun kein Wort mehr ohne Hintersinn, und der Hintersinn kommt bald nach vorn. «Große Hochzeit, große Freuden», singt Elisabetha, die Ältere, aus Eisenach, «große Degen, große Scheiden», johlt der rundliche Herthum, und dann nimmt die Vieldeutigkeit vielstimmig Fahrt auf. «Große Kugeln, große Kegel, große Bauren, große Flegel, große Jungfern, große Kränze, große Esel, große Schwänze, große Klöppel, große Trummel, große Wespen, große Hummel ...» Wieder ein Taktwechsel. Mit dröhnendem Bass, die keineswegs geschlossene Tür zur Küche fest im Blick, verkündet Wendel: «Willst du mir kein Licht anzünden, will ich dich wohl im Finstern finden!» Einige wünschen sich, es wäre schon so weit, anderen fehlt diese Aussicht, die reimen um so inspirierter. Mittlerweile brennen Kerzen und Hängeöllampen.

«Weißt du auch schon eine Dam zu loben, wie sich's gebührt?», wendet sich Wendel an Boppo, den 18-jährigen Pfarrerssohn aus Unterpörlitz, mit dem er etwas verabredet hat. Der Jüngling steht kurz vorm Theologiestudium, aber was er hier auswendig vortragen wird, ist nicht sehr fromm. Er läuft rot an und beginnt: «Herr, ich sehe wohl wo der Fehler steckt, der Diebsschneider ist an allem schuldig, er hat das Gewand, das oben um den Hals gehört und die Brüst bedecken sollte, unten an dem Rock stehen lassen, darum schleift er so weit hinten hernach, man sollte dem Hudler die Händ abhauen, wenn er nicht besser schneidern kann.» Großes Gelächter. Nun läuft auch die Braut auf ihrem Platz rot an; es ist ja, als gelte das ihr und als habe der Bengel gewusst, was sie tragen wird. Wendel, geistesgegenwärtig, reißt sich das Hemd auf und wirft sich die Seidendecke um, die auf dem Violone liegt, er gibt jetzt selbst die imaginäre Jungfer. «Hast du je eine Schönere gesehen?», flötet er im Falsett. «Ach wohl nein, Herr, diese Jungfrau hat ja Haar», jetzt muss Boppo doch auf sein Papier spähen, «das ist so gelb wie kleiner Kinderdreck, und ihre Scheitel sind so weiß und so gerad gemacht, als wenn man Säubürsten auf die Haut gekappt hätte, ja ihre Haar sind so hübsch zusammengerollt, daß es siehet, wie hohle Pfeifen, oder als wenn sie auf jeder Seiten ein paar Pfund Lichter oder ein Dutzend Bratwürst hangen hätte.» Wie gut, dass Martha Elisabeth dunkle, glatte und gänzlich ungerollte Haare hat. Sie lacht befreit, während ihr Mann dem Archidiaconus neben sich, der etwas verstört wirkt, eilig den Becher nachfüllt.

«Ach sehet nur, wie hat sie so eine schöne glatte Stirn; ist sie nicht feiner gewölbet als ein fetter Arsbacken und weißer als ein Totenkopf, der viel Jahr lang im Wetter gehangen?» Solche Schädel sah hier schon mancher. Brüllendes Gelächter, während Wendel sich bedeutsam über die Stirn streicht. Dann fragt er: «Und ihre Augen?» «Die zwitzern von Schwärze klarer als der Ruß vor meines Vaters Ofenloch, und als wenn lauter Feuer darin steckte, die ganze Welt anzuzünden. Und wenn sie lacht oder red, so siehet man zwei Reihen Zähn in ihrem Maul stehen, so schön zeilweis und zuckerähnlich, als wenn sie aus einem Stück von einer weißen Rüben geschnitzelt worden wären: O Wunderbild, ich glaub nicht, daß es einem wehe tut, wenn du einen damit beißest.» Der lärmende Zuspruch hat den werdenden Theologen in Fahrt gebracht, er spricht längst nicht mehr steif, sondern *inflammirt*. «So ist ihr Hals ja schier so weiß, als eine gestandene Saurmilch, und ihre Brüstlein, die darunter liegen, sind von gleicher Farb und ohn Zweifel so hart anzugreifen wie ein Geißmämm, die von übriger Milch strotzt. Ach Herr, sehet doch ihre Händ und Finger an, sie sind ja so subtil, so lang, so gelenk, so geschmeidig, und so schicklich gemacht, natürlich wie die Zigeunerinnen neulich hatten, damit sie einem in Schubsack greifen, wenn sie fischen wollen. Aber was soll dieses gegen ihren ganzen Leib selbst zu rechnen sein, den ich zwar nicht bloß sehen kann; ist er nicht so zart, schmal und anmutig, als wenn sie acht ganzer Wochen die schnelle Katharina gehabt hätte?»

Hierüber erhebt sich ein solches Gelächter und Applaudieren, dass Boppo gar nicht dazu kommt, zur eigenen Pfarrhausehre zu erklären, dass die sündige Prosa keineswegs aus seiner Feder kommt, sondern aus einem Buch, das immer weitere Kreise zieht, auf Buchmessen und bei Nachahmern, seit es vor zehn Jahren gedruckt wurde, und das «Der abentheurliche Simplicissimus» heißt. Johann Christoph allerdings, der Eisenacher, nimmt Boppo mit feinem Lächeln zur Seite: «Ein schönes *praeludium veneris* hast du uns da gespielt, dem das nicht mangelte, was du aus dem *capitel* ausgelassen …»

Und irgendwann ist es spät geworden. Der Witwer Johann Christian hat, solange es eben schicklich war, mit Anna Dorothea Peter beisammengesessen, der jungen Witwe, Freundin seiner Schwägerin aus Erfurt, die half, all die Kinder ins Bett zu bringen, im Gasthof und bei den Eisentrauts und bei den Freunden der Eisentrauts. Vom mittleren seiner drei Söhne hat er ihr erzählt, der so hieß wie er selbst und nur neun Monate alt wurde. Und dass, sollte er noch einmal einen Sohn haben, er ihn wieder so nennen würde. Und wenn es eine Tochter wäre, will sie wissen. Da falle ihm kein schönerer Name ein als der ihre, Anna Dorothea. Ja, gut. Das Brautpaar hat sich zurückgezogen, wie so viele. An einem Tisch sitzen als Unentwegteste noch Wendel, der Lautenist Louis, Johann Pachelbel und Ambrosius zusammen. Dann «Gute Nacht!» «Schlaft wohl!» «Großen Dank.» «Machts guth.» «Ihr auch.» Mit diesen Worten enden auch Ambrosius' Erläuterungen des Hochzeitsstücks. Die Nacht ist freilich nicht allein zum Schlafen da. Wendel verschwindet ganz selbstverständlich durch die Küchentür. Und Johann Pachelbel wird ziemlich genau neun Monate später als Taufpate der Johanna Juditha gebeten, dem sechsten, aber immer noch nicht letzten Kind von Maria Elisabetha und Johann Ambrosius Bach.

KAPITEL 5 DIE PEST

Wie ins Haus «Zur silbernen Tasche» der Tod einzieht und die Erfurter Bachs fünf Erwachsene und sechs Kinder verlieren

An einem Samstagabend Mitte Juni 1682 geht Johann Christian Bach, 41 Jahre alt, etwas angezecht durch Nieselregen vom Dienst nach Hause, den Bratschenkasten in der Hand. Eine Kanne Bier erlaubt man sich häufiger in diesen Tagen, die Lage ist angespannt, seit im Frühjahr in Niederzimmern die Pest ausgebrochen ist, einem Dorf östlich von Erfurt. Den Einwohnern ist das Verlassen des Dorfs bei Todesstrafe untersagt, es ist vollständig militärisch abgeriegelt. Doch natürlich weiß jeder, dass die Seuche weder von dort kommt noch dort enden wird. Drei Jahre zuvor, bald nach dem großen Fest der Bachs in Ohrdruf, hat sie, über Wien aus Konstantinopel kommend, Leipzig verwüstet. Erfurter Bürgern war der Besuch der Leipziger Messe verboten, Vorräte wurden angelegt, Fremde durften die Stadt Erfurt nur noch durch zwei scharf kontrollierte Tore betreten. Und seit Mittwoch hat der Rat draußen vorm Löbertor einen alten Mann nackt an einem Baum geschmiedet stehen lassen, im Regen, der während der Pest in Günstedt Totengräber gewesen ist und sich ohne Torzettel in die Stadt geschlichen hat. Er ist noch verprügelt worden, hat Christian gehört, ehe man ihm heute einen alten Rock gab und ihn des Landes verwies.

Bis jetzt ist Erfurt verschont geblieben. Johann Christian, der Direktor der Erfurter Rats- und Stadtmusikanten, hat in dieser Stadt Anna Dorothea geheiratet. Beider erste Tochter ist jetzt zwei Jahre alt, ihre zweite ein Jahr, und schon wieder ist die Frau des Musikers schwanger. Maßvoll möge man die «ehliche Beywohnung» betreiben, «mit besonderm moderamine», so empfiehlt es die Erfurter Pestordnung von 1666 zur Vorbeugung, aber die haben die Bachs vermutlich nicht gelesen. So lebt man jetzt bald zu zehnt im Haus «Zur silbernen Tasche» auf dem Junkersand, zu dem Christian unterwegs ist, schön gelegen an der Gera inmitten der Stadt, ein schmaler Bau von vier Etagen, den er vor zwölf Jahren kaufte, um dort mit seiner ersten Frau einzuziehen.

Neben Christians großer Familie mit drei von fünf Kindern aus erster Ehe und den beiden kleinen Mädchen wohnt in der «Silbertasche» noch eine junge Musikerfamilie zur Miete wie einst schon die von Ambrosius: Johann Pachelbel, Organist an der Predigerkirche, ist seit acht Monaten verheiratet und werdender Vater. Ebenso wie, zwei Häuser weiter, Johann Nikolaus Bach, der sich nebst schwangerer Ehefrau das Haus «Zu den drei Rosen» mit Mietern teilt. Das Haus «Zur roten Rose» dazwischen gehört dem Barbier Jeremias Weise, der ein Auge auf Martha Hedwig, die Schwester der Bachbrüder, geworfen hat. Und wenige Schritte weiter, in der Kürschnergasse, lebt im Haus «Zum weißen Bracken» dessen Besitzer Ägidius Bach mit seiner Familie. Eine Musikerkolonie inmitten der Stadt, nah am flachen Wasser der Gera. Man fühlt sich hier geborgen.

Aber Johann Christian ist unwohl. Beim Gehen wird ihm unbehaglich an diesem verregneten Sommerabend. Mattigkeit, Schwäche in den Beinen, Atemnot, ein inneres Brennen, das er dem Bier, der späten Stunde, der heißen Jahreszeit zuschreibt. Als seine Frau ihn sieht, erschrickt sie. Christians Augen glänzen wie sein nasser Hut. «Es geht mir gut», sagt er, «ich habe bloß ein bisschen getrunken, vielleicht ein bisschen zu viel. Das war vielleicht ein Kännchen … Aber mit einem guten Schlaf geht alles vorüber. Ich bin hundemüde …» «Ich hole dir einen Becher Wasser, Christl», sagt sie, «geh schon hinauf.» Er steigt schwerbeinig die schmale Holztreppe empor, blickt in den Hof, geht vorbei am Zimmer, in dem Jacob, Christoph und Anna Margaretha schlafen, dann an dem, das seine Frau sich mit den beiden Töchtern teilt, der Ein- und der Zweijährigen. Von oben hört er noch Pachelbels Clavichord zirpen. Sein Bett steht in einem der beiden Zimmer vorn, zur Wasserseite hin. Er legt die Kleider ab. «Mach den Vorhang zu, es ist so hell», sagt er seiner Frau, als sie das Wasser bringt, dabei schimmert die letzte Dämmerung nur matt draußen im Regen über der Gera.

Die Decken sind wie ein Gebirge. Er wirft sie weg und rollt sich zusammen, todmüde. Dann schreckt er hoch wie aufgerüttelt und spürt, dass seine Hitze angestiegen und seine Unruhe gewachsen ist. Er denkt an den heißen Juni, an das Bier, daran wird es liegen, doch über diese Gedanken schiebt sich immer wieder die eine Vorstellung, die sich in diesen Tagen mit allem verbindet, in alle Sinne drängt, in alle Reden beim Zechen einschleicht, sie haben vorhin im «Affen» noch Witze über sie gemacht: die Pest.

Nach langem Herumwälzen schläft Johann Christian ein, er träumt Scheußliches. Er ist in der Predigerkirche, weit vorn im Schiff inmitten einer Menschenmenge, die ihn umdrängt – lauter gelbe, verfallene Gesichter mit seltsam starren, blinden Augen und hängenden Lippen, Leute in zerlumpten Kleidern, durch deren Risse man blaue Flecken und Beulen sieht. Ihm ist, als riefe er: «Platz da, Lumpenpack!», den Blick zum Ausgang gerichtet, der sehr, sehr weit entfernt ist, er ruft mit drohendender Miene, bewegt sich aber nicht voran, sondern macht sich schmal, um nicht die schmutzigen Leiber zu berühren, die ihn dicht umdrängen. Aber keiner von denen tritt beiseite, keiner scheint ihn gehört zu haben, und dann ist es, als bohre ihm einer den Ellbogen zwischen Herz und Achselhöhle, da ist ein stechender und drückender Schmerz. Er will wütend nach dem Degen greifen, der seinen Rang als Direktor der Musikanten zeigt, da ist ihm, als habe der sich nach oben geschoben, der Knauf ist es wohl, der ihn drückt. Er fasst mit der Hand dorthin, findet aber den Degen nicht, stattdessen sticht es noch heftiger. Er schreit, bekommt keine Luft, er will lauter schreien, da ist ihm, als drehten sich all die gelben Gesichter nach einer Seite. Er schaut ebenfalls dorthin, da steht auf der Kanzel der Pfarrer Balthasar Haberkorn. Der blickt rasch über die Menge, und Johann Christian ist es, als schaue der zu ihm, er zeigt sogar auf ihn. Er will hochspringen und den Arm des Geistlichen beugen, hebt selbst den Arm, schreit und wacht auf. Tatsächlich hat er den Arm erhoben, er lässt ihn fallen und braucht Zeit, um zu sich zu kommen.

Das Sonnenlicht ist lästig, das durchs Fenster dringt. Anna Dorothea steht bei ihm. «Du hast geschrien», sagt sie. «Ich hab geträumt», antwortet er. Alles nur ein Traum, die Kirche, die grässlichen Kranken, der Pfarrer. Aber da ist immer noch der Schmerz an seiner linken Seite. Und er hat Herzrasen, ein Pfeifen in den Ohren, die Arme und Beine sind ihm noch schwerer als vorige Nacht. Als Dorothea wieder zu den Kindern gegangen ist, hebt er nach einigem Zögern Decke und Hemd über der schmerzenden Stelle und blickt auf eine dunkelviolette Beule.

So könnte es gewesen sein. Wem die Szene aus einem anderen Zusammenhang bekannt vorkommt, der hat «Die Brautleute» gelesen, Alessandro Manzonis großen Roman von 1827. Niemand hat mit größerer Einfühlsamkeit die Nacht eines Infizierten beschrieben als der Italiener, der einem fiktiven Don Rodrigo im Mailand von 1630 folgt. Dort kamen 65 000 Menschen ums Leben. Auf enorme Recherchen gestützt, hat Manzoni den entsetzlichen Zuständen Teile seines Romans gewidmet.

«Yersinia pestis» ist der Name des Bakteriums, das Alexandre Émile Jean Yersin 1894 entdeckte und das nachweislich zum ersten Mal um 550 nach Europa gelangte, im Blut infizierter Ratten, die an Bord von Handelsschiffen von Ägypten aus den ganzen Mittelmeerraum erreichten. Der Vorgänger dieses Bakteriums rief allenfalls Darmbeschwerden hervor. Ein einzelnes Gen, das dazukam, machte einen Killer daraus. Flöhe nehmen das Blut der Ratten auf und infizieren damit über Bisse nicht nur weitere Ratten, sondern auch andere Warmblüter. Bis zu 100 000 Bakterien kann ein Floh enthalten; mindestens ein Viertel davon, so wird vermutet, gibt er durch einen Biss weiter. Bei einer Körpertemperatur von 37 Grad kann «Yersinia pestis» – anders als im kühleren Floh – innerhalb von drei Stunden einen Schutzmechanismus gegen Leukozyten und Monozyten ausbilden, die Immunabwehr des Menschen. Nach einer Inkubationszeit von wenigen Stunden bis zu einer Woche bekommt man Fieber, Kopf- und Gliederschmerzen, fühlt sich krank und benommen.

So beginnt es bei der sichtbarsten Form der Pest, der «Beulenpest», die für sich genommen noch nicht tödlich ist. Die schmerzhaften Beulen entstehen durch Infektion der Lymphgefäße im Bereich des Flohbisses, können zehn Zentimeter groß werden und sind blauschwarz gefärbt. Doch bei Nichtbehandlung geraten in sieben von zehn Fällen die Erreger in den Blutkreislauf. Sie können dann auch durch Tröpcheninfektion als Lungenpest weitergegeben werden, beim Betroffenen führen sie zum toxischen Schock und zum tödlichen Organversagen. Eine harmlose Verlaufsform der Pest gibt es auch, sie ist von leichtem Fieber begleitet und macht die Betroffenen immun.

Anna Dorothea, so denken wir es uns, macht ihrem Mann Hoffnung. Er habe sich ein hitziges Fieber zugezogen, und sie wisse einen Arzt, den sie holen werde. Christian macht daraufhin Witze, er will aufstehen, er ist ein kräftiger, großer Mann. «Nein, das ist nicht gut», sagt sie leise, und er fügt sich. Sie berührt ihn nicht und hält auch die Mädchen fern von ihm, Anna Dorothea und Anna Sophia. Sie geht zwei Häuser weiter zu Johann Nikolaus und bittet ihn, sich um einen Musiker zu kümmern, der einstweilen für Christian einspringen kann. Zum Arzt schickt sie Pachelbels Frau und lässt ihn bitten, nicht in seinem Ornat hier aufzutauchen, nicht mit weißer Halskrause und dunklem Rock, nicht als Arzt, «nicht mit Arzneyen beladen!» Doktor Cramer kommt mittags, als es Johann Christian keineswegs bessergeht. Erst dem Arzt zeigt er die Beule, und der empfiehlt, eine Kröte zu beschaffen, damit der *bufo* das Gift aus dem *bubo*, der Beule, an sich ziehe, zuvor sei dem Tier der Kopf zu durchspießen. Besser noch sei Krötenpulver, das er jedoch zuerst beschaffen müsse. Fürs Erste rät er, Zwiebeln und Knoblauch, geschält, im Zimmer aufzuhängen, um die Luft zu reinigen. Da Christian noch nichts gegessen habe, möge er zuerst in Essig gebeizten Lorbeer zu sich nehmen, wie überhaupt jeden Morgen. Er werde morgen wieder nach ihm sehen und dann auch Theriak und Krottenpulver mitbringen.

Die Eheleute sind beruhigt. Das Wort «Pest» oder «Contagion» hat der Doktor, ein Mitglied des *Collegium sanitatis*, nicht gebraucht, er wirkt vertrauenerweckend und freundlich. Und tatsächlich ist er auf dem jüngsten Stand der Praxis, denn den Einsatz toter Kröten empfiehlt auch die vor drei Jahren in Wien gedruckte «Pest=Ordnung» der angesehenen Mediziner

Johann Wilhelm Managetta und Paul de Sorbait. Sie hat allerdings 1679 den Tod von 12 000 Menschen nicht verhindern können.

Nach einer Woche kommt der Arzt nicht mehr selbst, sondern schickt einen Barbier, der die Beule aufschneiden soll. Derweil sind weitere Bubonen entstanden. Johann Christian ist sehr stark, lange hält sein Körper den Kampf aus. Aber bald ist der Musiker kaum noch bei Bewusstsein. Zwei Wochen nach seinem letzten Auftritt, am Samstag, den 1. Juli 1682 julianischen Kalenders, läuten die Glocken der Kaufmannskirche zum Begräbnis des Johann Christian Bach, seit 1667 Direktor der Erfurter Rats- und Stadtmusikanten. Zur letzten Ruhe auf dem Kaufmannskirchhof geleiten ihn an diesem sonnigen Tag seine junge Frau Dorothea, die, im sechsten Monat schwanger, nun schon zum zweiten Mal Witwe geworden ist, mit den beiden kleinen Töchtern, der dreizehnjährige Johann Jacob, der neunjährige Johann Christoph, die sechsjährige Anna Margaretha und ihre jüngste (Halb-)Schwester, die hier, neuerdings des Laufens mächtig, zwischen den anderen herumstapft, den jüngeren Brüdern des Toten, Ägidius und Nikolaus, und ihren Frauen und dem jungen Ehepaar Pachelbel und den vier festbestallten Stadtmusikanten, die nun keinen Chef mehr haben.

Im Register der Kaufmannskirche ist Johann Christian Bach der erste von zwölf Bürgern der Gemeinde, die in diesem Juli begraben werden. Und er ist nicht der letzte Bach unter ihnen. Ein Jahr vorher hat es in diesem Monat eine einzige Beerdigung gegeben. Gut ein Jahr später werden es mitunter zwölf an einem Tag sein, ehe die Aufzeichnungen abbrechen.

Herr Ludscheidt liest das im Kirchenbuch weiß auf schwarz. Er braucht es nicht aus einem der Regale unter dem gewaltigen Tonnengewölbe der Bibliothek im Augustinerkloster zu holen, ein Mikrofiche genügt, den er ins Lesegerät schiebt, ein Negativ. Es ist ein schöner Septembertag, an dem ich ihn besuche. An diesem Tag ist Thomas Eric Duncan, ein 42-jähriger Liberianer, bereits in Texas gelandet, aber noch kennt ihn außerhalb seiner Familie keiner, auch nicht die Ärzte des «Texas Health Presbyterium Hospital» in Dallas, in dem er als erster Mensch außerhalb Westafrikas am 8. Oktober 2014 an der Infektionskrankheit Ebola sterben wird. Obwohl ihr bereits Tausende zum Opfer gefallen sind, ist sie für uns noch weit weg, weiter weg als die Pest.

Still ist es im feinen Duft der 60 000 Bände, die Michael Ludscheidt betreut, darunter auch die 250 Kirchenbücher der acht evangelischen Gemeinden Erfurts, die die Jahrhunderte bis 1900 umfassen. Es gibt hier frühe Wiegendrucke, die Reformationsschriften und die Lutherausgaben, die Bibliothek wurde 1646 gegründet. Unter dem hohen, mit Holz ausgekleideten Gewölbe, in das aus bunt verglasten Spitzbogenfenstern Licht fällt, wäre zwischen den Bücherwänden Platz genug für ein Eisenbahngleis mit Bahnsteig und Lokomotive. Aber da steht ein endlos langer Tisch, daran Reihen bequemer Stühle mit hellen Polstern und hohen Rückenlehnen. In dieser Stille ist Herr Ludscheidt allein, solange er nicht Besucher betreut, die ins Gästebuch ihr Forschungsthema eintragen müssen, ab und zu auch Gruppen von Schülern oder Touristen, die er durch die Bibliothek führt. Zum Schmökern kommt hier keiner her.

Ludscheidt selbst kam zum ersten Mal wegen seiner Dissertation, Literatur des 17. Jahrhunderts. Die Thüringer Zeitgenossen Grimmelshausens, sagt er, seien noch ganz unerforscht. Er blieb. Seit zwanzig Jahren arbeitet der Bibliothekar hier, beantwortet Anfragen, fügt Neuzugänge in den Bestand ein, bereitet Restaurationen vor. Vor zehn Jahren sollte die Bibliothek geschlossen werden. Es gab den Plan, «die Bücher einzupacken, bis bessere Zeiten kommen. Da hat sich, wenn ich das so ausdrücken darf, Widerstand formiert.» Er lächelt kurz, er ist ein nüchterner Mensch, zierlich, Mitte vierzig und doch alterslos, ungezwungen korrekt wie sein graublauer Anzug und das weiße Hemd, ohne Krawatte. Mit Bärtchen und dezenter Brille hat er etwas von einem feinen, genauen Buchhalter, wie im Kontor einer soliden Hansefirma im 19. Jahrhundert.

«Helga Brück», sagt er, als ich auf das Foto einer freundlichen alten Dame blicke, das gerahmt auf dem langen Tisch steht. Die hätte ich gern kennengelernt. Eine erstaunliche Frau. Vor gut einem Jahr haben sie hier noch ihren 85. Geburtstag gefeiert, sie war die mit Abstand beste Kennerin der Erfurter Bachs. «Sie hat hauptsächlich hier gearbeitet», sagt Michael Ludscheidt, «mit den Kirchenbüchern vor allem. Sie konnte mir oft aus dem Stegreif sagen, wo ich suchen muss.» Sie habe den Wissenschaftlern gezeigt, wie unentbehrlich die Laienforschung sei. «Man kommt ja auch nicht mal so eben ins Bach-Jahrbuch.» Kein Autodidakt außer ihr dürfte gleich sechs Mal in diesem Zentralorgan publiziert haben. Tochter eines Erfurter Kaufmanns, hat sie sich zunächst Russisch beigebracht und seit dem Ende der 1940er Jahre als Übersetzerin gearbeitet, mit 38 ist sie Lehrerin geworden, mit 60 Forscherin. Ohne die Daten zu den Erfurter Bachs, die sie aus alten Stadtakten zusammengetragen hat, wäre ich nicht hier.

An dem Tag, an dem Johann Christian beigesetzt wird, 1. Juli 1682, gilt Erfurt noch als pestfrei. Es dauert vierzehn Tage, bis in der Neuengasse vorm Krämpfertor, unweit der Kaufmannskirche, eine Häufung von Fällen auftritt. Ein Mann und zwei Kinder sind gestorben, im selben Haus haben eine alte Frau, eine Achtzehnjährige, ein Junge und ein Säugling Beulen. Man erzählt sich, dass im Nachbarhaus zwei Wochen zuvor eine Magd aus ungeklärten Gründen innerhalb von zwölf Stunden erkrankt und gestorben sei. Auch deren Mutter und Schwester seien erkrankt, zwei Beulen habe bei Letzterer der Barbier geöffnet, eine weitere sei entstanden. Untrügliche Zeichen. Die vier Doktoren des *Collegium sanitatis* vermerken zwar diese Fälle, raten zur Vorsicht, sprechen in einem Gutachten aber nicht von der Pest. Die betroffenen Personen selbst hätten ihr Leiden auf schlechte Ernährung zurückgeführt.

27 Tage nach dem Begräbnis von Johann Christian wird das seines Bruders mit «Johann Nicol Bachen» eingetragen. Es ist jener Gambist, der beim Hochzeitsfest in Ohrdruf noch als Junggeselle den Violone spielte, gespielt haben könnte. Er ist 29 Jahre alt geworden, die Geburt seines einzigen Kindes erlebt er nicht mehr, seine Frau folgt ihm bald danach. Erst am 21. August bestätigen die Ärzte auf Anfrage des Rates, es handle sich um die «rechte Pest». Da ist die Seuche längst in die Innenstadt vorgedrungen, nicht nur in die Häuser am Junkersand. Aber das alles soll möglichst geheim, der Handel mit den Nachbarländern ungefährdet bleiben. Das wünscht auch der ferne Kurfürst.

Während noch Johann Nikolaus im Sterben liegt, wählen die Musiker den Nachfolger für seinen ältesten Bruder. Das kann nur Johann Ägidius werden, der einzige noch lebende Sohn des Johann Bach. Am 30. Juli 1682 wird, mit gewaltig geschwungenem Initial «D», im Ratsprotokoll festgehalten: «Demnach Ein Ehrenwerter Rath alhier die alhiesigen Stadt Musicanten, nach absterben Johann Christian Bachens, dero gewesenen Directoris, Johann Aegidium Bachen, als eltesten ihres mittels [aus ihrer Mitte] zum künftigen Meister oder Directore vorgestellet undt umb deßen Confirmation gebethen: Als ist mit des H[errn] Stadthalters Hochw[ürden] undt Gnad[en] gnädiger genehmhaltung derselbige, nachdem er der habenden Instruction mit bestallung sich in allem gemäß zu örzeigen an Rahtshand angelobet hat, hiezu confirmiret vndt bestetiget, dieses nachrichtlich anhero registriret vndt Ihme darvon vf sein begehren diese Abschrift vnter den Rahts kleinem Insiegel ertheilet worden.»

Anna Dorotheas Bauch ist mittlerweile, im September, so gerundet, dass ihr das Treppensteigen Mühe macht. Sie ist eine zierliche Frau, anders als die kräftige Barbara Pachelbel, die ebenfalls wenige Wochen vor der Entbindung steht und zwei Stockwerke höherklettern muss im Haus «Zur silbernen Tasche». Barbaras Heiterkeit tut der Witwe gut, auch wenn sie sich über Häuslichkeiten und Mütterliches hinaus wenig zu erzählen haben. Die Bürgermeisterstochter ist sicher, dass die *contagion* mit dem Tag aus der Stadt verschwinden wird, an dem ihrer beider Kinder zur Welt kommen (denn es ist gut möglich, dass sie das zugleich tun). «Du wirst einen Sohn haben, Dorothea», sagt sie, «und er wird genauso sein wie sein Vater!» Sie weiß, dass ihre Freundin ihren Johann Christian sehr vermisst, auch wenn sie selten etwas von sich erzählt. Dorothea bricht in Tränen aus, wenn Ägidius mit seiner Viola kommt, um mit Johann und anderen oben zu musizieren. Sein Ton auf diesem Instrument erinnert sie an den von Christian, der ihre Seele mehr berührt hat als alles, was er sagte, ein Ton, der viel melancholischer war, als ihr Mann selbst wusste.

Gleich früh wan sich entzündet
Der silber weiße tag;
Vnd vns die Sonn verkündet/
Waß nachts verborgen lag:
Die lieb in meinem hertzen
Ein flämlein stecket an;
Daß brint gleich einer kertzen/
So niemand leschen kan.
Wan schon Ichs schlag in Winde/
Gen Ost- vnd Norden brauß;

Doch ruh / noch rast ich finde/
Last nie sich blasen auß.
O wee der qual / vnd peine!
Wo soll mich wenden hin?
Den gantzen tag ich weine/
Weil stäts in schmertzen bin.

Bei Friedrich von Spee fühlt sie sich verstanden in ihrer Liebe zum nicht mehr erreichbaren Christian, geschützt dadurch, dass der (katholische!) Dichter, dessen Sammlung «Trutz Nachtigal» in manchem Haushalt steht, von der «gesponß Jesu» spricht und ihrem «hertzensbrand».

Wann wider dann entflogen
Der Tag zur Nacht hinein/
Vnd sich gar tieff gebogen
Die Sonn / vnd Sonnenschein;
Daß Flämlein so mich queelet
Noch bleibt in voller glut;
All stundt / so viel man zehlet/
Michs je noch brennen thut.

Es brennt unendlich. Von den drei Brüdern, den Söhnen des Johann Bach, war er – stelle ich mir vor – der kräftigste, heiterste, naivste, wenngleich älteste und schon Vater von fünf Kindern, ehe er Dorothea traf. Es machte ihn nie grob, wenn er trank, was er gern tat. Die Liebe zu seinen Kindern war fast ebenfalls wie die eines Bruders, er war kein strenger Vater, und seine Frau, um etliches jünger, fühlte sich mitunter als die Ältere ihm gegenüber und niemals ihm «untertan», wie es auch bei ihrer Hochzeit der Pfarrer verkündet hatte. Er wusste nicht, wie viel sie nachdachte, er machte sich nur ab und an mit einem Staunen lustig darüber, dass sie viel las – so viel, wie ihr eben möglich war. In Gotha hat Herzog Ernst der Fromme als Erster 1642 die Schulpflicht für alle fünf- bis zwölfjährigen Mädchen und Jungen eingeführt, aber den Beruf der «Mädchenschulmeisterin» gibt es schon seit der Mitte des 16. Jahrhunderts. Aus einem Dorf bei Erfurt wird 1623 berichtet, dass «die Mägdlein fleißig beten lernten, aber benebenst auch deutsch und lateinisch lesen und schreiben, auch decliniren und konjugiren» konnten. Spätestens ab 1659 gibt es auch in Erfurt eine Schulpflicht für beide Geschlechter, und bis 1668 ist Georg Christoph Bach im Dorf Heinrichs bei Suhl auch «Mägdleinschulmeister» gewesen. Lesen und Schreiben sind für bürgerliche Ehefrauen unabdingbar geworden, um den Haushalt zu verwalten, in dem sie als «Befehlshaberin» gelten, und um Heilmittel zu verabreichen, für die «Hausbücher» detaillierte Anweisungen liefern – und natürlich um selbst den Katechismus zu lesen.

Anna Dorothea, über die wir nur wissen, dass sie eine junge Witwe war, ehe sie im Juni 1679 den Erfurter Stadtmusikantenprinzipal Bach heiratete und mit ihm drei Kinder bekam – warum sollte sie nicht eine von denen gewesen sein, die auch anderes lasen? Sicher las sie nicht Descartes, wie es die Schwedenkönigin Christina tat, und auch nicht, was François Poullain de la Barre, der Schüler von Descartes, 1673 über die Gleichheit der Geschlechter schrieb, nämlich dass der Verstand kein Geschlecht habe und daher die Überlegenheit der Männer in Frage zu stellen sei. Aber solche Gedanken wehten von Westen heran.

Anna Dorothea übt mit ihrer Stieftochter Anna Margaretha das Lesen und Schreiben, der jetzt bald Siebenjährigen, die ihr nun schon bei ihren eigenen Töchtern zur Seite steht, die der eineinhalbjährigen Anna Sophia mit endloser Geduld hilft, die Treppe hinauf- und hinabzuklettern, und mit der zweieinhalbjährigen Anna Dorothea den Brotteig rührt. Die fragt oft, wann der Vater wieder aufwachen wird, den sie zum Schlafen in dem verschlossenen Ruhebettlein auf den Kirchhof gebracht haben, und dann sagt ihre Mutter: «Wenn der Herr Jesus ihn ruft», und dass sie ihn einmal alle beim Herrn Jesus wiedersehen würden genau so, wie sie ihn kannten, ganz gesund und stark und fröhlich, und seine Seele sei jetzt schon bei ihm.

Nun steht die kleine Dorothea oft am Fenster und lauscht, denn sie will hören, wie Jesus ruft, und dann auch hinkommen. Gerade sie ruft er noch lange nicht. Aber Margaretha und Anna Sophia, deren Seelen will er wohl bei sich haben, ehe sie überhaupt ihren neuen kleinen Bruder kennenlernen können. Als sehr früh die Wehen einsetzen, hat Anna Dorothea ihre zweite Tochter gerade an die Pest verloren und die zweite ihres Mannes, Anna Margaretha, das kluge Mädchen. Den zerbrechlichen Knaben lässt sie auf den Namen seines Vaters taufen, am 16. Oktober 1682, so, wie sie es in einer glücklichen Nacht vor drei Jahren einmal besprochen haben.

Ach wie sehnlich wart ich der Zeit,
wenn du Herr kommen wirst
und mich aus diesem Herzeleid,
zu dir im Himmel führst.
Ach wie sehnlich wart ich auf dich,
o komm und hole mich.

Ägidius sucht dieses Lied in den Regalen der Kaufmannskirche. Mit dreizehn Jahren hat er hier als Almosenknabe im Sopran gesungen, wie vor ihm Christian, wie auch die Zwillinge Ambrosius und Johann Christoph, seine Vettern. Sein Sohn Bernhard wird bald so weit sein, ebenfalls als Diskantist im *Chorus musicus* zu singen. Sein Ältester aber, der eben damit beginnen sollte, sein Christoph lebt seit kurzem nicht mehr. Und seine Söhne Caspar und Georg werden niemals singen. Kurz nach Christoph sind auch der Vierjährige und der Zweijährige gestorben. Es mag Anfang Oktober 1682 sein. Die Begräbnisdaten sind nicht überliefert, nur das Jahr. Im September und Oktober ist die Zahl der Opfer in Erfurt so gestiegen, dass der Tod der Knaben in diesem Zeitraum wahrscheinlich ist. Fünf Kinder verlieren die Erfurter Bachs in diesem Herbst.

Hier legt den Leib man in die Erd,
die Würmer ihn verzehrn,
dort aber wird er schön verklärt,
durch dich als wie die Stern.
Ach wie sehnlich wart ich auf dich,
o komm und hole mich.

Seit acht Jahren ist Ägidius Organist der Kirche, ihn wählten sie und nicht seinen jüngeren Vetter Johann Michael aus Arnstadt, der sich auch bewarb und es dann als Organist in Gehren gut getroffen hat. Aber man schätzt Michael hier als Komponisten sehr, seit er zur Einweihung des Altars der Gemeinde eine Psalmvertonung widmete, und Ägidius möchte dem Kantor ein Lied heraussuchen, das Michael für Sopran und fünf Streicher und Orgel schrieb, ein Strophenlied, er wird einen guten Diskantisten dafür brauchen.

Hier ist die Freud ein schlechte Freud
und währet doch nicht lang.
Dort wird sie währn in Ewigkeit
mit aller Engel Gsang.
Ach wie sehnlich wart ich auf dich,
o komm und hole mich.

Hunderte Werke finden sich hier, Gedrucktes und Handschriftliches, in Schweinsleder und beschriebenes Pergament gebunden, in rotes und blaues Papier, einiges auch nur geheftet oder gar lose, aber in guter Ordnung. Manches ist schon hundert Jahre alt, wie die Sacrae Cantiones von Orlando di Lasso, wie die Madrigale des Luca Marenzio, vieles kommt aus dem ersten Viertel des Jahrhunderts, Praetorius, Sweelinck, Haßler, Franck, Schein, Scheidt, auch Giovanni Gabrieli aus dem fernen Venedig ist dabei, Lehrmeister des Sagittarius, des großen Heinrich Schütz, der auch dabei ist. Und der eine oder andere Bach, mit handschriftlichen Noten, gedruckt ist nichts aus der Familie.

Einen c-Moll-Akkord spielt Ägidius allein am Positiv, dann setzen die Streicher ein zu einer Sinfonia, einem kleinen Vorspiel, ganz schlicht, keine Kontrapunktik, nur ruhig verbundene Akkorde, darüber eine sanfte Linie der ersten Geige, von der die zweite Geige etwas übernimmt, wie Hände, die vorsichtig und heilend einen Kopf streicheln, darunter stützend die Bratschen und der Violone, den der Kantor spielt. Dann singt ein Almosenknabe, der mit dem feinsten, reinsten Sopran, er singt nicht nur, er fleht und spricht, und unten in der Kirche sehnt sich Ägidius' Frau Susanna wirklich nach der Zeit, an dem ER kommt und sie holt, damit sie ihre Knaben wiedersehe, beim Herrn Jesus – obwohl sie doch, seit einem halben Jahr schon, ganz irdisch guter Hoffnung ist.

Ende Oktober bekommt Ägidius einen Brief, den er selbst geschrieben hat, zurückgebracht. Er hatte dem Eisenacher Cousin Ambrosius mitteilen wollen, dass nach Johann Christian und Johann Nikolaus und zwei Töchtern des Ersteren nun auch seine eigenen Söhne Christoph, Caspar und Georg gestorben seien. Dass seinen Brüdern hingegen jeweils nach deren Abscheiden ein Sohn geschenkt worden sei und man am Junkersand bald nicht mehr Rat wisse zwischen dem Geschrei der

Kindlein und dem Jammern der Witwen. Es ist kein solcher Brief erhalten, aber in einer so eng verbundenen Familie kann es ihn gegeben haben. Die Stadt Eisenach hat indessen dem Postillon bei strenger Strafe untersagt, Briefe aus Erfurt anzunehmen. Die Fürstentümer Eisenach, Weimar und Gotha haben die Stadt einvernehmlich «bannisiert», trotz der offiziellen Mitteilung von dort, mit Erfurt könne «ohne einige Gefahr communication gepflogen» werden.

Im selben Oktober fliehen Beamte der Stadtvogtei Hals über Kopf aus den Mauern; der kurmainzische Statthalter bittet seinen Fürsten in Mainz, sich «retiriren» zu dürfen. Er darf nicht. Von den Nachbarländern werden Erfurt und sein Landgebiet nun auf lange Zeit isoliert. Mit dem Erfolg, dass die angrenzenden Fürstentümer vor einer Ansteckung tatsächlich bewahrt bleiben – und damit auch die in Eisenach und Arnstadt lebenden Bachs. In Erfurt selbst stößt man immer häufiger auf Schlagbäume und Ketten, mit denen betroffene Gassen abgesperrt sind. An den Häusern der Opfer kleben Warnzettel mit einem dicken schwarzen «x» und darunter vier Buchstaben: «Pest».

Ich muss daran denken, als ich ebenfalls ein großes «x» auf einem verbarrikadierten Fenster sehe, weiß auf schwarzem Grund, im zweiten Stockwerk eines Hauses an der Johannesstraße. Aber hier ist das «x» Teil des auf vier Fenster verteilten und gesprayten Wortes «LUXUS», vielleicht soll auf Leerstände aufmerksam gemacht werden, vielleicht ist es eine Systemkritik am «Westen» aus Nachwendezeiten. Ein paar Häuser weiter steht in violetter Schrift auf einer Brandmauer «Keine Krise kann mich schocken». Besonders viel Krise bemerkt man als Reisender in Erfurt nicht. Und dort, wo vor 332 Jahren Johann Christian Bach starb, als vermutlich eines der ersten Erfurter Opfer der Pest, in diesem Haus ist es wunderschön.

Ich bin mit seinen jetzigen Besitzern verabredet, einem aus Flensburg stammenden Psychologen und seiner Frau, die den gleichen Beruf hat. Sie sind beide ungefähr in dem Alter wie Bach und seine Frau damals. Er ist hochgewachsen, sportlich, präsent, sie ist kleiner, zierlicher, auf offene Art nachdenklich. Sie wissen ziemlich gut, wer hier gewohnt hat, und stellen sich vor, dass auch die Musiker ein offenes Haus pflegten. Denn das tun diese beiden. Ihre Freunde brauchen sich nicht anzumelden, die kommen einfach so vorbei. Wir sitzen an einem langen Tisch im Erdgeschoss, der etwa da steht, wo eine Mauer den Raum neben der Treppe teilte, und trinken Cappuccino. «Hier standen die Pfützen», sagt der Flensburger und zeigt auf den Fußboden. Es war eine halbe Ruine, die sie vor elf Jahren kauften und sanieren ließen. Fachwerk und Lehmverfachung sind mit Schilfplatten isoliert, wie früher auch.

Einen Teil der massiven, geborstenen Eingangsstufe, über die viele Bachs gingen, haben ihre Nachfolger auf die kleine Terrasse geschafft. Die Küche damals ging nach hinten raus, in der Ecke befindet sich noch ein Kaminzug. Ein weit größerer Zug ragte mittig durch alle drei Etagen, den gibt es nicht mehr. Aber das gemörtelte Kellergewölbe ist unverändert, es gibt auch noch Gänge in alle Richtungen. Die drei Häuser am Junkersand sind unterirdisch verbunden, und die Anordnung der Kellerräume – der des mittleren Hauses reicht bis unter die Nachbarhäuser – zeigt, dass sie zusammen geplant und gebaut wurden. Vom Erdgeschoss führt die Treppe – aus neuem Holz, mit einem Edelstahlgeländer – in den ersten Stock, dort hat man die Balken stehen lassen, auch die, die die Türen umgaben. Die Räume sind von überraschender Höhe. Auf 170 Quadratmetern konnten auch vier Erwachsene und sechs Kinder unbeengt wohnen. Nach vorn, wo ich mir Christians Bett vorstellte, steht ein Bett. Den zweiten Stock könnten sich Bachs und Pachelbels geteilt haben, vielleicht auch für Noten und Instrumente und Dienstmagd, jetzt wohnen hier die beiden Söhne. Vom dritten Stock aus sieht man über die Dächer hinweg bis zum Turm der Predigerkirche, Pachelbels Arbeitsplatz, und bis zur Festung auf dem Petersberg, die damals wegen strengster Isolierung als einziger Ort der Stadt pestfrei blieb.

Vorm Haus ist eine Straßenbaustelle, die zutage gebracht hat, dass die Gera einmal viel breiter war. Zwei, drei Meter näher an den Häusern verlief die Ufermauer, sich zu einer Furt senkend, durch die Gespanne den Fluß überquerten. An ihm – und dem Kehricht, den man hineinkippte – gediehen auch die Flöhe als effiziente Überträger des Bakteriums. Im Winter gediehen sie nicht. Bei Temperaturen unter fünf Grad Celsius stellen sie die Fortpflanzung ein. Das Sterben lässt nach, wie in so vielen Pestwintern. Im Februar 1683 wird der Unterricht am Gymnasium wieder aufgenommen, und in zwei Wochen erliegen nur elf Menschen der Infektion. Im März werden so wenige Erkrankungen gemeldet, dass die Stadtregierung ein Dankfest anordnet und die Nachbarländer um freien Durchzug für mit Gesundheitspässen versehene Händler bittet, die zur Frankfurter Messe wollen – vergeblich. Ägidius wagt sich zu freuen über seine Tochter, die im Januar zur Welt gekommen ist. Sie heißt Martha Hedwig wie seine Schwester. Und die wiederum, 21 Jahre alt, hofft nun auf eine Zukunft mit Jeremias Weise, dem Barbier aus Nummer 2, dem «Haus zur roten Rose». Zur Hochzeit im April spielen die Stadtmusikanten.

Am 5. Juni schreibt der Statthalter des Mainzer Erzbischofs seinem Dienstherrn, dass «einige Häuser de novo wieder angegangen und daraus etliche Personen verstorben – vorige Woche 18 Personen / 6 Häuser inficiert, diese Woche 23 Personen / 10 Häuser inficiert. Man will es noch geheimhalten wegen der befürchteten verschärfung der Sperrung. Es ist sehr warm.»

Anna Dorothea weiß unterdessen im Haus «Zur silbernen Tasche» nicht mehr ein noch aus. Die Bauern bringen keine Lebensmittel mehr in die Stadt. Es fehlt an Mehl und Eiern, an Gemüse, das gedörrte Fleisch im Keller geht zur Neige, das mit Zucker und Ingwer eingemachte Obst – und überdies das Geld. Seit Jahresbeginn erhält sie keines mehr. Bis dahin hat sie als Witwe die Hälfte von dem bekommen, was jener Musiker verdiente, der durch den Tod Johann Christians in den Kreis der Stadtmusikanten nachgerückt ist. Johann Oswald heißt er. Doch nun will er nicht mehr zahlen. Er will nicht mehr, aber er kann auch nicht mehr. Sie verklagt ihn beim Rat der Stadt auf Zahlung der Hälfte dessen, was er im neuen Jahr schon eingenommen hat, fünf Reichstaler.

Die «Bache» gelten viel in der Stadt, und einer jungen Witwe und Mutter aus ihren Reihen ist Verständnis sicher. Der Ratsmeister und Regierungsrat Hieronymus Schorch bittet den Musiker Oswald zu sich, um ihm «beweglich zuzureden», also dringlich, und muss feststellen, dass der selbst tief im Elend steckt und sich keineswegs knauserig gezeigt hat. Nicht nur die Hälfte seiner Einkünfte von August bis Dezember habe er Anna Dorothea Bach überlassen, sondern auch alles, was er in den zwei Wochen vor Christians Tod und vier Wochen danach «erblasen» habe. Schorch notiert: «So hat er doch nicht allein die motiven, so ich Ihme vorgestellet, wohl abgelehnet, sondern ihn auch nur umb deswegen mit diesem ansinnen zu verschonen gebethen, weil er gar zur vnglückseeligen bösen Zeit, da die Contagion fast alle freude verderbete vndt die Musicanten keine Verdienst gehabt, anhero kommen, dahero er dann am Vnterhalt habe noht leyden oder wieder darvon ziehen müßen, wann Ihme nicht sein Cammerad die Kost gegeben vndt bishero theils des Kostgeldes geborget hette.»

Die Zahlen geben Oswald recht. Wenn er im vergangenen

Sommer noch neun Taler in sechs Wochen verdienen konnte – einschließlich der Zuwendungen auf Hochzeiten, die den Stadtmusikanten vorbehalten sind –, in den ersten fünf Monaten des neuen Jahres aber insgesamt zehn Taler, dann sind seine Einkünfte um zwei Drittel eingebrochen. Die Epidemie wird für viele Erfurter auch zum finanziellen Desaster. Ratsmeister Schorch rechnet vor, dass die Witwe ohnehin nicht viel von einem «recompens», einer Erstattung, hätte, da die Hälfte davon den vier Kindern ihres Mannes aus dessen erster Ehe zustünde. Er entscheidet in einer «Relatio commissarij» gegen ihre Klage, während ihr Jüngster erkrankt. Zwei Tage nach dem Bescheid aus dem Rathaus wird der Kleine, zehn Monate alt, beigesetzt. Dass er überhaupt noch verzeichnet wird, ist fast eine Ehre.

Herr Ludscheidt findet ihn im Kirchenbuch unter dem 18. Juni 1683. «H. Hans Christian Bachen Seel Kind (: des nachts.)» Warum «des nachts»? Vom 17. Juni an steht dieser Vermerk überall. Sie werden nachts beerdigt. Weil es schnell gehen muss? Damit es nicht so auffällt? Einstweilen lesen wir weiter. Im Jahr 1683 geht das Register bis zum August, um erst mit «xbr» wieder anzusetzen, im Dezember. Der Rat der Stadt hatte das Zählen der Toten aufgegeben, der Pfarrer an der Kaufmannskirche kam mit dem Verzeichnen nicht mehr nach, oder er lebte schon selbst nicht mehr. Im Dezember 1683, als die Epidemie abklang, waren von den 16 300 Einwohnern Erfurts nur noch etwa 6000 am Leben. Herr Ludscheidt schließt mir die Tür auf und von innen wieder zu. Die Bibliothek ist sicher. Unten an der Rezeption lächelt eine junge Frau.

Am 21. Juni 1683 schreibt der Statthalter: «Das malen contagii allhier täglichen viel heftiger umb sich reißen thut, vorige Woche 77 Personen verstorben / 37 Häuser angegangen (...) auch gar wenige Gassen in hiesiger Stadt übrig sind, die dieses übel nicht ergriffen habe.»

In diesen Wochen ändert sich der Klang der Stadt. Es wird stiller in den Gassen, nicht nur weil viele Handwerker ihre Läden schließen müssen, weil die Soldaten der Festung auf dem Petersberg nur noch mit Einzelgenehmigung unter strenger Kontrolle in die Stadt gelassen werden, weil die Bauern ihre Erzeugnisse nur noch vor den Mauern verkaufen. Das rasche, leichte, metallische Hämmern beim Anbringen neuer Hufeisen verstummt ebenso wie die schweren Schläge der Schmiede. Die Schreiner, die noch da sind, bauen Särge. Die Rufe der Kinder werden seltener, denn etwa 3700 von ihnen sterben in diesem Jahr, das entspricht 42 Prozent der Opfer.

«Es ist geschehen, daß der todte Mann zum Haus hinauß ist geschlaifft worden, das Weib auch bereits letzten Atem schöpffte, und die verlassene Kinder um ein Brod geschryen, denen aber nicht lang hernach der Todten-Graber anstadt deß Bäckens auß der Not geholfen. Es ist geschehen, daß man das kleine Kind hat angetroffen an den Brüsten der todten Mutter hangen, allwo das unschuldige Engerl nich gewust, daß es auff solche Weiß, durch solchen Trunck dem Tod eins bescheyd thue. Es ist geschehen, wann man die todte Mutter auf den Wagen gelegt, daß das kleine Töchterl mit Gewalt sie wollte begleiten, deßhalben auch mit ungelöster Zungen unauffhörlich Mami, Mami geschrien, wordurch auch den harthertzigen Siechknechten das Wasser auß den Augen getrieben worden. (…) Es seynd die verlassene Weysel [Waisen] in solcher Menge gewest, daß man's Wagenweiß zusammen führte, und in der Spitlaw gleichsam eine kleine Kinder Armee auffrichtete, die aber meistens den Frydhoff belagert, (…) seynd also solche die unlängst von der Mutter kommen, bald wieder in die Schooß der allgemeinen Mutter der Erd gerathen.» Was Abraham a Santa Clara aus dem Wien des Jahres 1679 berichtet, das wird man vier Jahre später in Erfurt kaum anders erlebt haben.

Dem Leiserwerden steht ein Lauterwerden gegenüber, das den Leuten noch mehr Angst macht. Vierzig Kirchen stehen innerhalb der Stadtmauern, und bei jedem Begräbnis werden die Glocken geläutet. Man weiß, dass es keine Hochzeitsglocken sind, die da bereits im Juni durchschnittlich zehnmal am Tag zu hören sind, außerhalb der regulären Zeiten. Die Pest hat einen Klang. Wachsendes Läuten über wachsender Stille. Und dann jähes Schweigen.

Es ist ganz still im Stadtarchiv. Die Benutzerregeln sind streng. Die Garderobe ist vollständig einzuschließen, es besteht Fotografierverbot, und die Bibliothekarin hat alle drei Besucher, die da morgens um zehn unterm Neonlicht sitzen, an Tischreihen wie in einem Klassenzimmer verteilt und behält sie durch ein breites Fenster im Blick. Ich starre auf die Kurrentschrift wie früher auf die Matheaufgaben – nur eben freiwillig. Es ist ein schwerer, lederner Band, den man mir ausgehändigt hat, zusammen mit einem Paar enger weißer Fingerhandschuhe und einer Entzifferungshilfe für die alte Schrift, Tabellen mit Buchstaben. Trotzdem bleiben die meisten Schnörkel für mich Hieroglyphen. Nur an den durch lateinische Schrift hervorgehobenen Schlüsselbegriffen – etwa «Musicanten» oder «Confirmation» oder später auch «Contagion» – kann ich erkennen, worum es etwa geht und welche Akten ich mir kopieren lassen will. Manche Seiten wurden vielleicht zuletzt von denen aufgeschlagen, die auf sie schrieben. «Contagion» kommt immer häufiger vor, wenn man in den Ratsprotokollen der Jahre 1682 und 1683 nach hinten blättert.

Nach einer Stunde sind die Fingerspitzen der Handschuhe grau vom Staub der Jahrhunderte. Stimmt es, dass er Pilzsporen enthält, die bei aktenstöbernden Historikern leichte Rauschzustände erzeugen? Ich will auf einmal mehr, mich gelüstet es nach dem städtischen Steuerregister, dem sämtliche

Hauseigentümer Erfurts und ihre Zahlungen bis ins 19. Jahrhundert zu entnehmen sind. Dieser Band ist so dick, gedrungen und brüchig, dass der Bibliothekshelfer Schaumstoffkeile bringt, um das Buch beim Aufklappen zu schonen. Diesmal streife ich die Handschuhe schon geübter über, wie ein Chirurg, als wollte ich diese Schwarte aufstemmen, bis der Eingang zu einem *time tunnel* mit fahlblau flackernden Rändern erscheint. Aber plötzlich graut mir vor dem Sog, und ich beende die Sitzung. Für diesmal.

Rudolf Benl, ehemaliger Leiter des Stadtarchivs, kann die kopierten Dokumente so ablesen wie Briefe eines Freundes oder Kollegen mit vertrackter, aber vertrauter Handschrift. Er kommt zum Eintrag vom 30. August 1683. «Proponirte Herr Regierungsrat und Obrister Melzer … ich glaube», unterbricht sich Benl, «das ist Elias Melzer, der Name ist mir schon mal vorgekommen, das ließe sich jetzt nachschauen», dann fährt er fort: «… ergebenst, nein, nebenst denen anderen Herren Assessoribus des Collegij Sanitatis, wie daß Ihre Hochwürden und Gnaden der Herr Stadthalter gnädig ahnbefohlen, wegen der Begräbnüße, so am tage bißanhero wiederumb eingeführet und dardurch viel Schrecken veruhrsachet worden, nochmalß inhibition zu thun und das viele Läuthen verbiethen zu laßen, welches der Raht so viel müglichen zu thun versprochen.» Benl blickt erstaunt auf unter seinen buschigen Augenbrauen. «Die Leute sind durch die ständigen Beerdigungen und das Läuten offenbar so in Schrecken geraten!» Ein gedruckter Erlass des Rats aus demselben August bestätigt das: «Es wird hiermit verordnet / des Abendts wann es Sechs geschlagen / mit Hintragung der Leichen anzufangen / und wann es frühe Sieben schläget / aufzuhören.» Nur mit besonderer Erlaubnis des *Collegium sanitatis* dürften beim «Hintragen» die Glocken geläutet werden. Das handschriftliche Protokoll zeigt aber, dass die Begräbnisse bei Tag im August nicht zum ersten Mal verboten wurden. Das ist also des Rätsels Lösung. Darum wurde der kleine Johann Christian «des nachts» begraben. Ohne Glocken. Darum breitete sich schon im Juni eine neue Stille in den Mauern von Erfurt aus.

Als im Juli in einer Woche 130 Menschen sterben, werden die italienischen Maurer, bislang beim Festungsbau beschäftigt, dazu verdingt, vor der Stadt Massengräber auszuheben, und vielleicht muss wegen der schieren Menge von Toten in allen Vierteln das Verbot von Bestattungen bei Tage wieder aufgehoben werden. Eines Morgens, als Ägidius zur Michaeliskirche geht, wo er mittlerweile zusätzlich als Organist aushilft, kommt ihm einer der Wagen entgegen, von denen er gehört hat, beladen mit Toten beiderlei Geschlechts, in der Kleidung, in der sie starben, so voll beladen, dass ein Körper herabstürzt, den die Siechknechte, nach Bier und Wein stinkend, wie ein Stück Holz wieder auf die Fuhre werfen. So schildert es Abraham a Santa Clara aus Wien: «Da sahe man gantze Wägen beyderley Geschlechts durch alle Gassen zum Thor hinausführen. Fiel eines vom Wagen, so warffen es die Siech-Knecht nicht anders, als ein Stück Holtz, wiederum hinauf, welches nicht anders als Forcht und Schröcken denjenigen einjagte, welche in den engen Gassen gehend solchem Spectacel entgegen kamen.» Ende des Monats schreibt Festungskommandant Mortaigne aus Erfurt nach Mainz: «Das Sterben nimmt so zu, daß man keine genauen Zahlen mehr erfahren kann.»

In den Zeitungen dieser Tage, soweit sie erhalten sind, findet sich keine Zeile zu Erfurt, und das nicht nur, weil der Postweg unterbrochen ist und der Mainzer Kurfürst die Nachrichten aus Thüringen wohlweislich für sich behält. Die europäische Welt blickt auf die Stadt Wien, die seit dem 14. Juli 1683 von einem 120 000 Mann starken Heer der Osmanen unter dem Befehl des

Großwesirs Kara Mustafa umschlossen ist. Viele Dörfer und die Leopoldstadt sind abgebrannt. Von dort aus haben die Türken mit der Beschießung der Stadt begonnen, aus der Kaiser Leopold I. längst geflohen ist. «Alle Flecken / Schlösser / Dörffer und Klöster / 7. 8. Meilen an dieser Seiten / liegen in der Aschen / und seynd alle dabey befundene Menschen klein und groß / wie das Viehe / in die Dienstbarkeit weggeführet / und was nicht fortkommen können / nieder gehauen worden», berichtet die in Altona gedruckte «Europäische Relation» am 3. August gregorianischer Zeitrechnung. Erst am 12. September wird es einer christlichen Allianz mit Truppen aus Venedig, Bayern, Sachsen, Franken, Schwaben, Baden, Oberhessen und Polen gelingen, die Osmanen am Kahlenberg zu schlagen. Insgesamt verlieren bei dieser Belagerung mindestens 45 000 Söldner das Leben, dazu kommen Tausende von Opfern in den niedergebrannten Dörfern rund um die Kaiserstadt.

Im «bannisirten» Erfurt wird man von diesen Ereignissen nur mit Verzögerung erfahren, ebenso von der glanzvollen Hochzeit, die am 28. Juli in London zwischen Prinzessin Anne und Prinz Georg von Dänemark geschlossen wird, dem protestantischen Verbündeten des katholischen Sonnenkönigs – Anlass für eine Ode, die der geniale 23-jährige Hofkomponist des Königs Charles II. schreibt, Henry Purcell. In Paris ist der 50-jährige Jean-Baptiste Lully auf dem Gipfel seiner Karriere, *Surintendant de la musique du roi*, engster musikalischer Vertrauter des Louis XIV., und muss die Premiere seiner just fertiggestellten zwölften Oper «Amadis» verschieben, da die Königin am 30. Juli in Versailles gestorben ist. Seit einem Jahr werden Lullys Ouvertüren und Suiten auch gedruckt verkauft – Wegmarken jenes französischen Stils, dem Henry Purcell bereits folgt und der im nächsten Jahrhundert mehrere Bachs tief beeindrucken wird. Und in Rom musiziert in jenen Tagen

Arcangelo Corelli, 30 Jahre alt, exzellenter Geiger, vielversprechender Komponist, im Palazzo Farnese für seine derzeitige Gönnerin, die jetzt 56 Jahre alte Christina von Schweden.

In Erfurt sichern die dezimierten Stadtmusikanten eisern die musikalische Grundversorgung, haben zu Pfingsten den Oberratsmeister mit Trompeten, Zinken und Posaunen zur Kirche begleitet, zu Trinitatis, obwohl kein Markt stattfand, von der Kaufmannskirche herab geistliche Lieder geblasen, Gottesdienste begleitet, manche Taufe auch noch – nur ans Heiraten denkt jetzt keiner mehr –, und an jedem Mittwochvormittag und Samstagvormittag spielen sie auf dem Rathausbalkon. Als Ägidius einmal von dort kommt, findet er auf dem Pflaster am Fischmarkt einen zertretenen Zettel. Er beugt sich darüber, anfassen will er ihn nicht, und liest ihn kopfschüttelnd. «Weil von der Anzahl derer / so in jetziger gefährlichen Pest=Zeit täglich allhier versterben / ungleiche Berichte ausgehen; welches verursachet / daß nicht allein die Furcht und das Grauen bey der Bürgerschaft zum grossen Schaden deß Gemeinen besten vermehret / sondern auch die Unwahrheit an andere Orte geschrieben wird: Als ist vor gut angesehen worden / all Tage / zu Männiglichs Wissenschaft zu publiciren / wie viel Personen jedesmahl mit Tode abgegangen. Deme zu Folge wird hiermit vermeldet / daß verwichene Nacht beerdiget worden sind …» Und es folgt eine Tabelle mit «Mannes=, Weibes=Personen und Kinder», die ebenso leer ist wie der Platz zwischen «Erfurt, den …» und «Anno 1683». Keiner dieser Zettel wird je ausgefüllt, denn die Zahlen hätten alle Gerüchte übertroffen.

«Ist dir nicht gut?», fragt einer leise den gebeugten Ägidius. Es ist ein Orgelbauer, der hier gleich neben dem «Affen» wohnt. Ägidius richtet sich auf, wie der andere drückt er sich ein geräuchertes Schnupftuch vor den Mund, gegen den vermuteten Pesthauch der Luft, nicht gegen die Tröpfcheninfektion, von der man nichts weiß, und spricht wenig. «Nur die Drucker haben hier noch gute Arbeit», sagt er verächtlich und schiebt mit dem Fuß den Zettel weg. «Lebst du noch?» «Lebest du auch noch? deme solcher mit ja geantwort / vnd beynebens mit halb gebrochnen Wörter folgends hinzugesetzt / ja ich lebe noch / aber mein Vatter / mein Mutter / mein Schwester seynd mir gestorben / warüber das *Valete* die Stimm verschlagen / vnd die nasse Augen allein Urlaub genommen ...» «Ihre entferbte Angesichter», schreibt Santa Clara, «waren gar scheinbahre Zaiger / wie das inwendige Vhrwerck beschaffen seye ...» Ägidius sagt «Machs gut», dann wendet er sich rasch ab. Er will nicht sagen, was er sich selbst am liebsten verschwiege. Er hat nach drei Söhnen nun auch deren Mutter verloren.

Dass die 29-jährige Susanna in diesem Jahr starb, wissen wir nur, weil ihr Mann im folgenden Jahr erneut heiratete. Kein Register verzeichnet ihr Begräbnis. Vielleicht gehört Ägidius zu denen, die gegen Erlaubnis der Geistlichkeit und des Sanitätskollegiums die Leichen ihrer Angehörigen selbst bestatten, um sie nicht den rohen Totengräbern zu überlassen – oder damit sie überhaupt bestattet werden. Viele liegen tagelang tot in den Häusern oder gar davor.

Kein Mensch ermisst, was in dem gläubigen Mann vorgeht, dem von seiner eigenen Familie jetzt nur der sechsjährige Johann Bernhard und die ein halbes Jahr alte Martha Hedwig geblieben sind. Dass sie die nächsten Jahrzehnte erleben, dass Bernhard zu den maßgeblichen Komponisten zählen wird – darauf wird Ägidius kaum zu hoffen wagen. Er vertraut auf Gott, der seine Gründe haben wird, sie alle so früh zu sich zu nehmen, auf Jesus, der den Tod überwunden hat und sie erwartet. *Ich bin die Auferstehung und das Leben, wer an mich gläubet, der wird leben, ob er gleich stürbe, und wer da lebet und gläubet an mich, der wird nimmermehr sterben.* Er hofft zugleich, dass die *Conta-*

gion seine Vettern und Basen, Nichten und Neffen in Eisenach, Arnstadt, Themar nicht erreicht, von denen er keine Nachrichten hat, sowenig wie sie von ihm, er blättert in den Noten, die sein Vater Johann geschrieben hat.

Johann, der den Krieg erlebte und der seine erste Frau kaum ein Jahr nach der Hochzeit verlor, Johann, der 68 Jahre alt wurde. Wann, warum, für wen Johann die Motette schrieb, auf die Ägidius blickt, weiß er nicht. Das Stück mag vierzig Jahre alt sein. Er hat das Gefühl, sein Vater habe es für diese Zeit geschrieben, für jetzt, für ihn. An diesem Morgen hat Ägidius an sich selbst die Vorboten der Krankheit gefunden. Keine Beule, aber schon Schwellungen, kein Fieber, aber ihm ist heiß. Er macht sich nichts vor. So hat es bei Susanna auch begonnen. Es ist also Zeit. Er wird einen Vormund für seine Kinder suchen müssen und einen neuen Vormund für die überlebenden vier seines Bruders Christian. Pachelbel? Dieses Stück seines Vaters möchte er noch hören. Er wird ein paar gute Sänger brauchen, um es im Gottesdienst in St. Michaelis aufzuführen, keine Instrumentalisten. Es genügt, wenn er die Stimmen am Orgelpositiv unterstützt. Zwei Soprane, Alt, zwei Tenöre, Bass im ersten Chor. Alt, Tenor, Bass im zweiten Chor. Am besten in einzelner Besetzung, das wären dann neun. Mehr als neun solide Sänger wird er ohnehin nicht mehr finden.

«Unser Leben.» Zweimal werden diese Worte zu Anfang gesungen, in großen Akkorden. Zuerst c-Moll, mit kleiner Bewegung der Mittelstimmen zu G-Dur erleichtert, von dort in einem großen Schritt zu Es-Dur. Es ist jene Musik, deren Beginn vier Jahrzehnte zuvor, so könnte es gewesen sein, der 37-jährige Johann seinem jüngeren Bruder Christoph zeigte, «das ist nichts als ein Anfang», sagte er damals, im Frühjahr 1642, und er hat die Motette dann weiterkomponiert, in den letzten Jahren des großen Krieges: «Unser Leben ist ein Schatten.» Nachdem der erste Chor das gesungen hat, beginnen die entfernt aufgestellten Sänger des zweiten ganz einig im Viervierteltakt.

Ich weiß wohl, daß unser Leben
oft nur als ein Nebel ist,
denn wir hier zu jeder Frist …

Der Dichter lebt schon nicht mehr, Johann Flittner aus Suhl, vor fünf Jahren ist er der Weißen Ruhr erlegen, in Stralsund, wohin er vor dem Krieg zwischen Schweden und Brandenburg aus Greifswald geflohen war.

«Zu jeder Frist», wiederholen die sechs am Rand der Empore, bestätigend, die Frist zuversichtlich nach C-Dur wendend, die andern fahren in c-Moll fort:

… mit dem Tode seind umgeben,
drum ob's heute nicht geschicht
meinen Jesum laß ich nicht!
Meinen Jesum laß ich nicht!

Auf einmal versteht Ägidius, dass es in dem kleinen, entfernten Chor die Toten sind, die mit den noch Lebenden sprechen. Er hört seinen Vater, seinen ältesten Bruder, seine Frau. Auch wenn es hier auf der breiten Empore, dicht unter dem Gewölbedach der Michaeliskirche, ein Knabe ist, der Altus singt. Die Frauen dürfen sich in der Kirche nur am Gemeindegesang beteiligen.

Sterb ich bald, so komm ich abe
von der Welt Beschwerlichkeit,
ruhe bis zur vollen Freud …
Ruhe bis zur vollen Freud.

… und weiß, daß im finstern Grabe
Jesus ist mein helles Licht,
meinen Jesum laß ich nicht!
Meinen Jesum laß ich nicht!
Ich bin die Auferstehung und das Leben,
wer an mich gläubet, der wird leben,
ob er gleich stürbe,
und wer da lebet und gläubet an mich,
der wird nimmermehr sterben.
Weil du vom Tod erstanden bist,
werd' ich im Grab nicht bleiben,
mein höchster Trost dein' Auffahrt ist,
Todsfurcht kann sie vertreiben,
denn wo du bist, da komm ich hin,
daß ich stets bei dir leb' und bin,
drum fahr ich hin mit Freuden.
Ach, wie flüchtig, ach wie nichtig
ist der Menschen Leben!
Wie ein Nebel bald entstehet
und auch wieder bald vergehet,
so ist unser Leben, sehet!
Ach wie nichtig, ach wie flüchtig
sind der Menschen Sachen!
Alles, alles was wir sehen,
das muß fallen und vergehen,
wer Gott fürcht', bleibt ewig stehen.
Ach Herr, lehr uns bedenken wohl,
daß wir sind sterblich allzumal!
Auch wir allhier keins Bleibens han,
müssen alle davon,
gelehrt, reich, jung, alt oder schön,
müssen alle, alle, alle davon, davon.

Johann Bach lässt sie in seinen Tönen fast heiter davonlaufen. Wie Kinder, die man durch eine Gartenpforte zur Sonne laufen sieht. Das letzte «davon» hat Johann den beiden Sopranen anvertraut. Vom h und d kommend, treffen sie sich im c. Nichts darunter, nichts weiter, keine Harmonie mehr, kein Trost, kein Schmerz, nicht Moll noch Dur, ein letzter kleiner Ton, durch den die Seele schlüpft. Dann herrscht Schweigen in der Kirche. Und auch von draußen hört man nichts.

Ägidius muss nicht davon. Nicht jetzt. Am nächsten Tag ist ihm wohler. Die Schwellungen klingen ab. Er wagt es nicht zu denken, aber er denkt es doch: Er wird zu denen zählen, die, wie Manzoni schreibt, «inmitten der übrigen Bevölkerung tatsächlich so etwas wie eine privilegierte Klasse» waren. «Ein Großteil der Leute siechte dahin oder starb, und die von der Krankheit bisher verschont Gebliebenen lebten in ständiger Angst vor ihr; sie gingen vorsichtig und verschlossen, mit gemessenen Schritten und argwöhnischen Blicken, eilig und zögernd zugleich, denn alles und jedes konnte für sie die Waffe werden, die die tödliche Wunde schlug. Jene anderen dagegen, die ihrer Sache so gut wie sicher waren (…), bewegten sich frei und entschieden inmitten der Kranken, so wie einst die Ritter des Mittelalters, die sich, in Eisen gerüstet, wo immer sich Eisen nur anbringen ließ, und auf Rössern, die, soweit irgend möglich, in gleicher Weise aufgezäumt waren, müßig umherzogen (…).» Wer die Pest einmal übersteht, dem kann sie nichts mehr anhaben. So viel weiß man über diese Krankheit. Es gibt Narren unter den Glücklichen, die prahlen mit der Zahl der Beulen, die sie hatten. Ägidius zieht es vor, nicht zu frei aufzutreten, nicht auf das geräucherte Schnupftuch zu verzichten, wenn er das Haus verlässt, nicht zu befreit zu plaudern. Es wäre derer nicht würdig, um die er trauert.

Rings um ihn rasen jetzt Tod und Wahnsinn. Mitte August

sterben an jedem Tag bis zu hundert Menschen, manche gewaltsam. Die Pestknechte werfen Lebende in die Gruben und erschlagen Sterbende, um an das Geld zu kommen, das in deren Häusern sein mag. Selbst ein Pfarrer wird wegen Mord und Diebstahl verhaftet. Man sieht welche, die erbeutete Seidenkleider als Schnupftücher gebrauchen. Leere Häuser werden geplündert wie zuvor in Wien: «Dort und da sahe man liegen zerstreuet allerhand Kleider, dort ein Paruquen, dort ein Hut, da einen Rock, und wiederum verschiedene schlechte, und allerkostbarste Manns- und Frauenkleider. Ganze Hauffen der Einrichtung in den Zimmern und Beth [Bett] Geräthe lagen vor den Häusern in allen Gassen und Strassen, die man zum Fenstern ausgeworffen, und die Federn von den Bethen flogen wie die Schnee-Flocken herum auf allen Plätzen.»

Am 7. September ist Ägidius' Schwester bereits Witwe, nur fünf Monate nach ihrer Hochzeit mit dem heiteren Barbier aus Nummer 2. Am 22. September, an einem Samstagabend, hört man mitten in der Stadt Kanonenschüsse. Mit ihnen soll die vom «Pesthauch» vergiftete Luft zerteilt und gereinigt werden. Dazu schreibt der entsetzte Statthalter des Mainzer Erzbischofs, Johann Jacob Walpoth: «… das constituierte Collegium sanitatis [ist] auf den Wahn kommen, als were daselbst die Luft inficiert, dahero selbiges gerathen, das man auf allen Gassen mit Künbäumen Holtz und Wacholderreisser starck rauchen, auch in den Straßen stütz [Geschütze] führen und 6 Tage nacheinander beschießen sollte […]. Der erste Versuch am letzten Samstag Abend um 9 Uhr mit dem Stützschießen begonnen, dabei durch die Hauswand einen kleinen Jungen totgeschossen.» Es ist der Sohn des Sattlers, der im Haus beim «Roten Hahn» in seinem Bett lag. Die Beschießung wird dennoch tagelang fortgesetzt, bis Statthalter Walpoth ein Ende der grotesken Maßnahmen befiehlt.

Das macht die Sünd, o treuer Gott,
dadurch ist komm'n der bittre Tod,
der nimmt und frißt all Menschenkind,
wie er sie findt, fragt nicht, wes Stands od'r Ehrn sie sind.

Es ist wirklich, als fräße der Tod, als habe er sich, unhörbar, unsichtbar, über die Stadt gebeugt, um sich satt zu fressen an ihren Menschen. Und als könnte selbst dem Tod einmal der Wanst platzen, nach seinem Gelage in den vier Herbstwochen, da er sich zweitausend holte, lässt er nun nach. Nagt noch hier und da ein Haus an, schaut, wo sich noch etwas regt, und kehrt im Oktober noch einmal im Haus «Zur silbernen Tasche» ein. Am 9. Oktober muss Johann Pachelbel seine Frau Barbara, am 29. den kleinen Sohn begraben.

Jeden Abend, wenn Anna Dorothea die Kinder zu Bett bringt, die jetzt dreijährige Anna Dorothea und den zehnjährigen Christoph – sein großer Bruder Jacob ist meist bei Ägidius –, betet sie mit ihnen und singt und richtet sich darauf ein, dass sie ihr genommen werden. An einem Abend Mitte November, als sie zu ihnen geht, findet sie sie nicht in ihren Betten. Von oben kommt Musik, die klingt wie in der Kirche und doch so fröhlich, voller verrückter Girlanden und Treppen und Wechselspiele, ohne Gesang und doch mit Gesang. Dorothea erkennt den Choral «Alle Menschen müssen sterben», und sie erkennt die Viola, die diese Melodie inmitten der Figurationen spielt, zwischen Geige und Violone, es ist die Viola von Ägidius, die klingt wie die von Christian, und sie steht still und lauscht zwischen den leeren Betten und spricht mit:

... alles Fleisch vergeht wie Heu,
was da lebet muss verderben,
soll es andern werden neu,

Dieser Leib der muss verwesen
wenn er ewig soll genesen
der so grossen Herrlichkeit,
die den Frommen ist bereit.

Sie trocknet ihr Gesicht und geht die Treppe hinauf. Da kauern die kleine Dorothea und Christoph, an den sie sich schmiegt, und schauen und lauschen den vieren. Am Spinett sitzt Johannes Pachelbel, die Geige spielt Jacob, der Vierzehnjährige, neben seinem Onkel Ägidius, Stadtmusikant Nikolaus Frenzel spielt den Violone. Von einer Stimme zur andern wandert die Chorallinie, und Anna Dorothea scheint es, als werde in der Musik wirklich etwas neu, so frei und leicht bewegt sie sich, wird durchsichtig und heller Mittag mitten am Abend. Nur einmal, als Jacob leise den Choral geigt, gerät Ägidius in die schauerlichste Chromatik, steckt die andern an, von oben bis unten, es ist wahrhaftig eine *contagion* der Halbtöne, aber so sinnreich von Pachelbel gesetzt, dass die Form nicht zerfließt. Hier begeben sich furchtlos die vier ins Innerste der Krankheit, inmitten der lichten Spiele zeigen sie die Würmer, zähmen sie, fast ist es schon ein Spott, ehe dann eine triumphierende letzte Variation folgt. «Grüß dich, Dorothea», sagt dann Pachelbel und wendet sich zu ihr, «und sieh mir die Stümperei nach. Hab's gerade erst gesetzt, es ist eigentlich für die Orgel, aber mit diesen trefflichen Musikanten ist es vielleicht noch besser.»

Wie macht er das, fragt sich die Nachdenkliche, eben erst hat er Barbara und das Söhnchen unter die Erde gebracht, und schreibt so etwas? Jacob ist rot vor Anspannung und Stolz: kein Geringes, was er da auf der Geige zu fingern hat, und gleich kommen neue Blätter auf die Pulte. Pachelbel muss Tag und Nacht geschrieben haben. «Christus, der ist mein Leben» folgt nun, noch virtuoser, noch fröhlicher gar. Manchmal hört Dorothea das unbändige Lachen ihrer Freundin Barbara heraus, manchmal scheinen die Stimmen einander hinterherzufliegen wie Vögel, bis zur Sonne und um sie herum und zurück, sie holen das Blaue vom Himmel zur Erde, es ist ein Spiel und zugleich der Sieg des Geistes und zudem einer Zuversicht, die Dorothea auch an ihren Christian erinnert. Vielleicht hatte er ganz recht damit? Und so geht es immer weiter. Vier Choräle hat Pachelbel variiert und sagt, es seien seine «musikalischen Sterbens-Gedanken». Die kleine Dorothea ist ihrem Bruder auf dem Schoß eingeschlafen, der immer wacher wird, und die große Dorothea weiß auf einmal, dass hier nicht mehr gestorben wird und bald in der ganzen Stadt nicht mehr.

Alle, die wir hier sehen, in dieser dritten Etage im Haus «Zur silbernen Tasche», in dem seit dem Sommer 1682 sechs Menschen starben, werden das nächste Jahrhundert erleben – bis auf einen. Frenzel ist bis 1705 Stadtmusikant, Ägidius hat noch mehr als drei Jahrzehnte vor sich, und in Kürze wird er an der Krämerbrücke ein Geschäft für Nürnberger Drechslerwaren eröffnen. Außerdem unterrichtet er den Neffen Johann Christoph, der fast dreißig Jahre lang Kantor und Organist in Gehren sein wird. Auf den Namen Johann Christoph wird Ägidius auch seinen letzten Sohn taufen lassen, der 1685, im selben Jahr wie Johann Sebastian, zur Welt kommt und dessen ausgewanderte Nachfahren sich 1887 in Minnesota als stolze «Bach-Band» fotografieren lassen, Farmer Reinhold Bach am Kontrabass mit sieben Söhnen, die Trompete, Klarinette, Flöte, Geige und Trommel spielen …

Anna Dorothea, die Dreijährige, wird mit zwanzig einen Erfurter Schulmeister heiraten und noch 1732 Patin einer Urenkelin von Ambrosius sein. Jacob, der Vierzehnjährige, wird als Lehrjunge zu Ambrosius nach Eisenach ziehen und den kleinen Johann Sebastian aufwachsen sehen, und der wird ihn spielen hören – und ihn verlieren. Ambrosius' ältester Sohn Johann Christoph wird in die «Silbertasche» ziehen, als Schüler Pachelbels, «umb das Clavier bey ihm zu fassen» und auch die Komposition, Künste, die er an seinen jüngsten Bruder weitergibt. Pachelbel wird im kommenden Jahr das Haus von Anna Dorothea erwerben und sich erneut verheiraten. Er wird mit Judith Trummert, der Tochter eines Kupferschmieds, sieben Kinder haben. Von fünf Söhnen und zwei Töchtern werden Wilhelm Hieronymus und Amalia in diesem Haus zur Welt kommen, ein Komponist und eine Malerin. Und Carl Theodor wird hier empfangen, der später als Instrumentenmacher Patchalble in Charleston, South Carolina, lebt. 1690, als Johann Pachelbel nach Stuttgart zieht, verkauft er das Haus an einen Schneider, von dem es an einen Weißgerber geht, dann weiter an einen Wollkämmerer, an die Frau eines Buchdruckers, einen Schuhmacher, Braumeister, Glasermeister, wieder einen Schneidermeister – und über die Zeiten und Zeitläufte immer so fort bis zu den beiden Psychologen.

Sie haben mir das «Noah» empfohlen. Das ist kein Laden, in dem der Reisende abends lange allein am Tisch bleibt, schon gar nicht in den Raucherräumen. Mit alten Fotos und alten Reklametafeln sind die Wände gepflastert, erdiger Rock der 1970er dringt aus den Boxen gerade so, dass man sich noch unterhalten kann, und das Bier kommt rechtzeitig, um die virtuellen Pestbeulen des Zeitreisenden kühl wegzuspülen. Man findet hier aufgekratzte Studentenrunden, vor sich hin schmauchende Solipsisten reiferen Datums – und Musiker. Eine zierliche Frau mittleren Alters hat sich an meinen Tisch gesetzt mit einem jungen Mann, der die schwarzen Haare schulterlang trägt, und sie unterhalten sich über Orchester. Wenn es etwas gibt, das Fremde einander noch schneller näherbringt als das Rauchen, ist es die Entdeckung des gemeinsamen Instruments.

Sie spielt Bratsche, wie ich. Und wie Ägidius, den sie sofort als Sohn des Johann Bach zuordnet. Dass man sich hier in einem Kerngebiet des Clans befindet, zählt offenbar zum Grundstolz der Erfurter Musiker – und vielleicht erst recht zu dem der zugereisten Musiker, die ihren globalisierten Schutzheiligen Johann Sebastian hier lokal anbinden können und sich gleich mit. Die Bratschistin ist 1991 aus Bulgarien zuerst nach Suhl gezogen und vor sieben Jahren nach Erfurt. Der junge Mann ist ihr Sohn, er studiert in Berlin Philosophie.

Ich erzähle von der Pestepidemie, der so viele Bachs zum Opfer fielen, von den teilweise irrsinnigen, vergeblichen Maßnahmen dagegen, denen man nur zugutehalten könne, dass es nicht auch noch zur Jagd auf Sündenböcke kam … «Weil», sagt sie da ernst, «es keine Juden mehr gab in der Stadt. Schon seit dreihundert Jahren nicht mehr.» Und dann erzählt sie von der ersten großen Pestepidemie 1349. Bis zu diesem Jahr reichte das jüdische Viertel in Erfurt von der Michaelisstraße bis an jenes Ufer, das dem Junkersand gegenüberliegt. Neunhundert jüdische Bürger lebten in der Stadt. Man bezichtigte sie, die Brunnen vergiftet zu haben, die Pest in die Mauern der Stadt zu bringen, die indessen erst nach dem Massenmord ihren Weg nach Erfurt fand. Sie alle wurden erschlagen, ausnahmslos. Männer, Frauen, Kinder. «Am 21. März», sagt die Musikerin aus Bulgarien, «an dem wir Bachs Geburtstag feiern.»

Auch ein Bankier kam ums Leben, der zuvor noch einen ungeheuren Schatz vergraben hatte, Kalman von Wiehe. Die Bratschistin erzählt von den Zufällen, die zur Entdeckung des Schatzes führten, darin ein Hochzeitsring. Ein solcher Ring wird im Judentum nur von der Braut getragen, zur Hochzeitszeremonie. Aber einen Ring wie diesen gibt es nur drei Mal auf der Welt. Er ist aus reinem Gold, 140 Gramm schwer, er trägt ein winziges Gebäude von gotischem Maßwerk, eine Arbeit von unvorstellbarer Feinheit, und auf der Unterseite – «das ist so schön», ruft sie, als erzähle sie von ihrer eigenen Hochzeit – greifen zwei Hände ineinander. Sechshundertneunundvierzig Jahre lang schlummerte dieser Ring in der Erde unter den Häusern Erfurts, auch die Bachs wussten nichts vom ihm und gingen hinweg über eine vergessene Geschichte. Aber der, dessen Worten sie folgten, jener Reformator, ohne den die Geschichte der Bachs und die der Welt eine andere geworden wäre, dieser befreiende, mutige, wortgewaltige, dieser musikliebende Martin Luther hatte 1543 in seiner Schrift «Von den Juden und ihren Lügen» gefordert, man solle ihre Synagogen anzünden und den Rabbinern bei Todesstrafe verbieten zu lehren. Da sie Jesus Christus nicht annehmen wollten, schrieb er noch achtzehn Jahre früher, dürfe man ihnen keine Gnade gewähren, denn sie stünden aufseiten des Teufels.

Ziemlich spät wird es, bis ich in mein Quartier aufbreche und wieder durch die engen, winkligen Gassen von Erfurt gehe, nach einigen Bechern Bier, wie jener Johann Christian, mit dem diese Reise in eine traurige Zeit begonnen hat.

KAPITEL 6 **DER VATER**

Wie zwischen Musikern und Schicksalsschlägen das letzte Kind des Ambrosius in Eisenach aufwächst

Noch ehe er den Brief mit dem Siegel des Erfurter Rats öffnet, ahnt Ambrosius Bach, was zu lesen sein wird in dem Schreiben, das ihn, den Direktor der Eisenacher Stadtmusik, zu Beginn des Jahres 1684 in der Fleischgasse erreicht. Ägidius steckt dahinter, sein Amtskollege und Cousin in Erfurt, den er seit Kindertagen kennt, der sich müht, in der zu zwei Dritteln entvölkerten Stadt wieder eine gute Compagnie auf die Beine zu stellen. Für sie fragt man nun den erfolgreichen Eisenacher, der sich dort schon einmal vier Jahre lang in der Compagnie bewährt hat.

Ambrosius zögert. Schlecht geht es ihm nicht in der Stadt unter der Wartburg, besser jedenfalls als seinem älteren Cousin, dem Organisten. Seit zwölf Jahren lebt er hier, seit zehn Jahren gehört ihm das Haus, und alle fünf Kinder, die Maria Elisabetha in dieser Stadt zur Welt gebracht hat, leben – elf, neun, sechs, vier, zwei Jahre alt –, ebenso wie sein zwölfjähriger Ältester, der bald alt genug sein wird, in die Lehre zu gehen. Die Pest hat Eisenach nicht erreicht. In Erfurt würde Ambrosius nicht Direktor der Stadtmusik, das ist Ägidius, der Gleichaltrige. Aber in Erfurt wäre er glücklicher. Die Stadt ist mehr als doppelt so groß und näher am Puls der Zeit, sie ist Heimat für ihn seit seiner ersten Anstellung. Sie zahlt auch besser, und er müsste keine Lehrlinge und Gesellen ausbilden. Elisabetha hat dort ihre Familie, sie haben dort geheiratet und ihren ersten Sohn bekommen. Ägidius, dem einzigen überlebenden der Erfurter Vettern, der seine Frau und drei kleine Söhne verloren hat, fühlt er sich verpflichtet. Seinen Freund Pachelbel sähe er täglich. Dem geliebten Zwillingsbruder in Arnstadt wäre er näher. Und von dem, der ihm in Eisenach am nächsten ist, dem bewunderten Cousin Johann Christoph, weiß er, dass er diese Stadt verlassen will.

Wenn Ambrosius sich zu etwas entschlossen hat, dann wird er deutlich: «Nachdem ich nun nacher Erffurt unter die Musicalische Compagnie Berufen, alwo ich keine Gesellen noch frembdt Gesind halten darff, Vnd also mit den Meinigen viel sparsamer und vergnüglicher [auskömmlicher] Leben kann, als bin ich nechst Gott gäntzlich entschlossen, sobald Erffurt von der ausgestandenen Contagion [Pest] wieder aufgethan wird mich mit den Meinigen dahin zu wenden. Welches ich schuldiger maßen Ew. Wohl. Edl. Wohlehrenv. Groß= und vorachtb. Weißh. Vorhero vnterthänig hierdurch eröffnen vnd darnebst bitten wollen, zu desto besser Fortkommnung mich mit einem guten Abschied zuversehen vnd verhoff, es werde mir großg. verstattet werden, meine Dienste noch etliche Wochen, biß zu meinem Abzuge, zu verrichten. – Sage inzwischen unterthänig Danck, nicht allein vor die beschehene Beförderung, sondern auch, daß Sie mich beÿ solchem Dienst biß dato gelaßen und mir alle hülffleistung großgl. wiederfahren laßen, Welches ich die Zeit meines Lebens werde zu rühmen wißen, vnd solches vnterthänig zuverschulden bin ich ieder Zeit willig und erbötig. – Geben Eisenach, den 2. Apr. Anno 1684. Ew. Wohl. Edl. Wohlehrenv. Groß= und Vorachtb. Weißh. Vnterthäniger Johann Ambrosius Bach Stadt Pfeiffer.»

So liest man es in schönster geschwungener Kurrentschrift auf dem letzten Blatt des Briefes, den die Eisenacher Ratsherren erhalten. Der Musiker hat sich das eigens einen Kopisten kosten lassen und einige Zeit, es ist wichtig. Ambrosius muss hier sechs Kinder, drei Gesellen und einige Lehrjungen ernähren, während seine Nebeneinnahmen sinken: Landestrauern, durch deren Musikverbote Zusatzeinnahmen entfallen, Hochzeiter, die das Stimmgeld für die Stadtmusiker schuldig bleiben, unverschämte Bierfiedler, die ihnen das Wasser abgraben. Sein Brief ist nicht, wie es sich gehören würde, als Gesuch verfasst. Der Mann bittet nicht um seine Entlassung, sondern, und das auch nur «darnebst», um deren reibungslosen Ablauf. Bei aller Höflichkeit ist es eher ein Bescheid: Er sei «nechst Gott gäntzlich entschlossen». Wer sich mit dem Allerhöchsten einig weiß, übersieht wohl, dass Rat und Fürst seine Entlassung erst genehmigen müssten. Er hat, so gesehen, wieder «dreingeschlagen» wie in Eisenach noch kein Musiker vor ihm. Noch 330 Jahre später wird das Schreiben nicht zu denen gehören, mit denen die Stadt sich gern brüstet: Es passt nicht in die Geschichte, dass hier einer dringend fortwollte, ehe er ein Kind zeugte, das noch berühmter als die Wartburg werden würde.

Am 2. April 1684 reicht Ambrosius die Bittschrift ein, schon einen Tag später bewirbt sich sein Geselle Heinrich Zöller, den er instruiert hat, um Ambrosius' Stelle. Am 21. April hat der perplexe Stadtrat noch immer nicht geantwortet. Der Musiker legt nach, jetzt ist sein Trotz erwacht. Er knöpft sich noch einmal die Bierfiedler vor, mit denen er «immer zu zanken habe, indem sie fast niemals an meiner Austeilung auf Hochzeiten, wenn derselben etliche zugleich einfallen wollen, zufrieden seyn, sondern es läuft einer hier, der andere dahin, zu denen Hochzeiten, den Vorzug vor anderen zu erlangen, welches mir dann nichts als Verdruß erwecket.» Zudem erhalte er wöchentlich Schreiben aus Erfurt, er möge sich zum Dienst einfinden. Daraufhin untersagt ihm der Eisenacher Rat den Wechsel. Ihren Erfurter Kollegen teilen die Ratsherren mit, sie mögen von weiteren Anträgen absehen, da Bach «in seinen Diensten sich bißhero also erwiesen, daß nicht allein unsere Hochfürst. Gnäd. Herrschaft, als auch gemeine Stadt mit ihm wohlzufrieden sein können». Ambrosius muss bleiben, dafür wird ihm ein Gulden monatlich als Entschädigung für die Musikverbote während der Landestrauern in Aussicht gestellt.

Elisabetha Bach, die 40-Jährige, ist im vierten Monat schwanger, als im Oktober die nächste Landestrauer beginnt. Der jüngste Sohn des regierenden Herzogs ist in Pressburg einer schweren Verletzung erlegen. Weiterhin ist Krieg in Europa. Als kurbayerischer Oberst hat Friedrich August dem 34 000 Mann starken Heer der «Heiligen Liga» angehört, das nach der Schlacht am Kahlenberg die Osmanen weiter zurückdrängen soll und bei der vergeblichen Belagerung von Ofen – dem späteren Buda – nicht weniger als 23 000 Männer verliert. Ein Geschoss aus einer der 200 türkischen Kanonen, mit denen die Stadt verteidigt wird, hat den 21-jährigen Herzogssohn tödlich verletzt, am 16. Oktober wird er in Eisenach beigesetzt – in der Fürstengruft der Georgskirche, Kirche des Hofes und Hauptarbeitsplatz von Johann Christoph Bach. Dass er an der Orgel den Gottesdienst mitgestaltet, darf man annehmen. Belegt sind die drei Gulden und neun Groschen, die Ambrosius dafür erhält, dass er zur Beisetzung als Mitglied der Hofkapelle «ein Stück musiciret» – das letzte für längere Zeit. Ein halbes Jahr Stille wird der Hof schon angesetzt haben für den zum «hercules saxonicus» verklärten jungen Erbprinzen. Mitunter währt eine Landestrauer auch ein ganzes Jahr, und Musikverzicht ist dann in der Kirche wie in den Häusern zwingend. Selbst die Hochzeiten müssen klanglos vonstattengehen. Es ist also nicht wahrscheinlich, dass Johann Christoph die Orgel zu der Taufe spielt, die am Montag, 23. März 1685 in St. Georg stattfindet, «*Lunæ,* den 23. *Martij*», zwei Tage nach der Geburt des Kindes, und so ins Kirchenbuch eingetragen wird: «H. Johann *Ambrosio* Baachen, Haußman ein Sohn. G. Sebastian Nagel, Haußmann zu Gotha, vnd Johann Georg Kochen, Fürstlicher Forstbedienter alhir. NF. Joh. *Sebastian*».

Als ich an einem sonnigen Julitag in diese Kirche gehe, komme ich nur bis in den Vorraum und blicke durch eine Glastür. Das macht nichts. Am Taufstein, SEINEM Taufstein, wurde schon genug Ehrfurcht bezeugt. Überhaupt bin ich mit gemischten Gefühlen nach Eisenach gekommen, und nicht zum ersten Mal. Beim letzten Mal drängte es mich, kaum angekommen, kaum eine flüchtige Runde gemacht, schnell wieder zum Bahnhof dieser Stadt, die mir, mit ihrer Bachpflege und ihren in Bussen angereisten Touristen, enger vorkam als das kleine Eisenach, in dem ich mich sonst im Kopf bewegte, mit seinen 7000 Einwohnern und den ungnädigen Stadträten und der Residenz. Inzwischen ist jenes kleine Eisenach noch viel größer geworden. Ich habe seine lichten Seiten und Jahre gesehen und gehört, den Wörtersammler Stieler und den Musiker Pachelbel kennengelernt, die frühen Triumphe von Ambrosius und Johann Christoph klingen mir im Ohr, sie waren ja auch glücklich hier. Es hat sich aber auch sonst etwas gelichtet, in der Gegenwart: Die DDR ist historisch geworden.

Zum ersten Mal sah ich Eisenach in jenem Jahr, als es die DDR offiziell noch gab, 1990, und atmosphärisch gab es sie noch sehr viel länger, wie einen Toten, der nicht gestorben ist, der aus einem Hinterzimmer des Hauses, in das niemand geht, immer noch die ganze Familie beherrscht und den Geruch von Kohleheizungen und viel zu alter Schokolade verbreitet. In dieser Atmosphäre dunkelte in Eisenach noch der Schatten einer

Wartburg, vor der mir graute, Wagnerklänge schienen um sie herumzunebeln, selbst Luther, als ihr Gast «Junker Jörg», schien eine Wagnerfigur zu sein, und sie verbanden das lange, posthume Sterben der DDR mit neu anrückenden Burschenschaften. Mit Bachs Taufstein, schien mir damals, hatte man dieses seltsame Universum in seiner Mitte fest an die Welt geschraubt, so ähnlich wie Leipzig mit der Thomaskirche.

Das ist alles anders geworden. Etwas wie Gegenwart ist zu spüren, eine Gegenwart, die nicht mehr durch eine taube Stelle von allen früheren Gegenwarten abgeschnitten ist. Es fließt wieder etwas. Es ist einfach ein Taufstein da vorn, an dem viele Babys getauft wurden. Nicht aus allen wurde, was aus ihnen hätte werden können. Es hätte auch bei diesem kleinen Kerl ganz anders kommen können, und Geschichtsphilosophie führt ohnehin in schlechte Nachbarschaft.

Ich fühle Kälte und einen Schatten, als ich aus dem Vorraum ins Kirchenschiff von St. Georg blicke. Da steht jemand oder etwas neben mir. Ich muss früher immer achtlos oder verdrängend daran vorbeigegangen sein. Eine dunkle Bronzegestalt auf einem Sockel, ein weit über zwei Meter hoher Mann in monumentalen Schnallenschuhen, mit muskelgeschwellten Waden, mit Umhang und Perücke, mit einem brutal strengen Gesicht, die rechte Hand wie eine Kralle vorgereckt. Das ist der Nazi-Bach. So wollten sie ihn sehen, die kommenden Massenmörder: ein unerbittlicher Meister aus Deutschland, der ihnen voranschritt, der die Überlegenheit dieser Nation verkörperte, der die Welt bereits beherrschte. Die Musikwissenschaftler arbeiteten ihnen zu, sogar «die musikalische Kernkraft der Sippe» beschworen sie, mit Blick auf die ganze Familie. Ein Abgrund, gar nicht fern. 1939 wurde der Nazi-Bach in die Kirche gestellt, das Denkmal von 1884 war vom Vorplatz, den man für Aufmärsche brauchte, vor das vermeintliche «Bachhaus» gebracht worden, wo es immer noch steht. Als Bildhauer der neuen Skulptur in der Vorhalle wählte man den Passenden. Paul Birr, 1887 in Berlin geboren, hatte schon ein Kriegerdenkmal für Worms geschaffen und war beteiligt an der Gestaltung eines Ehrenmals am Burschenschaftdenkmal nahe der Wartburg, das 1933 eingeweiht wurde. Paul Birr starb, man weiß nicht, wo, am Ende jenes Krieges, in den er seinen Bach schreiten ließ, siebzehn Zentner schwer. An dem muss man vorbei. Er nimmt dem Ort die Unschuld, aber wir können nichts ungeschehen machen. Musik ist missbrauchbar.

Ein Musiker hält also als Gevatter den Säugling über den Taufstein und bringt einen neuen Vornamen in die Familie Bach. Magister Johann Christoph Zerbst, selbst der Musik zugetan, tauft den zwei Tage alten Kleinen, und vielleicht sind auch dessen drei ältere Brüder dabei. Seine Mutter nicht: Sechs Wochen muss eine Mutter nach der Geburt verstreichen lassen, ehe sie wieder eine Kirche betreten darf. Die sind noch nicht vorbei, als der zehnjährige Johann Jonas Bach schwer erkrankt. Vielleicht an den Pocken, auch Blattern genannt, der noch vor Pest, Lepra oder Syphilis am meisten verbreiteten Infektionskrankheit des Jahrhunderts, die vor allem Kinder tötet. Es beginnt mit Rückenschmerzen, Schüttelfrost und Fieber, das nach fünf Tagen trügerisch zurückgeht und dann wieder steigt, auf der Haut kommen Flecken zum Vorschein, die zu Bläschen und eitrigen Pusteln werden. In einem Drittel der Fälle verläuft die bis heute nicht behandelbare – da Viren mit Antibiotika nicht zu bekämpfen sind –, wenngleich offiziell seit 1980 aus der Welt geschaffte Krankheit tödlich.

Woran auch immer Jonas leidet, er wird mit all den Kräutern und Pflanzen behandelt, die die Medizin der Zeit gegen «ansteckende Seuchen» empfiehlt, von Theriak bis Knoblauch. Krankheiten werden, auch wo sie als ansteckende schon erkannt und beschrieben sind wie Malaria und Pest, definiert als ein Ungleichgewicht der Körpersäfte, die zu regulieren sind – durch Abführen, Schwitzen, Aderlass, Brechmittel. Das Haus duftet nach Kampfer, auch Arnika und Drachenwurz kommen zum Einsatz, schließlich gar stark verdünnte Schwefelsäure und Wein. «Weil aber dieses alles nichts hilfft ohne Gottes Segen», heißt es in einem «Extract Für den gemeinen Land-Mann» von 1666, «so thue ein jeder bey zeiten Buß / bekehre sich zu Gott / und ruffe den Herren über und Leben embsig um seine Gnade an / damit er sich unser erbarme / den Würg-Engel und die wolverdiente Straff von uns abwende und uns wieder heile / umb seines lieben Sohns Jesu Christi willen.» Weiter ist die christliche Medizin auch im Jahre 1685 nicht. Die islamische durchaus. Sie kennt die aus Persien und China überlieferte Prophylaxe auf Basis harmloser Pocken, die erst 1721 von Lady Montagu, Frau des englischen Botschafters im Osmanischen Reich, beobachtet und exportiert wird mit dem Erfolg, dass dem englischen Landarzt Edward Jenner, der das weiterentwickelt, 1796 die erste risikolose Impfung gelingt. Aber jetzt in Eisenach hat der «Würg-Engel» leichtes Spiel. Johann Jonas Bach, Quartaner an der Eisenacher Lateinschule, wird am 22. Mai 1685 beerdigt.

Kurz darauf nimmt Ambrosius seinen Ältesten von der Lateinschule, mitten in der Tertia, und schickt den Vierzehnjährigen als Lehrling dem Freund Pachelbel nach Erfurt. Dieser Sohn wenigstens soll da sein, wo der Vater gern wäre, und dazu noch im selben Haus «Zur silbernen Tasche», in dem er schon zur Welt kam und das nun Pachelbel gehört. Dort wähnt er ihn gut aufgehoben, seinen Johann Christoph. Mit Recht. In Eisenach stirbt schon im nächsten Mai auch Johanna Juditha, die Blüte jener glücklichen Nacht in Ohrdruf vor gut sieben Jahren. Es ist, als habe sich ein dunkler Vogel auf dem Dach des Hauses niedergelassen, in dem das letzte Kind von Ambrosius und Elisabetha groß wird.

Immerhin lasten auf diesem Haus keine Schulden. Als nach der Beerdigung von Juditha die beiden Maria Elisabethas zusammensitzen, die Frau des Geigers und die des Organisten, da ist die zweite, sonst die unbekümmertere, so bedrückt, dass sie kaum die Trauernde trösten kann. Sie werden vielleicht das Haus in der Georgengasse verkaufen müssen, sagt sie, es gebe Gläubiger und Johann Christoph schere sich nicht darum. Er hat es ihr, der Tochter des Arnstädter Stadtschreibers, nie an etwas fehlen lassen, auch nicht den sieben Kindern, sogar wenn einmal monatelang das Gehalt ausblieb. Seidenstoff hat er sie kaufen lassen bei Justin Sander, dem Kramwarenhändler, und der wolle jetzt sein Geld. «Chram waren» sind keine Billigware. In frühesten Quellen meint «Kram» ein ausgespanntes Tuch, dann das Zeltdach fahrender Händler, schließlich Güter gehobenen Bedarfs aus dem Fernhandel. Krämer genießen gesellschaftliche Wertschätzung als Berufsinnung, eine Krämergasse, einen Krämermarkt hat fast jede deutsche Stadt. «Die Welt ist wie ein Kram, hat Wahren ganze Haufen, / um Arbeit stehn sie feil und sind durch Fleiß zu kaufen.» An Arbeit und Fleiß fehlt es keinem der Eisenacher Bachs, aber keine Münze bleibt übrig.

«Ist es viel?», fragt die Ältere nach den Schulden. Es sind 32 Taler, dafür muss der Organist allein schon vier Monate Dienst tun, und der Krämer will nicht mehr warten, er hat mit Anzeige beim Rat gedroht. Und er ist nicht der Einzige, deutet sie an. Christoph denke an nichts anderes, als wie aus dieser Stadt herauszukommen sei, er habe von einer Stelle in Schweinfurt gehört. «Alters und Schwachheit halber» zieht sich dort der Organist der Johanniskirche zurück, in der schon Christophs Vater Heinrich und sein Onkel Johann gespielt haben.

Am 26. Juli 1686 reist der 44-Jährige zum Probespiel nach Schweinfurt und bringt eine Handvoll seiner Kompositionen mit, darunter die Kantate «Herr, wende dich, und sei mir gnädig». Der Mann, der «niemahls mit weniger als fünf nothwendigen [also selbständigen] Stimmen» Orgel spielt und ohnehin «sondbahr recommendirt vnd angerühmet» worden ist, überzeugt die Schweinfurter restlos. Sie erstatten umgehend vier Reichstaler für die Reise und lassen ihn in der Gewissheit heimfahren, das er ein «vocation Schreiben» erhalten wird. Er möge sich schon einmal nach einer Wohnung umsehen, der Umzug werde ihm bezahlt. Ehe es aber vier Wochen später eintrifft, hat in Eisenach der Krämer Sander die Klage eingereicht.

Am 23. August treffen sich die Parteien im Rathaus.

H[err] Justin Sander [contra] H[errn] Bachen *Organisten*.
In *p*[unct]*o. debiti*
Klagt
Daß beklagter Ihm l[aut]. Außzugs 32 thlr 7 gr 1 ¾ Pfg. vor empfangene Chram Waren v[nd]. theils an leicht kosten schuldig
Bathe ümb Zahlung.
Beklagter
Will die *Resolution* über eingegebenen außzug morgen überschicken, sagte aber letzlichen H[err]. Kl[äge]r. würde Ihn nicht vervrtheilen er wollte weilen die schuld wohl geständig seÿ, würde bescheides erwarten
Bescheid
Weilen Beklagter das *quaest*[ionirte]: *debitum* der 32 thlr 7 gr 1 ¾ Pfg. gestehet so ist er solches binnen 14 tagen beÿ vermeidung der *Execution* [=gerichtliche Schritte] zu bezahlen verbunden.

Lieber als diesen Bescheid zeigt der Musiker seiner Frau eine Woche später das Schreiben an den «Ehrnvesten Herrn Johann Christoph Bachen hochfürstl. Sächsischen wohl bestellten Organisten zu Eÿsenach, Unserm sond[er]s lieben Herrn vnd Freünd», dem Bürgermeister und Rat von Schweinfurt nun offiziell den Posten antragen. «Deß Herrn bekanndte *qvalität*en zu solchen *officio*» wollen sie dauerhaft in Anspruch nehmen. «Gott gebe glückl. hierherkunfft», vor Ort werde man dann die «bestallungs *Notul*» ausfertigen. Dieses Schreiben möchte er dem Herzog vorlegen bei der nächsten Hofmusik. Er weiß, dass Johann Georg I. ihn ungern ziehen ließe – auch Ambrosius hat er hier ja festgehalten –, aber doch mit sich reden lässt. Auch die Geringsten haben freien Zutritt zu ihm; wie dann erst Johann Christoph, der zum Ruhm Eisenachs nun schon seit 23 Jahren beiträgt. Mit seiner höchsten Kunst hat er zwei Jahre zuvor den jungen Herzogssohn und Erbprinzen zu seinem zweiten, ewigen Leben begleitet, er darf auf Einsicht hoffen und auf den Respekt eines Mannes von Geist, der in der literarischen «Fruchtbringenden Gesellschaft» als «Der Trachtende» firmiert, der einmal einen Dichter wie Kaspar Stieler als Sekretär beschäftigt hat, der einen Weg finden könnte, der nicht nur aus Eisenach, sondern auch aus der unmäßigen und unwürdigen Verschuldung herausführt.

Nicht einmal Johann Christophs Frau weiß, wie viel Tobias Sültzner von ihm fordert. Es sind nicht 50 Gulden, wie sie befürchtet, sondern viermal so viel. Die Zahlungsfrist für den Krämer Sander läuft ab, vom Stadtrat kommt keine Nachricht, der Herzog weilt eine Meile vor der Stadt im Jagdhaus Prunftau.

Von dort kommt am 19. September die Kunde, dass ein Schlagfluss den 52-jährigen Landesfürsten getroffen hat. Der

«Trachtende» lebt nicht mehr. Gleich am nächsten Tag überstellt der Stadtrat das unbeglichene *debitum* Bachs zur *Execution* ans fürstliche Amt als oberste Justizbehörde. Die Terminierung macht den Eindruck, als habe der Stadtrat es bis dahin wie der Organist für möglich gehalten, dass Johann Georg I. seinem treuen Musiker keinen Stein und auch keinen Schuldenberg in den Weg nach Schweinfurt legen würde.

Der just ins Amt geratene 21-jährige Johann Georg II. wird kaum mehr als einen flüchtigen Blick auf die Sache geworfen haben und, falls man sie ihm überhaupt vorlegte, allenfalls gefunden haben, dass Bach für die anstehende Trauermusik unabdingbar sei. Der hat noch keinen weiteren Bescheid, als sich in St. Georg eine erweiterte Besetzung zur Beisetzung des Herzogs trifft: Zu Johann Christoph, dem Organisten, und den Stadtpfeifern mit Ambrosius kommen fünf Musiker aus Gotha, Erfurt, Arnstadt, drei Kapellknaben aus Gotha und zwei Mitglieder der hiesigen Hofkapelle, deren langjähriger Kapellmeister und Geiger Daniel Eberlin die Trauermusik leitet. Die anschließende Stille im Herzogtum währt dieses Mal ein halbes Jahr für die Kirchen, denen zu Ostern wieder «Orgel- und Instrumental-Music» erlaubt ist, während sie «in Häusern bei Hochzeiten und anderen Zusammenkünften biß auf weiteren Befehl noch eingestellt bleiben soll».

Am 4. Oktober 1686 schreibt der Stadtrat von Eisenach an den Stadtrat von Schweinfurt in Sachen Johann Christoph Bach: «Nachdem aber aus ein undt andern erheblichen uhrsachen Gnädigste Fürstl. Herrschafft denselben nicht zu *dimittiren* gesonnen, ohnerachtet derselbe seinem gethanem versprechen gerne nachleben undt seine dienste würcklichen antreten wolte; So haben Unsere hochgeehrten Herrn solches in Zeiten, damit Sie sich nicht ferner weit ümb gedachten *Organi*sten bemühen, sondern vielmehr nach einem andern *Subjecto* ümbsehen mögen (...) *notificir*en wollen.» Johann Christoph, in Kenntnis der Entscheidung, schreibt den Schweinfurtern am selben Tag tief zerknirscht, eigenhändig und vollendet formuliert. Er hoffe, man werde es ihm «zu keinem ungütigen Nachdruck gedeyen laßen, daß ich meine bereits beschehene Erklärung vor dißmal zu *revociren* genöthiget werde», und verbleibe «zu Dero unverrückten Wolgewogenheit mich nochmaln befehlend». Wenige Tage nach diesem Brief bekommen die Schweinfurter Besuch von Bachs offenbar gut informiertem Eisenacher Kollegen, dem Hoforganisten und Geiger Weselius, der den Job und die Eisenacher Entlassungsurkunde umgehend erhält.

Für Johann Christoph und seine Familie ist diese Entwicklung eine Katastrophe, für die Musik keineswegs. Denn neben dem an Eisenach gefesselten Organisten wird sein aufmerksamster Zuhörer groß. Wie so viele vor ihm, wie schon sein Vater und dessen Brüder und Schwestern und Cousins und Cousinen, ist Sebastian von Musik umgeben, von Instrumenten jeglicher Art, von Musikern, die sie virtuos beherrschen wie sein Vater die Violine und solchen, die noch lernen wie sein zweitältester Bruder Balthasar oder Johann Jacob, der anno 1684 aus Erfurt, wo sein Vater *pesto* verstorben war, als Lehrling zu Ambrosius kam. Und dann ist da der andere Johann Jacob, der nächste, nur drei Jahre ältere, heißgeliebte Bruder, dem er, sobald er laufen kann, jeden Schabernack nachmacht, den das strenge Regiment von Ambrosius erlaubt.

Denn streng ist er, dieser Vater, aber es ist nicht die bittere Strenge von einem, der fügsam nur das Feld bestellt, das Gott ihm zugewiesen hat. Er ist pflichtbewusst, aber er ist auch so jäh und stolz und übermütig wie vor fünfzehn Jahren, als er hier zum Antritt so wild draufschlug, und sein Trotz und Geigenspiel klingen vielleicht noch nach im vierten jener «Six Concerts avec plusieurs Instruments A Son Altesse Royalle Monseigneur Cretien Louis, Marggraf de Brandenbourg», die 1721 von Johann Sebastian ins Reine geschrieben werden. Da, wo im dichten Geschachtel einer Fuge die Violine aus Verzierungen in perlende Läufe gerät und dann in rasend gebrochenen, repetierten Akkorden durchgeht – wie eine Fortsetzung der Virtuosität, die Johann Christoph anno 1679 zur Ohrdrufer Hochzeit dem Cousin Ambrosius und seinem Zwilling auf den Leib geschrieben hat.

Es gibt auch ein klingendes Porträt aller drei Brüder, der Zwillinge und des Ältesten, der es angefertigt hat, komponiert zu seinem eigenen 47. Geburtstag. Anfang September 1689, als Ambrosius' Jüngster vier Jahre alt ist, trifft in Eisenach Johann Christoph aus Arnstadt ein, und von dort reiten er und sein Bruder nach Schweinfurt, direkt nach Süden, am ersten Tag bergan die 50 Kilometer bis Meiningen, dann noch einmal 70. Kein großes Familientreffen diesmal, zu viele müssten eine so weite Anreise in Kauf nehmen, und zudem steht Toffels Frau kurz vor ihrer fünften Entbindung, immer noch schön wie am ersten Tag, wie er versichert. Sie sprechen, durch den Wald reitend, nicht über die, die gestorben sind. Die sind bei Gott, vielleicht auch noch nahe, allzu nahe den Zwillingen. Auch Christoph hat zwei Kinder verloren, zwei von vieren, freilich hat eines nur drei Monate und das andere nur neun Tage gelebt. Es war ein kleiner Heinrich, dem sein Name kein Glück brachte, während der alte Heinrich jetzt kurz vor seinem 74. Geburtstag und hellen Geistes ist, aber kaum noch gehen kann und nur noch schlecht sehen. Sein Schwiegersohn Herthum, der ihn an den Orgeln der Oberkirche und Liebfrauenkirche vertritt, hat darum einen weiteren Helfer nach Arnstadt geholt: Ambrosius' Ältester, Christoph, jetzt achtzehn, hat in Erfurt seine Ausbildung bei Johann Pachelbel beendet.

Auch über den anderen Christoph sprechen sie viel, den Stophus in Eisenach, der mittlerweile sein Haus hat verkaufen müssen und mit Frau und sieben Kindern zur Miete wohnt und sie kaum bezahlen kann. «Und dir wird ein Haus zum Geschenk gemacht!», sagt Ambrosius, ohne Vorwurf. «Wie hast du es dahin bringen können?» «Abermalig mit einer Witfrau», sagt Toffel lachend, «aber nicht mit einer bösen, wie es die Mutter von der Cunigunda war, ah, diese Hexen!» Die Bäckerswitwe, die Kannewurfin, war ihm sehr gewogen, ihm und seiner Frau und auch der Barbara Catharina, die jetzt neun Jahre zählt, und habe der Sorg, Pfleg und Wart bedurft und der Alimentation und ihnen für solche Zuwendung ihr Haus versprochen, beinahe genau vor zwei Jahren, in dem sie zur Miete wohnten, «auf der Kohlgasse, beim Hans Nicol, du kennst es wohl.» Warme Kost und zwei Maß Bier am Tag hätten sie ihr gegeben und an ihnen habe es, Gott weiß es, nicht gelegen, dass sie wenige Monate darauf gestorben sei und gleich alles an ihn ging, den Toffel, «mit allem, was darin erd- und niet- und nagelfest ist, mit allen bloßstehenden mobilis, Hölzern, Kupfern und Eisen, weißem Geräte und den Betten! Und ein Garten an der Borngasse und sechs Acker Land dazu!» Ambrosius lacht schallend, ehe er sich erschrocken mäßigt und, immer noch mit einem Funkeln in den Augen, sagt: «Gelobt sei der Herr.»

Georg Christoph lächelt milde, als er in Schweinfurt den Hergang noch einmal genau erfährt, denn er ist sicher, dass Gott seine Hand im Spiel hat, dass sein Auge auf ihnen allen dreien und ihrer Eintracht ruht, dass, wenn es einem der Brüder wohlergeht, es auch den anderen beiden wohlergeht. Ihn, der 20 Jahre Kantor in Themar war, hat man im vorigen Jahr nach Schweinfurt *vocirt*, stolz, nun doch einen Bach zu bekommen.

Sein Ältester ist bei den Stadtmusikern Geselle – das fügt sich gut ins Florieren der «Triga Fratrum Germanorum Bachorum», Trias der deutschen Brüder Bach, die er in Töne gefasst hat, sich selbst im Bass unter den Tenören der Zwillinge, die einander immer näher sein werden, als er ihnen je sein kann, und denen er doch ein brüderliches Fundament ist. Unendlich liebevoll hat er, der auch Lehrer ist, des Zeichnens weniger mächtig als des Lateinischen, das Titelblatt seiner Kantate gestaltet.

Links entragt eine Hand einer bunten Wolke, ein dreiblättriges grünes Kleeblatt haltend: «florens», blühend sei die Trias in Gottes Hand. Rechts hängen aus einer andern Wolke, aus der goldgelbe Strahlen hervorgehen, drei Stricke, im Bügel eines wuchtigen Schlosses verbunden: «firma», fest sei ihr Zusammenhalt. Darunter in der Mitte das dritte Zeichen, ein Triangel, an der drei Ringe hängen: «suavis», süß und angenehm klinge die *concordia*, oder «fein und lieblich», wie es im Psalm 133 heißt. Er hat die Worte für zwei Tenöre und Bass und drei Gamben gesetzt und für das Instrument der Zwillinge, die Violine, figurierend natürlich. Aber nicht so schwierig, dass Georgs Sohn Valentin, der für heute den Part übernimmt, nicht seine Unruhe meistern könnte (das Lampenfieber ist noch nicht erfunden), die ihn in Anwesenheit der beiden besten Geiger der großen Familie ergreift. Heute sind sie die zwei Tenöre, und Georg singt Bass, während er das Orgelpositiv spielt. Als Gambisten kommen seine Schweinfurter Kollegen in Frage. Die Worte des Psalms 133 sind wie geschaffen für die drei Söhne des früh verstorbenen Christoph Bach.

Siehe, wie fein und lieblich ist's,
wenn Brüder einträchtig beieinander wohnen,
wie der köstliche Balsam ist,
der vom Haupt Aaron herabfleußt

in seinen ganzen Bart,
der herabfleußt in sein Kleid,
wie der Tau, der von Hermon herabfällt
auf die Berge Zions,
denn daselbst verheißt der Herr Segen und Leben
immer und ewiglich.
Siehe, wie fein und lieblich ist's.
Amen.

Im Jahr nach dem Treffen der drei Brüder, 1690, lässt sich Ambrosius malen – im offenen weißen Hemd, mit offenen Haaren anstelle einer jener seit 20 Jahren immer länger werdenden Perücken, deren Träger sich die Haare kurz scheren lassen und zu Hause eine Schlafmütze tragen, und umhüllt mit einem Kimono. Im Welthandelszentrum Amsterdam, von wo aus die asiatische Mode Europa erobert hat, selbst in holländischen Bauernstuben gehören Kimonos längst zum Alltag, und in Hamburg hat sich schon 1676 der komponierende Lebemann Johann Adam Reinken im legeren Kleidungsstück malen lassen. Aber in Eisenach zeugt es immer noch von Eigengeist, sich so verewigen zu lassen. Nicht genug damit, dass überhaupt schon ein Status unterstrichen wird, wenn ein Stadtpfeifer und Mitglied der Hofkapelle sich vom Hofmaler Johann David Herlicius porträtieren lässt. Er verzichtet auf Berufsattribute, ein Instrument etwa, ein Notenblatt, und zeigt sich so autark, so selbstdefiniert, dass auch die Burg, die man durch das Fenster im Hintergrund sieht, nicht etwa für eine ihm übergeordnete weltliche Macht steht, sondern für den Ort, an dem er sich befindet, und vielleicht auch für seine Konfession. Denn man sieht dort hinten jene Wartburg, auf der Luther an seiner Bibelübersetzung gearbeitet hat. Seinetwegen steigen Reisende dort hinauf, schon seit langem.

Das «gäntzlich entschlossen» kommt einem in den Sinn, mit dem Ambrosius sechs Jahre zuvor sein Vorhaben bekräftigte, Eisenach zu verlassen. Jetzt ist er gänzlich entschlossen, hier anhaltend die Kraft zu entfalten, von der seine geöffnete rechte Hand kündet. Vielleicht stärkt ihn auch, dass sein Ältester in diesem Sommer, kurz vor seinem 19. Geburtstag, eine achtbare Organistenstelle in Ohrdruf bekommen hat. Den linken Arm, die Hand im Kimono verborgen, stützt Ambrosius locker auf einen Sockel. Ein Ansatz zum Doppelkinn zeugt von «vergnüglichen» Verhältnissen, in denen er es sich indessen nicht bequem zu machen gedenkt. Wachsam ist er, etwas Herausforderndes sieht der Maler da, auch wenn sich Ambrosius während der Sitzungen Mühe gibt, gelassen dreinzuschauen. Aber den trotzigen Zug verliert er nicht, mit dem das starke Kinn die Unterlippe nach oben drückt, und einen gewissen Kraftüberschuss: denkbar, dass diese freie rechte Hand auch schallend zulangt, wobei wir an eine Wirtshausschlägerei eher zu denken geneigt sind als an erzieherische Maßnahmen.

In diesem Bild hat das deutsche Bürgertum eine Konsolidierung erreicht, um die ihm das holländische um mehr als ein halbes Jahrhundert voraus ist; einen Berufsmusiker hat man überhaupt noch nie so frei gesehen. Einen Maler schon: Verblüffend ähnelt das Bild dem Selbstporträt, das fast 200 Jahre zuvor Albrecht Dürer von sich gemalt hat; ebenfalls in gediegen legerer, den Hals freilassender Kleidung, mit einer Landschaft im Fensterausschnitt und ohne jegliches Berufsinsigne. Ambrosius steht hier auch für eine Familie, deren Name in Thüringen und darüber hinaus zum Synonym für Musiker höchster Qualität geworden ist: «Er solte und müste wieder einen Bachen haben», hört man bald einen Fürsten seufzen.

Als das Bild fertig ist, kehrt der dunkle Vogel wieder, der das Dach des Hausmanns verlassen hatte, und lässt das Porträt in wenigen Jahren zur Erinnerung werden. Er hält sich nicht einmal an die Statistik, an der zu dieser Zeit Edmond Halley in London arbeitet, ein Astronom Mitte dreißig. Noch ist er nicht so weit, die Bahnelemente der Kometen zu berechnen und die Wiederkehr jenes Himmelskörpers, der seither seinen Namen trägt, präzise vorauszusagen. Vorerst ermittelt er die durchschnittliche Lebenserwartung seiner Zeitgenossen anhand von Sterbedaten, die im Breslau der Jahre 1687 bis 1691 erhoben wurden, einer von Wanderungsbewegungen kaum betroffenen Stadt. Gesammelt hat sie der Breslauer Pfarrer Caspar Neumann, um «die Veränderungen, welche in dem jeweiligen Stande der Bevölkerung durch die Geburten und Sterbefälle eintreten, und die man bis dahin als Fügungen der unerforschlichen Allmacht hingenommen hatte, vermittelst der ‹in regio naturae› bisher angewandten realistischen Methode zu untersuchen und nach den Gesetzen, welche in ihnen zum Ausdruck kommen, zu erforschen».

Stürmische Zeit der Wissenschaft: Newtons «Principia» machen die Runde, vorerst nur in kleinen Zirkeln. Christiaan Huygens, Erfinder der Pendeluhr, entwickelt an seinem Lebensende eine Wellentheorie des Lichts. Leibniz erfindet das duale System, Grundlage der elektronischen Datenverarbeitung. Ihm, dem Universalgelehrten am hannoverschen Hof, schickt der Breslauer Pfarrer Neumann seine Sterbedaten, und über den gelangen sie nach London zu Halley. Der beschleunigte wissenschaftliche Austausch verdankt sich ebenso wie die Zeitungsvielfalt dieser Jahre einem rasant verdichteten Postnetz, an dessen Spitze, europaweit beneidet, Kursachsen steht: Von 1685 bis 1700 wird sich dort die Zahl der Poststationen auf 60 verdreifacht haben, die Laufzeit eines Briefes von Hamburg nach Leipzig wird auf fünf Tage halbiert. Nur die Medizin hinkt tragisch nach. «An Estimate of the Degrees of the Mortality of

Mankind, drawn from curious Tables of the Births and Funerals at the City of Breslaw», so überschreibt Halley seine Untersuchung, die 1693 in London erscheint. Ein Neugeborenes im ausgehenden 17. Jahrhundert darf demnach mit 33 Jahren rechnen, ein Sechsjähriger schon mit 50 Jahren, ein 45-Jähriger wie Ambrosius gar mit 64 Jahren. Doch in seiner Familie werden es alle zusammen, den Jüngsten eingeschlossen, nur auf einen Schnitt von 31 Jahren bringen. Sie sind auch in dieser Hinsicht nicht durchschnittlich.

Am 5. April 1691 stirbt mit achtzehn Jahren Ambrosius' Sohn und Lehrling Johann Balthasar, ein Jahr später der 24-jährige Johann Jacob Bach aus Erfurt, den Ambrosius bei sich ausgebildet hat. Der sechsjährige Sebastian hat jetzt – sein ältester Bruder ist in Ohrdruf Organist geworden – noch zwei Geschwister um sich: Maria Salome, fünfzehn Jahre alt, und Johann Jacob, neun Jahre alt. Und dann sind da die Organistenkinder in Eisenach: Der gleichaltrige Johann Michael, der neunjährige Johann Friedrich und ihre vier älteren Geschwister. Dass Sebastian, wie ein Lokalpatriot sich das 1927 vorstellt, «in reinem Kinderglück Straßen und Plätze des Städtchens samt seinen Geschwistern und Altersgenossen mit frohem Spiel erfüllt», ist bei so vielen Trauerfällen und der Not der befreundeten Organistenfamilie nicht sehr wahrscheinlich.

Johann Christoph Bach ist nicht der einzige Eisenacher Musiker mit Geldsorgen. Gemeinsam mit dem neuen Kantor Andreas Christian Dedekind wendet er sich im Januar 1692 direkt an den Herzog, der dem Rat eine Besoldungserhöhung nahelegt. Die Ratsherren fertigen den Kantor ab, er habe «etwas unverschämt Unß einiger Unbilligkeit zu beschuldigen sich unterstanden». Dem Organisten aber schreiben sie ein zehn Punkte umfassendes Sündenregister: Er habe sich aus der kirchlichen Almosenkasse «ad propius usus» bedient, seine «vorgeschützte

Mängel» gingen auf ein «unordentliches Haußwesen» zurück. Derweil hat, das ist Stadtgespräch, der langjährige Hofkapellmeister und Geiger Daniel Eberlin seine Geldprobleme ganz anders gelöst. Der vielseitige und weltgewandte Mann, bewährt auch als Offizier, Bibliothekar und Komponist, ist 1689 zum herzoglichen Münzmeister ernannt worden, hat in dieser Funktion der Landeskasse 3000 Taler entnommen und sich jüngst, als das bei einer Revision auffiel, nach Hamburg abgesetzt. Dort, wo man von jeher lieber aufs Geld sieht als auf dessen Herkunft, wird er sich vorübergehend als Bankier etablieren.

Dem Eisenacher Organisten bleibt schon im Februar 1692 nichts übrig, als den Rat um eine freie Wohnung anzubetteln, «weil ich sonst nicht weiß, wie ich mich mit meinen Kindern behelffen und fortbringen soll». Schon häufiger habe er in den mittlerweile 27 Jahren seiner Dienste um freies Logis gebeten, zehnmal sei er schon von einem Mietshaus ins nächste gezogen, nun sei auch noch der Plan gescheitert, endlich wieder ein eigenes Haus zu kaufen. Gläubigern, die ihm beim Hauskauf beistehen wollten, hat er die Summe zurückerstatten müssen. «Wenn denn, hochgeehrteste Herren, ich mit Weib und Kindern bey meiner besoldung, Zumahl bey itzigen schweren Zeiten, da alle Frucht und Victualien von Tag zu Tag steigen, nicht subsistiren kann …» Er macht den Vorschlag, ihm ein Haus am Niklastor zur Verfügung zu stellen.

Eine realistische Option, wie der junge Herzog findet. Denn auch an Johann Georg II. hat Bach erneut geschrieben. Aber es kommt bei den Stadtvätern nicht gut an, den Bittbrief des Musikers nun auch noch von Post aus dem Residenzhaus sekundiert zu sehen. Der Herzog schreibt: «Dieweilmann nun solches suchen nicht vor unbillig erachtet, indeme zumahl, dem anführen nach, die vorgeschlagene Wohnung bey der Niclaß

Kirche seiner Vorfahren einer alß Stadt Organist schon immer gehabt, und Sr. Fürstl Durchl. Sonsten gerne sehen, daß dadurch ermeldeter Bach in hiesiger Stadt Diensten erhalten und Ihme dißfalls deferiert werden möchte (…).» Da wird erst recht nichts bewilligt; da versuchen offenbar die Räte auch, Boden gegenüber dem 26-jährigen, unerfahrenen Herzog zu gewinnen. Für die maßgeblichen unter ihnen ist gerade dieser Bach der schlampige Querulant, der zu hoch hinauswill und seinem Ältesten nun gar ein Studium in Jena finanziert. Der Herzog lässt dem Musiker zehn Reichstaler auszahlen, eher eine Geste als eine Rettung, aber Johann Christoph weiß jetzt, an wen er sich wenden kann. Dann erreicht ihn die Nachricht vom Tod seines Vaters in Arnstadt.

Am 12. Juli 1692 drängt sich auf dem schmalen Platz westlich der Oberkirche eine Menschenmenge, wie man sie in Arnstadt selten sieht. Höflinge und Handwerker stehen im Glockenläuten beieinander, Bürger der Stadt, auch Gäste aus Erfurt, Gotha, Eisenach, selbst aus Schweinfurt. Es ist der siebte Sonntag nach Trinitatis. Die Menge teilt sich, als die gräfliche Karosse heranrasselt, schwarz bis auf das Stammwappen der Schwarzburger, den gekrönten, stehenden Löwen, gelb auf blau. Nach seiner verschleierten Gemahlin steigt Graf Anton Günther II. aufs Pflaster herab, nicht ganz vierzig Jahre alt und schon mit Ansatz zum Doppelkinn, fleischigen Gesichts, die Unterlippe etwas trotzig hochgedrückt, das Haupt umwallt bis weit über die Schultern von den schwarzen Locken der Perücke. Es ist ein Trauerfall, der ihn und einige hundert weitere Menschen in die Kirche der Residenz führt, aber kein Familienmitglied des Hauses Schwarzburg-Sondershausen zu Arnstadt ist verstorben, sondern ein Musiker, ein Patriarch der Familie, die sich nun hier versammelt.

Zwei von ihnen sind in ihren Mienen und der Statur dem

Grafen verblüffend ähnlich, auch wenn sie ihre dunklen Haare offen tragen, leicht gewellt und über die Schultern hinab, und noch verblüffender ähneln sie einander. Die beiden, die da selbst wie Grafen stehen und sich knapp vor Anton Günther neigen, der durch die schmale Pforte allem Volk vorausgeht in die Kirche, kennt man in Arnstadt. Der eine ist der wohlgelittene Stadt- und Hofmusikus Johann Christoph Bach, der andere sein Zwillingsbruder Ambrosius, berühmter Hausmann in Eisenach, in Arnstadt aufgewachsen, beide nun 47 Jahre alt. Ihre jüngeren Söhne haben sich längst zueinandergesellt, der siebenjährige Sebastian zum achtjährigen Ernst. So selten sie einander sehen, so sehr sind sie verbunden. Es kommen weitere Knaben ihres Alters dazu, Georg, Michael, Christoph ... Die Mädchen halten sich an ihre Mütter, allmählich sortiert sich die Menge nach Männern und Frauen, so, wie sie auch sitzen werden. Da sind, auch um die sieben Jahre herum, Catharina und Maria Barbara und Christina Maria, und dann gibt es die größeren Mädchen und die ernsten jungen Männer, wobei Johann Ludwig, der fünfzehnjährige Gymnasiast aus Gotha, nicht einmal jetzt sein strahlendes Gemüt verbergen kann. Ambrosius' Ältester Johann Christoph, der bis vor zwei Jahren hier Heinrich an der Orgel vertrat und nun aus Ohrdruf gekommen ist, blickt nachdenklich auf die wuselige Knabenschar mit seinem jüngsten Bruder.

Die Familien der Bachs umfassen zu dieser Zeit an die sechzig Personen, davon rund fünfzehn Berufsmusiker in zehn größeren und kleineren Städten, und die meisten von ihnen haben sich nach Arnstadt begeben, sofern sie nicht ohnehin dort leben, um Abschied vom letzten jener drei Söhne des Spielmanns Hans Bach zu nehmen, auf den die meisten von ihnen hier zurückgehen. Von einem, der sich in dieser Kirche vor mehr als fünfzig Jahren erstmals an die Orgel setzte: Heinrich Bach. An seiner Stelle begibt sich nun sein Eidam, sein Schwiegersohn, der Hoforganist Christoph Herthum, auf die Bank. Er präludiert, ließe sich denken, über den Choral «Wenn mein Stündlein vorhanden ist».

Kein Mitglied dieser Familie hat bislang ein derartig hohes Alter erreicht. Heinrichs 77 Jahre wären allein schon ein Grund zur Dankbarkeit. Neben den Bachs, die schon so viele verloren, weiß das niemand besser als der Superintendent Johann Gottfried Olearius, der jetzt die Kanzel an der nördlichen Längswand erklommen hat und unter einem Baldachin voller Engel steht. Zwei seiner Frauen hat er schon sterben sehen und viele seiner Kinder, das jüngste gerade im letzten Jahr, nur fünf Monate hat es gelebt. Olearius weiß, wovon er spricht, und er spricht gut. Nicht nur von Heinrich, sondern auch von dessen «Kindern, Kindes-Kindern und Kindes-Kinder-Kindern, auch Eidamen, Schnuren, Vettern, Schwägern und gesamten hier und auswärtig wohlbenamten Anverwandten, mit welchen der Allerhöchste Gott sein rühmlich hohes Alter als mit einer Ehrenkrone merkwürdig gezieret hat». Er hat sie gezählt, die Enkel und Urenkel Heinrichs, und als gewissenhafter Botaniker, der Olearius auch ist, wird er sich nicht verzählt haben: 28 sind es. Die Genealogie nennt nur 20 an diesem Tag lebende Enkel, dazu fünf verstorbene, und keinen Urenkel.

Olearius kommt aus einer in Halle ansässigen Dynastie von Theologen mit wissenschaftlichen und musischen Neigungen, die ähnlich verzweigt wie die Familie der Bachs ist und sich an diesem Tag auf tiefere Weise mit ihr verbindet. Es ist ein reifer Mann von 56 Jahren, der da auf der Kanzel steht, recht neu im Amt, erst vor drei Jahren hat Anton Günther II. ihn für Arnstadt gewinnen können. Der Graf ist ein feinerer Geist, als seine wuchtige Physis vermuten lässt, und gerade das hat ihm jetzt eine Finanzkrise beschert. Seine kulturellen und wissenschaftlichen Neigungen haben den Hofstaat auf über 100 Personen anwachsen lassen, und neben einem Hofbildhauer und der Hofkapelle lässt er in drei Laboratorien auch dubiose «Goldmacher» für sich arbeiten, die den Etat weiter strapazieren. Sein reges Interesse an Musik wird noch eine Rolle spielen für einen der Knaben, die da mit ihren Vätern die Emporen füllen, während Mütter und Töchter unten in den Weiberstühlen sitzen. Die Gräfin freilich befindet sich in reichgeschmückter Loge neben der ihres Mannes auf Höhe der zweiten Empore, die bleiverglasten Fenster sind geöffnet, auch die des Adelsstandes gegenüber. Der Superintendent, das ergrauende Haar wohlgekämmt und gepudert auf die Schultern des Talars fallen lassend, ist eine Gegenfigur zum donnernden Prediger Michael Sachse, mit dem für die Bachs das Jahrhundert in Wechmar begann. Tiefgläubig wie Sachse, den er auch erwähnt, aber nicht kämpferisch wie jener. Es muss gegen Papst und Türken wenigstens hier nicht mehr gekämpft werden, und Olearius' kühne Vergleiche dienen der Verfeinerung, nicht der Missionierung.

Es gibt an diesem Tag auch nichts zu klagen, denn an Heinrich Bach, findet der Geistliche, ist der 91. Psalm wahr geworden: «Ich will ihn sättigen mit langem Leben und will ihm zeigen mein Heil.» Darüber predigt er, eine gute Stunde lang, ehe er sich dem Leben des Verstorbenen selbst zuwendet. Zuallererst tröstet er die Gemeinde – und sich selbst wohl auch – über den Tod auf Erden: Der sei «einem seligen sterbenden Christen gleichsam eine Hebamme, welche ihn zu dem wahren ewigen Leben befördert». Heute indessen sei kein «mit Tränen benetzter Begräbnistag», sondern ein «rechtschaffener Freudentag, an welchem Heinrich, als ein rechter Heimreich, in der selig erreichten Heimat des ewigen Vaterlandes seinen Namenstag nach dem himmlischen Neugeburtstag dermaßen erfreulich der Seelen nach bei den Engeln und Auserwählten vor Gottes Thron begehet … Have! Anima beatissima!»

Es folgt das Vaterunser, und dann vertieft sich der Geistliche in den Familiennamen des Mannes, der da zwischen Taufstein und sonnigem Altarraum in seinem «Ruhbettlein» liegt. Die Julisonne wirft Strahlen über den Sarg hinweg auf das Triptychon, das schon seit hundert Jahren links vom Altar an der Nordwand hängt, das Heinrich so oft sah, mit diesen innig flehenden, einander tröstenden Menschen zu Füßen des Gekreuzigten und dessen hingesunkener Mutter. «Wie so gering und klein ist doch der Ursprung eines Bachs oder Stroms und von starken Regen oder Schnee plötzlich gesammelten Feldwassers?» Und dann wachse in einem Menschen der Lebensbach und wolle in einen Strom münden. «Dahin gehet der rechtgläubigen Seelen ihr geistlicher Hirschdurst und sehnliches Verlangen, nachdem der schnelle unruhige und trübe Lebensbach dieser zeitlichen Vergänglichkeit vorbei gerauschet, selig zu kommen zu dem lautern Strom des lebendigen Wassers, der da ist klar wie ein Kristall, der von dem Stuhl Gottes und des Lammes ausgehet …»

Spätestens hier hat der Geistliche einige der jüngeren Zuhörer an ein irdisches Jenseits verloren. Sebastians Kopf ist an den von Johann Ernst gesunken, die beiden schlafen und hören nicht, wie der Mann mit seiner tragenden, so weichen wie rauhen Stimme von David und fester Burg und Herrn Lutherus und allen Kreaturen im Himmel und auf Erden redet. Erst als es, nach einem weiteren Choral, um den Musiker Heinrich Bach und sein Leben geht, sind sie wieder wach. «Wegen der Kriegsunruhe hat er daselbst viel Ungemach erlitten», erzählt Olearius über die Schweinfurter Zeit, «als hernach durch die kaiserliche Armada die Stadt wieder eingenommen und besetzet worden, hat er seine *dimission* begehret.» Krieg? Armada?

Da ist ein ferner Schatten und doch nahe, es wird in ihren Familien nicht darüber gesprochen.

Immer ist irgendwo Krieg. Gut einen Monat liegen zwei Seeschlachten mit 200 Schiffen zurück, in denen die Flotte der Franzosen an der Invasion Englands gehindert wurde, und Frankreichs Sonnenkönig bleibt unersättlich. Doch so fern vermeintlich ist, was als «Pfälzischer Erbfolgekrieg» seit vier Jahren die Rheinufer brennen lässt, der Tod ist immer nah. Es ist ein gutes Jahr her, dass Sebastian den Bruder Balthasar verlor, und er weiß, dass es noch andere Geschwister gab. Immer betet die Mutter für sie mit, für Rudolphus, für Jonas, für Johanna Juditha, gerade über diese Tochter weint sie oft. Aber sonst wird nicht darüber gesprochen. Sonst wird gearbeitet. Es gefällt Gott, dass man sich der Musik befleißigt, sagt nun der Geistliche. Einem göttlichen Beruf habe sich Heinrich gehorsamlich unterworfen, habe dabei «Choralen, Moteten, Concerten, Fugen, Praeludiis, und dergleichen» geschrieben, wobei ihm Gott «allzeit eine solche Gemütszufriedenheit verliehen, dass man ihn, wann gleich noch so viel Kreuz, Kontrapunkten und chromatische Tone ihme fürgestanden, er dennoch allzeit *semper idem* als ein Trauriger allzeit fröhlich blieb».

Kreuz, Kontrapunkt, Chromatik! Er kennt das ja alles, er schreibt es schon ab und spielt es am Virginal, mitunter, nicht an die Pedale reichend, auf der Orgel in Sankt Georg, aber jetzt klingt es ihm wie Krieg und Armada, etwas Gefährliches oder in die Gefahr führend oder durch sie hindurch, in den Worten dieses Mannes da unten, in dessen Gesicht viel Mildes ist, auch ein Respekt vor solchem gefährlichem Handwerk, etwas reißt an ihm und macht ihm Angst, er drückt Johann Ernst den Arm, der aufschreckt aus seinem Dösen, und blickt zu seinem Vater nach rechts und ist froh, dass der da ist, mit seinem festen Gesicht. Plötzlich steht Ambrosius auf, und mit ihm noch hier und da Männer und Knaben, der Superintendent ist zum Ende gekommen, Sebastian fällt wieder ein, dass jetzt gesungen wird, er und Ernst und Michel werden den Cantus im Sopran singen. Sie gehen eilig über die knarrenden Bretter zur Empore im Westen, und Michael gibt ihnen die Stimmen, Heinrichs jüngster lebender Sohn, der aus Gehren gekommen ist mit einer Motette für diesen Tag. Er und sein Bruder Johann Christoph und Georg aus Schweinfurt singen Bass, Ambrosius und sein Ältester und Ägidius aus Erfurt den zweiten Tenor, Toffel und Nikolaus und Valentin den ersten Tenor, im Altus lesen Johann Jacob und zwei Ludwigs aus einer Stimme, der Sohn von Herthum und der Gymnasiast aus Gotha.

Die vier tieferen Stimmen beginnen. «Unser Leben … unser Leben …» Lange Noten sind es, lang wie Heinrichs Leben war und ruhig wie sein Gemüt. Michael hat seinem Vater keine Kontrapunktik geschrieben, nicht sogleich, auch nicht Kreuz noch Chromatik, er hat die Ruhe seines Vaters erfasst, die Wärme, und er lässt sie alle in gleichen Noten singen, silbenweise: «Unser Leben währet siebenzig Jahr, und wenns hoch kömmt, sind es achtzig Jahr.» Ein dunkler, samtiger Klang, noch ist der Sopran nicht dabei, die Sonne ersetzt ihn noch, die gewandert ist und das Bild des Gekreuzigten verlassen hat. Auf «Jahr» setzen Sebastian und Ernst und Michel ein, mit der Choralmelodie: «Ach Herr, lass deine lieben Engelein / Am letzten Ende mein Seelelein in Abrahams Schoß tragen …» Das ist nun doch Kontrapunkt, aber einer, wie ihn nur der Gehrener kann, die Sopranlinie und die Rede darunter fließen so sanft ineinander, dass man hört, wie der Lebensbach der zeitlichen Vergänglichkeit, davon der Olearius gesprochen, selig zu dem lautern Strom des lebendigen Wassers kommt, der da ist klar wie ein Kristall, wie die hohen Stimmen der drei Knaben. «Und wenn's köstlich gewesen ist, so ist es Mühe und Arbeit gewesen; denn es fährt schnell dahin, als flögen wir davon.» Diese letzten Worte wiederholen die tieferen Stimmen, noch nach dem letzten «ewiglich» des Soprans, und es ist nicht, als würde der Körper von der Zeit hinweggeweht, sondern als flögen sie nun alle miteinander hinauf zu Gott und brächten ihm den Heinrich.

Es ist ganz still in der Kirche. Sebastian sieht, wie der Stophus dem Michael den Arm drückt, ohne ihn anzusehen, dann, wie es so seine Art ist, sich jäh wendet. Und als habe er damit der ganzen Gemeinde, die ihn doch kaum sehen kann, ein Signal gegeben, kommt ein Scharren und Knarren und Murmeln in Gang, man erhebt sich, man wartet, zuerst muss ja das Grafenpaar herabkommen und der Adel aus dem Adelsstand gegenüber. Aber Sebastian schaut immer noch auf Michael, den Cousin seines Vaters. Er bewundert ihn maßlos, wie den Stophus, den älteren Cousin. Das war etwas Besseres als das, was vorhin der Herthum an der Orgel spielte, zum Anfang. Sebastian stößt seinen ältesten Bruder an, als sie von der Empore heruntersteigen. Das Präludium, da habe es zwei Dissonanzen gegeben. Ja, meint Johann Christoph beiläufig, keine löblichen, der Vetter habe die Finger nicht rechtzeitig weggehoben vom Cantus firmus. Dann blickt er den Jungen erstaunt an. Das habe er sich gemerkt? Was er sich denn noch gemerkt habe? Die missfälligen Quinten in gerader Bewegung. Das habe ihn doch der Stophus schon gelehrt, wie die aufzuspüren seien und zu umgehen.

«Herthum!», ruft Christoph dem rundlichen Organisten zu, der mit seinen Noten vor ihnen die Treppe herabsteigt. «Was hast du da gespielt? In deinem Präludio?» Herthum zeigt ihm die Abschrift. Das Vorspiel sei vom Zachow aus Halle, das habe der Superintendent von da mitgebracht. «Dieser compagnon hat dir da eine Quint ausgehorcht», sagt Johann Christoph und weist auf seinen kleinen Bruder. «Zwei», sagt der Compagnon hartnäckig und entblößt strahlend eine Zahnlücke. «Von F her und von G!» Herthum kratzt sich. Ja, da sei was gewesen … Johann Christoph hat die Stellen bald gefunden, aber er sagt nichts und hält dem kleinen Bruder die Blätter hin, während die Männer an ihnen vorbeidrängen und Johann Ernst seinem Freund und Vetter über die Schulter guckt. «Hier», der zeigt auf den Takt mit dem Fehler, «er hat vermeint, man merkt's nicht, weil er den Tenor zum G springen lässt, aber es ist doch … und da tut er's im Alto ebenso!» Herthum stößt sein kurzatmiges Lachen hervor. «Gut gelernt, fleißig gelernt … du hast es ihm zuvor gesagt, nicht wahr, Vetter?» «Er hat es selbst gehört. Vor bald zwei Stunden hat er es gehört. Hast ja rechtschaffen alles gespielt, wie es dasteht. Und mochtest gar nicht vom Cantus lassen …» Die beiden Knaben laufen schon die Treppe hinab, in die Julisonne, unter der nun der älteste Bach des Jahrhunderts seinen Weg zu dem «lautern Strom des lebendigen Wassers» antritt, «der da klar ist wie ein Kristall».

«Ich habe einen Hirschdurst», brüllt Ambrosius, als sie sich am Markt vor der «Sonne» versammeln. Olearius zuckt zusammen und lächelt nachsichtig. Möge nur aus den *epulae ferales* kein *bacchanale* werden, bei aller Dankbarkeit sei Demut angebracht, sagt er freundlich. Aber eine Sauferei ist keine Sauerei und ein Leichenschmaus kein Lumpenschmaus. So stolz sie sind auf ihren zu Gott gegangenen Heinrich als Inbegriff von Dauer und Unverwüstlichkeit dieser Familie, so stolz auf ihre eigene Vielzahl, trotz Pest und aller Seuchen, auf ihre Kunst, die überall gerühmt wird, wenn auch nicht hinreichend bezahlt, auf ihre Kinder, so ist mit Heinrich doch ihre ruhige Mitte dahingegangen.

Nun muss nachgefüllt werden vorm Gasthaus zur Sonne am Marktplatz. Stophus, sein Ältester, der am elendsten ist, trinkt am wenigsten, er braucht seine Kräfte, aber Heinrichs Neffen, die stattlichen Zwillinge, langen zu, als sei es ihr letztes *convivium*, sie, die Häuser haben und ein Auskommen, sind in einer seltsam fiebrigen Laune, erhitzt noch über den Sommertag hinaus, so, als genügten ihnen das Gottvertrauen und die Dankbarkeit für Heinrichs langes Leben nicht und als habe die Zuversicht Risse bekommen. Zugleich aber neue Triebe. Ambrosius hat es gern gehört, was sein Ältester ihm eben leise über seinen Jüngsten sagte. Er selbst hat nicht so eine «rühmliche Wissenschaft» von der Musik, wie der Superintendent sie dem alten Heinrich nachgerühmt hat und wie dessen beide Söhne sie haben, er kann die Noten nur rechtschaffen abschreiben und zierlich spielen. Dafür aber erkennen wohl seine, des Stadtpfeifers Söhne, die gleichlaufenden Quinten wie der Jäger das Wild im Gehölz, und darauf hebt er gleich noch einen Becher. Wirtin Susanna Wagner hat viel zu tun an diesem Tisch.

Ruhiger sitzen Johann Michael und der Arnstädter Kantor Heindorff zusammen, Ernst Dietrich, den dieser Tag sehr anfasst. Es ist erst ein Jahr und acht Monate her, dass er seinen Sohn verlor, den über alle Maßen musikbegabten Friedrich Ernst, der sechzehn war, als er an der Cholera starb, und Michaels Musik half dem Vater. «Herr, wenn ich nur dich hab», diese Motette setzte ihm der Freund zum Leichentext. Heindorff hat für sich und die Kantorei eine Abschrift der Partitur angefertigt und daruntergeschrieben: «JMB. hat es meinem Seel. Friedrich Ernsten zum guten Andencken gesetzet weil es sein Leichen Text gewesen.» Der Kantor, jetzt 41 Jahre alt, bewahrt aber nicht nur diese Musik auf, sondern vieles andere, was die Söhne Heinrichs und weitere Arnstädter Musiker komponierten. Er ist derjenige Kopist und Sammler, ohne den es nicht gäbe, was später als Altbachisches Archiv eine Reise durch drei Jahrhunderte antreten wird.

Martha Elisabeth, die nicht in der Kirche war, ist aus der

Kohlgasse auf den Markt gekommen, den Jüngsten im Arm, zwei Monate alt, den möchte sie dem Schwager zeigen. «Anima beatissima!», ruft Ambrosius, als er sie sieht, dann singt er jählings «Und werdet trunken!», und sein Zwilling, ihr Mann, drischt den Rhythmus dazu auf den Tisch, Takte aus dem Hochzeitsstück. Martha Elisabeth, die es einmal als Braut gesungen hat, blickt hinüber zu dem, der es schrieb, zum Eisenacher Organisten, Heinrichs erstem Sohn, der ganz reglos dasitzt und wohl nicht einmal das Stück erkennt, und fühlt eine entsetzliche Kälte. Sie geht mit dem Kleinen wieder zurück, es ist ja nicht weit. Da kommt ihr Johann Ernst entgegen, ihr Sohn, mit Sebastian, die beiden sehen sie gar nicht, sie scheinen miteinander so verständig zu reden, als gingen da zwei kleine Gelehrte, unendlich fern von allem hier, und sie sieht ihnen lange nach.

Das Lesen und Schreiben der Wörter lernt Ambrosius' Jüngster neben dem der Noten, seit zwei Jahren, es besteht Schulpflicht für alle Jungen und Mädchen ab fünf, dafür gibt es das «Teutsche ABC- vnd Syllaben-Büchlein». In der deutschen Schule der Fleischgasse kommen dazu noch Religion, Grammatik, Arithmetik. Und natürlich der Katechismus, die Unterweisung im christlichen Glauben, verbunden mit den Liedern, die Luther dafür schrieb, von älteren Meistern wie Schein mehrstimmig gesetzt. Musik ist ein elementarer Teil des Unterrichts: «Lesen, Schreiben, Rechnen, Singen / muss man aus der Schule bringen.» Zu Hause in der Fleischgasse folgt die Instrumentenkunde: Decke, Zarge, Steg, Sattel, Wirbel, Schnecke, Saiten der Geigen, Bratschen, Celli, die vier Teile der Traversflöte, die Bögen des Horns, die Claves des Cembalos. Und die Straße hinab, auf halber Strecke zur Schule, in der Kirche von St. Georg, wartet auf ihn die komplizierteste Maschine des 17. Jahrhunderts, deren Meister Johann Christoph ist, Stophus, der Cousin seines Vaters, den er so oft wie möglich auf der Empore besucht.

Diese Orgel, in 120 Jahren dreimal vergrößert und renoviert, ist in einem ähnlichen Zustand wie die Finanzen des Organisten. Bei jedem Gottesdienst steht ein Orgelbauer für die Pannenhilfe bereit, unablässig flicken der und Johann Christoph an den 26 Registern herum, an Pfeifen aus Metall und Holz, aus Zinn und Blei und Ahorn, an Bechern und Stimmkrücken, an Windladen, Trakturen, Bälgen. Mitunter darf Sebastian selbst sich an den Manualen erproben, wenn noch die Kalkanten da sind, die Bälge zu bewegen, öfters lauscht er dem Stophus beim Improvisieren, und einmal spielt der ihm vor, was als *sinfonia* ein Singstück einleiten soll, ein Satz für fünf Instrumentalstimmen, «hier hörst du die Geige, das kann dein Vater spielen, dazu drei Gamben und der basso.» Es ist eine Chromatik, die ihm Angst macht, ohne Fehler und Sprünge, ein Schmerz und Weinen fließt da, das von weit her kommt und weit reicht, kein Choral darin, nichts Tröstliches, oder doch, tröstlich ist, wie sich die Töne ineinanderschmiegen unter dem, was der Diskant, die Geige, spricht, aber das ist etwas Trauriges. Das vergisst er nicht, auch wenn es zu eigentümliche Windungen der Harmonie sind, als dass er sie aus dem Gedächtnis aufschreiben könnte, wie es ihn Stophus manchmal tun lässt. Und er vergisst nicht, wie der sich nach dem letzten Akkord schnell wegdreht von ihm und grob den Kalkanten hinten zuruft, sie könnten sich nach Hause scheren.

Mit acht Jahren kommt er in die Quinta der Lateinschule, gleich in die sechste Klasse also, die Sexta überspringend, er lernt gemeinsam mit seinem Bruder Jacob, dem Elfjährigen, und 88 weiteren Quintanern in beengten Räumlichkeiten. Jeden Morgen um kurz vor sechs finden sie sich in dem wuchtigen Bau ein, der einmal ein Dominikanerkloster war. Auch heute ist das, durch moderne Anbauten ergänzt, eine Schule, das Luthergymnasium. Mädchen, deren Rocksäume den Quartanern des Barock den Atem geraubt hätten, sitzen im lauschigen Kreuzgang beieinander mit ihren Smartphones. Die Knaben des Jahres 1693 bleiben unter sich. Man hat ihnen gesagt, dass hier schon Martin Luther zur Schule ging. «Cur frequentas scholam?», fragt Konrektor Zeidler, der auch ein Poet ist, und sie antworten: «Ut probus et doctus reddar.» Warum gehest du in die Schul? Dass ich fromm und gelehrt werde. Von sechs bis neun, von ein bis drei Uhr nachmittags lernen die *discipuli* Luthers Katechismus, die Psalmen. In beiden Sprachen, Deutsch und Latein, üben sie Schreiben, Lesen, Grammatik. Die Arithmetik wird zur Mathematik erweitert, es geht nicht mehr nur um Addieren und Subtrahieren, Multiplikation und Division. Sebastian lernt leicht. Im ersten Jahr ist er vor Jacob auf Platz 47, ein Jahr später auf Platz 14.

Mittwochs und samstags entfällt nachmittags der Unterricht, dann gehen sie mit dem Chorus musicus des Gymnasiums zum «Umsingen», um «vor den Häusern der gantzen Stadt dasjenige einzusammeln, was gutthätige und einen wohlgestimmten Gesang liebende Hertzen ihnen mittheilen», so schreibt es Christian Juncker, ein späterer Rektor der Schule. Die «ungemein schöne Sopranstimme» von Sebastian fällt hier schon auf. Nicht weniger als elf Bachs sind im Lauf der Jahre Mitglieder dieses Knabenchores, natürlich auch der älteste Sohn von Ambrosius und lange vor ihm schon Jacob, Sohn des Wendel aus Wolfsbehringen, der mittlerweile Kantor in Ruhla ist. Der Chor singt in Gottesdiensten, allsonntäglich, aber auch mittwochs und donnerstags, oft mit Instrumenten. Wöchentlich versammeln sich die Sänger vor dem Rathaus, und an jedem Montag, Dienstag, Donnerstag und Freitag wird von zwölf bis eins geprobt. Das ist nicht einfach ein Gymnasiastenchor, sondern ein professionelles Ensemble von Freiwilligen, für das die Stadt im Jahr nur eine Handvoll Gulden bezahlt. Zum Ausgleich gewähren wohlhabende Bürger den bedürftigeren unter den Sängern Freitische, also Mahlzeiten, und sie werden auch mit dem unterstützt, was beim Umsingen zusammenkommt. Nötiger als die Söhne des Ambrosius haben es die seines Cousins, Johann Michael Bach etwa, der mit Sebastian gleichaltrige, und dessen älterer Bruder Johann Friedrich.

Auch in Eisenach zeigen die Schüler einander eines der Flugblätter, wie sie im ganzen Heiligen Römischen Reich Deutscher Nation im Juni 1693 zirkulieren, betreffend die «uralte Residentz-Stadt Heydelberg» und «wie jüngsthin dieselbe und deren Innwohner durch des so genannten Christlichen Königs von Franckreich / Ludwig des XIV. Unchristliche und mehr als barbarische Behandelung und tractament respective verstöret / zernichtet und zerstreuet» worden ist. «Zum Steinhauffen» sei die Stadt gemacht worden, kann man im «Stralsundischen Relations Courier» vom 29. Mai, dem 8. Juni gregorianischen Kalenders, lesen, «die Todten lagen Manns hoch auff einander». Im Zuge des Vernichtungskrieges um die vom Sonnenkönig beanspruchte Pfalz ist am 22. Mai Heidelberg nebst Schloss fast vollständig zerstört worden, betrunkene Soldaten haben geschlagen, geschändet, geplündert, ein Vorgang von einer Brutalität, der an den Fall Magdeburgs gut 60 Jahre zuvor denken lässt und die Koalition gegen den französischen Hegemon festigt. Nicht ohne Sorge liest, wer in Thüringen eine Zeitung bezieht, dass «Ihr. Churfl. Durchl. auff der Reise nach dem Rhein begriffen» sei, nebst «unserer auff dem March befindlichen Armee».

Zur Koalition gegen Frankreich ist schon im Februar Sachsens junger Kurfürst Johann Georg IV. gestoßen. Mit 12 000 Mann macht er sich auf den Weg zum Rhein, auf der bewährten Route durch das Thüringer Land und über Arnstadt, eine der Stationen, an denen die Truppen einquartiert und verpflegt werden. Auch Kontributionen hat die Stadt zu entrichten, in der Ambrosius' Zwillingsbruder mit seiner Familie lebt. Es ist kein gutes Jahr. Schon im April hat ein Feuer dreißig Häuser, Scheunen und Ställe an Holzmarkt und Rieth zerstört, nun bringen die Soldaten Läuse in die Stadt und mit ihnen Bakterien der Gattung Ricketsia, die das Fleckfieber auslösen, den Typhus, jene «hitzige Krankheit», von der die Arnstädter Stadtchronik vermerkt, es seien in diesem und dem folgenden Jahr «viel Menschen» an ihr gestorben. Die Soldaten ziehen weiter, die Läuse bleiben. Infizierte sind in der ersten Woche matt, haben Kopfschmerzen und stufenweise steigendes Fieber; in der zweiten und dritten Woche folgen anhaltend hohe Temperatur, mitunter Bewusstseinsstörungen, Hautausschlag, im schlimmsten Fall Darmperforation und Hirnhautentzündung.

Dass es seinem Bruder schlechtgeht, erfährt Ambrosius vielleicht schon zusammen mit den Berichten über katastrophale Gewitterstürme, die im August die Ernte von Arnstadt vernichten und den Kornpreis dort auf acht Gulden für ein Maß ansteigen lassen, bei ohnehin durch den Heeresdurchzug dezimierten Vorräten. «Nun Gott bessere die Zeit und die Leut!», bittet im Jahr darauf Kastenschreiber Johann Schelhase, zitiert in der «Chronica Arnstadtiensis». Er mag einer von jenen sein, die sich am 28. August 1693 um den Sarg des Hofmusikus Johann Christoph Bach versammeln, mit Freunden, Kollegen, Angehörigen, mit Herthum und Heindorff, vielleicht auch dem Superintendenten Olearius, der jedoch, sollte er auch diesmal die Predigt halten, Not haben wird, den zu trösten, den dieser Tod gleich tief und anders trifft als die Witwe, nämlich Ambrosius. Der Toffel ist gestorben. Sein Toffel, sein Zwilling, der andere beste Geiger, der in aller Trotzigkeit sanftere der beiden. Und Graf Anton Günther II. ist besorgt um die Qualität seiner Kapelle. «Ob denn kein Bach mehr vorhanden, der sich ümb solch Dienst anmelden wolte», fragt er die Witwe. «Er solte und müste wieder einen Bachen haben». Aber unter denen, die noch leben, ist keiner frei oder schon erfahren genug, um die Stelle anzutreten.

Vielleicht macht sich Ambrosius auch im nächsten April wieder auf den Weg nach Arnstadt, wo immer noch das hitzige Fieber grassiert und nun auch des Bruders Jüngster gestorben ist, Johann Andreas, mit nicht ganz zwei Jahren. Einen Monat danach gibt es für sein Herz einen Stoß zu viel. Am 3. Mai stirbt, 50 Jahre alt, seine eigene Frau Maria Elisabetha. Zwei Wochen später trifft eine schlimme Nachricht auch den Eisenacher Cousin: Mit 45 Jahren ist dessen jüngerer Bruder in Gehren am Fleckfieber gestorben, Johann Michael, Ambrosius' Freund aus Arnstädter Kindertagen, der stille Mann und wunderbare Komponist, dessen Frau nun mit vier Töchtern allein ist.

Ich dacht, du würdest mich auf einen Fels erhöhen,
so muss ich tief hinab fast in den Abgrund gehen.
Du gibst mir manchen Stoß zu meinem kranken Herzen;
du schlägst mich, da es mich am meisten pflegt zu schmerzen.
Warum verfolgst du mich, was willst du von mir haben?
Was hat ein Mensch für dich, was forderst du für Gaben?

Der Organist von Eisenach, Johann Christoph, hat es bei der *sinfonia* nicht bleiben lassen, die er Sebastian vorspielte. Sie bildet den Beginn zu einem der herausragenden Werke nicht nur der Familie Bach, sondern überhaupt der Vokalmusik. Selten kommt es vor, dass ein Text und seine Vertonung sich wirklich auf einer Höhe bewegen, dass die Worte mit den Tönen verschmelzen und dabei doch ihre Autarkie bewahren, dass, je tiefer sie erschlossen werden, auch ihre literarische Kraft wächst und ihrerseits wieder die der Musik wachsen lässt. Robert Schumanns «Ich grolle nicht» zu Heinrich Heines Gedicht ist so ein Fall, auch seine Goethevertonung «Kennst du das Land, wo die Zitronen blüh'n», Alban Bergs Oper «Wozzeck» nach Georg Büchners «Woyzeck» gehört dazu – um nur die weltlichen Beispiele zu nennen.

Je häufiger ich im «Lamento» von Johann Christoph Bach mitspielte, desto erstaunlicher erschien mir der Text, zu dem die Forschung nur mitteilt, es handele sich um eine Paraphrase der Bußpsalmen aus dem Alten Testament. «Der Dichter ist nicht bekannt», so heißt es im Vorwort zur Ausgabe des Werkes von 1976, dem wurde bislang nichts hinzugefügt. Vielleicht empfand niemand eine Lücke; ich habe ja auch jahrelang immer wieder das «Lamento» gespielt, bis mir die Textquelle «Bußpsalmen» nicht mehr genügte. Denn ein Dichter muss da am Werk gewesen sein, geradezu modern in seinem sehr subjektiven Monolog, mehr einem Versuch, Gott zum Dialog herauszufordern. Auch in den Bußpsalmen, niedergeschrieben vor mehr als zweitausend Jahren, ist diese Intensität zu finden: «Ich bin so müde vom Seufzen; ich schwemme mein Bett die ganze Nacht und netze mit meinen Tränen mein Lager.» Aber mit Gott wird da nicht gehadert, auf ihn wird vertraut, demütig. Das ist hier anders.

Sicher ist, dass das Lamento vor 1696 entstand, und es gibt keine Zeit des Johann Christoph, die sich in diesem Text und seiner Vertonung mehr spiegelt als jenes Jahr 1694, das für den Komponisten wie für seinen Cousin in derselben Stadt so viel Verzweiflung mit sich bringt. Aber so wortgewandt Christoph war, Verse von solcher Kraft kann er nicht geschrieben haben. Wer dann?

Hier kommt die digitale Suchmaschine ins Spiel, selbstverständlich, wie bei jedem, der derzeit recherchiert. Das Selbstverständliche findet nie Erwähnung. Man wird aus der Zeit der Federkiele keine Sätze finden wie «mit kratzender Feder unterzeichnete er …», «sie griff zur Streubüchse», «dort liegt das Messer zum Nachschneiden der Kiele». Solche Alltäglichkeiten werden rekonstruiert, wenn sie keine mehr sind. Auch «Google» wird irgendwann aufgegangen sein in Fortschritten, von denen wir nichts ahnen, so, wie jetzt selbst für die, die noch an elektrischen Schreibmaschinen groß wurden, deren Klang längst ein historischer ist. Es wäre noch vor zwanzig Jahren nicht möglich gewesen, ohne die Konsultation von Experten und Archiven, ohne das Durchblättern mehrhundertseitiger Lyriksammlungen innerhalb von dreißig Minuten den Weg in Johann Christophs musikalisch-literarische Werkstatt zu finden.

Irgendwann erscheint in der Trefferliste auf dem Bildschirm die «Rede einer hochbekümmerten vnd doch sich tröstenden Seelen», unter welcher Überschrift ich das Gesuchte finde – und auch das Unerwartete, in einem frisch digitalisierten Sammelband aus dem 19. Jahrhundert. «Wie ist Gott abermal in Zorn auff mich entbrandt, / Vnd hat die Güte gantz in Eiffer vmbgewandt! / Er reisst ein grosses Stück mir wieder von dem Hertzen, / Vnd schlägt mich, wo es vns am meisten pflegt zu schmertzen …» So beginnt das Gedicht von Simon Dach, einem der bedeutendsten und produktivsten Dichter des 17. Jahrhunderts, der von 1605 bis 1659 lebte und es zu besonderem Nachruhm als Gastgeber im «Treffen von Telgte» des Günter Grass brachte.

Eine mittelbare persönliche Verbindung von Bach zu Dach gibt es über Kaspar Stieler, den wir aus den glücklichen Jahren von Eisenach kennen, der als Student in Königsberg mit dem dortigen Dichterkreis in Berührung kam und selbst Verse im

Tonfall des Simon Dach schrieb. Vor diesem Hintergrund und über Stieler können Einzeldrucke Dach'scher Gedichte – sie erschienen erst später gesammelt – nach Eisenach gelangt sein und zur Kenntnis des Musikers. Acht Strophen schreibt Simon Dach am 10. Januar 1642, wie er vermerkt, «bey sel. Hintritt jungfr. Annen Wittpohlin» – vielleicht einer jungen Frau, die dem 37-jährigen Dichter nahesteht. Und aus diesen Strophen, die so alt sind wie Johann Christoph Bach selbst, macht dieser nun umstellend, kürzend, ja sogar umschreibend einen anderen Text, einen besseren sogar. Seinen.

Der tiefste Eingriff ist der, Gott nicht in dritter Person auftreten zu lassen wie Dach, sondern ihn – wie der vorchristliche Psalmendichter – mit «Du» anzureden. Dadurch schlägt die Ergebenheit fast in einen Vorwurf um, mindestens in eine Aufforderung zur Antwort. Auf zwei Strophen verzichtet Bach vollständig, zudem auf zehn weitere Zeilen. So entfällt «Das viele trauren macht mir alle zier zunichte, / Ich bin ganz ungestalt und scheußlich im gesichte.» Damit vermindert er die Redundanz der Leidensbilder und zeigt das leidende Ich nicht auch noch als physisch derangiertes. Ebenso wenig folgt er der demütigen Zuversicht auf ein Einsehen Gottes, der Simon Dach eine etwas pflichtschuldige Finalstrophe widmet. Die wird komplett ersetzt durch zwei drängende Zeilen. Dafür verwendet Bach den Anfang des Gedichts und formuliert ihn von der Betrachtung zur Forderung um: «Mein Gott, sei länger nicht in Zorn auf mich entbrannt, lass deinen Eifer sein in Güte umgewandt.»

Viele Veränderungen wirken schon diesseits der Vertonung einleuchtend. In der ersten Strophe des Originals steht: «Er heisset unverhofft mich tieff herunter stehen, / Ich meint, er würde mich auf einen felß erhöhen.» Diese beiden Zeilen verlegt Bach nicht nur in die dritte Strophe seiner Version, er dreht ihre Reihenfolge um und formuliert plastischer: «Ich dacht, du würdest mich auf einen Fels erhöhen, / so muß ich tief hinab bis in den Abgrund gehen.» Der krasse Abstieg wird durch die Textdramaturgie des Komponisten noch intensiviert. Auf Dachs zeitbedingt maniriertes «Ich lege hochbetrübt mir trauer-kleider an» als Anschluss wird freilich auch deswegen verzichtet, weil das zur Fassungslosigkeit schlecht passt, weil es dem Komponisten um eine Situation existentieller Not geht, deren Anlass nicht präzisiert werden soll.

Wie bist du denn, o Gott, in Zorn auf mich entbrannt,
ist deine Güte gar in Eifer umgewandt?
Vor Trauern hab ich fast kein Mark mehr in den Beinen,
die Augen werden Blut und schwellen auf von Weinen.
Des Jammers Unmut hat mir allen Mut genommen,
ich bin vor Kümmernis fast von mir selber kommen.

Der Bass beginnt mit der klagenden kleine Sexte abwärts, die im Vorspiel schon die Violine hören ließ. Vielleicht ist es Georg Christoph, der beim ersten Erklingen den Bass singt, die Solostimme. Dass ein anderer als Ambrosius die Violinpartie übernimmt, ist schwer denkbar, sie ist ihm auf den Leib komponiert und in doppelter Hinsicht darüber hinaus: technisch an die Grenze gehend, inhaltlich der Geige eine Doppelrolle zuweisend. Denn sie klagt nicht nur, sie realisiert zugleich den Eifer eines schier alttestamentlichen Gottes, sie wirft, wie sich zeigen wird, selbst dessen Blitze auf den elenden Menschen.

Wenn alles in der Nacht empfindet seine Ruh,
so wach ich ganz allein und tu kein Auge zu;
dann ist es mir bequem, mich inniglich zu kränken,
dann pfleg ich meiner Not am meisten nachzudenken,

dann überkomm ich Lust, die Unlust nicht zu hemmen,
dann könnte man mich sehn, mein Lager recht durchschwemmen.
Ach Gott, willst du mit mir nun zürnen ewiglich,
will denn dein Antlitz gar vor mir verbergen sich?
Wie streck ich Tag und Nacht zu dir aus meine Hände!
Du aber fleuchst, je mehr ich, Herr, mich zu dir wende.

Ambrosius spielt das Ausstrecken der Hände, er spielt die hastige Flucht des Herrn vor dem, der ihn anruft. Dann kommt der Abgrund, in dem sich die tiefen Gambentöne wie schwere, hungrige Reptilien wälzen, dann scheint der himmlische, funkelnde, rasende Geist, der die Geige ergriffen hat, in Punktierungen fast spöttisch auf dem Elenden herumzuspringen, der auf Antwort besteht und mit immer rascheren Folgen blitzender Töne beschossen wird. Es geht an die Grenze des Spielbaren, was die Violine da hören lässt.

Ich dacht, du würdest mich auf einen Fels erhöhen,
so muss ich tief hinab fast in den Abgrund gehen.
Du gibst mir manchen Stoß zu meinem kranken Herzen;
du schlägst mich, da es mich am meisten pflegt zu schmerzen.
Warum verfolgst du mich, was willst du von mir haben?
Was hat ein Mensch für dich, was forderst du für Gaben?

Keine Antwort. Weitere Fragen, erschöpft. Die Violine ist nun wieder ganz Mensch, erinnert sich im Dreiertakt an die klagende Sexte des Beginns, führt, nachdem der Sänger demütig herniedergestiegen ist in seinen Tönen, wieder hinauf in einen Schluss, der keiner ist, in die Ungewissheit: Das Werk endet unerlöst auf der Dominante.

Begehrst du Herzensangst, der hab ich g'nug bei mir.
Vielleicht ist dir gedient mit Tränen, die sind hier.
Mit Demut? Lieg ich doch oft vor dir auf Erden.
Mit Seufzern? Ihrer kann nicht mehr gefunden werden.
Mein Gott, sei länger nicht in Zorn auf mich entbrannt,
lass deinen Eifer sein in Güte umgewandt.

Noch hält Ambrosius durch unter den Blitzen, die überall in die Familien der Bachs einschlagen, versieht seinen Dienst, unterrichtet die zwei Lehrlinge und Gesellen, hält seine verstörten Söhne zum Fleiß an. Maria Salome hilft ihm, die 17-jährige Tochter, und er sieht sich nach einer Witwe um, die er heiraten kann, ohne Hausfrau geht es nicht. Unmöglich, das übliche Trauerjahr abzuwarten. Da kommt er auf eine dreizehn Jahre Jüngere, die er längst kennt, Barbara Margaretha Keul, Tochter eines Arnstädter Bürgermeisters, vom Schicksal schwer geprüft: Zuerst war sie die Frau von Heinrich Bachs Sohn Günther, der nach vier Monaten Ehe starb, ein halbes Jahr vor der Geburt seiner Tochter. Dann hat Barbara einen alten Diakon geheiratet, 65 Jahre alt, und auch diesem Greis noch eine Tochter geboren, ehe er dahinging. Jetzt ist sie wieder Witwe, seit bald sechs Jahren, und freut sich über den Antrag des Stadtpfeifers. So bekommen die beiden jüngsten Söhne des Ambrosius noch zwei gleichaltrige Schwestern dazu – eine Patchworkfamilie soll allen die Rettung bringen.

Aber vor dieser Ehe ist eine andere zu schließen in diesem Trauerjahr, freudenvoller. Es ist Ambrosius' Ältester, Johann Christoph, der am 23. Oktober 1694 in Ohrdruf heiratet. Seine Braut ist Johanna Dorothea von Hoff, die Tochter eines Ratsherrn zwar, aber keine reiche Partie. Sein Vater lässt es sich nicht nehmen, noch einmal das Hochzeitsstück herauszuholen, auch wenn die Anspielungen darin auf seinen Zwillingsbruder gemünzt waren, auch wenn es ihm das Herz zerreißt, aber er ist ein trotziger Mann, er will in die Zukunft blicken und seine Söhne Zuversicht lehren. Hier kann Sebastian diese von Leben strahlende Musik hören, auf die er erst viel später wieder stößt, unverhofft, da wird er ihr liebevoll ein neues Titelblatt schreiben. Auch Johann Pachelbel spielt wieder mit, besorgt über die Blässe seines alten Freundes Ambrosius, der indessen geigt wie der Teufel, dazu der Eisenacher Kantor Andreas Christian Dedekind, der diese Teilnehmer überliefert und Johann Christoph, den Komponisten, nicht nennt.

Der wird auch schwerlich dabei sein, schreibt er doch nur fünf Tage später seinem Herzog, «in was vor einem erbarmungswürdigen, elenden Zustande ich aniezo stecke, und wie mein Hauß mit soviel Krancken angefüllet, daß es einen Lazareth nicht ungleich siehet. In welchem von GOTT mir aufferlegtem schweren Haußkreuze mir ganz unmöglich fället, mir und meinen Krancken Weib und Kindern ferner nothdürftige Verpfleg- und erhaltung anzuschaffen; wie denn mein notorisches unvermögen so erschöpffet und ausgesogen, bey solche harten unglücksfall einen heller mehr bey zusetzen, und daher äuserst gezwungen werde, in solcher meiner miserablen Bedrängnis meine Zuflucht zu Christl. Herzen Mitleiden zu nehmen ...» Das Kirchenbuch bestätigt übrigens seine Angaben: «6 personen, Hr. Joh. Christoph Baachen mit den seinigen, so kranck gelegen». Vier Kinder wohnen noch bei ihm und Maria Elisabetha. Man möge ihnen, schließt das Schreiben des Musikers, doch helfen mit «etwas Korn und was sonsten deroselben in gnaden beliebet». Am selben Tag lässt der Regent ein Malter Weizenkorn, um die 150 Liter, und zwei Klafter, knapp vier Festmeter, Holz schicken. Die nächsten Besoldungen für Bachs Mitwirkung in der Hofkapelle werden «mit Geld und Weizen besonders ausgestattet».

Ambrosius' zweite Ehe, die dritte der Barbara Margaretha Keul, wird am 27. November 1694 geschlossen, im Haus des Mannes, wie bei Wiederverheiratungen üblich. Bald danach werden «Artzney und Apotheker Kosten» fällig, wodurch auch hier das Geld knapp wird, nach zwei Hochzeiten und der Unterstützung, die Ambrosius dem Cousin in Eisenach und der Witwe seines Toffel wohl gewähren mag. Es geht Ambrosius nicht gut. Sebastian und Jacob sehen es mit Angst, die beiden neu ins Haus gezogenen Mädchen sind verstört, ihre Mutter, die endlich eine gewissere Zukunft vor sich gesehen hat mit diesem energischen Mann und sich gerade erst, was nicht einfach ist, mit Maria Salome ins Einvernehmen bringt, seiner 17-jährigen Tochter, fühlt den Boden unter den Füßen schwanken. Nur Salome selbst steht wie die Mitte der Welt am gemauerten Herd, über dem vom Rauchfang der Kupferkessel hängt, und muntert den Vater auf: Er werde seinen fünfzigsten Geburtstag doch nicht wie im Lazarett hinbringen wollen! Das will er nicht. Und das wird er auch nicht.

Ein Kind sieht es am verlegenen Lächeln eines geliebten Menschen schon lange vorher, dass er gehen muss. Vielleicht ist es so, dass Sebastian, als er am Mittwoch, dem 20. Februar 1695 julianischen Kalenders, am ersten Markttag des Jahres, vom Umsingen in der Stadt kommt, am Nachmittag, ihn über den Tisch gebeugt findet, auf seinen Anruf nicht antwortend. Vielleicht auch hat Ambrosius längst liegen müssen, immerhin wird ihm schon am 31. Januar das christliche Abendmahl zu Hause gewährt, und eine Quittung am 22. Januar hat er auffallend zittrig unterzeichnet. Vielleicht hat am 20. Februar schon überhaupt niemand mehr das Haus verlassen, auf dem wieder der dunkle Vogel sitzt, größer denn je. Ambrosius stirbt zwei Tage vor seinem Geburtstag und vier Tage vor jenem Sonntag Oculi, an dem er zu Grabe getragen wird, keine neun Monate nach seiner Frau. Der Weg zum Friedhof führt an der Lateinschule vorbei, es sind von da keine hundert Schritte durchs Predigertor zum Friedhof vor der Stadtmauer, wo die kleine Kreuzkirche noch im Bau ist. Die beiden jüngsten Söhne, die auf den Sarg schauen, sind dreizehn und neun Jahre alt.

Ein beschaulicher Park mit alten Bäumen rund um ein Kirchlein vor Resten der Stadtmauer, an der eine Reihe stark verwitterter Grabsteine steht. Hier wird niemand mehr beigesetzt, hier setzt man sich zum Plaudern hin wie die beiden älteren Damen, die auf einer Bank in die Julisonne blinzeln. Wir kommen ins Gespräch. Da, ein Stück weiter, an dem Tor habe die kleine Elisabeth auf den Landgrafen gewartet, erzählt eine der Damen. Wie, Elisabeth, die Frau des Ambrosius? Oder die Frau von Johann Christoph? Sie lacht hell auf. Nein, Elisabeth von Ungarn! Die als Kleinkind schon dem späteren Landgrafen von Thüringen versprochen war, als Vierjährige nach Thüringen kam und, so meint die Dame, auch schon auf die Wartburg, die heilige Elisabeth aus dem 13. Jahrhundert! Ach so. Nein, ihretwegen sei ich nicht hier, sondern wegen der Familie Bach. «Also keine Wartburg, kein Tannhäuser?», meint sie. «Das fällt bei Ihnen alles durch den Rost?» «Heute ja. Ich bin hier nur zu Recherchen. Wissen Sie, in der Familie gibt es so viele gute Musiker, da habe ich gerade keinen Bedarf an Wagner …» Sie betrachtet mich mitleidig. «Na, ein paar Bachs finden Sie hier auf dem Friedhof auch noch. Wenn Sie die verwitterten Buchstaben ertasten …» Nein, das möchte ich nicht. Es ist heiter hier unter den Bäumen, ein bisschen italienisch, eine schwebende Gegenwart, leicht wie die geblümten Kleider der beiden alten Damen.

Mit der Dynastie, so scheint es, geht es zu Ende. Und keinem der Verwandten geht es gut genug, um Barbara zu helfen, die mit 36 Jahren zum dritten Mal Witwe geworden ist, die mit ihren beiden Töchtern und den zwei Waisenknaben dasteht und deren großer Schwester, mit zwei Lehrlingen und zwei Gesellen. Kantor Dedekind immerhin, der Klassenlehrer von Sebastian und Jakob, setzt für Barbara ein Bittschreiben an den Rat der Stadt Eisenach auf, in dem er auch an den Arnstädter Zwillingsbruder erinnert, an das «Absterben Herrn Johann Christoff Bachs Stadt*Musici* daselbst, unsers Mannes und Vaters Bruders». Er zitiert die ehrenvolle Anfrage, die der Arnstädter Herzog an dessen Witwe richtete, «ob denn kein Bach mehr vorhanden, der sich ümb solch Dienst anmelden wolte, Er solte und müste wieder einen Bachen haben ...» Und Dedekind fügt traurig hinzu: «... welches aber nicht geschehen können, weil der liebe Gott das Bachische *Musicali*sche Geschlecht binnen wenigen Jahren vertrocknet».

So sehr schätzt man in Arnstadt die Familie, dass eineinhalb Jahre die Stelle nicht neu besetzt wurde, etlicher Bewerber ungeachtet, und zum Besten der Witwe die Lehrlinge und Gesellen weiter beschäftigt wurden. «Hoffendlich auch hier», wendet sich Dedekind an den Rat von Eisenach, sei es «löbliche Gewonheit», «bey solchen ereigneten Todtesfällen, denen Wittben und Erben einige Zeit zu gedulden, und Sie mit dem so genandten Gnaden-halben Jahre zu beschencken». Womit beantragt wird, man möge Ambrosius' Gehalt noch ein Jahr lang der Witwe zukommen lassen. Dann hätten die beiden Lehrlinge das Gesellenalter erreicht und könnten losgesprochen werden – im andern Fall müsste ihnen das Lehrgeld erstattet werden. In dieser Zeit, versichert mit Datum vom 4. März 1695 Kantor Dedekind im Namen der Witwe, könne auch der Dienst in gewohnter Qualität versehen werden, «in Beforderung zweyer guten Gesellen, und der beyden großen LehrJungen, so schon vor Gesellen mit *passiren* können, daß an der Kirchen *Music*, Abblasen und andern Aufwarttungen kein einziger Mangel soll gespühret werden». Und man denke an den just Verstorbenen selbst, Ambrosius, der 23 Jahre für die Stadt gearbeitet habe. «… weder von hohen noch niedern Ihme etwas wiedriges mit Bestande der Warheit wird nachgesaget werden können»; vielmehr habe er «durch seine *Music*-Kunst und sonderliche Artt jedermänniglichen vergnüget, woran wir zwar nicht zu rühmen haben, sondern andern davon zu reden überlaßen wird».

Der Witwe werden dann gerade einmal Gelder für viereinhalb Monate zugestanden zu einem Tarif, der unter den 40 Gulden, vier Groschen und acht Pfennigen jährlich liegt, die Ambrosius bereits zum Amtsantritt bekam. Elf Gulden, zwölf Groschen und drei und dreiviertel Pfennig schiebt man ihr mit spitzen Rechenfingern aus der Stadtkasse zu, für ein «Gnaden Quartal» und ein halbes. Auch der Empfehlung des Kantors, als neuen Hausmann den Ohrdrufer Stadtpfeifer Hoffmann zu engagieren, einen Verwandten der Bachs, folgen die Ratsherren nicht, sie entscheiden sich für einen Göttinger. Der Haushalt in der Fleischgasse wird aufgelöst, spätestens im Juli. Über die Witwe wissen wir nur, dass ihre zweite Tochter später einen Posamentierer geheiratet hat. Salome zieht nach Erfurt. Aus Ohrdruf kommt Johann Christoph, um seine Brüder zu sich zu nehmen. Durchs Nikolaitor verlassen sie die Stadt. In die Liste der «Nomina Discipulorum» in der Quarta der Schule wird eingetragen: «23. Johannes Sebastianus Bach – 103». Sein letztes Schuljahr in Eisenach beendet er also auf Platz 23 mit 103 Fehlstunden. Im Jahr davor hat er nur halb so oft gefehlt und es auf Platz 14 geschafft. Selbst darin ist noch abzulesen, was sich ereignet hat.

KAPITEL 7

DER AUFBRUCH

Wie eine Orgel groß wird und Johann Sebastian Bach die letzten julianischen Tage bei seinem Bruder in Ohrdruf erlebt

An den Schramms kommt in Ohrdruf keiner vorbei. Um 1500 machten sich die ersten von ihnen an der Ohra ansässig, vom Kupfer angezogen, das man am Nordwesthang des Thüringer Waldes schon im Mittelalter und später auch bei Ohrdruf zutage fördert. Schramm ist in der Gegend fast ein anderes Wort für Kupferschmied, so wie Bach für Musiker, auch wenn mancher Schramm zum Fuhrmann abgestiegen ist, und nun sitzt Sebastian an jedem Dienstag beim reichsten aller Schramms am Tisch, beim Kämmerer und Kupferschmied und Hammerbesitzer Johann Michael Schramm. Zumindest können wir ihn uns dort denken, da wir wissen, dass er auf Freitische angewiesen und der Kämmerer nicht nur vermögend, sondern auch mildtätig ist. Sebastians Bruder Johann Christoph Bach hat hier eine Frau aus guter Familie geheiratet, die Tochter eines Ratsherrn aus ebenfalls ältestem Ohrdrufer Bürgertum, Dorothea von Hoff, und seine auf 70 Gulden gewachsene Besoldung als Organist der Michaeliskirche, plus Naturalien, ist beachtlich – auch wenn man die gestiegenen Kornpreise bedenkt. Trotzdem ist und bleibt Not am Mann, und Johann Christoph wird sich in einigen Jahren sogar gezwungen sehen, gegen seine erklärte Abneigung zusätzlich als «schul-collega» zu arbeiten.

Im vorigen Jahr 1695, als seine Brüder Sebastian und Johann Jacob eingezogen waren in das Haus an der Lappengasse, kam am 21. Juli Dorothea mit ihrem ersten Kind nieder, Tobias Friedrich. Da gingen die beiden Jungen, vielleicht, zum Essen zuerst einmal in der Woche zum Bäcker Frank, der mit Dorotheas Schwester verheiratet ist, und dort ist es auch jetzt noch am besten, soweit es ohne Johann Jacob gut sein kann an solchen Almosentafeln, aber der ist jetzt nach Eisenach zurückgekehrt, um beim Halle in die Lehre zu gehen, dem Nachfolger des Ambrosius Bach, ihres Vaters. Kein Jahr waren sie zusammen auf dem *Lyceum illustre Ohrdrufiense*. Und mit den Schramms hat es so eine Bewandtnis.

Den Kämmerer, einen feinen, stillen Mann von 48 Jahren, mag der Elfjährige, vielleicht gerade weil er Ambrosius so wenig ähnelt, dem verlorenen Vater keine Konkurrenz macht und, wenn man die übrigen Schramms betrachtet, fast etwas aus der Art geschlagen ist, die auf einen vorreformatorischen Sichelschmied Heinrich zurückgeht. Durch alle Jahrzehnte ziehen sich Ratsnotizen von Schlägereien und Streitereien, in die sie verwickelt sind, und noch viel mehr Gerede. Es ist nicht lange her, dass der Fuhrmann Hans Dietrich Schramm von Rats wegen ersucht wurde, seines Eheweibes Bestes zu suchen, sie also nicht immerfort zu schlagen, und es zählt zu den Lieblingsgeschichten der Ratsherrenfamilie von Hoff, auch wenn die Sache schon gut dreißig Jahre zurückliegt, dass die Frau des Bernhard von Hoff den jungen Andreas Schramm, Sohn des Bürgermeisters und mittlerweile ein Greis, einen rechten alten Hurensteupper nannte, was er, der sie dafür verklagte, freilich nicht beweisen konnte, woraufhin man sich verglich und alle Seiten zehn Groschen zahlten, auch der Hurensteupper. Die uralteingesessenen Zunftfamilien solcher kleinen Städte hocken einander eng auf dem Pelz, es bleibt ihnen auch nichts anderes übrig, als gelegentlich untereinander zu heiraten, und so bahnt es sich gerade an, dass ausgerechnet ein Sohn des Hurensteuppers eine der von Hoffs zur Frau nehmen wird, so wie Sebastians Bruder es auch getan hat. Von der groben Art ist Kämmerer und Kupferschmied und Schmiedehammerbesitzer Johann Michael aber gerade nicht.

Michael hat keine Kinder. Wie sollte er auch, seine Frau ist zwanzig Jahre älter als er, sie war schon eine Witwe von 44, da er sie ehelichte vor 24 Jahren, und brachte zwei Söhne mit. Sie ist jetzt eine alte Frau. Eine so alte Frau hat Sebastian bis dahin nicht näher gekannt, und mit ihr hat er es nicht leicht. Vielleicht spürt sie, dass ihr Mann sich nach so einem Sohn sehnt, von einer Frau gar nicht zu reden, die ihm Kinder gebären könnte. Auf so eine wird der Kupferschmied warten müssen, bis er fast sechzig ist. Von Sebastian, der hier 1695 sogleich in die Tertia kam, hörten sie bald, er sei nicht nur einer der jüngsten, sondern auch der besten *discipuli*. So haben ihm die Schramms gleich einen der nötigen Freitische gewährt. Dass der Ratsherr von Hoff, des Organisten Schwiegervater, da offenbar nicht selbst helfen kann, wird von Schramms Gemahlin Marthliese in aller Beiläufigkeit gern einmal erwähnt.

Beiläufig ist sie, durch ihren in Arnstadt als Kupferschmied arbeitenden Sohn, auch auf dem Laufenden über die misslichen Verhältnisse der Martha Elisabeth aus Ohrdruf, der Witwe des Johann Christoph. «Ist er nicht noch vor deinem Vater selig geworden?», fragt sie mit kurzem, scharfem Blick. Sie hat es durchaus gern gehört, dass da ein kleiner Bach Hilfe brauchte, aus einer anderen großen und alten Familie, die im ganzen Land bekannt ist, vielleicht sogar bekannter als die Schramm'schen Kupferschmiede, nun aber wohl von Gott streng geprüft und gezwungen. Zuerst hat sie noch gerühmt, welch ein gewitzter Knabe er sei und wie bewandert schon in der musikalischen Wissenschaft, von der sie gar nichts verstehe, die aber Gott wohlgefällig sei, und hat ihn sogar dem älteren Bruder Jacob vorgezogen, der am selben Tisch saß und es gar nicht zu bemerken schien, während es dem Jüngeren Bedrückung machte. Nun aber, wenn er in dem prächtigen Haus am Tisch sitzt, redet Frau Marthliese gern an dem Jungen vorbei zu ihrem Mann mit ihrem unbeweglichen Gesicht und spricht über Leute, die sich angewöhnt hätten, sehr viel zu essen, auch spricht sie gern von Gnadenbrünnlein und Gnadenquellen, die sich verstopften, wenn man nicht mit Mäßigkeit daraus schöpfe. Darauf weiß ihr Mann, der stille Kämmerer, nichts zu sagen, und Sebastian, der stark wächst und wirklich guten Appetit hat, steckt sich jeden Bissen unter Zagen in den Mund. Dass er überhaupt auf Freitische angewiesen ist, kränkt den hohen Stolz, den Ambrosius ihm von allen am meisten mitgegeben hat. In Eisenach gehörte er nicht zu denen, die jeden Tag woanders essen mussten. Stophus' Söhne erzählten davon, aber so, dass es zum Lachen war.

Ach, Stophus! Es gibt gute Nachrichten vom Eisenacher Organisten, dem anderen Vater neben dem Vater, dem Zauberer der vielen Stimmen, dem *profonden componisten*. Der junge Orgelbauer Stertzing hat die Neuigkeit jetzt, im Sommer 1696, aus Eisenach nach Ohrdruf gebracht, wo er herstammt und noch immer eine Werkstatt hat. Sebastian war in der Georgenkirche oft dabei, wenn Stertzing dem Stophus an seiner brüchigen Orgel half, den Lateinschüler ließen sie selbst behorchen, ob es mit dem Schnarrwerk besser geworden sei, mit dem sie sich am meisten plagten, und schon mit fünf Jahren ist er in der Orgel herumgestiegen. Der Stophus, erzählt Georg Christoph Stertzing den Brüdern Bach in Ohrdruf, habe dem Rat ein Memorandum aufgesetzt, an dem der noch lange kauen würde, es sei nämlich akzeptiert worden, für eine Reparatur der Orgel, die in Wahrheit auf eine neue und doppelt so große Orgel hinauslaufe, welche er, Stertzing, bauen werde. Der Kontrakt sei perfekt, er erhalte jetzt immer seine drei Taler wöchentlich vom Rat, auf drei Jahre fest, und die alte Orgel sei schon im April abgebaut worden.

Johann Christoph, der Eisenacher, hat es raffiniert eingefädelt und für den enormen Tonumfang, der ihm vorschwebt, vom C bis zum dreigestrichenen e, mit dem Hinweis geworben, man könne damit den Orgeln in Halle und Weißenfels Konkurrenz machen. «Was glaubt ihr, was noch darin steht?» fragt Stertzing, seine Abschrift des Memorandums in der Hand, und Sebastian sagt sofort, die Mixtur im Oberwerk sei von Mäusen zerbissen, die Windlade dazu müsse neu beledert werden, die Register polterten, da man sie auf und nieder schlagen müsse, besser wären solche zum Herausziehen, und … und, fällt sein großer Bruder ein, aus zehn Bälgen müssten zwölf werden, für eine geteilte Windführung, die Becherlängen seien zu kurz und die Stimmkrücken zu dünn, und für das Pedal … «für das Pedal», sagt Stertzing lachend, «baue ich eine Sechzehnfußposaune von durchdringender Gravität!» Ja, das alles sei verbrieft und besiegelt, das Material zahle der Rat.

Und wenn, sagt Christoph nachdenklich, dem Rat das Geld ausgehe? Wo bleibe dann er, Stertzing? Der blättert das Memorandum auf: «Wenn etwann die Costen bey itziger geldklammer Zeit», schreibt der Organist im letzten der 29 Abschnitte, «zumahl wegen anschaffung der *Materialien*, so schleunig nicht zu haben, will der orgellmacher derweil nach auswärtiger Arbeit ümzuthun sich vorbehalten haben, damit E. E. Rath deswegen nicht übereylet, der orgellmacher aber an der Nahrung und Verdienste inzwischen nicht gehemmet werde.» Dieser

Praktiker denkt an alles, zum Sachverstand des Organisten kommt seine jahrzehntelange, bittere Erfahrung im Umgang mit Behörden. Jetzt, mit dem größten und letzten Projekt seines Lebens, wird er sie in die Knie zwingen.

Der Umbau ist nicht mehr zu stoppen. Gerade erst, im Juni, hat er ein zweites Memorandum folgen lassen. Anstatt drei Reihen von Prospektpfeifen mit Zinnfolie zu überziehen und die Pfeifen so zu verlängern, dass der Stimmton tief genug wird für das Zusammenspiel mit Blasinstrumenten, außerdem sechs neue Pfeifen für die Erweiterung des Tonumfangs anzufertigen, könne man für dasselbe Geld auch genug Zinn kaufen, um gleich vier neue Prinzipalregister zu bauen. Allerdings würden diese und weitere Änderungen das Honorar für den Orgelbauer um 70 Taler erhöhen. Stertzing sagt zufrieden, dabei werde es kaum bleiben. Übrigens sei der Stophus auch aus dem Mietelend heraus, denn der Herzog habe ihm und den Seinen das leerstehende Münzhaus an der Stadtmauer als freie Wohnung gegeben, sieben Räume, dazu Dachboden und Ställe.

Wann immer Stertzing in seiner Ohrdrufer Werkstatt ist, lässt sich Sebastian vom Fortgang der Arbeiten an der Riesenmaschine erzählen, sich über Hölzer, Leder, Metalle unterweisen. Beim Bruder lernt er das Orgelspiel und eine Schrift, die so klein ist wie die Orgel groß und in der aufgezeichnet ist, wofür die Orgeln gebaut werden: die Musik. Schon beim Stophus in Eisenach hat Sebastian ab und an die Zeichen entziffert und zu schreiben versucht, in denen der seine Orgelstücke schreibt und solche von anderen kopiert, aber erst jetzt bringt ihm sein Bruder Christoph gründlich bei, was er selbst bei Johann Pachelbel in Erfurt gelernt hat. Eine Kunst, die Musik ohne Notenlinien, Notenschlüssel, Notenköpfe, ohne Taktstriche und Vorzeichen aufzuschreiben, so komprimiert, dass nicht einmal die Hälfte des Papiers vonnöten ist. Für Unkundige sieht es aus, als habe da einer ein Blatt mit Bruchstrichen übersät, denen zur Rechnung freilich die Zahlen fehlen. Stattdessen gibt es Buchstaben und eine Fülle von Zeichen, Fähnchen, Schlaufen. Man nennt es die Tabulatur, nach der tabula, dem lateinischen Tisch, dem Spielbrett auch.

Die Töne werden in ihre Parameter zerlegt. Unterm Strich ist die Tonhöhe in Buchstaben angegeben, a, b, c, d, e, f, g, h genügen für alles, Alterationen werden durch winzige Modifikationen angezeigt. Überm Strich gibt es Zeichen für die Tonlängen. Für vier Achtel, zeigt ihm Christoph, genügt ein Achtelzeichen, ein Kringel mit Abstrich rechts, mittig über die vier Buchstaben geschrieben, eine halbe Pause ist eine Schlaufe nach unten mit Schlusshäkchen. Dutzende kleiner Abkürzungstricks gibt es, wozu auch gehört, nichts anzugeben, was sich von selbst versteht, oder auf die waagrechten Trennstriche da zu verzichten, wo lange Notenwerte (vorzugsweise bei den tiefen Tönen im Pedal) die Menge der nötigen Angaben reduzieren.

Sie reizt ihn, diese Geheimschrift, die der einzige Weg zu den großen Orgelwerken ist, die sein Bruder mitunter spielt und die er selbst spielen will und wird. Er lernt rasend schnell, auch weil er, ohnehin geübt im lesenden Hören und aus vielen Stunden, in denen er dem Vater und dem Bruder beim Kopieren von Noten half, beim Niederschreiben schon keine Schrift mehr vor sich hat, sondern Klang. Er weiß, welche Register in Frage kommen, er hört überall die Orgel, an deren Pedale er mit den Füßen noch nicht reicht. Hier löst sich das große Schweigen auf, das um ihn liegt, das Verstummen des Vaters, der Mutter, und zugleich verstummt ihm das Dröhnen der Hämmer und Schmieden in der Enge von Ohrdruf. Als er schon fast fließend schreibt, abschreibt aus dem, was der Bruder ihm gibt, auch Kostbarkeiten aus der Hand seines Lehrers Pachelbel, mag er mitunter nicht mehr aufhören, es sei denn, um an die Orgel zu kommen und sich da unterweisen zu lassen.

Christoph freut sich darüber, er ist stolz, aber er ist auch besorgt, wie um einen, der zu schnell dorthin eilen könnte, wo er, der Erfahrene, ihm nicht mehr helfen kann, wo der Jüngere sich verlöre. Dorothea, hochschwanger im Sommer 1697, ist eher um das Wohl des Hauses und der Familie besorgt, weil Sebastian noch unter der Öllampe schreibt, wenn alles schläft. Die Stadt habe oft genug gebrannt, sagt sie, auch ist ihr der Junge fern, dem ihr Mann, sein Bruder, auf seine stille, ernste Weise so verbunden ist. Sie ist nicht als Musikerkind aufgewachsen. Lass gut sein, sagt Christoph zu ihr, aber er sagt es auch zu Sebastian und schließt für einen Abend weg, wovon der sich nicht trennen mag, eine Sammlung, aus der der Junge etwas kopiert, in einen Schrank mit Gittertüren. Sie wechseln einen Blick, der 12-Jährige und der 26-Jährige, mit dem alles gesagt ist, einen nachsichtigen, einverständigen, der zurückgeht bis auf den Tag in Arnstadt, den sonnigen Sonntag vor fünf Jahren, an dem der alte Heinrich begraben wurde und Christoph etwas an Sebastian erkannte. Er begibt sich zu Bett, zu seiner gerundeten Dorothea und dem kleinen Tobias. Und Sebastian, dessen Hände noch schmal genug sind, fingert sich das zusammengerollte Konvolut, das der Bruder vorn aufs Regal gelegt hat, durchs Gitter und schreibt unterm Südfenster weiter, solange der Mond ihn lässt.

Eine Fiktion, ja, aber eine, die das, was man heute über die beiden Brüder wissen kann, gegen das verteidigt, was die Familienlegende aus einer Erinnerung machte. Sebastians Sohn Carl Philipp und Sebastians Schüler Johann Heinrich Agricola nämlich schreiben in ihrem Nekrolog 1750: «Die Lust unsers kleinen Johann Sebastians zur Musik, war schon in diesem zarten

Alter ungemein. In kurtzer Zeit hatte er alle Stücke, die ihm sein Bruder freywillig zum Lernen aufgegeben hatte, völlig in die Faust gebracht. Ein Buch voll Clavierstücke, von den damaligen berühmtesten Meistern, Frobergern, Kerlen, Pachelbeln aber, welches sein Bruder besaß, wurde ihm, alles Bittens ohngeachtet, wer weis aus was für Ursachen, versaget. ein Eifer immer weiter zu kommen, gab ihm also folgenden unschuldigen Betrug ein. Das Buch lag in einem blos mit Gitterthüren verschlossenen Schrancke. Er holte es also, weil er mit seinen kleinen Händen durch das Gitter langen, und das nur in Pappier geheftete Buch im Schranke zusammen rollen konnte, auf diese Art, des Nachts, wenn iedermann zu Bette war, heraus, und schrieb es, weil er auch nicht einmal eines Lichtes mächtig war, bey Mondenscheine, ab. Nach sechs Monaten, war diese musicalische Beute glücklich in seinen Händen. Er suchte sie sich, insgeheim mit ausnehmender Begierde, zu Nutzen zu machen, als, zu seinem größten Herzeleide, sein Bruder dessen inne wurde, und ihm seine mit so vieler Mühe verfertigte Abschrift, ohne Barmherzigkeit wegnahm. Ein Geiziger dem ein Schiff, auf dem Wege nach Peru, mit hundert tausend Thalern untergegangen ist, mag uns einen lebhaften Begriff, von unseres kleinen Johann Sebastians Betrübniß, über diesen seinen Verlust, geben. Er bekam das Buch nicht eher als nach seines Bruders Absterben, wieder. Aber hat nicht eben diese Begierde in der Musik weiter zu kommen, und eben der, an das gedachte Buch, gewandte Fleiß, zufälliger Weise vielleicht den ersten Grund zu der Ursache seines eigenen Todes geben müssen?»

Johann Christoph Bach hätte also in den Knabenjahren seines kleinen Bruders die Augenerkrankung mitverschuldet, deren Operation der Thomaskantor 1750 letztlich erlag? Aber warum auch immer Christoph, der Ohrdrufer Organist, seinem kleinen Bruder einmal etwas vorenthielt – er ist das genaue Gegenteil der widrigen, kleinlichen, ja kleinen Figur, auf die Carl Philipp ihn später reduziert, bei mehr als einer Gelegenheit. «Des seeligen Unterricht in Ohrdruf», schreibt der 1775 über seinen Vater und dessen brüderlichen Lehrer, in einem Brief an Johann Sebastian Bachs ersten Biographen, «mag wohl einen Organisten zum Vorwurf gehabt haben und weiter nichts.» Wir werden noch erfahren, worauf es ihm dabei ankam. Tatsache ist, dass Sebastian bei «seines Bruders Absterben» im Jahre 1721 bereits 36 Jahre alt ist. Er hat zu dieser Zeit schon einen Sohn Christophs unterrichtet, den der ihm anvertraute, und Pate gestanden für einen weiteren Sohn, einen Johann Sebastian, der nur acht Wochen alt wurde. In eine Sammlung von Abschriften aus des Bruders Hand notiert Sebastian um 1703 herum auf freien Seiten eigene Stücke.

In all den Jahren hätte der so Vertraute die früh konfiszierte Abschrift einbehalten? Oder hat Carl Philipp den Tod seines Onkels um zwei Jahrzehnte vorverlegt? Immerhin nannte er selbst den Nekrolog später «zusammengestoppelt», und selbst Sebastian weiß bei Niederschrift des «Ursprungs» nur noch sicher, dass Christoph nach 1700 starb. Als ich Elliott Carter besuchte, den amerikanischen Komponisten, dem fünf Jahre zuvor die Frau seines Lebens gestorben war, konnte er sich an ein ganzes Jahrhundert erinnern, nur das Jahr ihres Todes wusste er nicht: Das ging ihm zu nah. Offenbar hat sich bei der Bach'schen «Mondscheinsonate» grober Unfug um einen wahren Kern gebildet: um Sebastians «Begierde in der Musik weiter zu kommen». Sie wird in Ohrdruf besonders genährt, da Christoph ein Repertoire von geradezu internationalem Zuschnitt sammelt, darunter die erwähnten Werke von Froberger, Kerll und Pachelbel, die ihm Letzterer mit auf den Weg gab.

Eine neue Welt geht dem zwölf-, dreizehnjährigen Sebastian

auf, als er eine Choralfantasie von Dietrich Buxtehude hört, die sein Bruder in einer Abschrift besitzt, als vielleicht Erster und Einziger in Thüringen. Die überschaubaren 19 Register der Michaelisorgel reichen dieser Musik nur bis zur Schulter, aber immerhin wird inzwischen das Rückpositiv fertig geworden sein, ohne das es dabei nicht geht und das Christoph schon bei seinem Amtsantritt acht Jahre zuvor dringlich eingeklagt hatte. Buxtehude hat diese Fantasie vermutlich 1668 komponiert, mit 30 Jahren, um sich für das Organistenamt an der Lübecker Marienkirche zu empfehlen. Seine Fantasie über den Choral «Nun freut euch, lieben Christen gmein», 258 Takte lang, ist ein Werk für geräumige Kirchen und Gehirne, für einen Gottesdienst in Ohrdruf völlig ungeeignet. Sie beginnt wie eine improvisierende Fingerübung, die sogleich zur Imitation führt und über den Choral schon fantasiert, ehe er, im dreizehnten Takt, erstmals in halben Noten explizit erklingt, freilich nur für vier Takte, eine Choralzeile, zu der sogleich ein neues Thema eingeführt wird, eine Achtelrepetition. Mitunter wird eine Zeile zerlegt und «in solchem Ausmaß wiederholt, dass jede Erinnerung an ihre einstige Verbindung mit dem Text völlig verlorengeht», schreibt Kerala J. Snyder, die zugleich darauf hinweist, dass alle melodischen Erfindungen Buxtehudes einen Bezug zum Text haben.

In verschiedenen Stilen und Stimmen und zehn Abschnitten führt der Komponist vor, was in Martin Luthers Lied steckt und in der noch älteren weltlichen Melodie, die der Reformator benutzt, zu der er die Geschichte von Kreuzigung und Erlösung erzählt, von der «süßen Wunderthat», über die sich die Christen freuen mögen. Monodie und Kontrapunktik, Echos und Tanzrhythmen gibt es da, geschmeidige Spiele mit schmerzvoller Chromatik. Die Musik mag Sebastian selbst wie eine Wundertat erscheinen, er ist entschlossen, sie selbst zu spielen. Er schreibt sie ab und wird die Blätter mitnehmen, wenn er Ohrdruf verlässt. Es ist auch der Komponist dieses Werkes, Buxtehude, der ihn nach Norddeutschland zieht, den er selbst in Lübeck aufsuchen und behorchen wird, was ihm so wichtig ist, dass er für diese Reise sogar eine Kantorenstelle aufs Spiel setzt. Er wird die Blätter noch haben, als er seine dritte Stelle in Weimar antritt. Dort lässt er sie oder muss sie dort lassen, als er nach einer Inhaftierung wegen «Halsstarrigkeit» unehrenhaft entlassen wird. Dann verschwinden sie für fast dreihundert Jahre, und Sebastian selbst wird für lange Zeit der letzte sein, der weiß, auf welcher Höhe er sich mit dreizehn Jahren bewegt hat.

Am zweiten September des Jahres 2004, vielleicht auch schon vorher, beginnt in Weimar die korrodierte Klemmverbindung zweier Stromkabel zu schmoren, hinter einer Wandverkleidung. Die Wandverkleidung befindet sich in einem Dachgeschoß unfern des «Roten Schlosses», in dem Johann Sebastian Bach bis 1718 als Konzertmeister gearbeitet hat. Es ist das Dachgeschoß des «Grünen Schlosses», mithin der Anna-Amalia-Bibliothek, die auf Bachs Arbeitgeber zurückgeht, den Herzog Wilhelm Ernst von Sachsen-Weimar. Mehr als eine Million Bücher, Handschriften, Karten, Musikalien gehören zum Bestand, allein 180 000 Bände und die Musikaliensammlung werden im Schloss verwahrt, einem der bedeutendsten kulturellen Schatzhäuser der Welt.

Als am 2. September um 20.25 Uhr die Brandmelder anschlagen, ist es zu spät. Die Männer der ersten drei Löschzüge sehen schon Flammen aus einem Dachgaubenfenster schlagen. Fünf Drehleitern werden angefordert, Hunderte weitere Einsatzkräfte. Im dritten Dachgeschoss stehen sie einer bereits rot glühenden Eisentür gegenüber, von der Drehleiter aus ist ein «entwickelter Brand» hinter den Regalen der Galerie im Rokokosaal zu sehen, während Bücherregale vor den Fenstern die Brandbekämpfung von außen verhindern. Um 21.05 Uhr stürzen durch das «Auge» in der Deckenmitte die ersten brennenden Teile in den Saal hinunter. Um 21.15 Uhr zündet der Dachstuhl durch.

Millionen Liter Wasser aus der Ilm werden durch die Schläuche ins Feuer gepumpt und durchtränken die Bücher. Die Weimarer stehen fassungslos, teils weinend auf der Straße, 200 von ihnen bilden eine Menschenkette, die 10 000 Bände und 80 Büsten und Gemälde aus dem Bau schafft. Als um 23.30 Uhr die Meldung «Feuer aus» gegeben wird, sind 50 000 Bücher verbrannt, 62 000 schwer beschädigt, fast vollständig verloren ist die Musikaliensammlung mit Schätzen wie einem Stimmbuch des Orlando di Lasso von 1588. Sie befand sich auf der zweiten Galerie, die komplett verbrannte, mitsamt aller Barockliteratur und der unersetzlichen Bibliothek der «Fruchtbringenden Gesellschaft». Noch am nächsten Tag schweben Reste davon vom Himmel herab, versengte Blätter.

Der größte Bibliotheksbrand in Deutschland seit dem Zweiten Weltkrieg ist auch eine Katastrophe für die Musikwissenschaft, die noch längst nicht alles erschlossen hatte, was da lag. Es lag aber nicht alles da. Neun Monate nach dem Brand sucht ein junger Forscher aus Leipzig in der Bibliothek nach musikgeschichtlich Relevantem und stößt auf ein Gedicht, das zum Geburtstag des Herzogs Wilhelm Ernst zu Sachsen-Weimar am 30. Oktober 1713 gedruckt wurde. «Alles mit Gott und nichts ohn' ihn». Weil ein Restaurator sich für das rare Brokatpapier des Einbands interessierte, lag das Gedicht während des Brandes in der Werkstatt – darum kommt es Michael Maul vor Augen. Zwölf Strophen blättert er durch, die letzten beiden Seiten sind unbedruckt, aber nicht leer. Da stehen Noten, 57 Takte zum Text. Eine komplette, unbekannte Sopranarie mit Zwischenspiel in der Handschrift von Johann Sebastian Bach. «Das kann ja gar nicht sein», sagt sich Maul fassungslos. Seine Kollegen bestätigen den Fund. Man muss die Musikgeschichte deswegen nicht umschreiben. Aber der Fund bringt die Forscher vom Leipziger Bacharchiv auf die Idee, nun den kompletten Altbestand in Weimar zu durchforsten.

Diesmal ist neben Michael Maul auch Peter Wollny dabei. Wollny, Jahrgang 1960, entspricht auf den ersten Blick durchaus der Vorstellung, die sich Laien von Musikwissenschaftlern im Allgemeinen und Bachforschern im Besonderen machen. Brillengläser dick wie Flaschenböden, versonnener Blick durch drei bis vier Jahrhunderte, abgewetzte Aktentasche. Selbst wenn er mal Krawatte trägt, behält er etwas Jungenhaftes, aber hinter seiner Verhaltenheit steckt größte Hartnäckigkeit. Er ist ein Jäger und Spurensucher. Zu Hause in den Dschungeln der Archive, deren Ordnungen nur Trampelpfade sind, erkennt er die Umrisse und Wege verschwundener Gestalten, wo andere nur abgeknickte Äste sehen. Er fand im Thüringischen Landesarchiv zu Rudolstadt auch heraus, dass es der Arnstädter Kantor Ernst Dietrich Heindorff war, der so viele Werke der Bachs kopierte. «Ich bin danach durch die leeren Straßen zum Bahnhof gegangen wie in einem Italowestern», erinnert sich Wollny ganz unwissenschaftlich.

«Zu den wenigen Sachen, die ich wirklich kann», sagt er bedächtig, «gehört das Erkennen von Handschriften, und eine Bachhandschrift erkenne ich auf den Moment hin direkt.» Er weiß genau, wann Sebastian wie geschrieben hat. Zu welcher Zeit er den abwärts «beschwänzten» Noten den Hals noch links angezeichnet hat, wann er beginnt, im Wort «Clavier» das kleine «l» ins große «C» schneiden zu lassen. Wie seine Schrift, gern nach rechts geneigt, sich aufrichtet, wenn er gewissenhaft und langsam schreibt. Sechs Wochen lang haben Michael Maul und Peter Wollny in Weimar «Wagenladungen von Material» gesichtet, dann kommt die Mappe Nr. 49 auf den Tisch, aus den Theologica, die im Keller der alten Bibliothek vor dem Brand sicher waren. Ein Bibliothekar früherer Zeiten hat da ein paar Hieroglyphen abgelegt, Blätter mit sonderbaren Häkchen und Bögen, die er nicht verstand, vermischt mit Buchstaben und Zahlen. Eine Tabulaturnotation. Auf einem Blatt steht oben links «Nun freüt eüch | lieben | Christen gmein. | uff 2 Clavir | Diet. Buxtehude».

«Bach hatte als junger Mann die Gewohnheit, e und n zusammenzuschreiben und den Schlußstrich vom n wie einen Haken in den Keller runterzuziehen», sagt Wollny, «wie hier». Und da in der Mappe noch eine weitere Abschrift liegt, auf der Bach selbst «1700 Lunaburgi» vermerkt hat, können Wollny und Maul anhand der Unterschiede der Blätter die Abschrift des Buxtehude-Werkes auf etwa 1698 datieren, auf Sebastians vorletztes Jahr in Ohrdruf. Nur ein Blatt von einstmals vieren ist es, unten stark beschädigt, aber nicht nur für Peter Wollny ist es der Schlüssel zur frühesten Entwicklung des Musikers. Er vergleicht das Fragment des Dreizehnjährigen mit dem Stein von Rosette, so viel tut sich da auf. Auch, wie der Forscher findet, «etwas Unwirkliches».

Dass Sebastian ein Musiker sein wird, steht ohnehin fest. Hier aber beginnt ein Dreizehnjähriger, für ein großstädtisches Repertoire zu sammeln. Seine Abschrift der Tabulatur ist keine Fleißarbeit, mühsam hingetintet, sondern eine hochwertige, geradezu elegant auf die 34 mal 34 Zentimeter messenden Doppelblätter geworfene Abschrift, die von Routine zeugt und, mögen auch die Beine noch immer nicht an die Pedale reichen, von Spielpraxis, wie einige Korrekturen zeigen. Für den Ohrdrufer Organisten Christoph, als er das durchsieht, ist es wieder einmal an der Zeit, seinen Bruder, der nicht einmal das Lehrlingsalter erreicht hat, erstaunt anzublicken, nachdenklich, einverständig, mit diesem raren, herben Lächeln: «Compagnon!»

«Des seeligen Unterricht in Ohrdruf mag wohl einen Organisten zum Vorwurf gehabt haben und weiter nichts.» Als Kompositionslehrer will Carl Philipp den Bruder seines Vaters nicht sehen, aber nicht nur den. Als es im Briefwechsel mit dem Biographen Forkel um Georg Böhm geht, den starken Organisten und Komponisten, mit dem Sebastian in Lüneburg zu tun hatte, schreibt Carl Philipp zuerst vom «Lüneburgischen Lehrmeister», streicht dann das zweite Wort aus und ersetzt es durch «Organist». Einen Lehrer, gar einen der Komposition, darf sein Vater nicht gehabt haben – nur eben eine Reihe respektabler Vorfahren. 1775 ist die Zeit der Originalgenies, nicht mehr der Zünfte in der Kunst. Freilich erwähnt Sebastians großer Bruder in einer autobiographischen Notiz für die Behörden selbst keine Kompetenzen als Komponist. «Nachdem ich mich nun biß in das 15te Jahr meines Alters in der Schule aufgehalten, hat mich mein Vater, weiln zur Music eine bessere beliebung alß zum Studirn getragen, nachen Erffurth zu dem damaligen Organisten bey d. Prediger Gemeinde, Herrn Johann Pachelbeln verschickt, umb daß Clavier bey Ihm zu fassen …»

Dass aber der Schulabbrecher dort auch komponierte, ist bei diesem Lehrer, der höchst produktive Schüler hatte, wahrscheinlich, zudem wuchsen die Ansprüche an die Organisten. Pachelbel selbst war schriftlich verpflichtet, zu jedem Choral der Gemeinde ein Vorspiel zu liefern, «vorhero thematice praeambulando zu tractiren». Besonders intensiv betrieb er die Kunst der Choralvariation. Pachelbels «Musicalische Sterbens-Gedancken» zum Pesttod seiner Frau in Erfurt 1683 sind ein besonders ergreifendes Beispiel, eines, das Christoph in dem Haus kennengelernt haben mag, in dem sie entstanden und in dem er selbst zur Welt gekommen ist. Alle Erfurter Schüler Pachelbels, die als Komponisten auffielen, haben Variationen geschrieben, warum sollte nicht auch Johann Christoph Bach «eine Beliebung dazu getragen» haben? Das passende Werk existiert jedenfalls. Auf der Abschrift von seiner Hand steht «Aria Eberlinia pro dormente Camillo, variata â Joh. Christoph Bach. Org. Mens. Mart. Ao 1690». Lange wurden diese Variationen ganz selbstverständlich dem Eisenacher Christoph zugeschrieben, aber ebensogut, meint der Bachforscher Daniel R. Melamed, könnten diese Variationen von dem stammen, der sie abschrieb: dem ältesten Sohn des Ambrosius, der den im Titel erwähnten Geiger und flüchtigen Münzmeister Daniel Eberlin ebenso kannte wie der Eisenacher Organist.

Auf den jüngeren, sagt Melamed, sei man aus zwei Gründen nie gekommen. Zum einen galt der Eisenacher als das Genie der Familie vor Johann Sebastian schlechthin, dem man reflexartig alles zuschrieb, was aus diesem Kreis stammte und Qualität ohne gesicherte Autorschaft hatte, zum anderen war der Ohrdrufer Christoph durch die von Carl Philipp überlieferte Anekdote als kleiner Geist abqualifiziert. Aber nicht nur spricht nichts dagegen, dass der jüngere Christoph die Variationen komponierte, datiert auf März 1690, als er noch den alten Heinrich an der Orgel in Arnstadt vertrat und achtzehn Jahre alt war. Im Gegenteil, jeder Ton spricht dafür. Wer das Stück unmittelbar nach Pachelbels Choralvariationen «Alle Menschen müssen sterben» aus den «Sterbens-Gedancken» von 1683 vernimmt, glaubt, eine zweite, andere Version davon zu hören. Schon das Thema selbst erscheint als eine verkürzte Umspielung des alten Choralthemas. Die Figurationen kommen direkt aus Pachelbels Werkstatt, viel «quadratischer» gebaut als die Ausdruckslinien des Eisenacher Stophus, bei dem auch chromatische Extreme immer aus dem Text hervorwachsen und nicht, wie in der «Aria» und ihrer Vorlage (und wie in solchen Variationen ohnehin), in einem Abschnitt vorgeführt werden wie in einer Versuchsanordnung.

Pachelbels Schüler Johann Christoph scheint seinen Lehrer noch übertreffen zu wollen. In seiner chromatischen Variation, der neunten, erreichen die Alterationen Grenzwerte, die noch Komponisten des frühen 20. Jahrhunderts hätten erbleichen lassen, hingegen dem Stophus, falls er das hörte, sein feines Lächeln aufs Gesicht gebracht haben werden. Zu Pachelbels konstruktiver Klarheit in den nicht chromatischen Teilen kommt hier außerdem ein Tonfall, den wir aus dem 17. Jahrhundert nicht kennen: eine schwer zu definierende Mischung aus Persönlichkeit und Disziplin in der Autarkie der Stimmen. Anders gesagt, es gibt Passagen, die glatt als mittlerer Johann Sebastian durchgehen könnten.

Dass es keine verbürgten Werke des Ohrdrufer Organisten gibt, könnte mit dem Stadtbrand von 1753 zu tun haben, der zum größeren Teil nur die Grundmauern übrig ließ. Einer, der wie Christoph die beste, avancierteste Musik seiner Zeit kennt, sammelt und weitergibt, ist ohnehin mehr als ein «Organist und weiter nichts». Christoph lässt also seinen kleinen Bruder die grandiosen 258 Takte abschreiben, in denen Dietrich Buxtehude über den Choral «Nun freut euch, lieben Christen gmein» fantasiert, mittendrin auch im munteren Zwölfacheltakt. Ein solcher metrischer Wechsel in einem Choralstück ist außergewöhnlich im Orgelrepertoire der Zeit, aber genau so einer findet sich auch in einem von Sebastians mutmaßlich frühesten Werken. Sein Orgelchoral «Herzlich lieb hab ich dich, oh Herr» ist ein verrücktes kleines Ding. Aus einem sprunghaften Vorspiel führt ein Schlenker in die Choralmelodie, die durch rhythmische und metrische Wechsel geführt wird, durch polyphone Passagen und solche mit pausendurchsetzten Folgen knapper Akkorde und zum Ende hin im halben Tempo erklingt. Kurz vor Schluss, vor der C-Dur-Tonika, weicht der Komponist noch derartig überraschend auf einen verminderten Septakkord über D aus, als hätte er versehentlich ins 19. Jahrhundert geblickt. Aber das hätte ja auch ein ganz anderes werden können. Und wie ein Johann-Sebastian-Bach-Stück zu klingen hat, das weiß die Nachwelt natürlich besser als der wohl Vierzehnjährige, der hier vor allem sehr neugierig und experimentierlustig wirkt – und offenbar mit den Füßen schon ans Pedal kommt.

Ehe Sebastian mit dem Komponieren beginnt, hört der Eisenacher Christoph damit auf. Er ist beschäftigt mit dem größten Projekt seines Lebens. «Im Ober-Seiten-werck», schreibt er am 30. Dezember 1697 an den Rat der Stadt Eisenach, «soll die daselbst befindliche 3.4.5.6. fache Mixtur durchgehend 7.fach, und aber uff zwey Register-Zügen zustehen kommen, dergestalt, dass die eine helffte oberwehnte Sesquialter, die andere helffte aber eine vierfache Scharpp oder schärffe, zusammen aber eine 7 fache Mixtur abgibt.» Eine von sieben neuen Forderungen in seinem vierten Memorandum zum eskalierenden Ausbau der Orgel. Der Eisenacher Stadtrat steht dieser Fachsprache hilflos gegenüber und liest beruhigt den Schluss: «Ich suche hirdurch keinen eigenen Nutz, sondern meyne es guth mit der Kirchen, Stadt und Orgell, und nehme mich des Werckes an, als wenn ich ewig daruff spielen wollte, ungeacht ich selbiges so lange nicht mehr verrichten werde als schon geschehen.» Nach mehr als drei Jahrzehnten in den Diensten der Stadt kann sich der Musiker eine Spitze nicht verkneifen: «Wo ein wohl *disponi*rtes gutes Orgellwerck ist, dahin ziehet es gemeiniglich auch gute Organisten nach sich, ja ein solches werck machet gar uff gewiße mase gute organisten, welches mir sehr viel in meinem thun und *profession* hette helfen sollen, wenn ich seidt *aô* 1665. biß itzo, ein solches werck zu *tractiren* unter meinen händen alhir gehabt hette (…)»

Im Münzhaus an der Stadtmauer schreibt er diese Zeilen. Da stehe ich nun, um noch einmal den alten Zauberer zu suchen, an der einzigen seiner Adressen, die man kennt. Graue, hüfthohe Stahlzäune verhindern eine Annäherung an den verschachtelten Gebäudekomplex, aus dem nach Süden das Fachwerk über die Stadtmauer ragt. Ein paar Dachteile und Anbauten, die Fotos aus den 1980ern noch zeigen, fehlen, auch die hohen geziegelten Schornsteine. Hier wurde perfekt saniert mit der geschichtstilgenden Effizienz der Nachwendezeit. Auf dem weißen Rauputz des linken Hauses ist eine ockerfarbene kleine Steintafel befestigt, ein Rechteck, vom Bürgersteig aus gerade so zu entziffern: «Hier wohnte / Johann Christoph Bach / Organist – Komponist / geb. 1642 gest. 1703».

Ein Mann auf dem Mountainbike nähert sich, steigt ab, um die 50, stämmig, nicht groß. Michael Jacobs ist in fünf Minuten von der Wartburg herabgeradelt, um mir das Haus zu zeigen, denn es gehört der Wartburg. Beinahe hätte er hier auch mal eine Dienstwohnung bekommen, im gegenüberliegenden Flügel, den jetzt der Tischler und die Hauptbuchhalterin der Wartburg bewohnen. «Hier wird aufbewahrt, was nicht auf die Burg passt, damit die Restauratoren in 200 Jahren noch was zu tun haben», sagt Jacobs, der Magazinmeister, zuständig für Klimatisierung und Ausstellungsaufbau, seit 1970 in Eisenach lebend. Es sehe ja nun alles anders aus als zu Bachs Zeiten, hat er mich schon am Telefon gewarnt. Ich wolle, sagte ich, wissen, wie es jetzt aussieht. Nur so. Und ich will auch wissen, wie es sich angefühlt haben mag, für einen Mann Anfang 50, von hier aus das größte Projekt seines Lebens anzugehen in dem Moment, da so viele wichtige Menschen um ihn verschwunden, gestorben, gegangen sind.

Von diesem Haus aus, in das er im Mai 1696 einzieht, kann er auf den Friedhof blicken, dort sind die Gräber des Ambrosius und seiner ersten Frau. Aber in diesem Haus ist er von Leben umgeben, auch wenn drei der sieben Kinder schon anderswo leben. Johann Nikolaus, sein Ältester, ist 26 Jahre alt und gerade Organist an der Michaeliskirche in Jena geworden. Von Marie Sophie, der 22-Jährigen, vermuten wir, dass sie sich verheiratet hat. Johann Christoph, im Mai 1696 fast 20, hat sich wie vor ihm Nikolaus an der Universität zu Jena eingeschrieben. Bei Stophus sind nun noch Christine Dorothea, 18, Johann Friedrich, 14, Johann Michael, 10, und die fast sieben Jahre alte Anna Elisabeth. Ja, und Maria Elisabetha, die inzwischen beinahe 50 ist und mit leichtem Kopfschütteln, mildem Spott und einiger Bewunderung verfolgt, was ihr Mann jetzt betreibt. Wenn er vor die Tür tritt, kann er die Georgenkirche sehen, in der sich nun eine Baustelle befindet. Johann Christoph, der erste Sohn jenes Heinrich, der vor sieben Jahrzehnten als Knabe meilenweit aus Wechmar fortwanderte, in Kriegszeiten, um eine Orgel hören zu können, dieser Christoph lässt hier eine der größten Orgeln der Zeit entstehen, 58 Register, vergleichbar nur mit den Orgeln, die in Halle, Görlitz und Hamburg gespielt werden.

Wie es sich angefühlt haben mag? Im Münzhaus erfährt man nur, wie die paar Jahrhunderte dahingerauscht sind, wie schnell etwas Geschichte wird. Ein Plan von 1806, der drinnen über der Holztreppe hängt, weist das Gebäude als Münzhaus aus, was es ab 1700 wieder wurde, mit «Präge-Stube» und «Schmelz-Gewölbe». Ein Plan von 1859 gilt dann dem Umbau zum «Großherzoglichen Justizamt» mit «Arrestlokalen» da, wo die Organistenfamilie vier Jahre lang lebte. In der DDR wird das Gefängnis zum Wohnheim des Instituts für Lehrerbildung, und aus dieser Zeit stammt die große Tafel, die ganz oben auf dem

Dachboden in einer Ecke lehnt, ein «Deutschlandplan», auf dem in großen Lettern Walter Ulbricht erklärt, Verhandlungen zwischen beiden deutschen Staaten anzustreben mit dem Ziel einer Wiedervereinigung, so steht es da wirklich, weiß auf braun. «Das war vor 1961», meint Michael Jacobs und ergänzt, fast entschuldigend: «Das muss man ja nicht wegwerfen!»

«Und die Geweihe?» Dutzende mächtiger Hirschkopfzieren sind an den Dachbalken befestigt, matt beleuchtet von der Sonne, die durch eine winzige gotische Giebelöffnung und Spinnweben von Süden her eindringt. «Die hat der Großherzog im späten 19. Jahrhundert erlegt.» Ein Dachgeschoss tiefer steht das große Modell eines Katapults, genauer einer Schleuder. «Eine Blide», sagt Jacobs, «das kommt vom lateinischen Palida. Habe ich oft vorgeführt, ein Modell im Maßstab von eins zu zehn.» Zwei Männer in jedem der beiden Laufräder, um das Gewicht hochzukurbeln, zehn Zentner Steine in einem Kasten. Die Steinkugel konnte 200 Kilo wiegen, geschleudert von einer Art Teleskoparm, der sich während des Abfeuerns verlängerte, eingesetzt schon im 13. Jahrhundert. «Das hat ein leidenschaftlicher Modellbauer gemacht, Werner Freudemann», sagt der Magazinmeister, «der hat das sogar im Maßstab eins zu eins gebaut.» Unverhofft taucht eine Biographie der Wende auf. «Er war Schwabe, kam in den Neunzigern, interessierte sich für Kriegsmaschinen und hörte von Plänen, diese Blide auf der Runneburg in Weißensee nachzubauen. Das hat er auch gemacht. Er hat sogar ein Haus in Weißensee bei der Burg gekauft und einen völlig neuen Freundeskreis aufgebaut.»

Die funktionsfähige Schleuder machte die Runneburg zum Kultort der deutschen Reenactmentszene, jener Leute, die sich mit großer Liebe zum Detail vorzugsweise ins Mittelalter zurückkatapultieren. Aber der Runneburgverein ging in die Insolvenz, die Blide wurde nach Leinefelde verkauft, Freudemann erlag einem Herzinfarkt. Man merkt, dass Jacobs ihn bewunderte. «Als Jugendlicher hat er eine Radtour nach Indien gemacht, aber kaum erzählt davon, nur weil er mal 50 Kilometer mit dem Zug gefahren ist, da galt es für ihn nicht mehr als Radtour.» «Ein Extremer?» «Ja, aber ganz geerdet, er hat nichts von sich hergemacht, faszinierend. Ein stiller Held, könnte man sagen.» Es ist ein bisschen, als unterhielten wir uns über Johann Christoph. Jacobs freut sich, als ich das sage, und zeigt mir noch ein Objekt des Schwaben. «Wege nach oben» heißt es, ein Tisch auf drei Beinen, kleine Leitern führen bis zur Tischplatte, auf dieser ein Wald von Leitern, schräg ins Nichts hochführend. «Ganz unten steh ich und warte auf den Lottogewinn», meint Michael Jacobs trocken. Vieles ist zerbrochen. «Damit ist man hier nicht gut umgegangen. Es war so, dass es nach oben immer weniger Leitern wurden. Das sagt ja was.» Er nimmt ein abgebrochenes Stück zur Hand. «So eine Leiter muss man erst mal bauen können!» Ein stabiles kleines Gebilde, sehr saubere, feine Arbeit. Davon ist vorerst immerhin mehr übrig geblieben als von Christophs großer Orgel.

Im Januar 1698 haben sich die Kosten fast verdreifacht, die Stadt bleibt Zahlungen schuldig, der Organist greift im Münzhaus erneut zur Feder. Orgelbauer Stertzing hätte «sich und seine Gehülffen bißhero von der wochentlichen wenigen darreichung nicht einmahl ernehren können, wenn er nicht etwas, wie aller orten gebräuchlich, (…) uff abschlag bekommen, welches Er derweil zu lebensmitteln dargethan hir zugebüßet …» Mit 3240 Gulden Gesamtkosten ist nun zu rechnen, es werden Spenden gebraucht, es muss gesammelt werden. Und damit die Bürger hören können, wofür sie zahlen sollen, wird das nun schon weitgehend fertige Instrument am 2. Juli 1698 «zum erstenmahl geschlagen».

Was sie da hören, sind wirklich neue Töne. Nicht die bis dahin übliche scharfe Trennung der Stimmen, sondern ein voller, üppiger, weicher Klang, das, was man später romantisch nennen wird. Christoph hat viele achtfüßige Register einbauen lassen, Pfeifen, die in genau der Tonhöhe erklingen, die man anschlägt. Ein Sechzehnfuß erklingt eine Oktave tiefer, ein Vierfuß eine Oktave höher. Zwölf Achtfüßer in der ganzen Orgel ermöglichen einen sehr grundtönigen Klang. Es gibt Streicherregister wie die «Violdigamba» im Oberwerk und den «Violon» im Pedal, wo eine Pfeife, die 1698 allerdings noch fehlt, sogar 32 Fuß misst. Es gibt «Mixturen», bei denen pro Taste sieben Pfeifen zugleich erklingen können, dabei auch noch die Quinte und die Terz des angeschlagenen Tones – Letzteres eine Finesse, die sich hinter dem Begriff «Sesquialtera» verbirgt. Ein dunkler, verschmelzender, subjektiv veränderbarer Klang werde da angestrebt, staunt ein Experte, der sich dreihundert Jahre später die Disposition anschaut. Es seien «Register, die sich nicht in der Tonlage, sondern in der Klangfarbe und Klangstärke unterscheiden». Es ist nicht nur eine besonders große Orgel, sondern auch eine mit neuer Klangästhetik, voller Wärme und Farben, eine Orgel für einen Zauberer.

Nachdem die Eisenacher das Instrument gehört haben, wird von Tür zu Tür gesammelt, und in diesem Städtchen von 7000 Einwohnern kommt tatsächlich – bis auf eine Differenz von knapp 120 Gulden – fast die komplette Bausumme zusammen, gut 3000 Gulden, mindestens 240 000 Euro, ein Viertel dessen, was ein vergleichbares Instrument heute kosten würde. Im Schnitt sind das gut 30 Euro pro Kopf. Größere Beträge von je 50 Gulden kommen aus dem Herzogshaus, manche Bürger geben nur Pfennige, manche gar nichts, andere wiederum gleich zwei Gulden. Es zeigt, wie hoch die Bürger ihren anspruchsvollen Organisten und sein Projekt schätzen, und es zeigt die Kirche als gesellschaftliches Zentrum. Nur dieser Konsens macht das Finanzierungsmodell möglich: Die Stadt bürgt für die Kosten, sie finanziert den Bau vor bis zu dem Zeitpunkt, zu dem potenzielle Spender ihn fast vollendet erleben können, und muss am Ende kaum etwas bezahlen.

Dem *spiritus rector* des Ganzen indessen, der 1700 erneut umziehen muss, weil das Münzhaus wieder als solches gebraucht wird, verweigert die Stadt auch dann noch ein Darlehen zum Ankauf eines eigenen Hauses. Der neue Herzog Johann Wilhelm ist entgegenkommender. «In Betrachtung seines armseeligen Zustandes und bißhero sowohl bey der Stadt alß bey Hof leistender Dienste» werden jährlich bewilligt: «24 Rthr an Geld, 4 Claffter Holz, 5 Malter Korn, 4 Schock Reisig, 4 Malter Gersten, Ingleichen die Kost bey Hof, so offt er daselbst aufwartet, nicht weniger zur Kleidung ein für allemahl 12 Rthlr.» Zusammen mit den weiteren Einkünften kommt dann so viel zusammen, dass Johann Christoph im Alter von 60 Jahren endlich wieder ein eigenes Haus in Eisenach erwerben kann. Aber nur ein halbes Jahr darauf stirbt seine Frau, er folgt ihr eine gute Woche später. Am 2. April 1703 wird er begraben. Seine Orgel bekommt ihren tiefsten Ton, ihre längste Pfeife, erst 1707. Für das Jahr danach wird aus den Gottesdiensten in St. Georg von einer solchen «Menge Volckes» berichtet, «daß ein grosses Gedränge darin entstanden».

Sebastian, ließe sich denken, könnte darauf gebrannt haben, dieses letzte große Projekt des Stophus selbst zu sehen, zu hören, auf der Orgel zu spielen, die er noch als halb so groß und reparaturbedürftig kennt, über deren Ausbau ihm Stertzing, der Orgelbauer, so viel berichtet hat, vielleicht auch dem Zauberer Stophus zu zeigen, was er inzwischen kann. Belegt ist kein Besuch des Jungen in seiner Geburtsstadt Eisenach, nachdem er sie verlassen hat, auch später nicht, als er zu den gefragtesten Orgelexperten in Thüringen zählt. Vielleicht ist bei aller

Bewunderung für seinen Eisenacher Mentor der Schmerz zu groß, der droht, wenn er dort in den Gassen die vermisst, die jetzt selig bei Gott sind, die er liebte, sein Vater, seine Mutter, sein Bruder Balthasar und Jacob, der Vetter aus Erfurt, vielleicht passt solche Rückkehr nicht zum Aufbruch, der sich in ihm vorbereitet und noch auf einen Anlass wartet. Und möchte er, bei aller Neugier auf die Orgel mit ihren 58 Registern, beim Stophus in einem Haus wohnen, von dem er weiß, dass unter seinen Südfenstern die Gräber sich befinden?

Beglückt hat ihn, dass im November 1696 sein Arnstädter Vetter und Freund nach Ohrdruf gezogen ist, Toffels Sohn Johann Ernst, der mit ihm das Lyzeum nahe der Michaeliskirche besucht. Ernst wohnt bei seinem Oheim, dem Kirchner Eisentraut. Gemeinsam haben er und Sebastian die letzten Turbulenzen um den Kantor und Lehrer der Tertia Johann Heinrich Arnold miterlebt, der 1697 als «Gotloser cantor», als «pestis scholae, scandalum ecclesiae et carcinoma civitatis» aus dem Amt «removiret» worden ist. So heftige Worte findet der neue, junge Rektor Johann Christoph Kiesewetter aus Arnstadt, den man als vierten Rektor innerhalb von zwei Jahren ans Lyzeum geholt hat. Pest der Schule, Skandal der Kirche, Krebsgeschwür der Stadt? Arnold ist ein gelehrter Mann in seinen Vierzigern, in Studienjahren zum Poeten gekrönt, Mitglied im Collegium Musicum Ernsts des Frommen in Gotha, zum Magister promovierter Philosoph und Theologe. Während hier ein begabter Mann scheitert, woran auch immer, wird Sebastian Primus seiner Klasse, mit zwölf Jahren Jüngster in der Tertia. 1699 ist er Zweitbester der Secunda und wird in die Prima versetzt, vier Jahre jünger als seine Mitschüler. Später sagt er: «Ich habe fleyßig sein müssen.»

Es mag die schulschwachen Genieanwärter unter uns trösten, dass Sebastians kleine Kompositionen aus dieser Zeit von

Experten recht mäkelig benotet werden – unter dem Vorbehalt freilich, dass sie nicht im Autograph vorliegen, sondern in Abschriften von anderer Hand, die Datierung «vor 1700» erfolgt unter stilistischen Gesichtspunkten. Die Benotung überwiegend ebenfalls. Sein vierstimmiger Satz, liest man über eine Fuge, sei noch «recht kompliziert, um nicht zu sagen schwerfällig». Von einer anderen Fuge aus Ohrdruf heißt es, sie sei «reichlich lang geraten» und entbehre in der zweiten Hälfte einer «Entwicklung». In einem Choralricercar hat sich Sebastian «plumpe Akzentsetzungen» geleistet, und «engmaschige Sequenzmuster wirken ausgesprochen unbachisch». Das Schlimmste aber hat man in einigen frühen Orgelchorälen diagnostiziert: Er macht Fehler, und sein Bruder, der Lehrer, bemerkt sie offenkundig nicht: Quintparallelen! Ausgerechnet Quintparallelen!

Könnte es sein, dass Sebastian und Christoph sich kurz vor 1700 um Interessanteres kümmern als um Schönheitsfehler? Wieder einmal kommt die frische Luft aus dem noch immer wichtigsten Zentrum zeitgenössischer Musik, aus Venedig. Christoph und Sebastian sind fasziniert von den Triosonaten des Tomaso Albinoni, brillanter Sohn eines venezianischen Spielkartenherstellers, geboren im selben Jahr 1671 wie der Ohrdrufer Organist. Albinonis Opus 1 wird schon 1694 in seiner Heimatstadt gedruckt: zwölf Triosonaten, die drei Jahre später auch in Amsterdam herauskommen und umgehend – das Postnetz deutscher Lande ist das dichteste und modernste in Europa – ihren Weg nach Ohrdruf finden können. In diesen eleganten Stücken weht ein anderer Wind als in Thüringen. Die rasche Intelligenz des Südens ist darin, aber auch die Melancholie kleiner Liebesabenteuer, ein Hauch *jeunesse dorée*, vertieft durch geschmeidige Kontrapunktik, die den Brüdern Respekt abnötigt, als sie die druckfrischen Sonaten durchblättern und ausprobieren. Hier ist ein Verbündeter für eine neue Zeit, einen helleren, durchsichtigeren Horizont.

Angesichts dieser Leichtigkeit in den Allegros, dieser süßeren und kürzeren Schmerzen in den Adagios fühlen sie, der jüngere und der ältere, den Wunsch nach Freiheit. Bereichert und belastet von den eigenen Leidenserfahrungen und denen aus hundert Jahren, geborgen in und gemessen an der Meisterschaft ihrer Verwandten, eignen sie sich Albinoni an.

Christoph kopiert einige Sonaten aus der Partitur, Sebastian begeistert sich für den Finalsatz der letzten, der zwölften Sonate aus diesem Opus 1, eine dreistimmige Fuge, und macht eine vierstimmige Fuge aus dem Thema, angelehnt an die Kunst Michael Bachs, dessen dichtgefügte Orgelchoräle er studiert. Eine Synthese, in der sich Sebastian nicht abkehrt von den geliebten Familienmeistern, in der Albinonis synkopisch dahinfliegendes Thema vertieft wird, an Leichtigkeit verliert, aber an Raum gewinnt, mit themenfremden Zutaten, chromatischen Zerrungen. Das tonale Zentrum C-Dur wird nicht verlassen, aber die Lust zur Ausweichung schimmert durch viele Vorzeichen. Er will Albinoni nicht nacheifern, er will ihn übertreffen.

«Quid est creatio?», fragt Konrektor Böttiger und zeigt auf Georg Erdmann, einen neuen Mitschüler. *«Creatio est actio …»*, sagt der und blickt angestrengt durchs Fenster auf die Linden vor dem Lyzeum, *«… est actio!»* Da habe er ein wahres Wort gesagt, meint Böttiger heiter, wer möge es ergänzen? Der ältere der *discipuli* Bach? *«Creatio est actio externa totius Trinitatis, qua DEUS res omnes creatas* … Die Schöpfung ist die äußerliche Handlung der ganzen Dreieinigkeit, in welcher Gott alle geschaffenen Dinge», Johann Ernst senkt das Haupt und fährt fort, *«… omnes creatas, visibiles et invisibiles …»* Böttiger ist neben ihn getreten und weist darauf hin, dass ein *liber*, auf die Knie ge-

legt, noch immer kein *liber invisibilium* sei. Er bittet Sebastian um die Fortsetzung. «*Omnes creatas, visibiles et invisibiles, sex dierum intervallo, liberrima optimaque sua voluntate ex nihilo condidit.* Alle geschaffenen Dinge, sichtbare und unsichtbare, in dem Zeitraume von sechs Tagen, nach seinem völlig freien und guten Willen aus Nichts gemacht hat.» Er leiert es unmelodisch herunter, aber tatsächlich lernt er gern, soweit es der Wortschatz zulässt, aus dem *Compendium locorum theologicorum* des Leonhart Hutter, seit langem ein Standardwerk an den Schulen Thüringens und Sachsens.

Seit 1610 wird der Band des Wittenberger Professors in Sachsen und Thüringen immer neu aufgelegt, 350 Seiten stark, eine systematische Zusammenschau aller biblischen Texte, unterteilt in 34 *loci*, Grundbegriffe, zu denen in Fragen und Antworten von der Schöpfung und dem freien Willen ebenso gehandelt wird wie von der Hölle nebst dem erdichteten Fegfeuer der Römischen, von der Ehe und der Taufe und den Seelen der Frommen, die nach dem Tod in der Hand Gottes die herrliche Auferstehung ihrer Leiber erwarten, am Jüngsten Tag, dem Ende der Welt, an dem die Erde und die Werke, die da sind, verbrennen werden: «*Terra, et quae in ipsa sunt operi, exurentur.*»

Aber wer in Ohrdruf könnte den Knaben erklären, was es bedeutet, was der neueste «Stralsundische Relations Courier», der hier Mitte Februar 1699 eingetroffen sein kann, vom 31. Januar aus Wien meldet: «Gestern vormittag ist der Hr. Graf von Stratman von dem Friedens-Congreß aus Carlowitz mit 2. Postillionen / blasend durch die gantze Stadt / mit der erfreulichen Zeitung alhier angelangt / wie daß den 26sten dieses die gesambte Hrn Gevollmächtigte / außer dem Venezianer / (welchen doch auch seine Sicherheit vorbehalten worden/) die Friedens-Tractaten in öffentlichen Congreß unterschrieben / und unter Paucken- und Trompeten-Schall / auch Lösung groß und kleinen Geschützes / solennissime publiciren lassen: Die Friedens-Articul sind 20 / welche noch unwissend / so ist der Stillstand biß auf 25. Jahr geschlossen / und bleibet ganz Siebenbürgen dem Römischen Käyser / Temeswar aber mit der darum liegenden Landschafft / verbleibt den Türcken / wie dann auch Belgrad bis Salankement / was aber oberhalb ist / gehört dem Käyser.» Der seit 1683 währende jüngste «Türkenkrieg» hat ein Ende, damit auch die Dreiteilung Ungarns, die mit der Schlacht von Mohács 1526 begann. Das Osmanische Reich schrumpft drastisch. Pressburg, wo sich einst Veit auf den Weg nach Thüringen machte, liegt jetzt nicht mehr am Rand, sondern in der Mitte eines gewaltigen Herrschaftsgebietes. Der Vertrag von Karlowitz an der Donau – heute eine kleine Stadt in Serbien, Sremski Karlovci – macht die Habsburger zur europäischen Großmacht, die das nächste Jahrhundert prägen wird.

Politik und Geschichte sind keine Schulstoffe. Indessen müssen die Schüler neuerdings sogar am Sonntagmittag ins Lyzeum kommen, wo der junge Superintendent Johann Abraham Kromayer sie «aus der Predigt examiniret», die sie zuvor mit größter Aufmerksamkeit gehört haben sollten. Das passt nicht ganz zur fortschrittlichen, Selbständigkeit anstrebenden Pädagogik des Amos Comenius, der man hier sonst folgt. Aber auch Naturwissenschaften und Arithmetik werden unterrichtet, Ciceros Briefe gelesen, und fünf von dreißig Unterrichtsstunden – ganze Stunden – gelten der Musik. Der neue Schulkantor, Nachfolger des aus dem Amt gejagten Arnold, hat sein Amt nicht zuletzt Johann Christoph Bach zu verdanken. Als nämlich im Januar 1698 Elias Herda zur Kantoratsprobe eingeladen wird, ist es der Organist Bach, der das vom Bewerber zu musizierende Stück auswählt und später dem Superintendenten erklärt, «daß wir schwerlich einen beßern kriegen werden». Herda, 24 Jahre jung, Sohn eines Hufschmieds bei Gotha, ist sechs Jahre lang Sängerknabe an der Michaelisschule zu Lüneburg gewesen und dort zum Solobassisten aufgerückt, in Jena hat er ein wenig Theologie studiert. Ihm überreicht man nun das altehrwürdige Exemplar der «Kirchen-Gesäng» von 1584, das alle Brände von Ohrdruf überstanden hat. Aus diesem Buch singt auch Sebastian im Schülerchor, der dreimal jährlich «von Thür zu Thür» wandert, die Gottesdienste musikalisch gestaltet, zu Hochzeiten und Trauerfeiern gebeten wird. Knapp 250 Taler kommen jährlich für das Ensemble zusammen und werden je nach Rang unter den Sängern verteilt. Präfekten und Solisten erhalten dabei bis zu 20 Taler.

Am 30. Juli 1699 finden sich zwölf der Sänger, mit Trauerflor versehen, im Schlosshof am östlichen Ufer der Ohra ein, darunter auch Sebastian, was gewiss ist bei einem, dessen schöner Sopran ihn noch weit bringen wird, und wohl auch Johann Ernst Bach und Georg Erdmann, Sebastians neuer Freund, drei Jahre älter als er und im vorigen Jahr aus Leina bei Gotha nach Ohrdruf gekommen. Herda hat ihn aus seinem Heimatdorf bei Gotha mitgebracht, einen Frecheren sah man hier selten. Schon in den ersten Wochen hat Georg dem Chorpräfekten Widerworte gegeben, einem älteren Jüngling, der mitunter säuft und meinte, er sei zu lange Präfectus, als dass er sich von einem Gelbschnabel dürfe Anzüglichkeiten sagen lassen. Da hat Georg geantwortet, es bringe ihm freilich nicht viel Ehre, dass er so ein alter Knabe und immer noch Präfekt sei. Seitdem lässt jener ihn in Ruhe, und heute ist der Präfekt nicht dabei.

Es ist eine sonderbare «solenne Leich-Procession», die hier vollzogen wird. Sie gilt einem Grafen, der fast zwei Monate zuvor im fernen Langenfeld gestorben und dort schon beerdigt worden ist: Heinrich Friedrich zu Hohenlohe-Langenburg, an dessen Geschlecht die Grafschaft Gleichen mit ihrem Mittelpunkt Ohrdruf vor fast sieben Jahrzehnten gegangen ist. Zur

Hälfte, um es kompliziert zu machen, denn die andere Hälfte gehört den Öhringer Erben des Grafen zu Hohenlohe-Neuenstein, der gerade ein Jahr zuvor ebenfalls gestorben ist. Seit Jahrzehnten ärgert sich die Stadt mit den Hohenlohes herum, die «Differenzen zwischen der Stadt Ohrdruf und der hohenlohischen Kanzlei» beanspruchen mehrere Regalmeter im Zentralarchiv derer von Hohenlohe und einen eigenen Ordner in der Onlinepräsentation der Akten. Eingriffe in Zuständigkeiten werden von beiden Seiten beklagt, Beschwerden, Anschuldigen, Proteste führen immer wieder dazu, dass sich die Landesregierung in Gotha einschaltet. Man zankt sich sogar über die Uhrzeit, zu der die Marktfahne abgenommen wird. Die Kanzlisten und Bedienten aus dem großen Schloss vor der Stadt sind nicht beliebt bei den Bürgern, die Fronzahlungen leisten müssen, je nach Adresse an die Langenburger oder an die Neuensteiner, neuerdings die Öhringer. Und es scheint, dass sich der alte Konflikt in diesem Jahr 1699 verschärft, als der eine ferne alte Graf dem andern nachgestorben ist, und dass das Folgen auch für die Schüler der Stadt hat.

Einen Monat lang hat man für den Toten die Glocken läuten müssen, täglich von 10 bis 11 Uhr. Der ferne Fürst bedeutet hier keinem viel, das zeigt sich an diesem Tag. «Weilen bloß die Bedienten und Bürgermeister auch wenig andere honoratioren erschienen, seynd sie alle in ein Gemach quartiert worden», notiert einer der Räte des Grafen zum mittäglichen Empfang im Schloss, der der Feier vorausgeht. Um dreizehn Uhr sind dann die Knaben an der Reihe. Sie singen «Herzlich tut mich verlangen», dann marschieren sie vom Schlosshof, über die Ohra zurück in die Stadt, ihnen voran ein Marschall mit Stock und langem Mantel, hinter sich die Geistlichen der Stadt, Superintendent Abraham Kromayer und Diakon Georg Michael Lehmus, beide Lehrer am Lyzeum, denen ein weiterer Marschall folgt. Nach diesem kommen die Kanzleibediensteten, danach drei Räte, darunter der widerspenstige Herr von Berga, angereist aus Wechmar, dem nördlichsten Ort der kleinen Grafschaft. Er hat dort, wie man sich in Ohrdruf erzählt, das verordnete Trauertuch von der Kanzel reißen lassen, und selbst hier wagt er es, als Einziger keinen Trauerflor zu tragen. Sebastian hat ihn beim Singen mit doppeltem Interesse beobachtet, Wechmars wegen, wovon er aus der Familienlegende weiß, und weil ihm der Stolz und Trotz vertraut ist.

Nun wird feierlich weiter zur Kirche geschritten, die Hämmer der zahlreichen Schmieden schweigen an diesem Sonntag. Den Räten folgen die Bürger, Herren vorn und Damen hinten, und noch zwei Marschälle beschließen die Prozession. Weitere Lieder singen die zwölf Auserwählten: «Alle Menschen müssen sterben» und «Oh Welt ich muss dich lassen». Nachdem Superintendent Kromeyer seine Predigt gehalten hat, begleitet Johann Christoph die Gemeinde beim Lied «Nun lassen wir ihn hier schlafen». Georg bemerkt auf der Empore leise und respektlos, er könne da weit und breit kein Ruhebettlein sehen und der Graf schlafe ja schon seit zwei Monaten im Schwäbischen. Ob sich Sebastian an die Auflage hält, den Trauerflor noch einen Monat lang zu tragen, oder es dem widerspenstigen Herrn von Berga nachtut?

Damit wäre er nicht allein in der Stadt, in der es jetzt wider die Hohenlohes brodelt, erst recht, da zwei Jäger in Diensten der Grafen beim Holzstehlen gesehen worden sind. Es kommt zu einer Auseinandersetzung zwischen Bürgern und Obrigkeit, die für einige Schüler, auch den vierzehnjährigen Primaner Sebastian, zum Verlust der Freitische führt. «Ob defectum hospitorium», aus Mangel an Freitischen, werden er und andere, darunter Georg Erdmann, die Stadt verlassen müssen. Möglich ist auch, dass die Hohenlohischen ihre Stipendien für begabte

Schüler in Ohrdruf einfrieren, dass eine musikfreie Trauerzeit die Einkünfte des Chorus Musicus schmälert. Und Johann Christoph, der große Bruder, steht nach wie vor mit knapper Kasse da. Obwohl er nach eigenen Worten «keine lust zur Schularbeit» hat, wird er sich im kommenden Jahr auf eine freiwerdende Lehrerstelle in der Quinta des Lyzeums anmelden.

Dort bereitet der junge Rektor Kiesewetter seine zwölf Primaner in der Arithmetik jetzt auf eine Jahrhundertwende vor, die sie, wie er grimmig anmerkt, elf Tage ihres Lebens kosten wird. Am 23. September dieses Jahres 1699 hat nämlich zu Regensburg das Conclusum Corporis Evangelici, haben die Evangelischen Reichsstände einmütig beschlossen, den julianischen Kalender zu «verbessern», undiplomatischer gesagt, ihn dem gregorianischen anzupassen, dem der katholische Rest der Welt seit hundertundsiebzehn Jahren folgt, seit 1582, als Papst Gregor seine Bulle «Inter Gravissimas» in die Welt sandte und befahl, den 5. Oktober jenes Jahres zum 15. zu machen. Einige Schüler lachen. Dass es die Katholischen immer um zehn Tage eiliger haben, das wissen sie ja. Sebastian fällt ein, dass deswegen die Erfurter Stadtbache, wie sie jetzt offiziell heißen, zu allen hohen Festtagen zweimal spielen müssen und nur einmal besoldet kriegen. «Diese correction war aber kein römischer Unfug, wie viele vermeint haben», sagt Kiesewetter, «denn es ist die Mathematik weder katholisch noch evangelisch, das Osterfest aber christlich.» Und darauf komme es an. In Nicea habe im Jahre 325 nach Christo eine Synode beschlossen, es müsse der Ostersonntag auf den ersten Sonntag nach dem ersten Frühlingsvollmond fallen.

Zum Kalender habe man sich jenen genommen, den Julius Cäsar schon ausrechnen ließ, mit 365 Tagen im Jahr. Schon Cäsar habe aber auch gewusst, dass das Sonnenjahr um ein Kleines länger sei, und einen Schalttag alle vier Jahre einsetzen lassen. Sie möchten doch errechnen, was das aufs Jahr mache. Ein Viertel Tag, ja. Das seien indessen im Jahr elf Minuten zu viel. «Ein Fliegenschiss!», ruft Georg Erdmann. «In 130 Jahren wird aus einem Fliegenschiss ein ganzer Tag», sagt Kiesewetter ungerührt. In zehn mal 130 Jahren seit jener Synode sei es so weit gekommen, dass der Tag der gleichen Dauer von Tag und Nacht schon zehn Tage zurücklag, wenn der Kalender den Frühlingsanfang meldete. Es helfe also nicht allein, zehn Tage nach vorn zu springen. «Elf», ruft der Primus, dem eingefallen ist, dass seit des Papstes Bulle schon bald wieder 130 Jahre vergangen sein werden. Ja, aber das genüge nicht für alle Zeiten, sagt der Rektor. Man könne wohl, erwägt Sebastian, der jüngste Primaner, des Cäsars Schalttagen regelmäßig etwas abziehen. Ihn interessieren diese Dinge, auch bei den Längen der Orgelpfeifen, dem Stimmen des Claviers kommt es auf die gebrochenen Zahlen an. Auf die Temperierung.

Ebendarum, sagt der Rektor, hätten die Mathematiker gefunden, im Jahre 1600 müsse der Schalttag ausfallen und dann wieder – wann? Dieses Mal rechnen sie sehr lange, aber nicht einmal Georg Franck, der Primus, findet eine Lösung. Wie denn auch – das Zeitzählungssystem des gregorianischen Kalenders gilt bis heute als wissenschaftliches Meisterwerk der späten Renaissance. «In dreihundert Jahren», sagt der Rektor. «Anno zwotausend.» Großes Gelächter. Kiesewetter dämpft den Lärm. «Gott allein weiß, was dann sein mag. Indessen machen die Römischen mit ihrem Kalender die Evangelischen gleichsam schamrot,wenn sie im ersten Monden rechte Ostern begehen, wir aber unrechte. Auch können darüber die Jüden, Türken und Heiden unser Christentum lästern.» Das sei es also wert, elf Tage daranzugeben, und werde also, wie vom *conclusum* beschlossen, nach kommendem 18. Februar der erste März folgen und rechte Ostern und eine gleiche Dauer von Tag und

Nacht am rechten Tag. Welcher das sei? Die Lösung trifft Sebastian persönlich: der 21. Martii.

Er wird an seinem fünfzehnten Geburtstag nicht mehr hier sein. Mit dem Wegfall der Freitische (oder auch der Stipendien) hat er den Anlass zum Aufbruch, der in seinen Tönen längst begonnen hat, und inzwischen gibt es auch ein Ziel. Dem Freitisch der Schramms entrinnt er nur zu gerne, wo es zum Ende hin immer schlimmer geworden ist mit Frau Marthlise, die ihm nicht bloß jeden Bissen in den Mund zählt, sondern auch lange rätselvolle Reden hält über die bösen Lüste und Begierden, die in seinem Alter zu erwachen pflegten und wogegen es zu kämpfen gelte, sonst gehe es am Ende zu wie bei gewissen Mägdleinschulmeistern … Bei solchen Reden blickt ihr Mann, der Kämmerer, ebenso unbeweglich vor sich hin wie der schlaksig gewordene Junge. Michael Schramm, jetzt Anfang seiner Fünfziger, denkt möglicherweise an Anna Justina, die junge Tochter des Bürgermeisters Schmalkalder, Sebastian an ein kurios hämmerndes Fugenthema, Modulationen über vier Quinten von H bis dis und ebenfalls an einen Namen voller Verheißungen: Lüneburg.

Schulkantor Herda hat die Verbindung dorthin angebahnt. Er war an der Michaelisschule zu Lüneburg einer von vielen Sängerknaben aus Thüringen, die man «wegen ihrer Geschicklichkeit in der Music» in Niedersachsen hoch schätzt. Vom Lüneburger Kantor August Braun erfährt Herda zum Jahresende, dass Sänger gebraucht werden und Stipendien für die Michaelisschule frei sind. Zudem hört Sebastian, dass im Jahr zuvor der Organist und Komponist Georg Böhm, jetzt fast 40 Jahre alt, aus Hamburg nach Lüneburg gezogen ist – mit 10 000 Einwohnern eine Stadt, so groß wie Ohrdruf und Eisenach zusammen, nördlich wie keine, die je ein Bach erreichte, und am Weg nach Hamburg, wo der große Reinken die Orgel schlägt, und zum Lübeck des bewunderten Buxtehude. Sein Bruder unterstützt die Pläne mit unterschiedlichen Gefühlen. Er selbst hätte vor vier Jahren auch fortziehen mögen, an Pachelbels Stelle nach Gotha, es gab eine *vocation* an ihn, kaum dass er seine Brüder aus Eisenach nach Ohrdruf geholt hatte. Aber er blieb, auch Sebastians wegen, und hat ihn hier alles gelehrt, was er ihn lehren kann. «Weiter nichts ...»

Briefe werden gewechselt. Die Primaner Johann Sebastian Bach und Georg Erdmann erfüllen die Bedingungen, die man in Lüneburg für Chorschüler hat: Sie müssen «armer Leute Kind» sein und «sonst nichts zu leben, aber gute Stimmen zum Diskant» haben. Sie werden die vierzig Meilen nach Norden, dreihundert Kilometer, zu Fuß zurücklegen, das ist in zehn Tagen zu schaffen. Nähmen sie die fahrende Post, die etwa von Langensalza nördlich von Gotha bis Hannover geht, müsste jeder bis zu fünf Gulden hinlegen, unmöglich; ein Umweg wäre es zudem. Und in Braunschweig, das an der direkten Strecke liegt, lebt seit elf Jahren der Kantor Johann Stephan Bach, ein Abkomme, vermutlich, jenes Wechmarer Lips, bei dem einst Veit anklopfte. Abschied von Johann Ernst, dem Sohn des Toffel, dem Freund und Cousin, den es hier wohl auch nicht mehr lange halten wird. Abschied von Tobias, der zur Welt kam, als Sebastian in Ohrdruf einzog, und ihn jetzt fragt, wo er denn hinwolle und wann er wiederkomme, von der zweijährigen Sophia, die vor Aufregung weint, von deren Mutter, die nicht weiß, dass sie wieder guter Hoffnung ist, aber ihn so besorgt und zärtlich anblickt, dass er verlegen wird. Und, verzögert, Abschied vom Bruder Johann Christoph, der auch gern einmal weit gewandert wäre, der zusieht, wie Sebastian zuletzt die Stainer'sche Geige des Vaters Ambrosius einhüllt und einpackt und zu dem Schrank mit den Gittertüren geht, die längst nicht mehr abgeschlossen werden, in dem sie beide verwahren, was sie auf Notenblätter schreiben. Den Buxtehude sucht er sich heraus und ein paar andere Sachen, und dann legt er neue Blätter hinein, «das ist vor dich».

Bei Sonnenaufgang um halb sieben ziehen sie los am 15. März 1700 neuen Kalenders, an einem Montag, durch die noch stille Stadt, über den Marktplatz, dann unterm Medusenkopf des Kohltors hindurch, vorbei an den Hexenpfählen, entlang der Ohra in Richtung Gotha, den Weg, den 110 Jahre zuvor Veit Bach mit seinen Söhnen kam. An so etwas denkt sein Ururenkel wohl nicht. Vielleicht erzählen sie sich, was sie von Lüneburg wissen und erhoffen. Vielleicht schwärmt Georg Erdmann wie beinah alle Männer in Ohrdruf noch von Anna Justina, des Bürgermeisters Schmalkalder Tochter, die unbegreiflicherweise noch nicht geheiratet hat. Vielleicht macht er sich lustig über die elf Tage, die jüngst verschwunden sind, nachdem man es mit zehn Tagen hinter den Römischen doch all die Zeit gut ausgehalten habe. Vielleicht sagen sie gar nichts und lassen still die Sonne über der Anhöhe aufsteigen, wo für uns die Grenze eines riesigen Truppenübungsgeländes verläuft. Oder regnet es? Wir wissen doch nur Winzigkeiten. Alles ist offen. Georg würde schallend lachen, wenn ihm jemand sagte, er werde einmal kaiserlich russischer Hofrat in Danzig sein.

In der Vollrathstraße steht ein Haus mit einem rot gestrichenen Tor und drei Schildern daran: «Hausmeisterservice» und «Tag und Nacht freihalten» und die Warnung, dass Falschparker abgeschleppt werden. Hier stand in Ohrdruf einmal ein anderes Haus, an der Lappengasse. Dort wartet Johann Christoph noch eine Woche, bis zum Geburtstag des jüngsten Bruders, erst dann geht er an den Schrank mit den Gittertüren. Auf den fein geschriebenen Noten, die da für ihn liegen, steht ein Titel: «Capriccio E-Dur in honorem Johann Christoph Bachii Ohrdruf». Vier Seiten, randvoll. Christoph setzt sich ans Clavichord. Ein kurios hämmerndes Fugenthema hebt an, aber bei weitem nicht das einzige. Mit wachsendem Staunen, mitunter leise lachend, fingert er sich durch den unberechenbaren Parcours, durch Modulationen über vier Quinten von H-Dur bis dis-Moll, durch Akkordschläge, Sequenzen, Rotationen, das Gebilde scheint sich zu verselbständigen, obwohl da immer wieder dieses eine Thema ist, weitere achtzehn Themen verbindend, in schäumende Arpeggien mündend, uferlos.

KAPITEL 8 DIE ODYSSEE

Wie das Altbachische Archiv entstand, zweimal verschwand und über Kiew 2000 Kilometer weit nach Berlin reiste

Es ist ein schöner, klarer Augustabend, an dem sie starten, nach Südosten. In Wyton, Cambridgeshire, um 20.20 Uhr. 727 Flugzeuge, darunter 335 Avro-Lancaster-Bomber, heben dort am 23. August 1943 ab. Als das Geschwader den Raum Hannover erreicht, wird von deutscher Seite das Ziel der Flieger erkannt: Berlin. In der Reichshauptstadt und ihrer Umgebung warnen nun Sirenen vor Angriffen, zugleich kommt aus den Volksempfängern die Meldung, dass alliierte Bombergeschwader im deutschen Luftraum sind. «20 000 ft. Clear, no cloud. Concentrated bombing», verzeichnet das Operations Record Book für die Lancaster ED 999, «at 2352 hrs. large orange fires could be seen 120 miles away. PFF good. Weather and route also good. Flak not as effective as in March.» Das trifft keineswegs alles zu. PFF, die «Path Finder Force» aus siebzehn «Moskitos», die das Zentrum von Berlin mit schwebenden Leuchtmitteln markieren sollen, kommt mit ihrem neuen Radarsystem H2 s nicht klar und lotst die Bomber an den Südrand der Stadt. Die Abwehr der Deutschen ist unerwartet stark und führt zum Verlust von 56 britischen Flugzeugen und ihrer Besatzungen. Lankwitz und Lichterfelde, Mariendorf und

Marienfelde werden unterdessen schwer getroffen, durch einen Zufall auch das Regierungsviertel in der Wilhelmsstraße. 854 Menschen sterben in dieser Nacht in Berlin und Umgebung, 2611 Gebäude werden zerstört oder beschädigt.

Wäre die Path Finder Force «good» gewesen in dieser klaren Augustnacht, dann hätte der Dirigent Georg Schumann seine vierzehn Kisten wohl vergeblich gepackt. Dann hätte es schon jetzt die ehrwürdige Singakademie Unter den Linden so treffen können wie zwei Jahre zuvor die wenige hundert Meter entfernte Staatsoper, und 140 000 unschätzbare Notenblätter wären verbrannt, darunter 500 Handschriften aus der Familie Bach und deren ältester Kern, ein kleiner Stapel: 200 brüchige, vergilbte Blätter, zwanzig Stücke für Sänger und Instrumente. Ein Schatz, der die Musikwelt einmal stärker beschäftigen wird als jede andere Sammlung, denn er birgt die Schlüssel zur Entwicklung der Musikerfamilie Bach: das Altbachische Archiv. Viele der besten Werke seiner Vorfahren hat der Thomaskantor in dieser Handbibliothek aus Manuskripten aufbewahrt. Nun, knapp 200 Jahre nach seinem Tod, liegen sie in einer der Kisten und warten auf den Abtransport in bombensicheres Gebiet. Den Musikalien, von unschätzbarem Wert nicht nur das Altbachische Archiv, steht eine Odyssee durch das restliche 20. und das frühe 21. Jahrhundert bevor, gut 2000 Kilometer über Straßen, Schienen und durch die Luft, die an Dramatik, wundersamen und tragischen Zufällen, Kreuzungspunkten mit der Weltgeschichte ihresgleichen sucht – und beim «ABA» eigentlich die Fortsetzung einer kaum minder bewegten Vorgeschichte ist.

Als der Arnstädter Kantor Ernst Dietrich Heindorff den Grundstock zu dieser Sammlung legt, geht ein Praktiker mit Sinn für Qualität ans Werk. Zuletzt sind wir ihm bei Heinrich Bachs Begräbnis 1692 begegnet, im Gespräch mit Johann Michael, der die kalligraphische Kopie seiner Motette «Das Blut Jesu Christi» wohl für Heindorff schreibt – und der wiederum fertigt nach Michaels Tod Stimmen für eine Aufführung an. So hat er das, unterstützt von einigen Arnstädter Gehilfen, mit vielen Werken der Familie Bach getan, auch mit dem wohl ältesten, Johann Bachs Motette «Unser Leben ist ein Schatten». Klare Schrift, die Notenhälse vollkommen vertikal, der Text auf engem Raum zwischen den Notenzeilen gut lesbar, unten rechts ein hilfreiches «verte» für «wenden», und zur Partitur von anderer, früherer Hand hat Heindorff ein Titelblatt angefertigt. Nicht alles, was in der Familie komponiert wird, landet bei ihm. Manches geht andere Wege (wie Johann Christophs «Wie bist du denn, oh Gott, im Zorn» und Johann Michaels «Halt, was du hast»). Und Heindorff hat auch keineswegs nur eine Bachsammlung im Sinn. Er nimmt alles, was gut ist, auch einen Stimmensatz seines Amtsvorgängers Jonas de Fletin, er kopiert auch eine überirdisch schöne Begräbnisarie, die der Arnstädter Kapelldirektor Adam Drese 1686 für eine Tochter des Bürgermeisters Feldhaus geschrieben hat.

Als Heindorff 1724 stirbt, mit immerhin 73 Jahren, wird verzeichnet, «Was an Musicalischen Büchern in der Kirch / zum Barfüßern ufm Chore in Schrancke vor / handen, und dem sel: Cantori Herrn Ernst Dietrich / Heindorffen über geben worden». Indessen nennt das Inventar nur 35 Drucke, die schon vor Heindorffs Amtsantritt 1681 erworben wurden. Um die Handschriften kümmert sich derweil der einzige Bach, der mit seiner Familie noch in Arnstadt lebt. Johann Ernst, Toffels Sohn, ist seit 1707 Nachfolger seines Cousins und Freundes Johann Sebastian an der Neuen Kirche. Der wiederum ist seit 1723 Thomaskantor in Leipzig – gut möglich, dass er selbst Johann Ernst bittet, aus der Sammlung des Arnstädter Kantors all das zusammenzusuchen, was familienrelevant ist. Das Archiv nimmt Gestalt an, es werden auch noch Manuskripte hinzugefügt, etwa eine Motette, die Johann Sebastian 1713 für einen weiteren Trauerfall in der befreundeten Arnstädter Bürgermeisterfamilie Feldhaus komponiert hat – ohne dass sein Name dabeistünde.

Spätestens 1739, nach dem frühen Tod von Johann Ernst, kommt das Archiv in die Obhut des Thomaskantors. Vielleicht aber auch schon in jenem Jahr 1735, als Johann Sebastian den «Ursprung der musicalisch-bachischen Familie» verfasst und, höchst modern für die Zeit, ein historisches Bewusstsein dokumentiert. Freilich zu einer Zeit, als er von zweien seiner Söhne schon weiß, dass sie Komponisten von Format sein werden, dass die musikalische Familie neben einer Vergangenheit auch eine Zukunft haben wird. Der Thomaskantor wird aber nicht zum Reliquienhüter. Vor allem Werke des von ihm besonders geliebten Eisenachers Johann Christoph werden von ihm auch damit aufführungstauglich gemacht, dass er Fehler der Kopisten direkt auf dem alten Papier korrigiert. Zu Christophs Arie «Mit Weinen hebt sich an», einem der depressivsten Stücke der Musikgeschichte, in dessen Partitur Dietrich Heindorff nur die Außenstimmen notiert hat, ergänzt er die Mittelstimmen. Zur Aria «Es ist nun aus mit meinem Leben» schreibt er Trillerzeichen über den «Canto» und ergänzt den Text von sechs Strophen, zu denen Heindorff nur die Zeilenanfänge hinschrieb.

Die Blätter, die Töne aus dem vorigen Jahrhundert und seiner Kindheit begleiten ihn durch seine Leipziger Jahrzehnte bis zum Tod. In den 1740ern verblüfft er die Gemeinde mit Christophs gewaltigstem Werk, dem 22-stimmigen «Es erhub sich ein Streit im Himmel». Als Johann Sebastian schon nicht mehr gut sehen kann, führt er jene frühe Motette von Christoph auf, die dessen Vater Heinrich in Schönschrift überliefert hat, «Lieber Herr Gott, wecke uns auf», und fertigt Bläserstimmen dazu an. Die Stimmen muss ein Assistent aus der Partitur abschreiben, der Komponist selbst krakelt dazu zittrig mit Tinte den Rest: «Hautbois I» liest man in seiner Handschrift auf einem der Blätter, «tief Camerthon», dann noch den Notenschlüssel und drei «b» für die Tonart. Sein Sohn Carl Philipp Emanuel, zu dem nach Johann Sebastians Tod 1750 die Sammlung kommt, hält es nicht anders. Auch er, von Mozart als komponierender Vater einer neuen Zeit bewundert, führt die Motette wieder auf, 1780 in Hamburg. Seine Tempovorstellungen schreibt er einfach in die uralte Handschrift, so, wie in allen Familien Rezeptbücher ergänzt werden. Nur ist dieses so etwas wie ein Rezeptbuch der Unsterblichkeit – von einem Musiker dem andern gereicht.

Unterdessen hat sich, wie Goethe im Jahre 1749 geboren, einer auf den Weg gemacht, der dem erwachenden historischen Bewusstsein die Basis einer neuen Wissenschaft einzieht, der als Erster einen anderen Blick auf die alten Blätter wirft, den Blick der Außenwelt, und der, während diese Welt mehrheitlich den Thomaskantor rasend schnell vergisst, schon dessen Neuentdeckung mit vorbereitet, wenn nicht überhaupt die Entdeckung von dessen tatsächlicher Bedeutung. Er heißt Johann Nikolaus Forkel, ist ein Schuhmachersohn aus Franken und muss in späteren Jahren das Urbild des Musikologen auch im nachteiligen Sinne gewesen sein, skurril und zerstreut, eingegraben ins Metier, ein Wissenschaftler, der kostbares Material, den Bibliotheken von Wolfenbüttel bis München entliehen, mitunter erst Jahrzehnte später zurückgibt und dessen Nachfolger in Göttingen statt einer Fachbibliothek einen «Augiasstall» vorfindet. Vielleicht ist das die Kehrseite der Besessenheit und Genauigkeit, mit der dieser Johann Nikolaus Forkel arbeitet. Auch eine bahnbrechende Bibliographie von Schriften über Musik erstellt er, die rund 3000 Einträge umfasst, eine Allgemeine Geschichte der Musik, die von der Antike bis zur Gegenwart konzipiert ist – worüber Forkel mit 69 Jahren stirbt, so dass «nur» die zwei Bände fertig werden, die vor dem 17. Jahrhundert enden.

Als Jurastudent kommt er 1769 nach Göttingen, schon ein Jahr später ist er Organist der Universitätskirche, drei Jahre später zählt er zu den Getreuen des zu dieser Zeit berühmtesten Bach, des Carl Philipp Emanuel in Hamburg, für den er in Göttingen «Pränumeranten» sammelt – Musikliebhaber, die vorm Erscheinen neuer Werke nicht nur subskribieren, sondern schon zahlen (was sie gleichwohl nicht immer tun). Bach, Musikdirektor der fünf Hamburger Hauptkirchen, ist zufrieden mit dem jungen Helfer in Göttingen, sogar «sehr zufrieden», wie er ihm 1774 schreibt, dem «braven u. accuraten Mann», dem er nun druckfrische Psalmen schickt: «Ich sitze im Packen bis an die Ohren.»

Er vertraut ihm. Sonst wäre es nicht zu jenem Tag gekommen, an dem die beiden gemeinsam in die Vergangenheit blicken, an dem Forkel begreift, mit was für einer Familie er es da zu tun hat. Es beginnt damit, dass ihm der Hamburger ein Porträt seines «seel. Vaters» schickt, einen Kupferstich nach einem Pastellporträt, und dann auch Musikalien, vergriffene Drucke von Werken Johann Sebastians, denn Forkel plant nun ein Buch über ihn (das, viel später und bei aller Kürze, zur berühmtesten seiner Publikationen wird, zur ersten quellengestützten Musikerbiographie überhaupt). Er ist einer dieser etwas verklemmten jungen Männer, deren Hartnäckigkeit man leicht unterschätzt. Hängende Augenlider, fester kleiner Mund, geräumiger Kopf. «Die erhaltene *Musicalien* von ihm können nach Ihrer Beqvemlichkeit wieder zurückkommen, weil ich sie so notwendig nicht brauche», schreibt Bach, zugleich bietet er Drucke der «Clavierübung» seines Vaters an, zum Behalten gegen Bezahlung oder leihweise zum Abschreiben, immerhin das Handexemplar des Alten, «doch müßen Sie sich gar nicht genieren». Haben sich die beiden zu der Zeit, im August 1774, schon persönlich kennengelernt? «Mein Haus empfiehlt sich Ihnen bestens», schreibt Carl Philipp, was nicht heißen muss, dass sein «Haus», also seine Familie, den jungen Göttinger da schon einmal empfangen hat. Zumal er fünf Wochen später nachhakt: «Kommen Sie doch bald einmahl zu uns her.»

Im Dezember sendet er ihm drei Seiten voll unschätzbar detaillierter Erinnerungen an seinen Vater, denen er hinzufügt: «Obige Specialia Patris habe ich ohne Zierlichkeit, so, wie sie mir eingefallen sind, hingeschmiert.» Das ist nicht bloß das *understatement* eines Musikers, der sich selbst *ad dexteram patris* sehen muss, es unterstreicht auch die Notwendigkeit, die Skizzen in eine «beßere Ordnung» zu bringen. Im Januar 1775 folgen weitere Erinnerungen und am Seitenrand der Hinweis: «Mit einigen Sachen von J. Xstoph kann ich aufwarten, wenn ich soll.» Gemeint ist der «profonde» Komponist aus Eisenach. Im September ist es dann so weit: «Hierbey, habe ich das Vergnügen, Ihnen etwas aus meinem alten Bachischen Archive zu überschicken, nehmlich 2 Stücke von dem braven Joh. Christopf, und 1 von deßen braven Bruder Joh. Michel Bach, meinem seeligen Großvater mütterlicher Seite. Ich bitte, sie gelegentlich mir, NB gut *conserviert*, weil sie etwas mürbe sind, wieder zu schicken. Das 22stimmige Stück ist ein Meisterstück. Mein seeliger Vater hat es einmahl in Leipzig der Kirche aufgeführt, alles ist über den Efeckt erstaunt. Hier habe ich nicht Sänger genug, außerdem würde ich es gern einmahl aufführen …»

Da geht also «Es erhub sich ein Streit» auf eine weitere Reise, knapp hundert Jahre nach der Uraufführung in Eisenach. Forkel erstattet dem Hamburger die mürben Blätter so wohlbehalten wieder zurück, dass sie noch zwei Jahrhunderte später weit längere Transporte überstehen werden als nur die 40 Landmeilen, die 300 Kilometer von Göttingen bis Hamburg. Vielleicht bringt der junge Musikologe die Kostbarkeit selbst zurück, «auf der Axe», wie Carl Philipp die Reise per Kutsche nennt. Aber wann? Vielleicht wirklich erst, als der schlimmste Schicksalsschlag den heiteren Hamburger getroffen hat?

Im April 1777 lässt ein ungewohnter Ton Forkel stutzen. «Ich bin jetzt in der Nothwendigkeit, alles mögliche aufzutreiben, um eine starke Zahlung zu thun, die ich nicht voraus sahe.» Im Juni wird Bach deutlicher: «Mein armer Sohn in Rom liegt seit 5 Monaten an einer höchst schmerzhaften Krankheit darnieder und ist noch nicht außer aller Gefahr. O Gott, was leidet mein Herz!» Hunderte von Reichstalern schickt Bach nach Rom für «Doctors und Wundärzte», um seinen Jüngsten zu retten, seinen «armen Hans», in der Familie auch ‹Johann Samuel› genannt, getauft indessen auf den Namen – Johann Sebastian. Der ist nur wenige Monate älter als Forkel, und wie um gar nicht erst in den langen Schatten zu geraten, den sein gleichnamiger Großvater wirft, ist er nicht Musiker geworden. Hans ist ein begabter Maler von Landschaften, Idyllen, mythologischen Szenen. Mit der Romreise hat er seine Ausbildung vervollkommnen und Kontakte knüpfen wollen. Am 11. September 1778 stirbt er in Rom, keine dreißig Jahre alt. Und als die Nachricht den Norden erreicht, ist Samuel, Hans, ist Johann Sebastian Bach schon bestattet auf dem protestantischen Friedhof in Rom, dem «cimitero acattolico», wo sich später auch August, «figlio di Goethe», wie auf dem Stein steht, einfinden wird.

Dürfte das Leben sich ab und an wie eine Komposition entwickeln, wenigstens da, wo uns die Belege fehlen, dann muss Forkel, der Freund und Helfer, der hartnäckige und scheue Bewunderer, genau jetzt sich «auf die Axe» begeben, um den «schwarzen Bach», wie man ihn nennt, persönlich kennenzulernen. «Eher kurz als lang von Wuchs, hat schwarze Haare und Augen, eine bräunliche Gesichtsfarbe, eine sehr beseelte Miene, und ist dabey munter und lebhaft von Gemüth», so hat der englische Musikreisende Charles Burney ihn 1773 porträtiert, im selben Jahr schon hat Forkel die deutsche Übersetzung lesen können. Aufgeregt dürfte er sein, trotz des Briefwechsels über fünf Jahre, des Vertrauens, des wiederholten «kommen Sie bald», der mürben Partituren im Gepäck, in dem sich, sorgsam davon getrennt, wohl auch ein paar Göttinger Mettwürste befinden, denn Carl Philipp liebt Spezialitäten.

Vielleicht macht es Forkel verlegen, den berühmten Mann, der ihn selbst unten im Haus an der Fuhlentwiete empfängt, um einen halben Kopf zu überragen, und er ist dankbar für Bachs heitere Bemerkungen. Er vergisst, sein Beileid auszusprechen, oder er spürt, dass es besser ist, darüber jetzt zu schweigen. Seltsam, das bewegte Gesicht von denselben stark gebogenen Augenbrauen markiert zu sehen, die Forkel vom Porträt Johann Sebastians kennt. Nun wird also auch er, der Sohn eines Schusters aus Franken, die Treppe hinaufgeführt ins große Musikzimmer mit Bildnissen berühmter Tonkünstler, mit mehr als 150 Gemälden und Kupferstichen. Auch das «japanische» Porträt von Ambrosius hängt hier, des Vaters von Johann Sebastian, aber natürlich muss ihm Carl Philipp erklären, wer das war, mit diesen Bartschwüngen einer vergangenen Mode unter der Nase. Johanna Maria wird ihm vorgestellt, die zehn Jahre jüngere Frau des Komponisten, nun Mitte fünfzig, aus der Generation von Forkels Eltern, so wie Carl Philipp sein Vater hätte sein können.

«Lieber Herr Gott, wecke uns auf», ist es diese hundert Jahre alte Motette des großen Johann Christoph, die Bach von Forkel nun wieder entgegennimmt neben dem monumentalen, großen «Streit» und auf sein leise singendes Silbermannisches Clavichord stellt, um zuerst wortlos die Stimmen zu spielen? «Seine Augen stunden unbeweglich, seine Unterlippe senkte sich nieder und seine Seele schien sich um ihren Gefährten nicht weiter zu bekümmern, als nur so weit er ihr zur Befriedigung ihrer Leidenschaft behülflich war.» Das hat Charles Burney geschrieben, aber nicht einmal für den Musikenthusiasten aus England hat Carl Philipp die Schätze aus der Zeit vor seinem Vater gespielt, aus dem «alten Bachischen Archive». Neben dem 64-Jährigen stehend, der dem Alter nach sein Vater sein könnte, fühlt sich Forkel aufgenommen wie ein Sohn.

Carl Philipp singt nun den Sopran des ersten Chores mit, eine Oktave tiefer, leise, damit das Clavichord hörbar bleibt, und als der zweite Chor einsetzt, macht Forkel, neben ihm stehend, es unwillkürlich genauso, erschrickt darüber, aber alle Töne stimmen, Carl Philipp bricht nicht ab, bald umgibt sie die Musik, «und dir mit reinem Herzen zu dienen durch denselbigen, deinen lieben Sohn …», die Musik wird so heiter, so leicht und gewiss, je dichter sich die Einsätze überlagern, und Carl Philipp blickt zur Seite, zu Forkel, der sich gesetzt hat, und lächelt. Am Rand des großen Zimmers steht Johanna Maria, vor einer Zeichnung ihres Jüngsten, Nymphen und Pfauen in römischer Landschaft, und die Tränen laufen ihr über das Gesicht. Niemand hat das gesehen. «Ich erinnere mich noch sehr lebhaft», schreibt Forkel ein Vierteljahrhundert später über diesen Tag, «wie freundlich der damahls schon alte Mann bey den merkwürdigsten und gewagtesten Stellen mich anlächelte.»

Am 16. Dezember 1788 trauert der «Hamburgische Unpartheyische Correspondent»: «Gestern hat unser Publicum einen sehr merkwürdigen und berühmten Mann verloren. Es starb Abends 10 Uhr, Herr Carl Philipp Emanuel Bach, Kapellmeister und seit dem 3. November 1767 hiesiger Music-Director …

Er war einer der grössten theoretischen und practischen Tonkünstler, der Schöpfer der wahren Art das Clavier zu spielen, der einsichtsvollste Kenner der Regeln der Harmonie oder des reinen Satzes; der genaueste Beobachter derselben, und ein Clavierspieler, der seines Gleichen in seiner Art wohl nie gehabt hat. Seine Compositionen sind Meisterstücke und werden vortrefflich bleiben, wenn der Wust von modernem Klingklang längst vergessen sein wird. Die Tonkunst verliert an ihm eine ihrer grössten Zierden ...»

«Würdigste Madame, Verzeihen Sie, verzeihen Sie es, daß ich so spät erst Ihren gütigen Brief beantworte. Der Wunsch, Ihrem Verlangen ganz genüge zu leisten, verzögerte eines Theils mein Schreiben, und die andre traurige Ursache, die mir viel Verhinderung auch außer dem Schmerz verursachte, wird Ihnen bekannt seyn. Ich will nichts weiter erwähnen, da Sie selbst die Güte gehabt haben, durch Stillschweygen meinen erstern Verlust mit mir zu empfinden, so werden Sie gewiß auch mit eben der Schonung meinen zweyten Verlust mit mir fühlen ...»

So beginnt der Brief, den am 5. September 1789 Johanna Maria Bach in Hamburg an eine junge Pianistin in Berlin schreibt. Dass sich zu dieser Zeit in Paris ein neues Zeitalter formt, ist für niemanden weniger wichtig als für sie. Am 14. Dezember 1788 ist ihr Mann Carl Philipp Emanuel nach längerer Krankheit gestorben, nur gut vier Monate später sein ältester Sohn, der Jurist Johann August Bach. Von den drei Kindern des Paares lebt nun nur noch die Tochter Anna Carolina. Die feinfühlige Dame, an die die niedergeschlagene Frau schreibt, spielt eine gewaltige Rolle auf dem Weg der Bachs in das Bewusstsein der Welt. Sarah Levy ist eine Tochter des Berliner Bankiers und «Hofjuden» Daniel Itzig. 1761 geboren, wächst sie im Palais ihres vermögenden Vaters in der Burgstraße auf und erhält, wie ihre Geschwister, Musikunterricht von höchster Qualität. Dabei genießt die Instrumentalmusik von Johann Sebastian Bach eine Wertschätzung wie sonst nirgends zu dieser Zeit.

Während sein Sohn Carl Philipp weithin «als idealer Repräsentant der entstehenden bürgerlichen Musikkultur» gilt, wie Peter Wollny in seinem Buch über Sarah Levy schreibt, trifft sich seines Vaters «reiner Satz» in den Präludien und Fugen mit dem hohen Bildungsanspruch des aufgeklärten Judentums – wobei die geistlichen Vokalwerke vorerst ausgeklammert bleiben. Als der Komponist, Literat, Reisende und Reporter Johann Friedrich Reichardt in den frühen 1770er Jahren zu Gast im Palais Itzig ist, staunt er: «Musik wurde im reinsten, edelsten Sinne getrieben, Sebastian und Emanuel Bach mit einem Verständniß vorgetragen, wie sonst nirgends.» Er spricht sogar von einem «förmlichen Sebastian und Philipp Emanuel Bach-Kultus». In diesem Kreis wächst auch Lea auf, Sarahs Nichte, die Mutter von Felix Mendelssohn.

Sarah lernt auf Reisen nach Hamburg Carl Philipp Emanuel und seine Frau kennen, ehe sie volljährig ist, gehört zu seinen Subskribenten und ist in Berlin Klavierschülerin seines älteren Bruders Wilhelm Friedemann, dem nach einem zerfahrenen Leben die Itzigs noch einen lichten Lebensabend bescheren. An die Witwe von Carl Philipp Emanuel schreibt die 27-jährige Sarah, weil sie Werke aus dem Nachlass erwerben möchte, und so macht sich Johanna Maria Bach die Mühe, «Ihnen ein ganz vollständiges Verzeichniß aller hinterlassenen Werke meines lieben Mannes» zu liefern. Was noch in diesem Nachlass steckt, erfahren im Jahr darauf die Leser eines Katalogs, den die Witwe so inseriert: «Man kann bis in die Mitte des Maymonats mit 1 Mark (oder 9 Groschen leicht Geld) auf selbiges pränumerieren, und sich des- / halb an die verwittwete Frau Kapellmeisterinn Bach in Hamburg wenden. Nachher wird dieses Verzeichnıß, welches außer dem Text noch 3 Bogen Noten enthält, nicht unter 2 Mark verkauft.» Ein Katalog, in dem man sich unter «Johann Sebastian Bach», Abteilung «Singstücke», beispielsweise diesen Posten sichern kann: «Zweychörige Paßion nach dem Matthäus. Mit Flöten, Hoboen und 1 Gambe. Eigenhändige Partitur, und auch in Stimmen.»

Dieses schlechthin unschätzbare Autograph der *Matthäuspassion* erwirbt zunächst Carl Philipps Nachfolger als Kantor in Hamburg, ohne die sperrige Antiquität jemals aufzuführen. Mögen ein paar reiche Berliner Enthusiasten Bachs Klaviermusik spielen, mag auch Mozart sich in Wien – bei einer Schwester von Sarah übrigens – schon anno 1782 Fugen Bachs und seiner Söhne abgeschrieben haben: Bach spielt im Musikleben keine Rolle mehr, am wenigsten seine Kirchenmusik mit ihren als kraus empfundenen Texten. Noch Krauseres und Abgelegeneres verzeichnen zwei der 142 Seiten im Katalog: das «Alt-Bachische Archiv» nämlich, 20 Werke, «in verschiedenen Stimmen vortrefflich gearbeitet». Dieser Hinweis dient der Reklame für eine Musik aus fernster Zeit, die keinen interessiert – und die bis 1805 auch keinen Käufer findet. In diesem Jahr, als Napoleon bei Austerlitz die Allianz besiegt und in Wien Beethovens «Eroica» ihre erste Aufführung erlebt, wird in Hamburg der Rest des Nachlasses versteigert, und Georg Poelchau bekommt den Zuschlag.

Für 35 Mark wechseln die Handschriften des «ABA» den Besitzer. Poelchau arbeitet in Hamburg als Tenor, Gesangslehrer und Konzertveranstalter. Reich verheiratet, ist er ein Sammler von Musikerhandschriften, der später auch das Autograph der Matthäuspassion erwirbt. Er zählt zum Hamburger Freundeskreis der Lea Salomon, die den jüdischen Bankier Abraham Mendelssohn geheiratet hat. Der wiederum kauft Poelchau die meisten Blätter ab. Napoleon lässt Hamburg besetzen, der

Handel kommt zum Erliegen, Abraham zieht mit seiner Familie, mit Lea und den Kindern Fanny und Felix nach Berlin, und dort schenkt er die Handschriften der «Singakademie», einem Chor wohlhabender Amateure. Damit ist der Schatz einem der eigenartigsten und einflussreichsten Enthusiasten jener Jahre ausgeliefert, dem Leiter dieses Chores: Carl Friedrich Zelter.

«Schon sein Anblick feuert alles an», schreibt im Mai 1822 ein Dreizehnjähriger aus Berlin nach Weimar, der junge Felix Mendelssohn an den «Herrn Geheimerath» Goethe, und er meint den gemeinsamen Bekannten, Freund, Lehrer, seinen und des berühmten Dichters musikalischen Instruktor. Carl Friedrich Zelter, nun 64 Jahre alt, knorrig, robust, hartnäckig, ist einer von den Aufsteigern, die Kraft für zwei haben, freilich den Weg in die Regionen des Geistes nicht ohne Schrullen überstehen. Was sofort auffällt an dem hochgewachsenen Mann, sind seine großen Augen, die Augenbrauen immer leicht hochgezogen, wie auf dem Sprung, eine kräftige Nase, darunter ein Mund, dem man, auch wenn er geschlossen ist, die Redelust ansieht, und die grau, wohlgekämmt und üppig eine Welle um die Ohren bildenden Haare.

Zelter ist der Sohn eines Berliner Maurers und wird selbst Maurermeister, während er sich die Musik autodidaktisch beibringt, als Geiger und als Komponist. An den prominenten Musiktheoretiker Johann Philipp Kirnberger, einen Schüler Johann Sebastian Bachs, schickt er eine Kantate und bekommt als Antwort eine kühle Frage: «Sie wollen Häuser bauen und nebenher komponieren, oder wollen Sie komponieren und nebenher Häuser bauen?» Also wendet sich Zelter an Carl F. C. Fasch, den Klavierbegleiter Friedrichs des Großen, bei dem er bis zum Tod des Monarchen 186 Unterrichtsstunden nimmt, mitunter zu Fuß eine Stunde nach Potsdam laufend und ebenso lang zurück, um dann wieder als Maurer zu arbeiten – elf Kinder wird er damit einmal zu versorgen haben. 1796 veröffentlicht Zelter seine erste Liedersammlung und schickt sie, da er auch Lyrik von Goethe vertont hat, nach Weimar. Ab 1799 korrespondieren die beiden Ungleichen, ein Jahr später beerbt Zelter seinen Lehrer Fasch als Leiter der Singakademie.

Uns interessiert dieser Dickschädel nicht nur, weil die mürben Blätter des Altbachischen Archivs bei ihm ihre nächste Bleibe finden auf dem Weg durch die Jahrhunderte, sondern auch, weil auf diesem Weg auch ein Ereignis stattfindet, das unser Interesse an Bach bis heute prägt, die legendäre Wiederaufführung der Matthäuspassion von J. S. Bach am 11. März 1829 in Berlin unter der Leitung des 20-jährigen Felix Mendelssohn. Ohne diese Initialzündung wäre Bachs Musik einem großen Publikum weitaus später erschlossen worden, und vielleicht würden wir uns heute noch nicht sonderlich für die Familie interessieren, aus der Johann Sebastian kam. Allerdings greift das Interesse an seiner Musik schon eher um sich. Im Leipziger Verlag Hoffmeister und Kühnel kommt ab 1801 das komplette Klavierwerk J. S. Bachs heraus und kurz darauf Forkels Biographie des Komponisten. Beethoven äußert 1810 Interesse am «*temperirten* Klawir» und der h-Moll-Messe. Die Motetten werden zumindest in der Leipziger Thomaskirche ab und an gesungen. 1803 erscheinen sie bei Breitkopf & Härtel in Leipzig erstmals im Druck, den sich auch der Berliner Komponist, Jurist, Erzähler E. T. A. Hoffmann beschafft. Er schreibt in den «Kreisleriana»: «Ich sehe in Bachs achtstimmigen Motetten den kühnen, wundervollen, romantischen Bau des Münsters mit all den phantastischen Verzierungen, die künstlich zum Ganzen verschlungen, stolz und prächtig in die Lüfte emporsteigen …» Hoffmann kann sie auch bei Zelter gehört haben.

Die Damen und Herren der Singakademie kommen aus der besten Gesellschaft Berlins, das mit 170 000 Einwohnern kaum größer als das Oldenburg von heute ist. Es sind Medizinalräte, Stadträte, Juristen, Geistliche, Geschäftsleute. Nicht verheiratete Damen nennen sich im Präsenzbuch «Fräulein». In den Wintermonaten holen Kutschen je vier Damen von zu Hause zur Probe ab und bringen sie zur Akademie der Künste Unter den Linden, später dann ins neue eigene Domizil des Chores, der unter Zelters Leitung auf 359 Mitglieder anwächst. Wer schwänzt, bekommt einen Eintrag, wer gastiert, auch, etwa der junge Pianist, der im Juni 1796 vermerkt ist: «Herr van Beethoven, Klavierspieler aus Wien, war so gefällig, uns eine Fantasie hören zu lassen.»

1819 wird der zehnjährige Felix Mendelssohn Kompositionsschüler bei Zelter. Der kennt die Familie mütterlicherseits schon seit einem Auftrag für Ausbauarbeiten an der Bartholdy-Meierei. Das Anwesen vor dem Schlesischen Tor Berlins hat die Familie Itzig vom preußischen Baron Bartholdy erworben, und der Gutsname wandert als christlicher Namenszusatz in die Familie. Die feinsinnige Lea schreibt über den Lehrer ihres hochbegabten Sohnes, «dass der Mann, welcher oft mit der Inspiration des Künstlers, rührendem Ernst des Denkers und Jean Paulschem Witz hinreißt, recht eigentlich platt und prosaisch sein kann». Das ist er auch als Berater des musikalisch ahnungslosen Goethe. Als der von ihm wissen will, was wohl zu halten sei von den «Huit scènes de Faust», die ein junger französischer Komponist ihm nach Weimar gesandt hat, antwortet Zelter: «Gewisse Leute können ihre Geistesgegenwart und ihren Anteil nur durch lautes Husten, Schnauben, Krächzen und Ausspeien zu verstehen geben; von diesen Einer scheint Herr Hector Berlioz zu sein.»

Immerhin verwahrt er den Druck, den Goethe ihm schenkt, sorgsam in der Sammlung der Akademie. 140 000 Notenblätter wird sie einmal umfassen, viele von ihnen tragen Spuren von

Zelters manischer Kommentier- und Korrigierlust. Wie vor ihm immerhin schon Mozart geht Zelter mit «alter» Musik ohne Interesse an ihren historischen Bedingungen um. Er habe sich, schreibt er an Goethe über Bach, «manche seiner Kirchenstücke zugerichtet» – was für ihn Korrekturen der «verruchten deutschen Kirchentexte» einschließt: «Oh Schmerz, hier zittert das gequälte Herz» in der «Matthäuspassion» wird am komponierten Beben vorbei umgeschrieben zu «Oh herbes felsenhartes Herz». Zu Passagen, die ihm zu ornamentenreich sind und französischen Einfluss verraten, meint er, so etwas könne man «abnehmen wie einen dünnen Schaum». «Das Herz sagt mir», so versichert Zelter dem Dichter in Weimar, «der alte Bach nickt mir zu, wie der gute Haydn: Ja, ja so hab ich's gewollt!»

Seine Abschrift der Matthäuspassion hat er großzügig in Rot durchkorrigiert, und in eine ähnlich zugerichtete Kopie der Johannespassion schreibt er: «Ich habe den alten Bachen wieder lebendig gemacht.» Dabei hält der auratische Maurermeister die großen Passionen des Thomaskantors für unaufführbar. Er lässt den Chor nur Auszüge singen in den Proben, die der eigentliche Kern der musikalischen Arbeit sind, denn nur selten gibt es Konzerte. Für die öffentlichen Auftritte der Singakademie favorisiert Zelter das Oratorium «Der Tod Jesu» von Carl Heinrich Graun, eine empfindsam schlichte, dünnblütige Passionsmusik aus dem Kreis Friedrichs des Großen. Die große Liebe des Chorleiters gilt weniger Bach als Händel, dessen «Messias» er ebenfalls korrigiert. Damit auch Instrumentalisten zur Hand sind, hat er sogar eine Orchesterschule auf die Beine gestellt, aus der später die Berliner Philharmoniker hervorgehen.

Mit namentlich ausgestellter Genehmigung des Direktors dürfen Interessierte bei den Proben der Singakademie zuhören, in denen viele Raritäten gesungen werden. Auch Johann

Christophs «Lieber Herr Gott, wecke uns auf» und «Der Gerechte, ob er gleich zeitlich stirbt» sind dabei, wie Abschriften für Choristen zeigen. Diese und weitere sieben Motetten hat Zelter sogar seinem Schüler Friedrich Naue zur Verfügung gestellt, der 1823 in Leipzig «Neun Motetten für Singchöre von Johann Christoph Bach und Johann Michael Bach» drucken lässt. Sicherlich singen da auch Zelters Schüler Felix Mendelssohn und seine Schwester Fanny mit, im Sopran. Außerdem lernt der Junge dort Stücke aus der «Matthäuspassion» kennen, die Zelter nach einer Abschrift bearbeitet hat.

Anderes von Bach kennen die Schüler besser als ihr Lehrer. Fanny Mendelssohn spielt als Zwölfjährige anno 1817 alle Präludien des Wohltemperirten Klaviers auswendig, und ihr Bruder wird eines davon noch in seinem Requiem für sie, dem f-Moll-Streichquartett, zitieren. Felix' Interesse an der Matthäuspassion wird auch dadurch gesteigert, dass Zelter dem Schüler zwar den Schrank zeigt, in dem die Partiturabschrift liegt, mehr aber nicht. Man denkt an Sebastian in Ohrdruf, aber anders als jener muss der junge Bankierssohn nicht eigenhändig bei Mondlicht Noten kopieren. 1822 stirbt in Hamburg der Besitzer des Autographs. Sammler Poelchau, der mittlerweile auch in Berlin lebt und Mitglied der Singakademie ist, erwirbt es und wird von Felix' Großmutter Bella Salomon überredet, eine Abschrift für den 14-jährigen Musiker herzustellen.

Die nötige Betriebstemperatur für eine Bachrenaissance kommt auch politisch zustande. Vor dem Hintergrund der napoleonischen Kriege hat schon Forkel seinen Bach den «patriotische[n] Verehrer[n] echter musikalischer Kunst» empfohlen. Nach der Befreiung von französischer Herrschaft reagieren die Berliner Bürger empfindlich darauf, dass Friedrich Wilhelm III. ausgerechnet Gaspare Spontini zum Generalmusikdirektor gemacht hat, vormals Hofkomponist Napoleons. Seitdem «gab es in Berlin kein musikalisches Ereignis von einiger Bedeutung mehr, das nicht in irgendeiner Weise zu diesem musikalischen Parteienstreit, hinter dem sich der politische verbarg, in Beziehung gesetzt worden wäre», schreibt Arno Forchert. Es ist aber der König selbst, der den musikliebenden Bürgern eine neue Basis sichert und der Singakademie das Grundstück schenkt, auf dem ihr Gebäude noch heute steht – gegenüber der Oper unter den Linden und, damals, von einem schnurgerade angelegten Kastanienwäldchen durch einen Wassergraben getrennt. Den Plan entwirft der Gemahl einer der Choristinnen, Oberbaurat Friedrich Schinkel. Am 30. Juni 1825 wird der Grundstein gelegt – natürlich von Maurermeister Zelter.

Der 67-jährige trägt sein Festtagsornat, einen dunklen, zweireihig mit Knöpfen versehenen Gehrock, zwischen dessen breiten Revers ein daran befestigter weißer Kragen sich öffnet, darunter sieht man die Weste, unter ihr das gefältelte weiße Hemd, dessen hoher Kragen bis zu den Wangen reicht und mit weißem Halstuch zugebunden ist. Man trifft sich um fünf Uhr morgens, die Sonne ist, wolkenfrei, gerade aufgegangen. Umgeben von etwa 60 Handwerkern und den Vorstehern des Chores, lässt sich Zelter eine Schürze umbinden, nimmt die Kelle – mit der linken Hand, denn die rechte ist halb gelähmt –, steckt sie ins Wasser, nimmt Mörtel aus dem Trog und legt ihn fachgerecht auf den Stein. Dann schlägt er mit seinem Hammer dreimal auf den Stein: «So ergreife ich als dirigierendes Haupt der Sing-Akademie diesen Hammer und weihe diesen Grundstein, zu Ehre unseres großen Meisters Karl Fasch.»

Dass im Saal des neuen Musentempels vier Jahre später die Matthäuspassion erstmals seit Bachs Lebzeiten wieder zu hören ist, hat der knorrige Zelter weniger gewollt als hingenommen. Der Kompetenz seines Lieblingsschülers kann er so wenig entgegensetzen wie einer Pressekampagne, in der die

«Berliner Allgemeine Musikalische Zeitung» die Aufführung großer Vokalwerke Bachs zum nationalstaatlichen Anliegen erklärt. Schon eine Veröffentlichung der Matthäuspassion, schreibt Adolf Bernhard Marx im April 1828, bedeute den «Bruch der Schranken, die kleinlicher Egoismus, kindischer Geiz und Hochmuth auf todten Besitz so lange Jahre um die edelsten und herrlichsten Schätze der Kunst gezogen hatte. Nicht mehr soll Deutschland seines köstlichsten Reichtums beraubt, ja unkundig sein.» Ein Hieb gegen Zelter, dem eine ganze Reihe von Artikeln über Bachs Vokalmusik folgt, bis am Ende des Jahres der bedrängte Alte sich einverstanden erklärt, die Singakademie, Saal wie Sänger und Orchester, für die Matthäuspassion «unserem jungen dirigierenden Freund» zur Verfügung zu stellen. Da hat Mendelssohn, mit Marx gut befreundet, längst im Hause seiner Eltern mit Proben im kleinen Kreis begonnen – dort, wo heute an der Leipziger Straße das Gebäude des deutschen Bundesrats steht.

Die «Berliner Allgemeine Musikalische Zeitung», seit 1824 wöchentlich im Verlag Schlesinger erscheinend, hat zwar nur eine Auflage von gut 600 Exemplaren, aber einigen Einfluss. Kein Blatt der Stadt, von der «Spenerschen» bis zur «Vossischen», versäumt es, auf das bevorstehende Ereignis hinzuweisen. Schon zu den Proben drängen die Kunstfreunde. Einen Tag vor dem 11. März 1829 sind die 900 Plätze in Saal und Logen ausverkauft. Man muss Vorsäle und Hinterbühne öffnen, über 1000 Interessierte werden nach Hause geschickt. «Der Allerhöchste Hof mit hohen auswärtigen Gästen war zugegen», vermerkt Marx in der weihevollen Besprechung einer «religiösen Feier, die man still in sich wiederholen, nicht berichten soll». 150 Choristen schreiten aufs Podium (darunter Fanny), der 20-jährige Mendelssohn nimmt, mangels einer Orgel, am Hammerklavier Platz, von dem aus er die Aufführung leitet. Er hat zwei Drittel der Arien und sechs Choräle gestrichen und die Oboen d'Amore durch Klarinetten ersetzt, aber den Originaltext behält er bei. Und während die Passion zum ersten Mal seit hundert Jahren erklingt, ruhen oben, unter dem Dach der Singakademie, die Handschriften der frühen Bachs zwischen Tausenden anderen. Sie werden dort noch sehr lange ruhen.

Gegen Ende der 1860er Jahre steigt ein junger Philologe neben dem Saal der Singakademie die Treppe zur Musikbibliothek hinauf, ein Pfarrerssohn aus Hoya bei Hannover, der in Göttingen studiert hat, für zwei Jahre Oberlehrer für Griechisch und Latein in Reval war und jetzt im Gymnasium Sondershausen in Thüringen arbeitet – also mitten in seinem Forschungsgebiet. Philipp Spitta hat schon früh Klavier und Orgel spielen gelernt und Ehrgeiz zum Komponieren gehabt. Den hat ihm sein Freund Joseph Joachim, Konzertmeister in Hannover, beizeiten ausgeredet. Geblieben ist das brennende Interesse an Musik – besonders an der von Johann Sebastian Bach. Schon in Reval hat Spitta zu forschen begonnen, denn was bislang an Literatur über Bach vorliegt, genügt ihm nicht. Überall vermisst er «Selbstständigkeit des musikalischen Urtheils» und die Fähigkeit, «mit dem wissenschaftlichen Apparate zu operiren».

Spitta hat und kann beides, dazu kommt noch das Anglerglück der Besessenen: Ein Freund in Reval half ihm, aus dem Moskauer Hauptstaatsarchiv einen Brief von Johann Sebastian Bach ans Licht zu holen, den Brief schlechthin für einen Biographen, einen Brief an jenen Georg Erdmann, mit dem Sebastian im März 1700 aus Ohrdruf aufbrach. Aus Erdmann wurde ein kaiserlich russischer Hofrat in Danzig, und an den wandte sich 1730 der Thomaskantor, in Leipzig «fast in stetem Verdruß, Neid und Verfolgung lebend» und willens, mit der Familie nach Danzig umzuzuziehen, «Solten Euer Hochwohlgeboren vor einen alten treuen Diener dasiges Orthes eine *convenable station* wißen oder finden …». Der Brief ist, was Spitta selbst schon ahnt, ein Schlüsseldokument. Das Interesse des jungen Gelehrten an den Lebensumständen des Komponisten geht aber bereits so weit, dass ihn auch dessen Vorgänger interessieren.

Auch dieser Familie wegen macht er sich Hoffnungen auf dem Weg nach oben in der Singakademie, dorthin, wo die getäfelte Decke über dem schnörkeligen Eisengeländer nur noch zweieinhalb Meter hoch ist. Er wird eingelassen und steht nun in einem rund sechzig Meter langen Gang. Links Fenster, rechts Schränke, raumhoch, mit verglasten Schiebetüren, jeweils sechs Schränke bilden eine Bucht. In ihnen die Sammlung, geordnet (mehr oder weniger) nach Schriften über Musik, kontrapunktischen Studien, Vokalmusik von großer Besetzung absteigend zu kleiner Instrumentalmusik. Zur Orientierung ein handschriftlicher Katalog, der sich einem Rechtsstreit verdankt. Als Carl Friedrich Zelter 1832 seinem Freund Goethe nachstarb, hinterließ er beträchtliches Chaos. Von vielen Musikalien war unklar, ob sie Zelter oder der Akademie gehörten, und Georg Poelchau, der Sammler, erstellte den «Catalog musikalisch=literarischer und practischer Werke aus dem Nachlasse des Königl: Professors Dr. Zelter». Auf dessen Basis einigte sich die Akademie mit Zelters Erben auf die Zahlung von 1000 Talern, um alle Werke behalten zu können.

Als gut dreißig Jahre später Philipp Spitta kommt, sind einige Schätze verkauft und andere nicht mehr auffindbar. Für den lächerlichen Preis von 1400 Talern hat sich die Akademie, in der sich finanzielle Engpässe und organisatorische Wirren ablösen, von autographen Stimmsätzen Bachs und einer frühen Abschrift der Matthäuspassion getrennt – Spitta kann sie in der Königlichen Bibliothek zu Berlin finden. Was er nirgends findet, sind die 20 Werke aus dem Altbachischen Archiv, das im

Katalog freilich auf zwei Rubriken verteilt ist. Da gibt es über den Erwerbspreis teils genauere Auskunft als über den Inhalt: «Bach, J. Chr. U. Michael Bach: 8 Kirchenstücke. P. [Partitur] u. St. [Stimmen] M. [Manuskript] 3 Silbergr.» Spitta, versehen mit dem Nachlassverzeichnis des Carl Philipp Emanuel Bach, sucht vergeblich nach «Meine Freundin, du bist schön», «Ach, das ich Wassers gnug hätte» und zwei weiteren Werken von Johann Christoph. «Bis jetzt verloren, hoffentlich nicht für immer», schreibt er traurig, nicht ahnend, dass all das nach wie vor hier oben unter dem Dach liegt – nur eben, da die Bibliothek schlecht geführt und das historische Interesse der Akademieleiter gering ist, auseinandergerissen, zwischen Umschläge und hinter Regale gerutscht. Anderes immerhin findet Spitta teils in Friedrich Naues gedruckter Sammlung von 1823 und teils in der Königlichen Bibliothek. Denn um das Chaos vollständig zu machen, hat Georg Poelchau zwei Autographe von Motetten Johann Christophs seinerzeit nicht an Abraham Mendelssohn verkauft, sondern behalten, und mit seiner Sammlung wurden sie nach seinem Tod 1841 an den König verkauft.

Selbst die rudimentäre Kenntnis dessen, was die Bachs im 17. Jahrhundert komponiert haben, genügt dem dreißigjährigen Gymnasiallehrer, um in seiner gewaltigen Arbeit über Johann Sebastian Bach den Eisenacher Organisten Christoph als das Genie vor dem Genie herauszupräparieren, vom Bruder Michael dicht gefolgt. Dabei verbindet Spitta ziemlich eingehende und anregende Analysen der Werke mit dem wuchtigen, geschichtsphilosophisch angeheizten Nationalstolz, der seine Monumentalbiographie, als sie 1873 erscheint, an den Gründerzeitgeist anschließt: «Damit die höchste Kunsthöhe jener Epoche [des späten 17. Jahrhunderts] von zwei deutschen Meistern [gemeint sind Christoph und Michael] erklommen werden konnte, mußte ihr Volk zeitweilig in todtähnlicher Erstarrung liegen (…); diejenigen aber die ungeschwächt sich in dem Siechtum aller sich behaupteten und im reinen Gefäß den köstlichsten Inhalt deutschen Wesens bargen und hegten, über sie rollt das Rad hinweg und tilgt ihre Spur, und bald fragt keiner nach ihnen mehr.»

Von hier führt auch ein Weg zur «Kernkraft der Sippe», die deutsche Musikologen zur Zeit des «Dritten Reiches» den Bachs zuschreiben werden, aber Spittas Werk führt neue Standards in die Musikwissenschaft ein: verfeinerte Recherche, Quellenkritik, Interesse am historischen Kontext, Werkanalyse. Seine 2000 Seiten über Bach, von denen die ersten 175 Seiten dessen Vorfahren gelten, sind bis heute ein unverzichtbares Grundlagenwerk. Ihm verdankt Philipp Spitta, der nur 52 Jahre alt wird, den rasanten Aufstieg zum Professor der Musikgeschichte in Berlin und ein Lob von Johannes Brahms, mit dem er korrespondiert, für «den warmen lebendigen Ton, die schöne Gründlichkeit, die fesselnden Zeitbilder, die trefflichen Analysen, die mir gleich gelungen erschienen bei mir bekannten wie unbekannten Sachen».

Während Johann Sebastian Bach im 19. Jahrhundert von einer halbvergessenen Randfigur zum Komponisten von Weltgeltung wird, fragt außer Spitta keiner nach der Musik der Bachs vor ihm, durchaus aber nach der des 17. Jahrhunderts. Er selbst initiiert noch eine monumentale Reihe quellenkritisch edierter Werke, die bis 1931 auf 65 Bände wachsenden «Denkmäler deutscher Tonkunst», die auch Größen von Samuel Scheidt bis Dietrich Buxtehude wieder ins Licht rückt. Von den frühen Bachs ist unterdessen nicht viel mehr zu haben als die gedruckte Motettensammlung von 1823, einige Handschriften in der Königlichen Bibliothek Berlin, Abschriften in Weimar und Königsberg und eben das 1790er Nachlassverzeichnis von Carl Philipp Emanuel Bach. Mit dem und mit Poelchaus «Zelter-Katalog» begibt sich zu Beginn des 20. Jahrhunderts ein Musikhistoriker erneut auf die Suche in der ungepflegten Bibliothek der Singakademie. «Kurz nach Ausbruch des Weltkriegs», wie Max Schneider schreibt, wird er fündig. «Stück für Stück» und «oft blattweise» habe er die 20 Kompositionen unterm Dach der Akademie gefunden.

Die Handschriften werden fotografiert, und pünktlich zu Bachs 250. Geburtstag anno 1935 lässt Schneider sechzehn davon zusammen mit Musik aus anderen Quellen drucken. Zum Start der neuen Reihe «Erbe deutscher Musik» erscheint das Altbachische Archiv in gleich zwei Sonderbänden, und Schneiders Vorwort entbehrt der völkischen Töne nicht: «Deutschen Geistes von Grund auf» sei diese Musik, niemals verwirre sie durch «satztechnisch verwickelte Klanggebilde», «sie könnte volkstümlich sein», vom «kostbaren Erbgut» ist die Rede, das in Musik des Eisenachers Johann Christoph sich offenbare. Wie mag Alfred Einstein solche Formeln gelesen haben, einer der klügsten, brillantesten Musikwissenschaftler und Musikkritiker der Weimarer Republik? Ihn, den Juden, hatte man 1933 als Schriftleiter der «Zeitschrift für Musikwissenschaft» von seinem Amt entbunden, sein Nachfolger wurde einer der vier Kollegen, die die Entlassung unterzeichnet hatten, nämlich Max Schneider. Der war zwar auch ein passioniert und präzise arbeitender Musikologe und als solcher noch bis 1960 in Halle als Professor im Amt, steht aber auch für die Kontinuität braun grundierter Perspektiven, die die deutsche Musikwissenschaft bis heute nicht konsequent aufgeklärt hat. Dass ihrem Zugriff gerade die Bachs vor Bach für mehr als ein halbes Jahrhundert entrinnen würden, was jedenfalls die Forschung an den originalen Manuskripten angeht, hat auch einen symbolischen Reiz wie die Blätter selbst.

Zwischen ihrem ersten Verschwinden in den Regalen der

Bibliothek und ihrem zweiten Verschwinden, dem wir uns nun nähern, liegen dreißig Jahre, in denen die Singakademie ab und an Stücke aus dem Altbachischen Archiv vorträgt. Am 30. April 1937 sind fünf Motetten erstmals zu hören: «Sei nun wieder zufrieden» und «Unser Leben ist ein Schatten» von Johann Bach, «Herr, wenn ich nur dich habe» und «Halt, was du hast» von Johann Michael Bach, «Der Gerechte» von Johann Christoph Bach. Nach der Pause singt Elisabeth Schwarzkopf – allerdings keine der Arien, mit denen sie später Weltruhm erlangt. Die Gesangsstudentin ist Teil eines solistisch besetzten Chores, der die sechzehnstimmige Messe eines früheren Leiters der Singakademie vorträgt. Dirigent ist Georg Schumann, jener Chorleiter und Komponist, der sechs Jahre später mit seinen Helfern die Noten in die Kisten packt, während die britischen Bomber an den Start rollen. Ein gelegentlich zerstreuter 77-jähriger, der einen Brief an die Behörde schon mal mit einem ordentlich getippten «Heil Hutler» beendet, ohne Ärger zu bekommen, hoch angesehen in Berlin, wo er, spätromantisch ausgerichtet, eine Meisterklasse für Komposition leitet. Georg Schumanns letzte Motette, 1934 geschrieben und in der Singakademie uraufgeführt, beginnt mit einem Paukengrollen, ehe der Chor «Mit Fried und Freud fahr ich dahin» anstimmt. Es ist ein verhangenes, verzweifeltes Stück. Man vernimmt heute das Paukengrollen, als habe der Musiker schon ein Jahr nach dem Ende der Weimarer Republik die Lancasters über der Reichshauptstadt geahnt.

Als britische Sprengbomben am 23. November 1943 das Dachgeschoss der Singakademie zerstören, sind die Kisten mit 140 000 Notenblättern in Sicherheit. Am 31. August 1943, eine Woche nach dem jüngsten Luftangriff der Briten, einen halben Tag vor dem nächsten, hat sich in Berlin der «Transport XVIII nach Schloss Ullersdorf i / Schlesien» in Bewegung gesetzt. Die

LKWs enthalten neben den Musikalien der Singakademie noch dreizehn weitere Berliner Sammlungen, vornehmlich Kunst. Auf Anordnung von Reichspropagandaminister Joseph Goebbels werden die Kulturgüter evakuiert, nach Schlesien, wie zwei Jahre zuvor schon die wertvollsten Musikalien der Preußischen Staatsbibliothek, Handschriften des offiziell verfemten Felix Mendelssohn, Autographe von Mozart und Bach. Die dünn besiedelte Gegend erscheint den Behörden sicher. Sie liegt ohnehin außerhalb der Reichweite der Bomber, die in England starten. Schloss Ullersdorf liegt 400 Kilometer südöstlich von Berlin, im Glatzer Kessel. Es ist ein klassizistischer Bau mit zwei Etagen über dem Souterrain und einem Brunnen auf dem Vorplatz und gehört der Adelsfamilie von Magnis, die mit dieser Transaktion ein zweites Mal in die Musikgeschichte gerät. Schon 1876 nennt Richard Wagner den Grafen Magnis von Ullersdorf als einen Gönner, der in Bayreuth bevorzugt zu behandeln sei, und tatsächlich überweist der Graf 5000 Mark an die Festspiele.

Dass die vierzehn Kisten der Singakademie in diesem Schloss deponiert werden und nicht im 20 Kilometer entfernten Schloss Wölfelsdorf, wird sich als glückliche Fügung erweisen. In Wölfelsdorf hortet das Amt VII des Reichssicherheitshauptamts seine Schätze, in Europa zusammengeraffte Archivalien von «Reichsfeinden», aus den Bibliotheken jüdischer, freimaurerischer und sozialistischer Organisationen. Als Anfang Mai 1945 die Zweite Ukrainische Front der Roten Armee das Gebiet erreicht und Schloss Wölfelsdorf stürmt, wird die Beute zunächst nach Glatz geschafft, ebenso die aus Schloss Eckersdorf nördlich der Stadt. Auch 370 Gemälde aus Berliner Museen gehören dazu und sollen nach Kiew gebracht werden. Als in Moskau der berüchtigte Chef des NKWD, des Volkskommissariats für innere Angelegenheiten, Lawrentij Beria, davon erfährt, befiehlt er, dass die Güterwagen sofort nach Moskau umgelenkt werden. Insgesamt 28 Güterwagen mit Archivmaterial und Kulturgut aus deutschen Verstecken in Schlesien kommen bis Ende November in der Hauptstadt der Sowjetunion an.

Von den Ullersdorfer Beständen weiß man dort offenbar nichts, und das bleibt auch so. Am 23. Oktober 1945 trifft ein Experte aus Kiew im Schlösschen ein, beordert hat ihn das Zentralkomitee der Kommunistischen Partei der Ukraine. Deren Erster Sekretär, Nikita Chruschtschow, scheint gut unterrichtet über die Funde zu sein, denn man schickt einen Musiker. Abram Michailowitsch Lufer ist 40 Jahre alt, Direktor des Kiewer Konservatoriums und ein Pianist von Format: 1932 war er Finalist im Warschauer Chopinwettbewerb. Er erkennt sofort, was der Ukraine da in die Hände gefallen ist – offiziell gesagt, der Ukrainischen Sozialistischen Sowjetrepublik, die eigentlich gehalten ist, Beutegüter nach Moskau zu überstellen. Man bewegt sich in einer heiklen Grauzone, nun muss alles sehr schnell gehen. Schon zehn Tage nachdem Pianist Lufer in Kiew aufgebrochen ist, kommen die vierzehn Kisten der Singakademie in der Hauptstadt der Ukraine an, am 2. November 1945, und werden dem Konservatorium übergeben. Sie firmieren unter dem Sigel «Fond 441».

Am 5. November 1945 beginnt die Musikbibliothekarin Liubow Favndovna Fainshtein mit der Inventarisierung. Sie zählt zu den wenigen jüdischen Ukrainern, die die deutsche Besetzung des Landes überlebt haben. Fast eineinhalb Millionen Juden sind in der Ukraine von Deutschen ermordet worden. Als Schreckenswort steht dafür der Name Babi Jar, jene Schlucht unfern von Kiew, in der an zwei Septembertagen des Jahres 1941 mehr als 33 000 Männer, Frauen und Kinder von Männern der «Sicherheitspolizei» und des «SD» erschossen wurden.

Allein 22 Feinsteins unterschiedlicher Schreibweise, die in Kiew lebten, werden auf der Website der israelischen Gedenkstätte Yad Vashem als Ermordete genannt. Liubow Fainshtein, die Überlebende, spricht und schreibt hervorragend Deutsch, und sie unterzieht sich der gewaltigen Aufgabe, mit Hilfe unvollständiger Karteikarten aus Berlin die in Unordnung geratene Sammlung zugänglich zu machen.

Einst sind die Stücke nach Werkgruppen zusammengefasst und mit Signaturen von 1 bis 1949 versehen worden. Oft wurden auch Kopien ein und derselben Komposition unter einer gemeinsamen Nummer abgelegt, unabhängig von der Provenienz, und Klaviermusik geriet zwischen Kammermusik und Kirchenkantaten. Fainshtein will nun Ordnung schaffen, indem sie jede einzelne Quelle mit einer Inventarnummer versieht. Die alten Nummern unterschlägt sie nicht in ihrem dreispaltigen Katalog. Selbst die Lebensdaten der Komponisten schreibt sie dort hinein mit ihrer schönen, klaren Handschrift, und hinter die Titel der Werke notiert sie in eckigen Klammern die ukrainische Übersetzung. Was mag sie denken und fühlen, während sie diesen Schatz aus Deutschland in endlosen Stunden sichtet und ordnet, hier und da schadhafte Umschläge erneuernd, nach bestem Wissen und Gewissen Zettel mit Tintenbeschriftung auf die Originale leimend? Es ist nicht das Land der Mörder, das sich ihr in diesen Blättern zeigt. Es ist das Land der Mörder, das diesen Schatz verwirkt hat. Sie verwahrt ihn so gut, dass man einmal staunen wird über den guten Zustand der Papiere. Kein Schimmelbefall, keine Wasserschäden. Trotz der aufgeklebten Zettel und der violetten Stempel auf jedem Blatt loben Wissenschaftler später «die insgesamt außerordentlich behutsame Bewahrung».

5175 Positionen sind es am Ende in Fainshteins Katalog, deponiert in zweihundert Pappkartons, von deren Existenz man spätestens 1957 auch in Moskau weiß. In dem Jahr meldet das sowjetische Kultusministerium dem Zentralkomitee der KPdSU: «Im Staatlichen Konservatorium von Kiew befindet sich ein Teil der Berliner Noten-Bibliothek, eine Anzahl von 5170 Exemplaren (Werke ältester westeuropäischer Komponisten, darunter finden sich Erstausgaben und Handschriften). Sie alle sind gestempelt und in das Inventar des Kiewer Konservatoriums aufgenommen worden.» Forderungen, diesen Schatz in Moskau abzugeben, muss man in Kiew zu dieser Zeit nicht fürchten, denn Generalsekretär der KPdSU ist seit Stalins Tod ein Mann aus der Ukraine: Nikita Chruschtschow. Fortan senkt sich Schweigen über die Originale und ihren ältesten und kostbarsten Kern, die Handschriften der Familie Bach aus dem 17. Jahrhundert, das Rezeptbuch der Unsterblichkeit.

Sie werden dabei nicht weggeschlossen. Jeder in Kiew könnte ins Konservatorium gehen, im Katalog blättern und sich die Sachen herausgeben lassen. Es tut nur kaum einer. Die Musik der frühen Bachs wie die der Bachsöhne ist noch immer ein exotisches Randgebiet, und vermutlich hält man es im Konservatorium auch für sinnvoll, sich mit «Fond 441» nicht allzu laut zu brüsten. Den nicht ganz offiziellen Weg dieser Sammlung spiegelt bald eine kleine Legende, die man sich in Kiew gern erzählt: Nach dem Krieg soll ein ukrainischer Panzerfahrer sein Fahrzeug auf das Konservatorium zugesteuert haben, um auf der Treppe einen Haufen Noten abzuwerfen! Im Westen weiß man derweil nichts weiter, als dass die Bibliothek der Singakademie nach Ullersdorf gebracht wurde, das nun zu Polen gehört und Ołdrzychowice Kłodzkie heißt. Im Westen kann man nur vermuten, dass die Rote Armee die ausgelagerten Schätze mitgenommen hat oder dass sie irgendwo in Polen sind.

Am 22. August 1968 nehmen die Beatles in London «Back in the U. S. S. R.» auf, mit der schönen Zeile «Ukraine girls really knock me out, they leave the West behind». Sie ahnen nicht, wie recht sie haben, was Liubow Fainshtein und den Schatz von Kiew angeht. Der Song ist freilich eher als Reaktion auf das Ende des Tauwetters zu hören. Nicht weil in der Nacht vor der Aufnahme Truppen des Warschauer Pakts in die Tschechoslowakei einmarschiert sind, um den «Prager Frühling» zu beenden, sondern weil schon seit vier Jahren Chruschtschow entmachtet ist und Breschnew regiert. Kaum ohne Grund wird im Jahre 1973 «Fond 441» aus dem Konservatorium verlagert, ohne dass die offiziellen Unterlagen auf den Inhalt verweisen. Die Sammlung kommt ins Staatliche Archiv-Museum für Literatur und Kunst und ist dort verborgener denn je: Weder im Westen noch in Moskau soll man von ihr wissen.

Trotzdem schimmert 1969 in Leipzig eine erste feine Spur. Die Kopie der Handschrift eines Flötenkonzerts ist dort aufgetaucht, Wilhelm Friedemann Bach zugeschrieben, «aus unbekannter russischer Quelle», wie es heißt. Ein Stück, von dem die Experten wissen, dass das Autograph sich in der Singakademie befand. Ein Orchester aus Kiew hat es just daheim und in Leningrad aufgeführt, ohne die Quelle des Materials zu nennen. Diese vagen Informationen genügen Forschern schon, Verdacht zu schöpfen. Einer von ihnen ist Christoph Wolff, Jahrgang 1940. Anno 1966 hat der Solinger mit Studien zum Spätwerk Bachs seinen Doktor in Erlangen gemacht, seit Längerem träumt er davon, die Notenbibliothek des Thomaskantors zu rekonstruieren: «Was hat er besessen, wie kann man zusammenbringen, was für ihn eine Rolle gespielt hat?»

Wolff erzählt mir davon ein halbes Jahrhundert später, im September 2013, in einem Gasthaus am Rande von Freiburg, an den Hängen des Schwarzwalds, wo er eine Wohnung besitzt, seine zweite Basis neben der in Harvard. Als er dort anno 1976 seine Professur als Musikwissenschaftler antritt, hat er den Verdacht nicht vergessen, das Altbachische Archiv könne sich in Kiew befinden. Zugleich steht Kiew im Fokus einer Wissenschaftlerin in Harvard: Am Ukrainian Research Institute arbeitet Patricia Kennedy Grimsted an einem Verzeichnis ukrainischer Archive und fragt, angeregt durch einen Studenten von Wolff, am Kiewer Konservatorium nach, ob es da Archivmaterial gebe. Die Antwort lautet: Nein. Und dabei bleibt es für etwa 20 Jahre, in denen Grimsted allerdings exzellente Kontakte aufbaut, unter anderem zu Hennadii Boriak, einem Politikwissenschaftler in Kiew. Mit ihm erkundet sie die Wege der «Beutekunst» in der Sowjetunion, während Christoph Wolff in Łódź den Nachlass von Philipp Spitta findet und zwei seiner Doktoranden sich in Deutschland auf die Spuren des Altbachischen Archivs begeben. Daniel Melamed spürt in Lüneburg die Witwe eines Bibliothekars der Singakademie auf und findet dort, neben einer Kopie des verschollenen «Zelter-Katalogs», eine Reihe der Fotografien, die in den 20er Jahren vom Altbachischen Archiv gemacht worden sind. Die erleichtern es wiederum Peter Wollny, mehrere Schreiber dieser Blätter zu ermitteln, ehe noch die Manuskripte wieder auftauchen.

«Es ist grundsätzlich wichtig, unsere Quellenbasis zu erweitern», meint Wolff, «und am naheliegendsten ist es, das zu verfolgen, wovon man weiß, was aber nicht mehr da ist.» Er sieht nicht aus wie der Jäger des verlorenen Schatzes, dieser zierliche 73-jährige, der da sorgsam seinen Flammkuchen vertilgt, aber solche Schätze jagt man nicht mit der Machete in der Hand und breitkrempigem Hut, sondern mit Geduld, Raffinesse und Diplomatie. Diese Mischung zeichnet alle aus, die hier die Fäden ziehen, das Netz enger schnüren um den Schatz – auch Hennadii Boriak, dem Wolff im Winter 1998 eine Mail nach Kiew schickt, auf Empfehlung von Grimsted. Boriak hat nämlich eine pensionierte Bibliothekarin des Konservatoriums getroffen, die sich an Dokumente zum Transfer einer großen Musikaliensammlung Jahrzehnte zuvor erinnern kann. Wolff wiederum stößt auf einen höchst offiziellen Beweis für die Existenz der Sammlung: die Meldung von 1957, mit der das sowjetische Kultusministerium das Zentralkomitee der KPdSU über 5170 Musikalien unterrichtet. Abgedruckt ist sie verblüffenderweise in einem 1996 erschienenen deutschen Buch über die «Trophäenkommissionen der Roten Armee», dessen Verfasser nicht ahnen, was es für Musikologen bedeutet, wenn von einer «Berliner Noten-Bibliothek» mit «Werken ältester westeuropäischer Komponisten», «Erstausgaben und Handschriften» die Rede ist.

Die Autoren verdanken ihren Fund einer Lockerung während der Amtszeit von Boris Jelzin, um 1993, als die Archive in Moskau so weit offenstehen wie nie zuvor und danach. Als in der «Dokumentensammlung zur Verschleppung von Büchern aus deutschen Bibliotheken» die deutsche Übersetzung der alten russischen Meldung erscheint, hat Moskau die Zugbrücke wieder hochgezogen. Weder Grimsted noch ihrem ukrainischen Kollegen gewährt man Zugang zur Akte. Jetzt findet Hennadii Boriak, selbst unkundig musikalischer Dinge, die Sache wirklich spannend. Als noch die Erinnerung der Bibliothekarin dazukommt, rückt er der Ukrainischen Archivverwaltung diskret auf den Pelz und erfährt, es gebe in Kiew tatsächlich eine größere Sammlung mit etwas Bach dabei. Er erfährt noch mehr, aber das schreibt er nicht gleich in die erste Antwort an Christoph Wolff.

Da sitzen sich, um 7200 Kilometer getrennt, zwei alte Füchse gegenüber. «Ich wollte nicht konkret nach der Singakademie fragen», meint Wolff, «weil ich nicht wusste, ob das falsche Reaktionen hervorrufen könnte. Ich habe gesagt, mich interessieren hauptsächlich Manuskripte von Bach. Es war nicht unklug, nur nach Bach zu fragen. Er fragte nämlich zurück:

Welcher Bach? Da gibt es verschiedene Vornamen! Er nannte welche, auf Englisch, Michael, John, da war mir klar, das kann nur die Singakademie sein, weil keine andere Bibliothek diese gemischten Materialien der Bachfamilie hat, schon gar nicht in handschriftlicher Form. In dem Moment bereitete ich die Reise vor.» Patricia Kennedy Grimsted hat ihre Reise nach Kiew da schon gebucht, von Boriak ermuntert, und der organisiert nun Visa für zwei weitere amerikanische Staatsbürger: das Ehepaar Wolff.

Am 30. Juni 1999 haben sie ihren Termin in Kiew, an einem Mittwoch. Der Besuch im Archiv ist arrangiert, im ehemaligen Sophienkloster auf einer Anhöhe neben der Kathedrale von Kiew. «Man kam rein durch ein Glockentürmchen. Es muss mal ein schönes Gebäude gewesen sein, war aber in Jahrhunderten verwahrlost, einer neuen Zweckbestimmung zugeführt, ohne dass man es renoviert hätte. Eingezogene Wände, Ofenröhren, ein besseres Provisorium», erinnert sich Wolff, dem sich vor allem das Zimmer des Direktors einprägte. Düster, verraucht, zusammengewürfeltes altes Mobiliar um einen riesigen Schreibtisch. Da stehen nun die vier Besucher, drei Amerikaner und der Politikwissenschaftler Boriak, vor dem Direktor, dem Wolff als Gastgeschenk eine Flasche Scotch mitgebracht hat. «Er war sehr freundlich und goss dann eine zahnputzglasgroße Menge Whisky, gestrichen voll, in ein Glas, trank das runter wie ein Bier, ich fand das … äh … amüsant, und dann erklärte er mir in kurzen, knappen Worten, dass sie nichts hätten. Ich sagte, wir haben aber den Nachweis … nein, täte ihm schrecklich leid. Alles sehr freundlich. Dass ich deutsche Wurzeln habe, hab ich nicht herausgestellt. Wir wurden rauskomplimentiert. Das war's, dachte ich.» Sie setzen sich mit dem Kulturattaché der US-Botschaft in Verbindung, der sich dann offenbar mit der ukrainischen Behörde bespricht. Abends kommt die Mitteilung, man möge sich am nächsten Morgen wieder zum Archiv, dem alten Kloster, begeben.

«Ich hatte keine Ahnung, was auf uns zukommen würde. Wir erschienen pünktlich zur Öffnungszeit und wurden empfangen von einem völlig anderen Menschen, der sich vorstellte als der neue Direktor.» Mit dem klappt es dann. Wolff erfährt später, der Scotchgenießer vom Vortag sei ein alter KGB-Mann gewesen wie so viele Archivchefs und als solcher auch an seinem letzten Arbeitstag der Maxime gefolgt, «Beutekunst» weder Inländern noch Ausländern ohne weiteres zugänglich zu machen. «Wären wir eine Woche früher gekommen, alles wäre ins Wasser gefallen», meint Wolff. Der neue Archivchef legitimiert die Sache so, dass die Besucher im Auftrag der ukrainischen Kulturbehörde eine Art Bestandsaufnahme machen. Dann dürfen sie hinein in so etwas wie den einstigen Speiseraum des Klosters, mäßig hohe Decken, darin Reihen von Metallregalen, zwischen denen eine Gruppe von vier Leuten bequem stehen kann. «Die Fenster waren offen, es war ein warmer Sommertag», erinnert sich Wolffs Frau Barbara. Wir sitzen inzwischen in der Freiburger Wohnung des Wissenschaftlers, an der Wand hängt ein Kupferstich der Singakademie.

«It was hard to forget Professor Wolff's delight», erinnert sich Patricia Kennedy Grimsted in ihrer ausführlichen Rekonstruktion der Ereignisse, «when the director took us up into the stacks to show us how well the collection was being preserved.» In der ersten Kiste, die der Direktor aus dem Regal zieht, erkennt Wolff die Signatur von Carl Friedrich Rungenhagen, Direktor der Akademie nach Zelters Tod. Und auf dem Band, der zuoberst liegt, einem Klavierauszug des «Messias», prangt der blaue Stempel der Singakademie: eine Lyra. «Ich dachte, so was erlebst du nicht noch mal wieder», sagt Christoph Wolff.

Nun wird nicht etwa gestöbert. Es gibt ja Fainshteins Inventarliste aus den 1940ern, als handschriftliches Unikat, anhand deren der Mann aus Harvard im Lesesaal nun ordentlich seine Bestellzettel ausfüllt. Er hat den alten «Zelter-Katalog», den von Georg Poelchau, in Kopie dabei, und dessen Nummern finden sich bei Fainsthein ebenso wie die 5175, nach denen sie die Musikalien geordnet hat. Wolff bestellt zunächst das Wichtigste: die Stücke aus dem Altbachischen Archiv. Die Bibliothekarin, die eines nach dem anderen bringt, die dreihundert Jahre alten Papiere in Mappen aus dem 19. Jahrhundert, mit den Handschriften des Christoph und Michael und ihres Vaters Heinrich, des Ambrosius Bach und des Kantors Dietrich Heindorff und weiterer Zeitgenossen – sie bewacht die Besucher nicht. Sie lässt sie sogar fotografieren oder sieht einfach darüber hinweg, dass Barbara Wolff aus ihrem Rucksack «das große Besteck» holt, Stativ und Kamera, «man konnte ja noch nicht mit dem Telefon fotografieren!» Der Tisch mit den Noten wird ans Fenster geschoben. «Hast du kein Stimmungsfoto gemacht von den Räumlichkeiten?», fragt Wolff seine Frau vierzehn Jahre später. «Nein. Wir waren so wahnsinnig aufgeregt und dachten, wir müssen schnell handeln, wer weiß, ob wir diese Dinge je wiedersehen!»

Man kann 5175 Signaturen, hinter denen sich 264 100 Notenseiten mit teils völlig unbekannten Werken von Größen wie Carl Philipp Emanuel Bach und Georg Philipp Telemann, einige Briefe von Goethe und sogar einige Skizzen von Johann Sebastian Bach verbergen, nicht in drei Tagen überprüfen. Der kooperative neue Direktor Ruslan Jakowlewitsch Pyritsch vereinbart mit Wolff einen weiteren Termin im Herbst. Unterdessen macht Wolff den Fund publik, das Echo ist weltweit von «Zeit» bis «New York Times», und ukrainische Blätter fragen: «Warum brauchen wir Fremde, um herauszufinden, was unsere Archive enthalten?» In mehreren Medien äußert sich Igor

Blaschkow höchst kritisch. Jener Dirigent, der schon in den Sechzigern Musik aus dem Archiv aufgeführt hat, ohne auf die Quelle zu verweisen, sieht nun «amerikanische Ausbeutung» auf dem Weg und ist nicht der Einzige, der die Rückkehr der Sammlung nach Deutschland, die bald ins Gespräch kommt, verhindern will.

Im Oktober 1999 steht Christoph Wolff erneut im Lesesaal des ukrainischem Staatsarchivs, diesmal in Gesellschaft dreier der Besten der Bachforschung: Hans Joachim Schulze, Ulrich Leisinger und Peter «Sherlock» Wollny. Sie sichten alle Bachiana – zehn Prozent der Sammlung –, fotografieren viel, und Wolff veranlasst die Verfilmung des Gesamtbestandes in der ehemaligen Fotostelle des KGB. Je ein Exemplar der Filme geht nach Harvard, ans Leipziger Bacharchiv und an die Berliner Staatsbibliothek. Und nicht nur dorthin, wie sich erweist, als der Plan einer Rückführung nach Deutschland Gestalt annimmt. Verhandlungen auf hohem diplomatischem Niveau setzen ein.

Im November 2000 finanziert die Bundesregierung für eine Viertelmillion Euro «Ukrainische Kulturtage», während deren sich Vertreter beider Staaten über die Zukunft der Sammlung verständigen. Mindestens einen Atomreaktor sei sie wert, sollen ukrainische Delegierte mit Blick auf die Ruine Tschernobyl gescherzt haben. Als im Januar 2001 Leonid Kutschma nach Berlin kommt, seit 1994 Präsident der Ukraine, bringt er als symbolisches Geschenk die Abschrift eines Bach'schen Orgelchorals mit. Gemeinsam mit Bundeskanzler Gerhard Schröder hält er die Noten vor die Kameras, falsch herum übrigens, wie sich Wolff erinnert. Die Restitution des Notenarchivs wird protokollarisch fixiert.

Kutschma kämpft damit auch um sein Ansehen in Europa. «Eine enthauptete Leiche und ein Tonbandmitschnitt», so hat es der «Spiegel» im Monat zuvor seinen Lesern mitgeteilt, «könnten den ukrainischen Präsidenten Leonid Kutschma bald sein Amt kosten. Der autoritär herrschende Präsident wird verdächtigt, in das Verschwinden des regimekritischen Journalisten Georgij Gongadse, 31, verwickelt zu sein. Gongadse ist Gründer und Chefredakteur der Internet-Zeitung ‹Ukrainska Prawda›, die Korruption und Vetternwirtschaft der Regierenden anprangert. Von ihm fehlte seit dem 16. September jede Spur – bis Anfang November in Kiew eine übel zugerichtete Leiche gefunden wurde. Gestützt auf Gesprächsmitschnitte, die ihm ein Geheimoffizier zugespielt habe, hat der sozialistische Oppositionsführer Alexander Moros inzwischen Präsident Kutschma beschuldigt, er habe den Auftrag erteilt, Gongadse entführen und töten zu lassen.» Bei dem Enthaupteten, so stellt sich heraus, handelt es sich tatsächlich um Gongadse. Sein Mörder wird ermittelt und 2013 zu lebenslanger Haft verurteilt, aber die Drahtzieher bleiben unbekannt, und ein Verfahren gegen Leonid Kutschma wird 2011 eingestellt.

Sechs Monate nach Kutschmas großzügigem Gastgeschenk, das in der russischen Presse scharf kritisiert wird, entdeckt Christoph Wolff das Angebot einer ukrainischen Website, «Meta-Art», die allerlei Antiquitäten zum Kauf anbietet, darunter Kopien aus Sammlungen. «Collections are the part of National fund of Ukraine and contain over 5 thousand cases», darunter «unique musical autographes and the first editions of the different European composers.» 32 Partituren der Familie Bach sind dabei, wer viele Kopien kauft, erhält Rabatt. Da laufen offenbar schon Randgeschäfte. Wolff mailt diesen Link an Michael Rautenberg, der reicht ihn weiter an den Berliner Senat und ans Bundesministerium für Kultur und Medien. Acht Tage später ist die Website der Trittbrettfahrer geschlossen, «closed for technical reasons».

Wer ist Michael Rautenberg? Ohne diesen Mann wäre wohl

vieles weniger glatt gelaufen. Von Anfang ist er mit im Spiel – als Vorstandsmitglied der Singakademie nämlich, genauer gesagt des westlichen Teils dieses Chores, dessen DDR-Nachfolger auch nach der Wende ein Ensemble für sich geblieben sind. Rautenberg wird als Vertreter der Singakademie gebraucht, weil sie die Eigentümerin des Schatzes von Kiew ist und nicht Berlin oder gar die Bundesrepublik Deutschland. Eine Rückgabe an Privat nimmt dem Vorhaben das politische Gewicht, das die Sache erschweren könnte – und das sie in Wirklichkeit natürlich hat. Zu jener Zeit Mitte dreißig, lässt Michael Rautenberg in Statur und Frisur an Mendelssohn denken, schlank, nicht groß, hoher Haaransatz, die Haare leicht lockig und ein wenig länger, als man es bei einem Hotelfachmann erwarten würde. Er spielt Klavier und Trompete und singt im Tenor. Sein Vater ist Berliner und dessen Vater auch, seine Mutter kommt aus Bukarest. Rautenberg hat, auch im Schriftverkehr, eine diplomatische Begabung, gepaart mit urberlinischer Unerschütterlichkeit, die nun zum Einsatz kommt. Zudem weiß er, worum es geht – schon 1994 hat er eine Reise nach Ołdrzychowice Kłodzkie, vormals Ullersdorf, unternommen und das heruntergekommene Schlösschen fotografiert, aus dem die Sammlung des Chores verschwand. Während er in seiner kleinen Wohnung am Schöneberger Rathaus exzellente Vanillekipferln serviert, darf ich in den Akten blättern.

Als Freund labyrinthischer Wirren, wie sie jedem Berliner vertraut sind, hat er schlechthin alles archiviert, sogar eine Skizze von Ober- und Untergeschoss des Staatsarchivs in Kiew, mit sämtlichen Treppenstufen, Schwellen, Schrägen, Abständen, die vor dem Abtransport der Kisten bekannt sein müssen. Mit Laufrichtungspfeilen versehen, erinnert das Blatt ein wenig an die Vorbereitung eines eleganten Museumsdiebstahls, und etwas Verstohlenes hat die Restitution bei aller Legalität durchaus. Am Parlament vorbei, wenn auch nicht heimlich, stimmt Kutschmas Kabinett einem Dekret zum Austausch der Originale gegen Mikrofilme zu, die nun noch einmal professioneller angefertigt werden, finanziert von der Packard Foundation. Außerdem fließen aus Deutschland 200 000 Dollar in den Wiederaufbau einer Kirche in Kiew – eine Geste nur, kein Ausgleich. Nicht genug, um die wieder wachsende Skepsis in der Ukraine zu besänftigen. Patricia Kennedy Grimsted schreibt, dass im Laufe des Jahres 2001 der Trend in Richtung Europa und EU vom Trend «in Richtung Europa und mit Russland» überlagert wurde. Schon da zeichnen sich die Spannungen ab, die zwölf Jahre später zur russischen Besetzung der Krim führen werden.

Die Zeit wird knapp, man setzt den Transfer auf die letzte Septemberwoche 2001 an, für die ein Besuch des deutschen Bundeskanzlers in Kiew und auf der Krim geplant ist. Ehe es so weit ist, kommt am 11. September in New York ein anderer, grauenhafter Plan zur Ausführung, dessen Folgen bis heute unabsehbar sind. Ob Schröder seine Pläne deswegen ändert? Er sagt die Reise nach Kiew ab und empfängt stattdessen Wladimir Putin in Dresden, einer der einstigen Wirkungsstätten des vormaligen KGB-Mannes. Als Gastgeschenk bringt der Präsident der russischen Föderation drei von 400 Gemälden mit, die der Dresdner Galerie seit 1945 fehlen – die Kultur als Währung der Politik.

Eine Frachtmaschine der Lufthansa ist im September leer aus Kiew nach Frankfurt zurückgekehrt. Es ist ein kleines Wunder, dass trotz aller Verwerfungen am 29. November 2001 in Kiew doch noch ein Transferprotokoll unterzeichnet wird, in dem allerdings weder «Musik» noch «Restitution» auftaucht und nur noch 5119 statt 5175 Sammlungseinheiten: Rautenberg hat sich namens der Singakademie einverstanden erklärt,

Manuskripte des ukrainischen Mozart-Zeitgenossen Maxim Beresowski in dessen Heimat zu lassen, und weitere Werke mit nationalem Bezug. Der musikliebende Hotelfachmann überwacht selbst das Verpacken, gemeinsam mit Helmut Hell, dem Leiter der Musikabteilung der Berliner Staatsbibliothek: «40 Kisten, Holz, vom Spediteur angefertigt, in jeder acht kleine Kartons, säurefrei. Wir mussten noch viele Genehmigungen einholen, weil aus geschätzten 1,1 Tonnen 2,1 Tonnen geworden waren. Dann verlangten die Behörden, der ganze Katalog müsse neu übersetzt werden.» Drei Stunden lang wird die Maschine vom Zoll festgehalten. Dann endlich, am Samstag, 1. Dezember 2001, treten gut 200 000 historische Notenseiten ihre erste und letzte Luftreise an, in einer Frachtmaschine der Lufthansa von Kiew nach Frankfurt am Main.

Am nächsten Tag in Berlin lässt Michael Rautenberg den LKW aus Frankfurt einmal symbolisch vorm Gorki-Theater anhalten und macht ein Foto. Denn es ist das Gebäude der Singakademie, in dem das renommierte Theater sich befindet, seit 1952, in der DDR verstaatlicht, nun im Besitz der Stadt Berlin. Aber Platz für den Schatz ist nur in der Staatsbibliothek, die auch den Transport bezahlt hat, die Anfertigung der Kisten und dafür die Sammlung als «Depositum» erhält. Man feiert in kleiner Runde im sonst stets totenstillen Musiklesesaal der Bibliothek Unter den Linden, nicht fern vom Gorki, es gibt Krimsekt, und auf dem Film, den jemand bei der Gelegenheit gemacht hat, sieht man einen glücklichen, Felix Mendelssohn nicht unähnlichen Michael Rautenberg.

Er wähnt seinen Chor, die altehrwürdige Singakademie, für die er sich schier zerrissen hat, vor großer Zukunft, aber über die zerstreiten sich die Mitglieder bald so fürchterlich, dass Rautenberg den Vorstand verlassen muss. Weder dieser Chor noch sein östliches Pendant singt in der Berliner Philharmonie, als im Mai die Rückkehr der Sammlung gewürdigt wird, mit dem ukrainischen Botschafter Anatoli Ponomarenko und dem deutschen Außenminister Joschka Fischer. Zwölf Jahre nach der deutschen Einheit haben sich die Chöre auf einen gemeinsamen Auftritt nicht einigen können, und so sind es Mitglieder der Philharmoniker, die Instrumentalwerke des «Fond 441» spielen. Im November werden dann einige Autographe dort gezeigt, wo das Altbachische Archiv endgültig zusammengestellt wurde, nämlich in nächster Nähe der Leipziger Thomaskirche. Dort, in einer Ausstellung des Bach-Archivs, sehe ich zum ersten Mal unmittelbar, mit welch zittriger Hand der alte Johann Sebastian Bach «Hautbois I» für die Bläserstimme krakelt, mit der er die von Heinrich Bach kopierte Motette Johann Christophs ergänzt. Unsterblichkeit? Ich spüre eher Nähe und familiäre Wärme. Und was man spürt, wenn man Musik macht.

Jetzt, dreizehn Jahre später, sind die Handschriften perfekt digitalisiert, online bequem erreichbar über Bachdigital, auf jedem Bildschirm der Welt zu durchblättern und anzuzoomen bis auf den blassesten Federstrich – und als Originale der Welt so fern wie nie zuvor. Nicht einmal für Fachleute würden sie aus dem klimatisierten Tresor in der Mitte der deutschen Hauptstadt geholt, erfahre ich, und wenn es zweifellos auch Ausnahmen gibt, leuchtet das angesichts der Fragilität der Papiere ein. Doch selbst den Raum, in dem sich der Tresor befindet, möchte die Leiterin der Musikabteilung im stattlichen Bau der Staatsbibliothek Unter den Linden nicht einmal erwähnt wissen, geschweige denn mir zeigen. Nüchtern sei er, neonbeleuchtet, da springe sowieso kein Funke über, sagt sie am Telefon. Da unterschätze sie mich, sage ich. Sie erwidert, es gehe hier auch um Sicherheitsfragen. Es gehe auch, entgegne ich, um öffentliches Interesse und um Authentizität:

Nach so einer Odyssee möchte der Autor deren Endpunkt mit eigenen Augen erblickt haben – den physischen, versteht sich, der Rest ist unendlich. Aber die Abteilungsleiterin, die ausweislich ihrer Publikationsliste nach «neuen Wegen und Perspektiven» der Musikbibliotheken sucht, scheint zu befürchten, dass ich eine Skizze anfertigen könnte ähnlich der des Staatsarchivs in Kiew, wie sie sich in Michael Rautenbergs Aktenordner befindet, und den Lesern eine Anregung zum Notenraub liefern. «Mir würde es schon helfen», sage ich, «wenn ich sähe, wie entsetzlich langweilig dieser Tresorraum ist!» «Entsetzlich langweilig? So etwas Negatives möchte ich nicht lesen.» «Das ist doch nur sympathisierend übertrieben.» «Also flapsig …» «Es wäre einfach anfassbare Realität. Das Gegenteil von Sakralisierung.» Aber hier wird ein Tempel gehütet, sie wird grimmig: Anfragen wie meine kämen alle Tage und seien abzuweisen. Ruhet wohl, ihr weitgereisten Blätter! Ich erheitere mich mit dem Gedanken, dass man auch dem Kompilator des Altbachischen Archivs, Johann Sebastian Bach, käme er jetzt nach Berlin und auf die kuriose Idee, einen Blick auf seine kleine Sammlung werfen zu wollen, wohl erklären würde, da könne ja jeder kommen und offenbar fehle ihm Erfahrung im Umgang mit Institutionen …

Wir treffen uns in der anderen Gegenwart, der großen und dauernden, an der sie alle immer gearbeitet haben. Bei Bachdigital gebe ich ein: «Es erhub sich ein Streit», da finde ich die Partitur des Donnerwerks, das Johann Sebastian so liebte, und seine Schrift, fast schattenhaft. Wer die Noten abschrieb, weiß man nicht. Den Text schrieb Dietrich Heindorff zwischen die Zeilen, aber immer nur unter die unterste Stimme, da, wo fünf der zehn Singstimmen ihn zugleich singen, mit seiner fast vertikalen, klaren Schrift und einer starken Tinte und mit dem weit zurückschwingenden Bogen des kleinen «h» am Ende von «sich». Das war auch auf den alten Schwarzweißfotografien schon zu erkennen. Nun aber sieht man, dass Johann Sebastian viel später mit anderer, schneller verbleichender Tinte, vielleicht eilig, den Text unter allen Stimmen nachgetragen hat, für seine Leipziger Aufführung, für die, von der Carl Philipp erzählte. Beträchtliche Arbeit, es sind ja 28 Seiten. Ich ziehe sie mir näher heran, *zoom*, ich höre, wenn ich die Noten lese, das Stück, weil ich es kenne, und er hört sowieso jede Partitur, die er liest. Vielleicht wurde diese Musik auch noch in Christophs Eisenacher Kirche aufgeführt, als Sebastian dort Kind war, und hat ihn erschreckt und seinen Himmel kreisen lassen, vielleicht hat er sie auch erst in diesen Blättern kennengelernt, die er aus Arnstadt nach Leipzig holte. Aber in ihm war das ohnehin alles längst, die dichte Atmosphäre mit ihren Aromen, das Sterben und das Leben, die Musik, die Herausforderung aus einer anderen Zeit.

ANHANG

ANMERKUNGEN

3 *«Was heißt eigentlich …»:* Döblin, «November 1918», München 1978, Bd. 3 S. 45

KAPITEL 1 – DIE ANKUNFT

9 *Die Männer kommen:* Vorlage der Szene ist Claudio Monteverdis Brief vom 12. 10. 1613, in dem der Komponist einen Raubüberfall bei Nogara in Norditalien schildert. Radschloss-Arkebusen wie die erwähnte sind für die Zeit um 1600 belegt: Stevens 104 ff., «Gewehre» 35
in der Ruhe des Rechts: Barudio 27 ff., bes. 59

10 *740 Kilometer:* MDSZ, Begriffe: 1 Meile = 7,42 Kilometer
Wien fehlt das Geld … die Lutheraner unterstützt: Schrodl, 65–71

11 *Karte der Zeit:* Blaeu

11 *Frauen, die nah und fern auf den Feldern knien:* Vorlage sind Holzschnitte im Historischen Museum von Schloss Friedenstein in Gotha.

11 *«Semmeln? Ach, Brietchen»:* Die fiktive Rede wurde ins Wechmarer Thüringisch übertragen von Hans Hochberg, Mundartgruppe Wechmar. Es gibt in Thüringen noch heute neun Hauptdialekte und innerhalb dieser markante Unterschiede von Dorf zu Dorf.

13 *Ein Lips Bach sei Wegemeister hier … Fischerei im Mühlgraben:* Kock, 243, Kreuch 2000, 21

14 *mit breitkrempigen Hut:* Vorlage sind Holzschnitte im Historischen Museum von Schloss Friedenstein in Gotha.

14 *Als Marie im vorigen Winter:* Über die Frau des Veit Bach ist nichts bekannt. Vgl. 16

15 *«Mein Gott, hier wird mein Herze sein»:* JSB, Rezitativ aus der Kantate BWV 18 «Gleichwie der Regen und Schnee vom Himmel fällt»

16 *«Ursprung der musicalisch-Bachischen Familie»:* Bach Dokumente I, 255–267

17 *Der Gasthof hier am Fluß:* Kreuch 2004, 38 f.

18 *Teppichwirker sei Lips:* Kock, 111

18 *Oberbäcker Hein Eißer:* Kreuch 2000, 22

18 *«weltbekannte Bachsche Familie»:* Müller / Wiegand, 23

19 *mit dem Sühnekreuz verbrannt:* Mai, 24

20 *1780 nennt ... viele Seiten sind leer:* Zavarsky

20 *Das Schenkhaus am Markt ist längst baufällig:* Kreuch 2004, 30

21 *der feiste Wirt, Hein Schmied:* Kock, 180

21 *wer in diesem Ort das Sagen hat:* Kreuch 2004, 26 f.

22 *Was Veit aus Pressburg erzählt:* Schrodl, 65–71

23 *Der Backofen stand frei:* Kreuch o.J., 2

23 *«Alle gingen gern dorthin»:* Knut Kreuch, Gespräch mit dem Autor, 8. 1. 2015

24 *«Er hat sein meistes Vergnügen»:* Bach Dokumente I, 255

25 *«Es ist sonderlich heut bey Tage»:* Müller / Wiegand 17

26 *Besonders den Musikologen ... in «amorpher Mündlichkeit»:* Grosch, 34 ff.

26 *auf mehrstimmig Komponiertes beziehen:* Grosch, 51

27 *«Es hat auch diese Kunst den vortheil»:* Grosch, 85

27 *Spielleute in der Familie Eißer:* Kreuch 2000, 22

27 *«Ich sag adieu»:* Forster 1640, Nr. 27

28 *«Erstlich ist er ein guter Trompeter»:* Stadtpfeifer

29 *«unehrliche instrumenta»:* Spitta, 143

31 *«Im Anfang wurde mir»:* Stadtpfeifer

31 *in ein Fass urinieren:* Hanke

32 *«eine fein reine Stimme»:* Young, 16

32 *«Josquin ist der noten meister»:* Kiefhaber, 14

33 *«Vnd sind dazu auch in vier stimmen bracht»:* Stalmann, 4, Grosch, 98

33 *Musik wandert in die Lehrpläne:* Young, 17

34 *«Wie vieler Heyrathen»:* Sachse 1601, Scan 177

35 *Schulpflicht für Mädchen und Jungen:* Vgl. 197

36 *über den absatzlosen Schuhen:* Thiel, 207

36 *«Dein Kleider riechen lieblich schön»:* Wackernagel, 587

37 *während der Predigt draußen spazieren:* Bachhaus Wechmar

37 *«die neue Wundergeburt der babylonischen Huren»:* Sachses Predigt ist eine Montage aus Zitaten aus: Sachse 1589, Scan 8, 9, 16, 33, 34

39 *«Bach, (Hans)»:* CPE Verzeichniß S. 95

40 *«Hie siehst du geigen»:* Wolff 1993, 38
41 *«No. 2 Johannes Bach»:* Bach Dokumente I, 255
41 *«Sieh Grumbach!»:* Mai, 42
42 *«No. 3 Deßen Bruder»:* Bach Dokumente I, 256
42 *ein Sohn von jenem Lips:* Kock, 243
42 *«Caspar Bach uffn Kaufhaus»:* Kreuch 2000, 23
42 *«Hans Bach zahlt Zins»:* Kock, 243
42 *Bewohner desselben Hauses:* Kock, 243
43 *der 21-jährigen Wirtstochter:* Kock, 180. Das Geburtsjahr 1581 für Hans Bach ist eine Schätzung.
43 *«die stattlichste Mitgift»:* Sachse 1601, Scan 176
44 *«Was wollen Sie wissen?»:* Elmar von Kolson, Gespräch am 9. 1. 2015
46 *Was wirklich droht:* Vgl. Wiki, «Kreuz- und Fahnengefecht»
47 *In Weimar, von wo der Bericht stammt:* Lage
48 *er hilft den Stadtmusikern:* Vgl. Bach Dokumente I, 256
48 *er handele selbst mit Waffen:* Young, 42. Ein Enkel von Hoffmann steht noch 1689 Pate bei den Bachs in Arnstadt und wird «Armatur Händler in Sula» genannt: Müller / Wiegand, 148
49 *«1619 den 8. Martii»:* Kock, 243
50 *«Mitten wir im Leben sind»:* Wackernagel, 134

KAPITEL 2 – DER KRIEG

51 *1600 kauft Dänemark:* Klett
52 *«Da nun sein Vater Hans Bach»:* Bach Dokumente I, 256
52 *In der böhmischen Hauptstadt:* Saller, 28–30
53 *«Sollte es wahr sein»:* Saller, 29 f.
53 *nur vierundachtzig Häuser:* Klett
55 *«auff allerley instrumenten»:* Stadtpfeifer
55 *Wein- und Waffenhändlern, den Flittners:* Vgl. 97, 214, 360
55 *den neuen Typ Muskete kennengelernt:* MDSZ, «Begriffe»
55 *«bey den officirern»:* Vgl. 69
56 *dass jetzt in Ohrdruf die Merodischen:* Vgl. Happe I, 72v
57 *«Vor dem Thore alhier zu Ebeleben»:* Happe I, 79r
57 *«ein armes kleines Kind»:* Happe I, 81r
57 *«So erfordert die Folge meiner Histori»:* Grimmelshausen, 27 f.
58 *Erkennungszeichen wie Federn:* Barth, 95
58 *die kleine Anna zur Taufe begleitet:* Kock, 244

58 *«Aber unser alter Hein»:* Kreuch o.J., 4. Verwiesen wird dort auf «den Bäcker», der bei einer der Plünderungen auf solche Art umkam. Ob es Hein Eißer war, bleibt offen.

59 *für die Ludi musici:* Samuel Scheidt

61 *«Wiewohl ich arm und elend bin»:* Melchior Franck

62 *Tod seiner kleinen Schwester Anna:* Kock, 244

62 *notiert Pfarrer Töpfer:* Kreuch 2000, 24

62 *vermeldet der Hofrat Ende August:* Happe I, 90v

63 *am 30. August erneut geplündert:* Bachhaus Wechmar

63 *genau 3187 Einwohner:* Reinhold, PDF 1, 34

64 *Caspar junior, Lautenist Göbisch, Hofschneider Ludewig:* Müller/Wiegand, 29 f.

65 *Wams und Hose aus geschlitztem rosa Atlas:* Vorlage bei Thiel, 223

66 *Inflationspreise:* Elsas I, 115, 121

66 *«Anno 1622, ohngefehr 3 Wochen nach Ostern»:* Happe I, 30v

67 *Dem Arnstädter Fürsten kommt zu Ohren:* Müller/Wiegand, 30

67 *«O du edler Friede»:* Happe I, 39v

68 *am 20. August 1609 dabei:* Gregor-Dellin, 73

68 *Caspar ist in des Kapellmeisters großer Wohnung … untergebracht:* Das ist nicht dokumentiert.

68 *im August sind 433 Menschen daran gestorben:* Olearius 1701 [23]

69 *«Casparus Bach/Musicant»:* Müller/Wiegand, Bild 4

69 *sagte Günter Grass über einen anderen Krieg:* Knipphals

69 *Überall sind die Werber unterwegs:* Vgl. Barth, 90 ff.

69 *84 Taler an barem Geld:* Brück 2008, 36

70 *zahlt der Schwedenkönig:* Scharold, 45

70 *der weiße Fleck in den Akten:* Am 16.3.1628 ist Johannes Bach in Wechmar als Pate verzeichnet (Kreuch 2000, 25), am 27.9.1633 als Stadtpfeifer-Geselle in Schweinfurt (Kock, 109)

70 *die 143 Handgriffe dafür:* Huf, 98 ff.

71 *Hamburgs Waffenhändler:* Vgl. Berhorst, 58

71 *17. September 1631:* Papirowski, 184–192, GEO, 70

72 *800 Meter weit fliegend:* Huf, 85

72 *«in einem Augenblick floge die Luft»:* Grimmelshausen, 215 f.

72 *«das krachen der Biquen»:* Pike, Landsknechtspieß von 3 bis 5 m Länge, Waffe des in geschlossenen Haufen kämpfenden Fußvolks. Die Pikeniere bildeten die unterste Klasse des Fußvolks, woher die Redewendung rührt, jemand habe sein Handwerk «von der Pike auf» gelernt (MDSZ, «Begriffe»).

74 *Johann Bach ist 29 Jahre alt:* Konrad, 113
74 *«Auch in Arnstadt ... eine große Forelle:* Reinhold, PDF 4, 32
75 *jüngster Bruder angekommen:* Konrad, 113: Heinrich erscheint in der Kirchenpflegerechnung vom letzten Quartal 1634 bis 30. März 1636.
75 *deren Organist Johann:* Kock, 109
75 *In dieser Kirche:* Wollny 1997, 129
75 *Am 11. Oktober gehen 6000 Kaiserliche:* Warlich, Eintrag zu Neumann, Ferdinand
76 *ruinöse 283 610 Gulden:* Warlich, Eintrag zu Koch, Kurt Helmar
76 *Ratsherr Kaspar Schamroth berichtet:* schweinfurtfuehrer.de
77 *brennen die Stadt nieder bis auf 84 Häuser:* Klett
77 *«435 Jahre Erfahrung»:* Zs. Jagdpraxis 2014/1
77 *«Ist schreckliches Rauben, Plündern»:* Happe I, 377v
79 *handschriftliche Chronik:* Brück 1996, 101 f.
79 *stehen strohgefüllte Tonnen:* Berg, 76, Anm. 64
80 *«in allerweg vorbehaltlich»:* erfurt.de, Geschichte
81 *«bey den Hochzeiten»:* Berg, 77
81 *«Er fährt im Schlaf auf»:* Brück 1996, 101 f.
82 *Im Rathaus ... Michael Gottmann:* Brück, Spurensuche, 7
83 *extra bezahlt wird:* Brück 2008, 23
85 *Nun ziehen sie alle:* Brück, Spurensuche, 10
86 *«Threnen des Vatterlandes»:* Grass, 216
86 *Am 18. Dezember verbietet der Stadtrat:* Berg, 79
86 *«Des Montages so fangen sie an»:* Krafft, 199r
87 *«36 tausend Taler»:* Krafft, 200r
87 *«todtes Söhnlein»:* Bach Dokumente I, 256
88 *unentgeltlich eine Salva Guardia:* Essegern, 179
88 *Jener sächsische Kurfürst Christian II.:* Essegern, 105
89 *zum Geiger ausbilden lassen:* Essegern, 135
89 *Schütz verdankt ihr noch viel mehr:* Wade, 18
90 *Nie hört jemand scharfe Worte:* Essegern, 202
92 *«Ganz niedergeleget»:* Geisler
93 *Tochter eines Landwirts:* Kock, 167. Dort ist als Beruf des Brautvaters auch «Stadtpfeifer(?)» angegeben. Falls es in Prettin Stadtpfeifer gab, bei denen Christoph Bach hätte arbeiten können, hätten diese sicherlich Kontakt zum Musenhof Hedwigs gehabt. Essegern (Mitteilung vom 4.1.2016) hält es für möglich, dass Christoph Bach bei Hedwig «als zeitweiliger Musiklehrer für die ihr anvertrauten fürstlichen Kinder aus Mecklenburg» arbeitete, wofür er dann vom mecklenburgi-

schen Herzog bezahlt worden wäre. In sächsischen Verzeichnissen tauchen Hedwigs Hoflehrer nicht auf.

93 *hat sie heftige Schmerzen:* Essegern, 198 f.

93 *sind in die nahe Kürschnergasse gezogen:* Zu den damaligen Adressen der Erfurter Bachs vgl. Brück 1976, 76, Orth, 84. Brück macht 2008 abweichende Angaben, jedoch ohne Beleg.

94 *«da waren der Heuschrecken so viele ... gekocht, gegessen»:* Johanns Erzählung ist eine Montage aus Passagen der Chronik Kraffts in den Jahren 1637–1641, 75r/76r, 155r.

95 *Adjunkt des alten Nelner:* Brück 2008, 30

95 *seit zwei Jahren ohne Besoldung:* Brück 1996, 104

96 *«Unser Leben ist ein Schatten»:* Die Partitur ist in unbekannter Handschrift überliefert und von Ernst Dietrich Heindorff in Arnstadt um 1696 mit neuem Titelblatt und den Initialen «J. B.» versehen worden. Sie wird «mit einiger Sicherheit» (Wollny 2002 ABA) Johann Bach zugeschrieben.

96 *«Und was du zuerst zu wenig gehabt hast»:* Luther 1545, Hiob 8

96 *«Ich weiß wohl, daß unser Leben»:* Johann Flittners «Himmlisches Lust-Gärtlein», in dem sich diese Verse finden, erschien erst 1661 in Greifswald. Doch Flittner, 1618 als Sohn eines Waffenhändlers in Suhl geboren und dort bis 1633 zur Schule gegangen, kann alle drei Brüder Bach gut gekannt und die vorliegenden Verse vor 1641 geschrieben haben. Daher habe ich mir die Freiheit genommen, den Beginn von Johanns Komposition auf 1641 zu legen.

97 *«auch noch welche von einem aus Schleusingen»:* Johann Bach vertonte in seiner Motette auch «Ach wie nichtig, ach wie flüchtig» von Michael Frank, einem 1609 geborenen Poeten und (bis 1640) Bäcker in Schleusingen, wo ab 1633 Flittner (s. o.) das Gymnasium besuchte.

KAPITEL 3 – DER AUFSTIEG

98 *«Haltet euch so getrost»:* Die Anweisungen der Wehemutter sind dem ersten deutschen Lehrbuch für Hebammen entnommen, das 1690 erschien, verfasst von Justina Siegemund. Vgl. Siegemund 120, 12, 136, 209

99 *Christoph hat gegen seinen Schmerz:* Vgl. Besombes, 2004–2015

100 *im August lädt der Kaiser:* Barudio, 550

101 *einem harten Winter:* Happe I, 78r

101 *«Anno 1646 ist das schwedische Volk»:* Krafft, 155r
101 *in 26 Jahren keine Besoldung:* Brück 1996, 104
101 *«Komm heiliger Geist, Herre Gott»:* Brück 1996, 107
102 *1640 hat Klemse, unregelmäßig bezahlt:* Dittrich, 76
102 *«von sonderlicher Invention»:* Olearius 1701, 69
103 *«fast mit weinenden Augen»:* Müller / Wiegand, 33
105 *«Alhier in der Kirchen»:* Müller / Wiegand, 43
106 *die gewaltige Linde … kleine Wasserkünste:* Olearius 1701, Vorrede b2 recto (übernommen aus einer «Beschreibung der Stadt Arnstadt» von 1658)
106 *«per publicam famam»:* Pirol, 204
106 *«item so ein mensch mit eynem vihe»:* Constitutio CXVi
107 *aus den Beständen zu entfernen:* Wollny 2002, 44
107 *Eine Sonata in C:* Heinrich Bach
108 *Stadtpfeiferstelle in Naumburg:* Müller / Wiegand, 44
109 *«Absonderlich aber vnsre Schwester»:* Schulze, 61
109 *Es brodelt zwischen Rat und Bürgern:* Vgl. Press, 397–400
110 *Er gesteht unter der Folter:* Press, 398
111 *neben jenem stattlichen Balkon:* Brück 2008, 39
111 *im kleinen Arnstadt macht er … Station:* Olearius 1701, 359
111 *Heinrichs Söhne:* Johann Christoph ist zu der Zeit Organist an der Schlosskapelle Arnstadt, sein Bruder wird noch von Heinrich Bach und Kantor Jonas de Fletin unterrichtet.
111 *Goldbrokat und Hermelinpelz:* erfurt-web.de, «Mainzer Reduktion», Abb.
112 *Am 17. Dezember 1666 … «abgefolget»:* Brück 1996, 109
113 *«Wie er wolle geküsset seyn»:* Rickes, 8 f.
114 *«Eine Bürgerin, die sich weigert … ein uneheliches Kind … mit zwölf Ehemännern»:* Krafft 156r, 105r, 171v
114 *ein Mann decolliret, «Barbara von Stadt Ilmen»:* Olearius 1701, 378, 363
115 *Ospedale della Pietà:* Wright, 79: «Those put into the *Pietà* are generally Bastards.»
116 *Er wohnt mit seiner Familie:* Schulze, 60
116 *«daß wir Unseren Lieben Getreuen»:* Müller / Wiegand, 48
117 *in dreieinhalb Monaten des Jahres 1669:* Olearius 1701, 360
117 *«Das unverständige Pöbelvolk»:* Spee 1649, [56] 36. Den Stadtschreiber Johann Wedemann habe ich Passagen aus Spees legendärer Kampfschrift (Spee 1649) gegen die Hexenprozesse übernehmen lassen, 1631 anonym auf Lateinisch und 1649 erstmals auf Deutsch erschienen.
117 *Sie habe unter der Tortur … allein gelassen haben, «Was dahinter steckt …*

hingerichtet zu werden»: Stade. Reinhold Stade, Weimarer Theologe, hat 1904 sämtliche «Inquisition Acta» des Verfahrens dokumentiert, das «wegen verdächtiger Hexerei» 1669 in Arnstadt gegen Barbara Elisabeth Schulzin angestrengt wurde. Anzeigeerstatter war Heinrich Darr (17), zu den Belastungszeugen (43) zählten sogar Kinder. Auch dass der Inhaftierten zeitweilig die Flucht gelang (55), wurde von der Anklage als Beleg für Hilfe durch den «teuffel» gewertet (74). Man muss davon ausgehen, dass den Arnstädter Bachs dieser Prozess, in dessen Akten sie nicht vorkommen, bekannt war.

117 *«Soll ich denn lügen … ein anderes wissen»:* Hauschild, 45. Aus einem Esslinger Torturprotokoll vom 14. 9. 1662

119 *«Wann nicht eine Obrigkeit»:* Spee 1649, [56] 36

119 *Schönborn hat schon 1649:* Pohl, 32 ff.

120 *noch 1696 … tot auffinden:* Olearius 1701, 377

120 *«Ich danke dir, Gott»:* Heinrich Bach

120 *Etliche Mühlen … «gar lieblich gezieret»:* Klein, 42 f., Scheidt, 108

121 *Beim Fleischhauer Töpfer … «reichlichen Beytrag getan»:* Olearius 1701, 360–363

122 *«allhier ein Jüde … getaufft»:* Olearius 1701, 363

123 *«wurden sie von wilden Horden … eingeäschert»:* Alicke, «Arnstadt»

123 *«Es seind zwar auch Juden»:* Olearius 1701, 37

123 *«2008 haben mein Ensemble und ich»:* Joshuah Rifkin im Gespräch mit dem Autor, 24. 5. 2015

124 *die Synagoge niedergebrannt:* Alicke, «Arnstadt»

125 *im Mai 2015 gegen «Überfremdung»:* Südthüringer Zeitung 19. 5. 2015, «Demonstranten werben für Toleranz und Vielfalt», online über insuedthueringen.de, abgerufen 29. 5. 2015

126 *Die ersten, die sie hören:* Wollny 2002, 56 ff. Wollny kann den Entstehungszeitraum auf 1671/72 einengen und für den 6. 12. 1672 einen obrigkeitlich angeordneten «großen Bußtag» nachweisen, für den das Lamento «überaus gut» passe. Dokumentiert ist eine Aufführung zu dem Termin nicht.

127 *angereist mit drei Lehrjungen … Stadtchronist Georg Dressel:* Wolff 2000, 19

127 *Herzog Johann Georg I.:* Oefner, 19

128 *und er trifft …:* Zur Verbindung zwischen Johann Christoph Bach und Stieler vgl. 262 f.

128 *den Kammer-, Lehns- und Gerichtssekretär:* Ludscheidt, 61. Stieler arbeitete ab 1666 für die ernestinischen Herzöge in Weimar und 1671–1678 für Johann Georg I. in Eisenach.

128 *«Die zarische Majestät»:* Vgl. Dantziger Ordinari Freytags-Zeitung 22. 6.–30. 6. 1673, SuUB Bremen

128 *Stieler selbst ist schon … in der Kaufmannskirche getauft:* Ludscheidt, 46, 57; Stieler 1968, II ff.

128 *auch Volkmar Happe:* Fruchtbringende Gesellschaft, Mitglied 814. Happe junior war 1672 Besitzer jenes Hauses in Weimar, in dem 1708–1717 JSB lebte.

128 *als Hauptmann … 2000 sinnvolle Kombinationen:* Telemann, 362 f. Telemann, Schwiegersohn Eberlins, gibt an, dieser habe als «Capitain unter den päbstlichen Völckern in Morea … gegen die Türcken gefochten». Mit Morea ist die osmanisch besetzte griechische Halbinsel gemeint, die indessen von der Republik Venedig erst 1684 angegriffen und erobert wurde. Eberlin könnte an der Seeschlacht vor Candia (Kreta) am 8. 3. 1668 teilgenommen haben. Vgl. Wiki «Krieg um Kreta»

129 *«sowohl mit vocal= als instrumental Music»:* Rollberg, 141

130 *jährlich gut 41 Gulden:* Rollberg, 136

130 *vier Paar lange Stiefel:* Vgl. Rollberg, 135, Anm. 1

130 *neun Gulden und drei Groschen:* Oefner, 21

130 *«meine vorige Schreiberei macht mir Ekel»:* Vgl. Stieler 1968, III

131 *ein Gedicht des «Spahten»:* Petzold, 33

131 *«Nah-d-ur …»:* Vgl. Stieler 1968, Einführung XI, Vorrede [5], Lexikon 38. Stielers teils abenteuerliche Etymologie wurde schon von Zeitgenossen gerügt, ist aber angesichts seiner Pioniertat so entschuldbar wie die ihr mitunter folgende Ordnung der Begriffe. So findet sich «Natur» wegen «Ur» unter «Alt».

133 *dessen Kondolenzschreiben:* Wollny 2002, 55 f., erwägt auf Basis dieses Schreibens, dass Stieler die Vertonung in Auftrag gegeben haben könnte. Zu einem weiteren möglichen Einfluss Stielers auf den Eisenacher Komponisten vgl. 128 ff., 262 f.

133 *für seine Wanderlust sogar Ärger:* Spitta I, 32 f.: 1670 untersagte Graf Ludwig Günther dem Organisten Heinrich Bach seine offenbar recht häufigen Reisen

134 *stiller, aber heiterer Mensch:* Spitta I, 39: Gehrener Pfarrer und Rat sprechen von «einem stillen, eingezogenen und kunsterfahrenen subjecto».

134 *Einkommen von 73 Gulden:* Müller/Wiegand, 39

134 *«Die Furcht des Herrn»:* J. M. Bach

135 *«Ein habiler Componist»:* Bach Dokumente I, 258

136 *«Flora, meine Freude»:* Wagenknecht, 107

137 *ist ein «ich» geworden:* Vgl. Grove V, 742

138 *«Die Schweden haben sich eingeschifft!»:* Montägiger Ordinari-Friedens- und KriegsCurrier 4. 6. 1677, SuUB Bremen

138 *seine Regina gestorben:* Ludscheidt, 67

139 *«die Novellen pflegen der Historie»:* Stieler 1695/1969, 160

139 *«Ein perfekter und rarer Virtuose»:* Mattheson, 245, zitiert das enthusiastische Empfehlungsschreiben, das Eberlin 1678 für Pachelbel verfasste.

141 *Am 29. September 1677:* Das Jahr der Aufführung, die am Michaelistag stattfand, ist ungewiss; der Schreiber der Partitur, deren Komposition von J. S. Bach und C. P. E. Bach dem Eisenacher Johann Christoph zugeschrieben wurde, ist unbekannt. Im «Ansbacher Inventar» 1686 wird das Werk Johann Michael Bach zugeschrieben, was zumindest eine Entstehung bis 1686 belegt. Für eine Aufführung in Eisenach spricht die Besetzung mit vier – dort verfügbaren – Trompeten.

141 *die fürstlichen Trompeter:* Ihre Namen sind genannt bei Oefner, 21.

141 *um den halben Ton tiefer:* Beim Umbau der Orgel ab 1696 ließ J. C. Bach den Stimmton der Orgel um einen Halbton herabsetzen, um das Zusammenspiel mit Bläsern zu ermöglichen (Butler, 235).

KAPITEL 4 – DIE HOCHZEIT

142 *Dem er zu seiner Hochzeit aufspielen will:* Original belegt ist die Hochzeit des Johann Christoph Bach mit Martha Elisabeth Eisentraut am 29. April 1679 durch eine Eintragung ins Traubuch (das in der Michaelisgemeinde vorliegt, vgl. S. 165 f.). Diesen Eintrag kannten Müller/Wiegand (52) offenbar nicht, sie teilen als Trauungstermin den 5. April 1679 mit – vermutlich der Termin des Aufgebots in Arnstadt, der Heimat des Bräutigams.

143 *Rund 70 Bachs und Freunde … «Sie haben eine große Anhänglichkeit» … ein 600 Takte langer Hochzeitsdialog:* Wollny sieht den Anlass für die Komposition des Eisenacher Johann Christoph schlüssig in dieser Hochzeit, nicht in der 1694 ebenfalls in Ohrdruf gefeierten des 1671 geborenen Sohns von Ambrosius, Johann Christoph, bei der das Stück allem Anschein nach nochmals aufgeführt wurde (vgl. 267, 374). Für 1679 sprechen die Anspielungen des Textes auf die Vorgeschichte des Paares, und «da der Arnstädter J. C. Bach selbst als Geiger tätig war, ist die virtuose Violinpartie … von besonderer Relevanz» (Wollny 2002 M&A, 89). Eine Hochzeit, bei der ein mit mindestens 4 Sängern und 6 Instrumentalisten besetztes Werk aufgeführt wird, war Anlass genug für

eines der von Carl Philipp (Forkel, 31) überlieferten Treffen der Bachs, so dass von einer großen Teilnehmerzahl ausgegangen werden kann. Dass zu den Ausführenden der Komponist und sein mutmaßlicher Auftraggeber Ambrosius (vgl. Wollny 2002 M&A, 85) zählten, ist wahrscheinlich. Die weiteren im Kapitel genannten Gäste sind (mit einer Ausnahme) reale Personen, die dort gewesen sein *könnten*.

143 *Ein fast bulliger Typ:* Vgl. 246, 372, Porträt des Ambrosius

144 *einem Dackel:* Das Tier ist eine Erfindung des Autors.

144 *über ökonomische Engpässe:* Vgl. 232 ff.

144 *mit acht Kindern:* Auf die selbstverständliche Teilnahme von Kindern an Festen im 17. Jahrhundert weist Aries hin (140 ff.): «Die Kinder und die Jugendlichen nehmen mit demselben Recht wie alle anderen Mitglieder der Gesellschaft daran [an den großen Festen] teil ...» Für eine Thüringer Hochzeit anno 1679 sind Kinder belegt durch ein Erfurter Ratsprotokoll (Brück 1996, 112, vgl. 180, 368).

144 *um 1740 in London verlieren:* Kock, 95. Johann Christoph, drittes Kind des Eisenacher Organisten, heiratete in Hamburg und soll über Rotterdam als Cembalobauer nach England gezogen sein.

145 *vorzüglichen Sänger:* Grove II, 301: «a farmer who could also sing well»

147 *Mit dem ältesten erhaltenen Plan:* Ständer 2000, Ellrich, 31

147 f. *Anna Cunigunda ... jurato purgiren:* Spitta, 156 ff., zitiert aus Protokollen des Arnstädter Consistoriums. Ihnen wird hier gefolgt. Die Beschimpfung «Tabaksäufer» geht indessen nicht auf Anna Cunigunda zurück, der Spitta sogar «Zartgefühl» zuschreibt, sondern auf Heinrich Gräser, Vgl. übernächste Anm.

148 *Weil der Bürgermeister:* Vgl. 117, Müller / Wiegand, 49

148 *Tabaksäufer ... Fliegengewedel, Klage bei der gräflichen Kanzlei:* Müller / Wiegand, 50

149 *dass er sie nicht vor Augen sehen könne ... ehe sie ihn frei gab:* Spitta, 160

149 *nicht weniger als 48 Blätter:* Ziegenhardt, 188

150 *«Wenn ich Bach hieße»:* Müller / Wiegand, 51

150 *Gewaltige, durchsichtige Kugelschalen:* Berghaus, 146 f.

151 *helio- und geozentrische Systeme:* Berghaus, 153. Vgl. auch Jean Blaeus Vorrede zum «Atlas Maior» 1670: «Die Kosmographen sind verschiedener Ansicht, was den Mittelpunkt der Welt und die Bewegung der Himmelskörper betrifft ...»

151 *1642 ist in England ... Newton zur Welt gekommen:* Am 25. 12. 1642 nach dem dort ebenfalls geltenden julianischen Kalender

151 *«nach Aristarch von Copernico»:* Berghaus, 144

152 *«Esset, meine Lieben … Gabe Gottes»:* Aus Joh. Christoph Bachs «Meine Freundin, du bist schön»

156 *«Das Leben auf der Straße hier»:* Ständer, Gespräch mit dem Autor, 3.7.2014

156 *40 Gewerke nutzen das Wasser:* Ellrich, 31

156 *Ein Zubrot mit Pferdeverleih:* Ständer, Gespräch

157 *«Sie liebten sich aufs Äußerste»:* Bach Dokumente 1, 265

158 f. *«in alten Kräuterbüchern nicht zu finden … Tartuffeln»:* Johann Sigismund Elsholtz, Hofmedicus und Hofbotanicus beim Kurfürsten Friedrich Wilhelm von Brandenburg, von Leibniz geschätzt, setzte sich für die Kartoffel («Tartuffel») als neues Nahrungsmittel ein, die im Lustgarten der Residenz 1649 erstmals angebaut worden war. Wendels Ausführungen sind montiert aus Zitaten aus Elsholtz' «Garten=Baw» (1672, 149 f.) und «Diaeteticon» (1682, 31 f.). Erstere Schrift, in mehreren Auflagen verbreitet, könnte einem aufgeweckten Thüringer Landwirt durchaus bekannt gewesen sein. Dass aber Wendel Bach anno 1679 die Kartoffel in Thüringen einführt, ist Fiktion.

159 *drei Weiber wegen Hexerei verbrannt … die Pfähle vorm Kohltore:* Ständer, 17

159 *«Triga Fratrum Germanorum Bachiorum»:* Vgl. 239

161 *Archidiakon Johann Christoph Wolff:* Im Trauregister Ohrdruf ist zur Trauung am 29.4.1679 «M Wolff» verzeichnet. Ein «Magister Joh. Christoph Wolff» findet sich als «Archidiaconus» auch im «Catalogus gesammleter Leich-Predigten», 343, im Zusammenhang mit der Beisetzung von Kirchner Franz Eisentraut, dem Brautvater, 1677. Wolff kam aus Wechmar, 1657 war er Stipendiat in Ohrdruf.

161 *die Frauen und Mädchen unten ins Weibergestühl:* Während im katholischen Süden Männer und Frauen getrennt rechts und links saßen (vgl. Grimm, «Weiberseite»), nahmen bei den Protestanten im Norden die Frauen unten Platz, die Männer auf der Empore. Zum Leichenbegängnis Ernsts des Frommen 1678 in Gotha «wurden in der Schloß-Kirchen / (…) fünff Weiber-Stühle [Bänke] vom Altar angerechnet / weg genommen / und der Fuß-Boden von der Stuffen vom Altar an / biß an die Weiber-Stühle mit schwartzem Tuch beleget» (vgl. «Wolverdiente Ehren-Seule»).

161 *«Sei Lob und Ehr»:* Was tatsächlich zu diesem Anlass gesungen wurde, ist nicht überliefert.

162 *Luthers Traubüchlein:* Luther, «Ein Trau-Büchlein»

164 *1660, im Dezember:* Vgl. Ständer 2001, 16 f.

166 *Die langen Mantelröcke:* Vgl. Brück 2008, 64, Müller/Wiegand, Abb. 10: Die knielangen Röcke ähneln sich in Erfurt 1679 und am Arnstädter Hof um 1700, wo zusätzliche Umhänge und Latzkragen entfallen, aber Applikationen hinzukommen.

166 f. *Die hohen Absätze der Schuhe … weiße Rüsche:* Vgl. Herrenschuh aus braunem Leder (um 1700) im Bachhaus Eisenach; vgl. Jacob Duck, «Interieur mit fröhlicher Gesellschaft», um 1660, Sammlung Schloss Friedenstein, Gotha. Dass die holländische Mode Thüringen mit beträchtlicher Verspätung erreicht, zeigt 1690 auch der «Kimono» des Ambrosius Bach, vgl. 240.

167 *Ähnliches bei Elisabeth Sophia … bis über die Füße herab:* Die Gattin (1619–1680) Ernsts des Frommen ließ sich in ihren späten Fünfzigern mit freiem Hals, Perlenkette und durch eine Brosche zusammengehaltenem Schultertuch malen (Sammlung Friedenstein, Gotha, anonymer Meister). Freilich war sie nicht so dekolletiert wie die Dame auf Jan Weenix' Gemälde «Liebeswerbung», 1680, ebenfalls in der herzoglichen Sammlung Gotha, die das Modell für die Ausstattung unserer Braut ist. Diese auf Frankreich zurückgehende Mode wird von Grimmelshausen bereits in den 1660ern karikiert (vgl. Anm. zu 182), wäre aber für das Thüringer Bürgertum der 1670er sehr gewagt.

169 *Thüringer Festtagsmode der späten Kriegsjahre:* Modell für die Ausstattung Heinrich Bachs und seiner Frau ist ein Gemälde von August Erich, der 1643 die Familie des Gothaer Rektors Andreas Reyher porträtierte (Sammlung Friedenstein, Gotha). Da Bauern und Bürger ihre Kleider trugen, so lange sie hielten (weswegen überwiegend nur Hofkleidung die Zeiten überstand), ist die Vorstellung, Heinrich Bach könne in gut 30 Jahre alter Festtagskleidung erschienen sein, nicht unrealistisch.

170 *Louis Parisel mit der Laute:* Erst 1680 wurde Parisel am Eisenacher Hof angestellt.

170 *wieder eine Landestrauer:* Schulze, 65

170 *Jahresgehalt von 60 Talern:* Spitta, 196

170 *«Universal-Recommendation»:* Mattheson, 244 f.

171 *«Beschreibung des Stückes»:* In: Wollny 2002 M&A, 96 ff.

174 *«Hir lauft der bassus»:* Wollny 2002 M&A, 97

175 *«Zerstosse eine Handvoll Mandel … gelinde aufstrudeln»:* Vgl. Endter, 9 / Scan 31: Rezept für «Noch eine andere Krebs-Suppe / mit gestürtzt- und verlohrnen Eyern / und gefüllten Krebs-Nasen.» Endters Sammlung von 1691 umfasst gut 1500 Rezepte, dazu Menüvorschläge und Listen saisonaler Zutaten.

175 *Serviert wird in drei Gängen:* Während Endter für eine «eintägige Frühlings-Hochzeit» zwei «Richt» [Gänge] mit 15 und 9 je zugleich aufgetragenen Speisen veranschlagt (Endter, 1012), sind bei Erfurter Hochzeiten – laut Stadtmusikantenordnung, Brück 1996, 103; Immig, 19 – mindestens drei «Gerichte» [Gänge] üblich.

175 f. *Ein gewaltiger Hecht … Krebssuppe:* Mögliche Speisenfolge auf Basis des saisonalen Angebotes, vgl. Endter

176 *bekröpfen:* Bei Grimmelshausen im Sinne von «sich vollfressen»

176 *fragilen Zahnersatz:* Wedlich

176 f. *Man muss viele Kinder haben:* Vgl. Ariès, 98

177 *Pest in Wien:* Die Seuche brach im Frühjahr 1679 in Wien aus und forderte dort 12 000 Opfer.

177 *zu den langlebigsten Bachs:* Johann Nikolaus (17. 10. 1669 – 4. 11. 1753), vielseitiger Instrumentenbauer, Musiktheoretiker, zuletzt Organist an der Universitätskirche in Jena

177 *«Ehe sie soweit sind»:* Ariès, 98, zitiert dies aus einer Schrift von 1622

177 *Die ganze Ambivalenz … ob sie alt wird:* Ariès, 98

177 *«Jetzt will jede Familie»:* Ariès, 103

180 *«Der Bräutigamsvater war gleich so zugesoffen … die Frauen flohen mit den Kindern»:* Die Darstellung folgt einem Erfurter Ratsprotokoll vom 11. 3. 1679, Brück 1996, 112

180 *«das Buch auf den Tisch legen»:* Immig, 19

180 *«Da die Gesellschaft aus lauter Cantoren …»:* Forkel, 31

180 *«Ei, wie sieht die Salome …»:* BWV 524. Bach fixierte dieses Quodlibet in seiner Mühlhäuser Zeit, er dürfte dabei Familienüberlieferungen aufgegriffen haben. In unserer Darstellung werden die Texte und Töne, die Bach notierte, als Improvisation der Familie «uraufgeführt».

182 *«Weißt du auch schon eine Dam zu loben … Katharina gehabt hätte?»:* Grimmelshausen, 147, lässt so den Simplicius «ein adelig Frauenzimmer» loben – vielleicht auch eine Kurtisane – und karikiert die französische Mode seiner Zeit ebenso, wie er den «hohen Stil» des Barock parodiert.

184 *«Gute Nacht! …»:* aus der von Ambrosius notierten «Beschreibung dieses Stückes», Wollny 2002 M&A, 98

184 *Johanna Juditha:* Sie wurde am 28. Januar 1680 in Eisenach getauft.

185 *Eine Kanne Bier:* 1685 gilt in Erfurt 1 Kanne=2 Maß=1,69 Liter. Brück 2008, 56

185 *das Verlassen des Dorfs untersagt:* Lange/Nitz, 2

185 *Besuch der Leipziger Messe verboten:* Arndt, 54–58

185 *Einen alten Mann festgenommen:* Arndt, 64

186 f. *Mattigkeit, Schwäche ... dunkelviolette Beule:* Vgl. Manzoni, 715 ff. Über die Erkrankung und Behandlung J. Christian Bachs ist nichts überliefert. Bachs Alter, der Zeitpunkt seines Todes und der Einsatz eines vertretenden Musikers zwei Wochen zuvor (vgl. 204) machen es wahrscheinlich, dass er einer der ersten, noch «inoffiziellen» Erfurter Pesttoten 1682 war.

188 *Pfarrer Balthasar Haberkorn:* 1679–1687 an der Erfurter Predigerkirche

190 *mit weißer Halskrause:* Schmölzer, 157

190 *«mit Artzeneyen beladen ... Theriak und Krottenpulver»:* Schmölzer, 123 f.

190 *Doctor Cramer:* Einer der vier Ärzte des Collegium sanitatis, Arndt, 66

191 *schickt einen Barbier:* Chirurgische Behandlungen wurden nicht durch Ärzte, sondern durch «Pestbarbiere» vorgenommen. Vgl. Arndt, 67, 114

191 *Tod von 12 000 Menschen:* Schmölzer, 98

191 *mit den beiden kleinen Töchtern:* Aus Johann Christians erster Ehe lebte außerdem die 1666 geborene Martha Hedwig, die 1697 in Weimar heiratete.

193 *eine Häufung von Fällen, «rechte Pest»:* Arndt, 66

194 *Geburt seines einzigen Kindes:* Johann Nikolaus, geboren 8. September 1682, heiratete 1705 in Erfurt und starb nach 1735 als Chirurg bei Königsberg.

194 *«Demnach ein Ehrenwerter Rat alhier»:* Ratsprotokolle StAE 1–1/XXI-2–22, fol. 99v

195 *«Gleich früh wan sich entzündet»:* Spee, 16: «Die gesponß Jesu klaget jhren hertzenbrand»

197 *»Mädchenschulmeisterin»:* Brück 2006, passim

197 *«benebenst auch deutsch und lateinisch»:* Brück 2006, 114

197 *als «Befehlshaberin»:* Opitz, 346

197 *1673 über die Gleichheit der Geschlechter:* Opitz, 368

198 *«Ach wie sehnlich»:* Johann Michael Bach, Stuttgart 1995

200 *Hunderte Werke finden sich hier:* Brück BJB 2000

200 *der eine oder andere Bach:* Im Chorbuch nicht nachgewiesen. Belegt ist

aber, dass in der Kaufmannskirche bereits 1671 Vokal- und Instrumentalmusik J. Michael Bachs aufgeführt wurde. Brück 2008, 50 f.

200 *Almosenknabe:* Brück 2008, 44. Kinder bedürftiger Erfurter, die von begüterten Gemeindemitgliedern Schulbücher und Bekleidung erhielten und im Chor sangen, waren auch die Söhne von Johann und Christoph Bach: Johann Christian, Ägidius, Georg Christoph, Ambrosius und Johann Christoph.

201 *dem Postillon untersagt …:* Arndt, 75

201 *Einvernehmlich «bannisirt»:* Arndt, 75 f.

201 *Im selben Oktober fliehen Beamte:* Arndt, 69

201 *Warnzettel:* Arndt, 77

203 *«einige Häuser de novo»:* Lange/Nitz, 8

204 *Sie verklagt ihn … gegen ihre Klage:* Ratsprotokolle StAE 1–1/XXI-2–22, fol. 239r und v

205 *findet ihn im Kirchenbuch:* Bibliothek des Ev. Ministeriums, Erfurt

205 *Am 21. Juni 1683:* Lange/Nitz, 8

206 *42 Prozent der Opfer:* Arndt, 89

206 *Abraham a Santa Clara:* zit. bei Schmölzer, 96 f.

208 *Eintrag vom 30. August 1683:* Ratsprotokolle StAE 1–1/XXI-2–22, fol. 270

208 *Ein gedruckter Erlass:* Arndt, 83

209 *die italienischen Maurer:* Lange/Nitz, 5

209 *«Da sahe man gantze Wägen»:* Schmölzer, 94

209 *«Das Sterben nimmt so zu»:* Lange/Nitz, 9

210 *«Europäische Relation»:* SuUB Bremen

211 *«Weil von der Anzahl derer»:* Arndt, 81

212 *«Lebest du auch noch?»:* Santa Clara, 16

212 *gegen Erlaubnis der Geistlichkeit:* Arndt, 82

213 *«Unser Leben»:* Vgl. 95 f.

216 *«eine privilegierte Klasse»:* Manzoni, 727

216 *«prahlen mit der Zahl der Beulen»:* Arndt, 80

217 *Die Pestknechte werfen … verhaftet:* Arndt, 84

217 *«Dort und da sahe man»:* Schmölzer, 95

217 *schreibt der entsetzte Statthalter:* Lange/Nitz, 10

218 *«Das macht die Sünd, o treuer Gott»:* 9. Vers aus «Ich hab mein Sach Gott heimgestellt», von Heinrich Schütz vertont in «Erster Theil Kleiner Geistlicher Concerten», die auch in der Chorbibliothek der Kaufmannskirche zu finden waren

218 *«Alle Menschen müssen sterben»:* Pachelbel

219 *«Christus, der ist mein Leben»:* Pachelbel
220 *Frenzel ist bis 1705:* Brück 2008, 65
220 *Nachfahren in Minnesota:* Brück 2008, 118 ff.
221 *in die «Silbertasche» ziehen:* Brück (2008, 63) geht ohne ohne weiteres davon aus, Schulze (64) hält es für wahrscheinlich, schließt aber auch ein Logis bei Ägidius oder beim Onkel Tobias Lämmerhirt nicht aus.
221 *Instrumentenmacher Patchalble:* Deutsche Biographie «Pachelbel»
221 *verkauft er das Haus an einen Schneider:* StAE, Steuerregister
223 *«Von den Juden und ihren Lügen» … des Teufels:* Begrich

KAPITEL 6 – DER VATER

225 *ich nun nacher Erffurt»:* Rollberg, 145
226 *Geselle Heinrich Zöllner:* Oefner, 21
226 *«immer zu zanken habe»:* Rollberg, 146
227 *ein Gulden monatlich:* Rollberg, 140
227 *drei Gulden und neun Groschen:* Oefner 1984, 22
227 *Ein halbes Jahr Stille:* Die Schweigezeit für den 1686 beigesetzten Herzog Johann Georg I. dauerte allein in den Kirchen ein halbes Jahr, im privaten Bereich noch länger (Oefner 1984, 22). Die Weimarer Landestrauer für den 1683 gestorbenen Johann Ernst von Sachsen währte sogar ein Jahr.
228 *«H. Johann Ambrosio Baachen»:* Bach Dokumente II, 3
229 *«musikalische Kernkraft der Sippe»:* Musikwissenschaftler Joseph Müller-Blattau verwendete diese Formulierung beim «Reichsbachfest» 1935 (Hagedorn 1994).
230 *Sechs Wochen muss eine Mutter:* Wolff, 14
230 *Es beginnt mit Rückenschmerzen:* vgl. Wiki
231 *Ungleichgewicht der Körpersäfte … «Jesu Christi Willen»:* Enke, 450 ff.
231 *Die islamische durchaus … Impfung gelingt:* Vgl. Geschichte der Seuchen
231 *mitten in der Tertia:* Johann Christoph erklärt dazu selbst, er habe «zur Music eine bessere beliebunge alß zum Studirn getragen». Schulze, 60
231 *«Zur silbernen Tasche»:* Vgl. 220 f.
232 *Haus in der Georgengasse:* Freyse, 37
232 f. *Seidenstoff … Justin Sander:* Alle den Prozess und die Stelle betreffenden Akten aus Eisenach und Schweinfurt sind zitiert bei Kaiser 1999. Für welche Waren Bach zu zahlen hatte, ist nicht überliefert.

233 *«niemahls mit weniger als fünf nothwendigen Stimmen»:* Bach Dokumente III, 81

234 *«viermal so viel»:* 200 Gulden. Kaiser 1999, 194

235 *erweiterte Besetzung zur Beisetzung:* Oefner 1984, 22

237 *von dort reiten er und sein Bruder:* Sollte Georg Christoph seinen Geburtstag in Schweinfurt gefeiert haben, ist es angesichts seiner Komposition wahrscheinlich, dass alle drei Brüder sich dort trafen, nicht aber, dass dort, außerhalb von Thüringen, eines der großen Clantreffen anberaumt wurde.

238 *zur Miete wohnt und sie kaum bezahlen kann:* 1692 schreibt Johann Christoph, er habe «bald aus einem Mietshause ein bald aus dem andern wieder ausziehen müßen» und «einen guten theil des meinigen dabey vor-zogen [verloren]». Freyse, 37

238 *für solche Zuwendung ihr Haus versprochen … «sechs Acker Land dazu»:* Christophs Erzählung basiert auf dem Wortlaut des Alimentationsvertrags, dokumentiert im Arnstädter Bachhaus Kohlgasse 7. In diesem Haus lebte «Toffels» Sohn Johann Ernst mit seiner Familie noch bis 1732.

239 *«Siehe, wie fein und lieblich ist's»:* Georg Christoph Bach

240 *1690 lässt sich Ambrosius malen:* Die häufig genannte Datierung auf 1685 ist nicht dokumentiert. «Das Ambrosius-Porträt gibt verschiedene Rätsel auf, wozu auch die Datierung und die Zuschreibung an Herlicius gehören. Letztere beruht lediglich auf der Tatsache, dass Herlicius (gest. 1693) Hofmaler in Eisenach war. Aber es gibt praktisch kein Vergleichsmaterial. Auch das Datum ist nicht dokumentiert. Nach dem Erscheinungsbild des Porträtierten (geb. 1645) scheint mir dessen Alter näher bei 45 als bei 40 zu liegen, darum halte ich ‹um 1690› als Entstehungszeit für plausibler.» (Mitteilung von Christoph Wolff an den Autor vom 8. 1. 2016)

240 *gehören Kimonos längst zum Alltag:* Ufer, 259

241 *«Er solte und müste …»:* Bach, Dokumente II, 5; vgl. 260, 270

242 *«die Veränderungen, welche in dem jeweiligen Stande»:* Wiki «Kaspar Neumann»

242 *Zeitungsvielfalt dieser Zeit:* Behringer, 658

242 *Zahl der Poststationen … Laufzeit eines Briefes:* Behringer 256, 258

242 f. *«An Estimate of the Degrees»:* Halley

243 *«in reinem Kinderglück»:* Rollberg, 133

243 *«etwas unverschämt … unordentliches Haußwesen»:* Freyse, 39

244 *3000 Taler entnommen:* Freyse, 40

244 *«weil ich sonst nicht weiß»:* Freyse, 37

244 *«Dieweilnmann» … zehn Reichstaler:* Freyse, 38

245 *ihn und einige hundert weitere Menschen:* Olearius, 1692: Von «sehr Volckreicher Leichbestattung» ist auf dem Titelblatt der auf 48 Seiten gedruckten Predigt des Superintendenten Olearius die Rede. Dass der musiksinnige Graf dem Organisten der Hofkirche und «Wohlbeliebten Stadt-Musicus» zu dessen Beisetzung die Ehre gab, ist dort nicht vermerkt, darf aber vorausgesetzt werden.

247 *zwei seiner Frauen:* Tittelbach 147

247 *«Eidamen, Schnuren, Vettern»:* Schwiegersöhne, Schwiegertöchter, Verwandte [ursprünglich stand «Vetter» für Onkel]

247 *für Arnstadt gewinnen können:* Tittelbach 146: Anton Günther II. hatte sich selbst für die Berufung von Olearius eingesetzt.

247 f. *Finanzkrise … dubiose «Goldmacher»:* Klein, 45

250 *«Kreuz, Kontrapunkten und chromatische Tone»:* Olearius 1692, 40

251 *mit einer Motette für diesen Tag:* J. Michael Bach, «Unser Leben währet siebenzig Jahr». Zu welchem Anlass die Motette auf einen Vers des Psalms 90 tatsächlich entstand, ist nicht bekannt.

252 *was vorhin der Herthum … spielte:* Wer was spielte, ist nicht überliefert. Hier wählte ich auf Anregung von Christian Windhorst das Choralvorspiel «Wenn mein Stündlein vorhanden ist» von F. W. Zachow. Später ein Lehrer von G. F. Händel, war Zachow seit 1684 Organist der Marienkirche in Halle und dem Olearius, Diakon an dieser Kirche und dann Kircheninspektor des Saalkreises, bekannt. Dieser, selbst komponierend und musikalisch gebildet, könnte eine Abschrift mit nach Arnstadt gebracht haben. Die Komposition enthält einige nur notdürftig umsprungene Quintparallelen (T. 25–27).

252 *Die missfälligen Quinten:* Im mehrstimmigen Satz von etwa 1650 bis 1850 ist es verpönt, zwei Stimmen im Abstand einer Quinte parallel sich zu einer weiteren Quinte bewegen zu lassen, sofern die Bindungskraft dieses Intervalls den Fortgang der (diatonischen) Harmonik verunklart.

253 *epulae ferales:* Leichenschmaus

254 *«JMB. hat es meinem Seel. Friedrich Ernsten»:* Wollny 1998, 146

254 *Gasthaus zur Sonne … Wirtin Susanna Wagner:* Das Gasthaus war eines der Stammlokale der Bachs und existiert unter gleichem Namen bis heute. Wirtin Susanna Wagner war Patin bei der Taufe von «Toffels» Sohn Johann Andreas am 8. Mai 1692 (Müller/Wiegand, 148).

255 *Schulpflicht für alle Jungen und Mädchen:* Vgl. 197

255 *«Teutsche ABC- vnd Syllaben-Büchlein … aus der Schule bringen»:* Petzold, 17

256 *Pannenhilfe:* Butler, 233

256 *als sinfonia ein Singstück einleiten:* Johann Christoph Bach (geb. 1642): «Wie bist du denn, oh Gott, im Zorn auf mich entbrannt», vgl. 260 ff.

256 *Das vergisst er nicht:* Die einleitende Sinfonia von JSBs wohl 1707 komponierter Kantate «Christ lag in Todesbanden» (BWV 4) lässt sich wie eine Fortschreibung dieser Musik hören.

256 *den Kalkanten zuruft:* Kalkanten (von lat. calcare: treten) bedienten mit Füßen und Händen die Bälge für die Luftversorgung der Orgel, bei großen Orgeln mitunter mehr als zehn von ihnen zugleich.

256 *in beengten Räumlichkeiten:* Young, 80

257 *«Cur frequentas scholam?»:* Petzold, 19

257 *«vor den Häusern der gantzen Stadt»:* Oefner 1984, 29

257 *«ungemein schöne Sopranstimme»:* Bach Dokumente III, 82

257 *von zwölf bis eins geprobt:* Petzold, 23

258 *«uralte Residentz-Stadt Heydelberg»:* VD17, 12:114170F

258 *«Stralsundischer Relations Courier»:* SuUB

259 *[Angaben zu Arnstadt 1694 und 1695]:* Olearius 1701, 371–376

259 *Fleckfieber:* Vgl. Wiki

260 *«Ob denn kein Bach mehr vorhanden»:* Bach Dokumente II, 5

261 *dass das Lamento vor 1696 entstand:* vgl. Hellmanns Vorwort zu Johann Christoph Bach (geb. 1641): «Wie bist du denn, oh Gott, im Zorn auf mich entbrannt». Das Werk ist durch eine Abschrift von Zachow (vgl. Anm. zu 252) überliefert, die Johann Philipp Krieger als Komponisten nennt, es ist aber vor 1696 im Bestand der Lüneburger Michaeliskirche belegt mit dem Komponistennamen J. C. Bach. Die Autorschaft ist also nicht gesichert. Mehrere Indizien sprechen für JCB (vgl. 262).

262 *«Rede einer hochbekümmerten vnd doch sich tröstenden Seelen»:* Dach

267 *ein neues Titelblatt schreiben:* Wollny 2002, 54

267 *der diese Teilnehmer überliefert:* Wolff 2000, 42

267 *«einem elenden Zustande … besonders ausgestattet»:* Freyse, 38

268 *«Apotheker Kosten»:* Bach Dokumente II, 5

268 *erster Markttag des Jahres:* Mittwoch und Samstag waren Markttage (vgl. Oefner 1985, 43), am 20. 2. 1695 fand der erste Markt dieses Jahres statt (Kaiser 1995, 181)

268 *Abendmahl zu Hause:* Rollberg, 149

268 *zittrig unterzeichnet:* Kaiser 1995, 177–181

269 *Kreuzkirche noch im Bau:* Oefner 1985, 45

270 *Bittschreiben an den Rat:* Bach Dokumente II, 5

271 *Unter den 40 Gulden:* Rollberg, 151

271 *«23. Johannes Sebastianus Bach – 103»:* Bach Dokumente II, 4

KAPITEL 7 - DER AUFBRUCH

272 *dass der Kämmerer nicht nur vermögend ist:* Arnswaldt, 14f. und Tafel 9. Johann Michael Schramm (1648–1713), 1696 als Kämmerer genannt, hinterließ u. a. seinen Stiefsöhnen aus erster Ehe 1000 Gulden und dem Rat eine Stiftung in gleicher Höhe, mit deren Zinsen Witwen und Waisen unterstützt und Schulmeister besoldet wurden.

272 *aus ältestem Ohrdrufer Bürgertum:* Arnswaldt, 122, 168. 1587 wird Valtin Schramm Vormund einer Tochter des verstorbenen Caspar von Hoff, 1599 ist ein Rechtsstreit zwischen Hieronymus Schramm und Georg von Hoff verzeichnet.

272 *auf 70 Gulden gewachsene Besoldung:* Schulze, 71, Anm. 85

272 *die gestiegenen Kornpreise:* Elsas, II B 76

273 *gegen seine erklärte Abneigung:* Schulze, 60

273 *Bäcker Frank, mit Dorotheas Schwester verheiratet:* Stadtarchiv Ohrdruf, Nr. 7184, online über forum.ahnenforschung.net

273 *seines Eheweibes Bestes:* Arnswaldt, 104

273 *einen rechten alten Hurensteupper nannte:* Arnswaldt, 60

274 *Die uralteingesessenen Zunftfamilien:* Arnswaldt, 90, 91, 168, 202: Verwandtschaftliche Verbindungen und Rechtsstreitigkeiten sind seit 1580 auch zwischen Mitgliedern der Familien Schramm und der Familie Eisentraut nachgewiesen, aus der «Toffels» Frau Martha kam.

274 *eine der von Hoffs zur Frau nehmen:* Arnswaldt, Tafel 10: Am 1.11.1698 heirateten in Ohrdruf Gottfried August Schramm und Anna Justina von Hoff.

274 *sie war schon eine Witwe von 44:* Arnswaldt, Tafel 9

275 *Leute, die sich angewöhnt hätten, sehr viel zu essen:* Moritz, 127; Schulze (1997, 204) unterstreicht die Praxis der Freitische mit dem Hinweis auf deren berühmte Schilderung in Karl Philipp Moritz' Roman «Anton Reiser» (1785–90). Passagen daraus sind hier montiert.

276 *er erhalte jetzt immer seine drei Taler ... «von durchdringender Gravität»:* Butler, 233–236. Die drei Taler waren Ratenzahlungen eines Honorars von 450 Talern.

276 *«die Costen bey itziger geldklammer Zeit»:* Butler, 262

277 *ein zweites Memorandum:* Butler, 236f.

277 *das leerstehende Münzhaus:* Freyse, 39

280 *Die Lust unsers kleinen Johann Sebastians zur Musik:* Bach Dokumente III, 81

281 *Des seeligen Unterricht in Ohrdruf:* Bach Dokumente III, 288

281 *notiert Sebastian um 1703:* Zehnder, 344

281 *Repertoire von internationalem Zuschnitt:* Zehnder, 343

282 *«Nun freut euch, lieben Christen gmein»:* Buxtehude

282 *Buxtehude hat diese Fantasie … Bezug zum Text haben:* Snyder, 299 ff.

283 *Er schreibt sie ab:* vgl. Anm. 10, Wollny/Maul 2007

283 *am 2. September um 20.25 Uhr:* Kölbl. Diesem Text sind alle Details zum Brand entnommen.

284 *«Alles mit Gott und nichts ohn' ihn»:* BWV 1127, vgl. Hagedorn 2005

285 *«wie in einem Italowestern»:* Wollny, Gespräch mit dem Autor, 21. 11. 2002

285 *«eine Bachhandschrift erkenne ich»:* Wollny, Gespräch mit Karin Fischer, Deutschlandfunk 6. 6. 2013

286 *«Bach hatte als junger Mann die Gewohnheit»:* Vgl. Hagedorn 2006

286 *auf etwa 1698 datieren:* Wollny/Maul 2007

287 *«Des seeligen Unterricht in Ohrdruf»:* Bach Dokumente III, 288

287 *streicht dann das zweite Wort aus:* Zehnder, 383

287 *«Nachdem ich mich nun biß in das 15te Jahr»:* Schulze, 60

288 *Ebenso gut … könnten diese Variationen:* Melamed 1999, 350–57

288 *eine zweite, andere Version davon:* Melamed 1999, 355, verweist auf Pachelbels «Sterbens-Gedancken» als möglichen Kontext, stellt aber keinen direkten Vergleich an.

289 *«Herzlich lieb hab ich dich, oh Herr»:* BWV 1115. Zehnder zeigt sich 1999 «geneigt, es der Ohrdrufer Zeit zuzuweisen», wobei er sich fragt, wie JSB auf einen Wechsel zum 12/8tel-Takt gekommen sein könnte. 2009 datiert er das Werk, Einflüsse Böhms heraushörend, auf die Lüneburger Zeit. Ich folge seiner früheren Einschätzung.

290 *«Im Ober-Seiten-werck»:* Butler, 265 f.

294 *Kosten fast verdreifacht:* Vgl. Freyse, 47

294 *«sich und seine Gehülffen»:* Freyse, 46

294 *3240 Gulden Gesamtkosten:* Butler, 245. Abweichende Angaben bei Freyse führt Butler auf einen Rechenfehler zurück.

295 *staunt ein Experte:* Winfried Schrammek, zitiert bei Butler, 244

296 *«In Betrachtung seines armseeligen Zustandes» … eigenes Haus erwerben kann:* Freyse, 40

297 *Turbulenzen um den Kantor:* Ellrich, 33

297 *Zweitbester der Secunda:* Bach Dokumente II, 7

297 *«Ich habe fleißig seyn müssen»:* Forkel, 93

298 *«recht kompliziert … ausgesprochen unbachisch»:* Zehnder 2009, 13–39

298 *Er macht Fehler:* Dürr 1986

299 *Christoph kopiert einige Sonaten:* Zehnder, 142–147

299 *er will ihn übertreffen:* Vgl. Jones, 35

299 *«Quid est creatio?»:* Hutter, 44 (Locus IV, De creatione). Seit 1685 gehörte das «Compendium Hutteri» zum Ohrdrufer Lehrplan (Ellrich, 32).

300 *«Terra, et quae in ipsa sunt»:* Hutter, 328 (Locus XXX, De fine seculi, sive mundi)

300 *Stralsundischer Relations Courier:* SuUB Bremen

301 *Salankement:* Slankamen, Dorf bei Belgrad und Schauplatz einer Entscheidungsschlacht 1691

301 *sogar am Sonntagmittag … Ciceros Briefe … gelten der Musik:* Ellrich, 32

301 *«schwerlich einen beßern kriegen»:* Küster, 74

302 *Knapp 250 Taler … bis zu 20 Taler:* Wolff, 43

302 *finden sich zwölf der Sänger:* Ständer / Marschik haben diesen Tag auf Basis eines handschriftlichen Berichts über den Ablauf der Trauerfeier rekonstruiert.

302 *dem Chorpräfekten Widerworte gegeben:* frei montiert nach einer Passage aus «Anton Reiser», Moritz, 151

304 *Trauertuch von der Kanzel reißen lassen:* Ständer / Marschik

304 *beim Holzstehlen gesehen worden:* Hohenlohe-Zentralarchiv Neuenstein, GL 35 Bü 491

304 *Auseinandersetzung zwischen Bürgern und Obrigkeit:* Wollny / Maul (2007, XIV) weisen auf Dokumente hin, die eine Auseinandersetzung zwischen Ohrdrufer Bürgerschaft und Hohenlohischer Obrigkeit und einen Zusammenhang mit dem um 1700 für gleich sieben Schüler notierten «defectum hospitorium» belegen sollen. Die dazu angekündigte Studie liegt bislang nicht vor.

305 *den julianischen Kalender zu «verbessern»:* Vgl. Hamel, 59–71

305 *«es ist die Mathematik weder katholisch noch evangelisch»:* Kiesewetter werden hier Worte von Georg Albrecht Hamberger (1701) in den Mund gelegt, zitiert bei Hamel, 69.

306 *«machen … die Evangelischen gleichsam schamrot»:* Worte von Jakob Ellrod (1699), zitiert bei Hamel, 63

307 *die bösen Lüste … Mägdleinschulmeistern:* vgl. Moritz, 132. Der Ohrdrufer Mägdleinschulmeister Johann Christoph Wechmar floh spätestestens 1701 wegen Ehebruchs aus der Stadt, sein Nachfolger wurde Johann Philipp Eisentraut, Onkel von Johann Ernst Bach (Hohenlohe-Zentralarchiv Neuenstein, GL 35 Bü 555)

307 *denkt an Anna Justina:* Schramm heiratete 1706 die 30-jährige Justina, nach dem Tod seiner ersten Frau, und hatte mit ihr zwei (totgeborene) Töchter. Sie war die Tochter von Martha Kreuch und Johann Schmalkalder, einem der drei Bürgermeister, die mit J. C. Bach 1697 den Bewerber um die Kantorenstelle, Elias Herda, prüften (Küster, 74). Als Pointe am Rande sei erwähnt, dass JSB als Thomaskantor 1730 Pate stand bei Maria Rosina Schramm, Tochter eines aus der Ohrdrufer Dynastie stammenden Kupferschmieds und seiner Frau, einer Tochter des Leipziger Instrumentenmachers Hoffmann (Arnswaldt, Tafel 13).

307 *«wegen ihrer Geschicklichkeit in der Music»:* Petzold, 27

308 *«armer Leute Kind ... Stimmen zum Diskant»:* Geiringer, 137

308 *den es hier nicht mehr lange halten wird:* Johann Ernst (1683–1739) verließ Ohrdruf 1701, studierte in Hamburg und Frankfurt (Wolff 1993, 21) und wurde 1707 JSBs Nachfolger als Organist der Neuen Kirche zu Arnstadt

308 *die Stainer'sche Geige:* In JSBs Nachlass befand sich eine Violine von Jacobus Stainer (1617–1683), einem im Norden hoch geschätzten Tiroler Geigenbauer. Wolff (2000, 46) hält es für möglich, dass schon Ambrosius sie besessen hatte

309 *am 15. März 1700 neuen Kalenders:* Bach Dokumente II, 7: «Jo. Sebast. Bach. Lüneburgum ob defectum hospitiorum se contulit d. 15 Martij 1700.» Die Gültigkeit des neuen Kalenders ab 1700 ist vermutlich auch in Ohrdruf von den Kanzeln verkündet worden, wie dies etwa für Erfurt belegt ist. In Arnstadt wurde sie am 3. 12. 1699 bekannt gemacht (Olearius 1701, 380).

309 *«Capriccio E-Dur in honorem Johann Christoph Bachii Ohrdruf»:* BWV 993, Zehnder 2009, 52–55. Das Werk ist undatiert und durch zwei Abschriften, nicht im Autograph überliefert. Zehnder hält eine Datierung auf 1702 für sinnvoll («als Anlass kommt ein Familientag in Betracht»), mir scheint ein Dank an Johann Christoph zum Abschied nach knapp fünfjähriger «Lehrzeit» plausibler.

KAPITEL 8 – DIE ODYSSEE

311 *727 Flugzeuge ... 2611 Gebäude:* Middlebrook/Everitt; Voeckler

312 *Vierzehn Kisten:* Grimstedt, 13

312 *140 000 Notenblätter:* Kornemann, 118

312 *Bei Heinrich Bachs Begräbnis:* Vgl. 254

313 *wohl für Heindorff schreibt:* J. M. Bach; Wollny 2002, 50
313 *«Unser Leben ist ein Schatten»:* Johann Bach
313 *überirdisch schöne Begräbnisarie:* «Nun ist alles überwunden», Drese
313 *«was an musicalischen Büchern»:* Wollny 2002, 44
314 *Motette, die Sebastian 1713 komponiert hat:* Wollny 1998, 146 f.
314 *Als Sebastian nicht mehr gut sehen kann:* Vgl. Hagedorn 2002
315 *statt einer Fachbibliothek ein «Augiasstall»:* Stähelin, 25
316 *«Ich sitze im Packen»:* CPE Bach Briefe, 410
316 *«Die erhaltene Musicalien»:* CPE Bach Briefe, 429
317 *«Kommen Sie doch bald»:* CPE Bach Briefe, 443
317 *«Obige Specialia Patris»:* CPE Bach Briefe, 457
317 *«Mit einigen Sachen von J. Xstoph»:* CPE Bach Briefe, 480
317 *«Hierbey, habe ich das Vergnügen»:* CPE Bach Briefe, 516
318 *«Ich bin jetzt in der Nothwendigkeit»:* CPE Bach Briefe, 630
318 *«Mein armer Sohn in Rom»:* CPE Bach Briefe, 637
319 *«Eher kurz als lang von Wuchs»:* Burney, III 213
319 *Göttinger Mettwürste:* Schon am 10. 2. 1775 bedankte sich Bach für die Zusendung dieser Spezialität.
319 *Mit mehr als 150 Gemälden:* CPE Bach Briefe, 391 f.
319 *«Lieber Herr Gott, wecke uns auf»:* Johann Christoph Bach (geb. 1642)
320 *«Seine Augen stunden unbeweglich»:* Burney, III 213
320 *«Ich erinnere mich noch sehr lebhaft»:* Forkel, 30
320 *«Gestern hat unser Publicum»:* Ottenberg, 251
321 *«Würdigste Madame»:* Wollny 2010, 49
322 *«Musik wurde im reinsten Sinne getrieben»:* Wollny 2010, 20
322 *«Man kann bis in die Mitte des Maymonats»:* Staats- und gelehrte Zeitung des Hamburgischen unpartheyischen Correspondenten, 1790, Nr. 37 (Beylage), Fr. 5.3., S. 1 f., S. 9
323 *Ein Katalog, in dem …:* CPE Bach, Verzeichniß
323 *mag auch Mozart … abgeschrieben haben:* Wollny 2010, 125
323 *Für 35 Mark:* Leisinger, 137
324 *«Singakademie»:* Bollert, Abb. 13, 15 f. Die zu Zelters Zeit gebräuchliche Schreibweise wird vom Autor auch in der Folge anstelle der heute üblichen («Sing-Akademie») verwendet.
324 *«Schon sein Anblick feuert alles an»:* Mendelssohn, 84
324 *Was sofort auffällt:* Bollert, Abb. 23
324 *«Sie wollen Häuser bauen» … 186 Unterrichtsstunden:* Todd, 63 f.
325 *«Ich sehe in Bachs achtstimmigen Motetten»:* Hoffmann, 45 f.
326 *Nicht verheiratete Damen … «eine Fantasie hören zu lassen»:* Herzfeld, 11

326 *Die feinsinnige Lea schreibt:* Todd, 69
326 *«Gewisse Leute können»:* Kornemann, 121
327 *«Verruchte deutsche Kirchentexte … dünnen Schaum»:* Riemer, 294
327 *«Ich habe den alten Bachen»:* Welter, 46
328 *dass Zelter dem Schüler den Schrank zeigt:* Todd, 151
329 *Der 67-Jährige trägt sein Festtagsornat:* Herzfeld, 17, 23
330 *«Bruch der Schranken»:* Forchert, 24
330 *900 Plätze … «nicht berichten soll»:* Berliner Allgemeine Musikalische Zeitung, 14. 3. 1829
331 *zwei Drittel der Arien:* Platen, 217 f.
331 *«fast in stetem Verdruß»:* Bach Dokumente I, 23
332 *in einem rund 60 Meter langen Gang:* Welter, 33
332 *«Catalog musikalisch=literarischer und practischer Werke»:* Welter, passim
332 *den lächerlichen Preis von 1400 Talern:* Welter, 46
333 *«Bis jetzt verloren»:* Spitta I, 73
333 *«Damit die höchste Kunsthöhe»:* Spitta I, 41 f.
334 *«Kernkraft der Sippe»:* Musikwissenschaftler Joseph Müller-Blattau verwendete diese Formulierung beim «Reichsbachfest» 1935 (Hagedorn 1994).
334 *Lob von Johannes Brahms:* Sandberger
335 *«Kurz nach Ausbruch des Weltkrieges»:* Schneider, I 112
335 *1933 von seinem Amt entbunden:* Potter, 96 f.
336 *Am 30. April 1937:* Programmzettel in der Sammlung von Michael Rautenberg
336 *Georg Schumanns letzte Motette:* Schumann
336 *Am 31. August 1943 … Kunsthändler:* Grimsted, 13
337 *1876 nennt Richard Wagner:* Glasenapp, V, 314
337 *Amt VII des Reichssicherheitshauptamtes:* Grimsted, 17
338 *nach Moskau umgelenkt:* Grimsted, 19
338 *Deren Erster Sekretär, Chrutschtschow:* Grimsted, 18
338 *Finalist im Chopinwettbewerb:* Fischer, 111 ff.
338 *Am 5. November 1945:* Grimsted, 27
339 *«behutsame Bewahrung»:* Fischer/Kornemann, 113
340 *meldet das sowjetische Kulturministerium:* Fischer/Kornemann 113
340 *Legende, die man sich in Kiew erzählt:* Fischer/Kornemann, 112
341 *eine erste feine Spur:* Grimsted, 22
341 *«Was hat er besessen?»:* Wolff, Gespräch mit dem Autor 17. 9. 2013
342 *pensionierte Bibliothekarin:* Grimsted, 25
343 *Wolff stößt auf einen Beweis:* Mitteilung von Wolff 9. 11. 2013

344 *«Man kam rein durch ein Glockentürmchen»:* Wolff, Gespräch mit dem Autor 17.9.2013

346 *«Warum brauchen wir Fremde …»:* Grimsted, 31

347 *Mindestens einen Atomreaktor:* Fischer/Kornemann, 114

347 *«Eine enthauptete Leiche»:* Der Spiegel, 11.12.2000

348 *«Collections are the part of National fund»:* Mailkopie in der Sammlung von Michael Rautenberg

348 *32 Partituren der Familie Bach:* Grimstedt, 38

348 *«closed for technical reasons»:* Mailkopie in der Sammlung von Michael Rautenberg

350 *«in Richtung Europa und mit Russland»:* Grimsted, 40

350 *Frachtmaschine der Lufthansa leer:* Grimsted, 40

351 *«40 Kisten, Holz»:* Rautenberg, Gespräch mit dem Autor, 30.11.2013

352 *die von Heinrich Bach kopierte Motette:* «Lieber Herr Gott, wecke uns auf». Vgl. 314

353 *«Es erhub sich ein Streit»:* Johann Christoph Bach (geb. 1642), vgl. Anm. zu 141

VERWENDETE LITERATUR UND QUELLEN

Alicke, Klaus-Dieter (Hrsg.), *Aus der Geschichte der jüdischen Gemeinden im deutschen Sprachraum*, jüdische-gemeinden.de, Beitrag «Arnstadt», abgerufen 23.10.2015

Ariès, Philippe, *Geschichte der Kindheit*, Paris 1960/München 2011

Arndt, Karl-Hans, *Die Geschichte der Pest in Erfurt seit dem Ausbruch des Dreißigjährigen Krieges*, Diss. Medizinische Akademie Erfurt 1962, Typoskript, Stadtarchiv Erfurt

Arnswaldt, Werner Konstantin von, *Geschichte der Kupferschmiedefamilie Schramm*, Leipzig 1922

Bach, Carl Philipp Emanuel, *Briefe und Dokumente. Kritische Gesamtausgabe*, Bd. I und II, Hrsg. Ernst Suchalla, Göttingen 1994

Bach, Carl Philipp Emanuel, *Verzeichniß des musikalischen Nachlasses des H. Capellmeisters Carl Philipp Emanuel Bach*, online über bsb-muenchen.de

Bach, Johann Sebastian, *Ursprung der Musicalisch-Bachischen Familie*, Leipzig 1735, Bach Dokumente I

Bach Dokumente: *Bach-Dokumente*, herausgegeben vom Bach Archiv Leipzig, 7 Bde., 1963–2008

Barth, Reinhard, *Kinder der Fortuna. Vom Aufstieg im Unternehmen Krieg*, in: *Mit Gottes Segen in die Hölle. Der Dreißigjährige Krieg*,München 2003, 78–103

Barudio, Günter: *Der Teutsche Krieg 1618–1648*, Frankfurt 1985

Begrich, Teja, *Der größte Sündenfall*, Gespräch mit Evelyn Finger, ZEIT 5.11.2015, S. 58

Behringer, Wolfgang, *Im Zeichen des Merkur. Reichspost und Kommunikationsrevolution in der Frühen Neuzeit*, Göttingen 2003

Berg, Holger, *Die Klänge des Krieges*, in: *Musik – Geschichte – Erfurt*, Erfurt 2014, 63–88

Berghaus, Peter (Hrsg.), *Simplicius Simplicissimus. Grimmelshausen und seine Zeit*, Ausstellungskatalog, Münster 1976

Berhorst, Ralf, *Stadt der Profiteure*, in: *Der Dreißigjährige Krieg*, Geo Epoche Nr. 29, 2008, 58–69

Besombes, André, *Die Zahnheilkunde vom Mittelalter bis zum achtzehnten Jahrhundert*, in: *Illustrierte Geschichte der Medizin*, Bd. 4, Salzburg 1986, S. 1987–2015

BJB: *Bach-Jahrbuch*, Leipzig 1904 ff., Berlin 1953 ff., Leipzig 1992 ff.

Blaeu, Johann: THVRINGIA LANDGRAVIATVUS, Karte von Thüringen, Amsterdam 1638, basierend auf der ersten maßstäblichen Karte Thüringens, 1625 von Adolar Erich publiziert, online über swaen.com/zoomV2.php?id=16246&referer=antique-map-of.php, abgerufen 5. 1. 2016

Bollert, Werner (Hrsg.), *Sing-Akademie zu Berlin*, Berlin 1966

Brück, Helga, *Die Brüder Johann, Christoph und Heinrich Bach und die «Erffurthische musicalische Compagnie»*, in: Jahrbuch für Fränkische Landesforschung 1976, S. 65–77

Brück, Helga, *Die Erfurter Bach-Familien von 1635 bis 1805*, BJB 1996, 101–131

Brück, Helga, *Das Chorbuch der Kaufmannskirche*, BJB 2000, 167–189

Brück, Helga, *Auf Spurensuche nach Bach in Erfurt*, Erfurt 2000

Brück, Helga, *Die Mägdleinschulmeisterinnen. Ein Beitrag zur Erfurter Schulgeschichte des 16. bis 18. Jahrhunderts*, in: *Mitteilungen des Vereins für die Geschichte und Altertumskunde von Erfurt*, Jena 2006

Brück, Helga, *Von der Apfelstädt und der Gera zum Missouri. 500 Jahre Thüringer Musikerfamilie Bach*, Erfurt 2008

Butler, Lynn Edwards, *Johann Christoph Bach und die von Georg Christoph Stertzing erbaute große Orgel der Georgenkirche in Eisenach*, in: BJB 2008, S. 229–269

Burney, Charles, *Tagebuch einer musikalischen Reise*, Hamburg 1772, 1773/Kassel 2005

Catalogus gesammleter Leich-Predigten und Funeralien, Stolberg 1733, online über opac.sub.uni-goettingen.de

Constitutio Criminalis Carolina – Keyser Karls des fünfften: vnnd des heyligen Römischen Reichs peinlich gerichts ordnung, Mainz 1533, online über wikisource.org, abgerufen 22. 5. 2015

Dach, Simon, *Rede einer hochbekümmerten und doch sich tröstenden Seele*, Einzeldruck, 1642, online über deutsche-digitale-bibliothek.de. Auch in: Hermann Oesterley (Hrsg.), *Gedichte von Simon Dach*, Leipzig 1876, 180

Dittrich, Janny, *Das Musikleben in Arnstadt. Von den Anfängen der Arnstädter Hofmusik im 16. und 17. Jahrhundert bis zu ihrem Ende 1716*, in: Johann *Sebastian Bach und seine Zeit in Arnstadt*, Arnstadt 2000, 75–80

Dürr, Alfred, *Die Kantaten von Johann Sebastian Bach*, Kassel 1971

Dürr, Alfred, *Kein Meister fällt vom Himmel: Zu J. S. Bachs Orgelchorälen der Neumeister-Sammlung*, in: Musica 40, 1986, 309–312

Ehren-Seule: *Wolverdiente Ehren-Seule, Dem weyland Durchläuchtigsten Fürsten und Herrn, Herrn Ernst Hertzogen zu Sachsen … Aufgerichtet zum Friedenstein*, Gotha 1678, online über: Google.books.de, abgerufen 9. 12. 2015

Ellrich, Hartmut, *Johann Sebastian Bach in Ohrdruf (1695–1700)*, in: *Johann Sebastian Bach und seine Zeit in Arnstadt*, Arnstadt 2000

Elsas, Moritz John, *Umriß einer Geschichte der Preise und Löhne in Deutschland vom ausgehenden Mittelalter bis zum Beginn des 19. Jahrhunderts*, Leiden 1949, online über digitalis.uni-Koeln.de

Elsholtz, Johann Sigismund, *Garten-Baw, Oder Unterricht von der Gärtnerey*, Cölln an der Spree, 1672, online über bsb-muenchen.de

Elsholtz, Johann Sigismund, *Diaeteticon: Das ist / Newes Tisch=Buch*, Cölln an der Spree 1682, online über bsb-muenchen.de

Endter, Susanna Maria, *Der aus dem Parnasso ehmals entlauffenen vortrefflichen Köchin … Hinterlassene und bißhero / Bey unterschiedlichen der Löbl. Koch-Kunst beflissenen Frauen zu Nürnberg / zerstreuet … gewesene Gemerck-Zettul …*, Nürnberg 1691, online über Wolfenbütteler Digitale Bibliothek (WDB) diglib.hab.de

Enke, Ulrike, *Kranksein im 17. Jahrhundert*, in: Hessisches Ärzteblatt 7/2008, 450–455, online über laekh.de, abgerufen 16. 12. 2015

Essegern, Ute, *Fürstinnen am kursächsischen Hof. Lebenskonzepte und Lebensläufe zwischen Familie, Hof und Politik in der ersten Hälfte des 17. Jahrhunderts*, Leipzig 2007

FG: *Fruchtbringende Gesellschaft*, online über die-fruchtbringende-gesellschaft.de

Fischer, Axel, *Gattungsvielfalt und Gattungsschwerpunkte des Archivs der Sing-Akademie zu Berlin*, in: *Das Archiv der Sing-Akademie zu Berlin. Katalog*, Berlin 2009, S. 125–132

Fischer, Axel, und Kornemann, Matthias, *Mythen und Legenden. Die Restitution des Archivs der Sing-Akademie zu Berlin*, in: *Das Archiv der Sing-Akademie zu Berlin. Katalog*, Berlin 2009, S. 111–115

Fleming, Paul, *Deutsche Gedichte*, Stuttgart 1986

Forchert, Arno, *«Die Hauptstadt von Johann Sebastian Bach». Berliner Bach-Traditionen zwischen Klassik und Romantik*, in: Jahrbuch des Staatlichen Instituts für Musikforschung Preußischer Kulturbesitz, 1995, S. 9–28, online über sim.spk-berlin.de, abgerufen 7. 11. 15

Forkel, Johann Nicolaus, *Über Johann Sebastian Bachs Leben, Kunst und Kunstwerke*, Leipzig 1802/Berlin 2000, online über deutschestextarchiv.de

Freyse, Conrad, *Johann Christoph Bach (1642–1703)*, BJB 1956, 36–51

Geisler, Oliver, *Zur recreation und ergetzung. Musik in Zeiten des Krieges*, in: *Heinrich Schütz, Kleine Geistliche Konzerte I*, CD-Booklet, Stuttgart 2013, 5–8

GEO: *Der Dreißigjährige Krieg*, Geo Epoche Nr. 29, 2008

Geschichte der Seuchen: *Erfolgsgeschichte Impfung – Pocken, Polio und Diphtherie*, Bayerischer Rundfunk, online über br.de, abgerufen 10.1.2016

Gewehre: *Gewehre. Für Interessierte, Liebhaber und Sammler*, Neuer Kaiser Verlag, Fränkisch Grumbach, 2013

Glasenapp, Carl Friedrich, *Das Leben Richard Wagners*, Leipzig 1911

Gregor-Dellin, Martin, *Heinrich Schütz*, München 1984

Grimmelshausen, Hans Jacob Christoffel von, *Der Abentheurliche Simplicissimus Teutsch*, 1666/Frankfurt am Main 1989

Grimsted, Patricia Kennedy, *Bach is back in Berlin: The Return of the Sing-Akademie Archive from Ukraine*, Harvard Ukrainian Research Institute 2006, online über: ucis.pitt.edu/nceeer/2003_816_03_Grimsted.pdf, abgerufen 29.9.15

Grosch, Nils, *Lied und Medienwechsel im 16. Jahrhundert*, Münster 2013

Grove: *The New Grove Dictionary of Music and Musicians, second edition*, 2001

Gryphius, Andreas, *Threnen des Vatterlandes/Anno 1636*, in: Grass, Günter, *Das Treffen in Telgte*, München 1997, 216

Hagedorn, Volker, *Vom «Sippen»-Komponisten zum Aufklärer. Wie Deutschlands autoritäre Systeme «ihren» Bach haben wollten*, Leipziger Volkszeitung 12.4.1994

Hagedorn, Volker, *Rezeptbuch der Unsterblichkeit*, ZEIT 28.11.2002

Hagedorn, Volker, *Bach aus der Asche*, ZEIT 9.6.2005

Hagedorn, Volker, *Das Wunderkind*, ZEIT 31.8.2006

Halley, Edmond, *An Estimate of the Degrees of the Mortality of Mankind, drawn from curious Tables of the Births and Funerals at the City of Breslaw*, in: Philosophical Transactions No. 196, London 1693, 596–610, online über pierre-marteau.com, abgerufen 16.12.2015

Hamel, Jürgen, *Die Kalenderreform des Jahres 1700 und ihre Durchsetzung in Hessen*, in: Zeitschrift des Vereins für hessische Geschichte, Band 105, 2000, 59–74, online über vhghessen.de, abgerufen 3.1.2016

Hanke, Birgid: *Gotha – Abbitte an ein kulturhistorisches Juwel*, www.wirtschaftswetter.de/ausgabe103/gotha.html, abgerufen 21.10.15

Happe, Volkmar, *Chronicon Thuringiae [1618–1641]*, in: *Mitteldeutsche Selbstzeugnisse der Zeit des Dreißigjährigen Krieges*, mdsz.thulb.uni-jena.de

Hauschild, Thomas; Staschen, Heidi (Hrsg.), *Hexen. Katalog zur Ausstellung*, Berlin 1986

Herzfeld, Friedrich, *Sing-Akademischer Alltag*, in: *Sing-Akademie zu Berlin. Festschrift zum 175jährigen Bestehen*, Berlin 1966, 11–20

Hoffmann, E. T. A., *Kreisleriana*, 1814/Werke Bd. 1, Frankfurt/M. 1967

Huf, Hans-Christian (Hrsg.), *Mit Gottes Segen in die Hölle. Der Dreißigjährige Krieg*, München 2003

Hutter, Leonhard, *Compendium locorum theologicorum*, Wittenberg ca. 1609, online über bsb-muenchen.de, abgerufen 11. 10. 2015. Eine Übersetzung ist zu finden bei: evangelischer-glaube.de

Immig, Eberhard, *Die Erfurter Stadtmusik im 17. und 18. Jahrhundert*, in: *Erfurter Musikkultur im Barock*, Erfurt 2000, 9–23

Jones, Richard P. D., *The Creative Development of Johann Sebastian Bach, Vol. I: 1695–1717*, Oxford 2007

Kaiser, Rainer, *Johann Ambrosius Bachs letztes Eisenacher Lebensjahr*, BJB 1995, 177–182

Kaiser, Rainer, *Johann Christoph Bachs Berufung auf die Schweinfurter Organistenstelle*, BJB 1999, 191–200

Kiefhaber, J. C. S. (Hrsg.), *Sendschreiben Dr. Martin Luthers an Ludwig Senfel*, München 1817, online über books.google.de, abgerufen 8. 1. 2016

Klein, Matthias, *Arnstadt – eine thüringische Residenzstadt zur Zeit Johann Sebastian Bachs*, in: Johann *Sebastian Bach und seine Zeit in Arnstadt*, Arnstadt 2000, 39–48

Klett: *Historie der Büchsenmacherfamilie Klett*, Website von Waffen Klett, buechsenmacher.de, abgerufen 21. 10. 2015

Knipphals, Dirk, *Nachdenken über Günter Grass*, taz 14. 4. 2015

Krafft, Hans, *[Chronik aus dem Dreißigjährigen Krieg 1610–1664]*, in: *Mitteldeutsche Selbstzeugnisse der Zeit des Dreißigjährigen Krieges*, mdsz.thulb.uni-jena.de

Kock, Hermann: *Genealogisches Lexikon der Familie Bach*, Gotha 1995

Konrad, Ulrich, *Instrumentalkompositionen von Heinrich Bach*, BJB 1995, 93–113

Kölbl, Irene, *Weltkulturerbe in Flammen*, in: Schadenprisma 2006/4, online über schadenprisma.de, abgerufen 1. 8. 2015

Kornemann, Matthias, *Zelters Archiv. Porträt eines Sammlers*, in: *Das Archiv der Sing-Akademie zu Berlin. Katalog*, Berlin 2009, 117–123

Kreuch, Knut, *Wechmar – die Heimat der Musikerfamilie Bach*, in: Johann *Sebastian Bach und seine Zeit in Arnstadt*, Arnstadt 2000, 21–29

Kreuch, Knut, Veit *Bach – Die Geschichte von den Anfängen der Musikerfamilie Bach*, Wechmar o. J. [2000]

Kreuch, Knut, *Auf Spurensuche von Haus zu Haus*, Wechmar o. J. [2004]

Kreuch, Knut, *Veit-Bach-Obermühle Wechmar*, Wechmar 2005

Kreuch, Knut, *Und leise klopfts ans Niedertor*, Wechmar 2006

Kreuch, Knut, *Wechmar – Adel, Bach und fleißige Bürger*, Wechmar 2011

Kreuch, Knut, *Wechmar – Frauen und Männer, lauter kluge Köpfe*, Wechmar 2014

Lage, Georg Wilhelm von, *Die vollständigen Acta der Thüringischen Sündfluth von 1613*, Weimar und Leipzig 1720, zitiert in: wfg-gk.de/glacial kosmos79.html, abgerufen 20.10.2015

Lange, Peter/Nitz, Thomas, *Die letzte Pest in Thüringen (1681–1684)*, in: Blätter des Vereins für Thüringische Geschichte, 2003, online über via-regia.org, abgerufen 15.12.15

Leisinger, Ulrich, *Die Bach-Sammlung*, in: *Das Archiv der Sing-Akademie zu Berlin. Katalog*, Berlin 2009, S. 133–149

Ludscheidt, Michael, *«Der Geburth nach ein Erffurther». Kaspar Stieler (1632–1707) – Gelehrter und Dichter der Barockzeit*, in: *Mitteilungen des Vereins für die Geschichte und Altertumskunde von Erfurt*, Jena 2007

Luther, Martin, *Biblia: Das ist: Die gantze Heilige Schrifft / Deutsch / Auffs new zugericht.*, Wittenberg 1545/Stuttgart 1983

Luther, Martin, *Ein Trau-Büchlein / für die einfältigen Pfarrherren*, in: *Concordia. Christliche wiederholete Einmüthige Bekäntniß …*, Leipzig 1703, online über digitale.bibliothek.uni-halle.de

Mai, Klaus-Rüdiger: *Die Bachs – eine deutsche Familie*, Berlin 2013

Manzoni, Alessandro, *Die Brautleute [I Promessi Sposi]*, Mailand 1842/München 2003

Marx, Bernhard Adolf (Hrsg.), *Berliner Allgemeine Musikalische Zeitung*, Berlin 1829, online über: Internet Archive, archive.org, abgerufen 7.11.15

Mattheson, Johann, *Grundlage einer Ehren-Pforte, woran der tüchtigsten Capellmeister, Componisten, Musikgelehrten, Tonkünstler &c. Leben, Wercke, Verdienste &c. erscheinen sollen*, Hamburg 1740/Berlin 1910, online über archive.org, abgerufen 23.10.2015

MDSZ: *Mitteldeutsche Selbstzeugnisse der Zeit des Dreißigjährigen Krieges*, mdsz.thulb.uni-jena.de

Melamed, Daniel R., *J. S. Bach and the German motet*, Cambridge 1995

Melamed, Daniel R., *Constructing Johann Christoph Bach (1642–1703)*, in: Music & Letters, 1999, Vol. 80 No. 3, 345–365

Mendelssohn Bartholdy, Felix, *Sämtliche Briefe*, Bd. 1, Kassel 2008

Middlebrook, Martin, und Everitt, Chris, *The Bomber Command War Diaries. An Operational Reference Book 1939–1945*, Barnsley 2014, zitiert in: lancaster bombers.com/lancaster_bombers_044.htm, abgerufen 7.11.15

Moritz, Karl Philipp, *Anton Reiser*, 1785–90/Leipzig 1960

Müller, Karl; Wiegand, Fritz: *Arnstädter Bachbuch*, Arnstadt 1957

Oefner, Claus, *Die Musikerfamilie Bach in Eisenach*, Eisenach 1984

Oefner, Claus, *Eisenach zur Zeit des jungen Bach*, BJB 1985, 43–54

Olearius, Johann Christoph, *Der Hier zeitlich= und dort ewiglich Reichbeseligte Lebens=Bach* [Predigt zur Bestattung Heinrich Bachs], Arnstadt, 1692. Ausführlich zitiert bei Konrad, 101 f.

Olearius, Johann Christoph, *Historia Arnstadiensis*, Arnstadt 1701/1998, online über bsb-muenchen.de

Opitz, Claudia, *Hausmutter und Landesfürstin*, in: *Der Mensch des Barock*, Frankfurt 1997, 344–370

Ottenberg, Hans-Günter, *Carl Philipp Emanuel Bach*, München 1988

Papirowski, Martin, *Der Löw' aus Mitternacht. Der Siegeszug des Schwedenkönigs*, in: *Mit Gottes Segen in die Hölle. Der Dreißigjährige Krieg*, München 2003, 166–207

Petzold, Martin, *«Ut probus & ductus reddar.» Zum Anteil der Theologie bei der Schulausbildung Johann Sebastian Bachs*, BJB 1985, 7–42

Pirol, Moritz, *Halali. Ein Thema mit 20 Variationen*, Hamburg 2009

Platen, Emil, *Johann Sebastian Bach. Die Matthäus-Passion. Entstehung, Werkbeschreibung, Rezeption*, Kassel 1999

Pohl, Herbert, *Zauberglaube und Hexenangst im Kurfürstentum Mainz*, Mainz 1998

Potter, Pamela, *Die deutscheste der Künste. Musikwissenschaft und Gesellschaft von der Weimarer Republik bis zum Ende des Dritten Reichs*, Stuttgart 2000

Press, Volker, *Zwischen Kurmainz, Kursachsen und dem Kaiser. Von städtischer Autonomie bis zur «Erfurter Reduktion» 1664*, in: *Erfurt 742–1992*, Weimar 1992, 385–403

Reinhold, Klaus, *Chronik Arnstadt*, 2004, mehrteilig, online über arnstadt.de, abgerufen 23. 11. 2015

Rickes, Joachim, *«Man wird mich nennen hören». Gedanken über Zeit, Sterben und Küssen bei Paul Fleming*, 2008, online über literatur.hu-berlin.de, abgerufen 5. 1. 2016

Riemer, Friedrich Wilhelm (Hrsg.), *Briefwechsel zwischen Goethe und Zelter in den Jahren 1796 bis 1832*, Bd. 4, Berlin 1832, online über books.google.de, abgerufen 7. 11. 15

Rollberg, Fritz, *Johann Ambrosius Bach. Stadtpfeifer zu Eisenach von 1671–1695*, BJB 1927, 133–152

Sachs, Michael, *Arcana Annvli Pronvbi: Das ist Geheimnis vnd nutze bedeutung des Ehlichen Trauringes; durch XXV. Capittel eröffnet … mit vielen schönen Historien, Gleichnissen vnd Arcanis Naturae beweret*, Mühlhausen 1589, online über bsb-muenchen.de

Sachs, Michael, *Christlicher Zeitvertreiber oder Geistliches Rätzelbuch / 1: Darin-*

nen die aller lustigsten Fragen vnd Antwort verfasset sind: Von Gott, von der Schöpfung, von Engeln, Teufeln, Menschen, vnd von allerley Creaturen vnd Erdgewächsen (…) Auffs new vbersehen, an vielen örtern vermehret vnd gebessert – Dresden [ca. 1598], online über bsb-muenchen.de

Saller, Walter, *Sturz in die Katastrophe*, in: GEO, *Der Dreißigjährige Krieg*, 2008, 26–41

Sandberger, Wolfgang, *Johannes Brahms und Philipp Spitta in Sondershausen*, 2007, online über brahms-institut.de/web/bihl_pdf/Sondershausen-Spitta-Druckfassung.pdf, abgerufen 7.11.15

Santa Clara, Abraham a, *Mercks Wienn / Das ist: Deß wüttenden Todts ein umbständige Beschreibung*, Salzburg 1684, online über bsb-muenchen.de, abgerufen 15.12.15

Scharold, Carl Gottfried, *Geschichte der kön. schwedischen und herzogl. sachsen-weimarischen Zwischenregierung (…) 1631–1634*, Würzburg 1844, online über books.google.de, abgerufen 14.11.2015

Schmölzer, Hilde, *Die Pest in Wien*, Wien 1985

Schneider, Max (Hrsg.), *Altbachisches Archiv*, 2 Bde., Leipzig 1935

Schrodl, Josef, und Pfeifer, Johann: *Geschichte der evangelischen Kirchengemeinde A. B. zu Pozsony-Pressburg*, Pressburg 1906, online über books.google.de

Schulze, Hans-Joachim, *Johann Christoph Bach (1671–1721), «Organist und Schul Collega zu Ohrdruf», Johann Sebastian Bachs erster Lehrer*, BJB 1985, 55–81

Siegemund, Justine, *Die Chur-Brandenburgische Hoff-Wehe-Mutter / Das ist: Ein höchst-nöthiger Unterricht / Von schweren und unrecht-stehenden Geburten*, Cölln (Spree), 1690. Digitalisat und Transkription online über deutsches textarchiv.de

Snyder, Kerala J., *Dieterich Buxtehude. Leben, Werk, Aufführungspraxis*, Kassel 2007

Spee, Friedrich von, *Trutznachtigall, oder Geistlichs-Poetisch Lustwäldlein*, Köln 1649/Berlin 2013

Spee, Friedrich von/Schmidt, Hermann (Übers.), *Cautio criminalis, seu de processibus contra sagas liber: das ist, peinl. Warschawung von Anstell: u. Führung deß Processes gegen d. angegebene Zauberer, Hexen und Unholden …*, Frankfurt 1649, online über digital.ub.uni-duesseldorf.de

Spitta, Philipp, *Johann Sebastian Bach*, 1873/1880, Wiesbaden 1962

Stade, Reinhold (Hrsg.), *Barbara Elisabeth Schulzin. Ein Arnstädter Hexenprozeß vom Jahre 1669*, Arnstadt 1906

Stadtpfeifer: Website der Dresdner Stadtpfeifer, Stadtpfeifer.com, abgerufen 10.1.2016

Staehelin, Martin, *Musikwissenschaft und Musikpflege an der Georg-August-Universität Göttingen*, Göttingen 1987

Ständer, Manfred, *Auf den Spuren des Kurrendesängers Johann Sebastian Bach durch Ohrdruf*, Faltblatt, Ohrdruf 2000

Ständer, Manfred, *Verheerende Brände und andere Katastrophen in der Stadt Ohrdruf*, Ohrdruf 2001

Ständer, Manfred, und Marschik, Peter, *Ein Tag im Leben des 14-jährigen Johann S. Bach*, in: Thüringer Landeszeitung, 29. 4. 2000

Stalmann, Joachim, *Der erste Musiker der Reformation. Johann Walter*, in: *Viue Luthere. Musik der Reformation*, CD-Booklet, Altenburg 1996

Stevens, Denis, *Claudio Monteverdi. Briefe*, München 1989

Stieler, Kaspar, *Der Teutschen Sprache Stammbaum und Fortwachs oder Teutscher Sprachschatz*, Nürnberg 1691 / Hildesheim 1968

Stieler, Kaspar, *Zeitungs Lust und Nutz / Oder: derer so genanten Novellen oder Zeitungen / wirckende Ergetzlichkeit (...)*, Hamburg 1695 / Bremen 1969, online über digital.bibliothek.uni-halle.de

SuUB Bremen: *Digitale Präsentation der vollständigen deutschsprachigen Zeitungsbestände des 17. Jahrhunderts*, Staats- und Universitätsbibliothek Bremen, online über suub.uni-bremen.de

Telemann, Georg Philipp, *Autobiographie 1740*, in: Johann Mattheson, *Grundlage einer Ehren-Pforte*, Hamburg 1740, S. 354–369, online über telemann.org, abgerufen 22. 10. 15

Thiel, Erika: *Geschichte des Kostüms – Die europäische Mode von den Anfängen bis zur Gegenwart*, Berlin 2000

Tittelbach-Helmrich, Wolfgang, *Die Oleariuspastoren als Geistliche der Bachkantoren in Arnstadt*, in: *Johann Sebastian Bach und seine Zeit in Arnstadt*, Arnstadt 2000, S. 143–163

Todd, R. Larry, *Felix Mendelssohn Bartholdy*. Stuttgart 2008

Ufer, Ulrich, *Welthandelszentrum Amsterdam. Globale Dynamik und modernes Leben im 17. Jahrhundert*, Köln 2008

VD17: *Verzeichnis der im deutschen Sprachraum erschienenen Drucke des 17. Jahrhunderts*, online über vd17.de

Voeckler, Klaus, *Die Bombennacht vom 23. August 1943*, in: Märkische Allgemeine, 22. 8. 13, abgerufen 7. 11. 15

Wade, Mara R., *Widowhood as a Space for Patronage. Hedevig, Princess of Denmark and Electress of Saxony (1581–1641)*, in: Renaessanceforum 4, 2008, renaessanceforum.dk, abgerufen am 22. 10. 2015

Wagenknecht, Christian (Hg.), *Epochen der deutschen Lyrik 1600–1700*, München 1969

Wallendorf, Hannelore, *Die Bache in Arnstadt*, in: Johann *Sebastian Bach und seine Zeit in Arnstadt*, Arnstadt 2000

Warlich, Bernd, *Der Dreißigjährige Krieg in Selbstzeugnissen, Chroniken und Berichten*, Onlineplattform, 30jaehrigerkrieg.de, abgerufen 8. 1. 2016

Wedlich, Susanne, *Die antiken Dritten* [über Zahnersatz], in: Süddeutsche Zeitung, 23. 6. 2014, 14

Welter, Friedrich, *Die Musikbibliothek der Sing-Akademie*, in: *Sing-Akademie zu Berlin. Festschrift zum 175jährigen Bestehen*, Berlin 1966, S. 33–47

Wiki: Wikipedia

Wolff, Christoph, *Johann Sebastian Bach*, Frankfurt 2000

Wolff, Christoph, et al., *Die Bach-Familie*, Stuttgart 1993

Wollny, Peter, *Materialien zur Schweinfurter Musikpflege im 17. Jahrhundert*, Schütz-Jahrbuch 1997, 113–163

Wollny, Peter, *Alte Bach-Funde*, BJB 1998, 137–148

Wollny, Peter, *Geistliche Musik der Vorfahren Johann Sebastian Bachs. Das «Altbachische Archiv»*, in: Jahrbuch des Staatlichen Instituts für Musikforschung Preußischer Kulturbesitz 2002, Stuttgart 2002, S. 41–59

Wollny, Peter, *Das Altbachische Archiv*, Ausstellungstext, Eisenach 2002

Wollny, Peter, *Johann Christoph Bachs Hochzeitsdialog «Meine Freundin, du bist schön»*, in: Musikästhetik und Analyse, 2002, 83–98

Wollny, Peter, *«Ein förmlicher Sebastian und Philipp Emanuel Bach-Kultus». Sara Levy und ihr musikalisches Wirken*, Wiesbaden 2010

Wollny, Peter, und Maul, Michael, *Weimarer Orgeltabulatur*, Kassel 2007

Wright, Edward, *Some Observations made in Travelling through France, Italy etc.*, London 1730, online über books.google.de, abgerufen 22. 10. 2015

Young, Percy M., *Die Bachs. 1500–1850*, Leipzig 1970

Zavarský, Ernest: *Zur angeblichen Preßburger Herkunft der Familie Bach*, Bach-Jahrbuch 1967, S. 21–27

Zehnder, Jean-Claude, *«Des seeligen Unterricht in Ohrdruf (…)». Zum musikalischen Umfeld Bachs in Ohrdruf, insbesondere auf dem Gebiet des Orgelchorals*, in: *Bach und die Stile*, Dortmund 1999, 169–195

Zehnder, Jean-Claude, *Die frühen Werke Johann Sebastian Bachs. Stil – Chronologie – Satztechnik*, Basel 2009

Ziegenhardt, Andrea, *Die «Bachiana». Eine Sammlung von Bachdokumenten im Aktenbestand der Stadt Arnstadt*, in: *Johann Sebastian Bach und seine Zeit in Arnstadt*, Arnstadt 2000

MUSIKALISCHE WERKE

Albinoni, Tomaso, *Sonata a tre*, B-Dur op.1, Nr. 12 (1694) für 2 Violinen, Violoncello und Basso continuo, Wiesbaden 2012

Bach, Georg Christoph, *Siehe, wie fein und lieblich ist's* (1689), für 2 Tenöre und Bass (soli), Violine, Viole, Violone, Basso continuo, Stuttgart 1976

Bach, Johann (zugeschrieben), *Unser Leben ist ein Schatten*, Motette für 2 Chöre (SSATTB / ATB), in: *Das Erbe deutscher Musik* 1935; Sonderband 1, Altbachisches Archiv; Teil 1, Wiesbaden 1966

Bach, Johann Christoph (geb. 1642), *Ach daß ich Wassers gnug hätte* (1671 / 1672), Alt (solo), Violine, drei Viole, Violoncello, Basso continuo, Wiesbaden 1971

Bach, Johann Christoph (geb. 1642), *Lieber Herr Gott wecke uns auf* (1672), Motette für 2 vierstimmige Chöre (SATB / SATB), Stuttgart 1994

Bach, Johann Christoph (geb. 1642) *Der Gerechte; ob er gleich zeitlich stirbt* (1676), Motette für 5 Stimmen (SATTB) in: *Das Erbe deutscher Musik* 1935; Sonderband 1, Altbachisches Archiv; Teil 1, Wiesbaden 1966

Bach, Johann Christoph (geb. 1642), *Meine Freundin, du bist schön* (1679), Hochzeitsdialog für Sopran, Alt, Tenor, Bass (soli und tutti), Violine, 3 Viole, Basso continuo, Stuttgart 1989

Bach, Johann Christoph (geb. 1642), *Herr, wende dich, und sei mir gnädig*, Soli SATB, 2 Violinen, 2 Viole, Violone, Basso continuo, Stuttgart 1988

Bach, Johann Christoph (geb. 1642) (zugeschrieben) *Es erhub sich ein Streit;* (vor 1687) 2 fünfstimmige Chöre (SATBB / SATBB), 4 Trompeten, Pauke, 3 Violinen, 3 Viole, Basso continuo, Stuttgart 1960

Bach, Johann Christoph (geb. 1642) (zugeschrieben) *Wie bist du denn, oh Gott, im Zorn auf mich entbrannt* (vor 1696), Lamento für Bass (solo), Violine, drei Viole, Basso continuo, Stuttgart 1992

Bach, Johann Christoph (geb. 1642), *Mit Weinen hebt sich's an*, in: *Das Erbe deutscher Musik* 1935; Sonderband 1, Altbachisches Archiv; Teil 1, Wiesbaden 1966

Bach, Johann Christoph (geb. 1671), *Aria Eberlinia pro dormente Camillo*, 1690, publ. als Werk von Johann Christoph Bach (geb. 1642), Wiesbaden 2002

Bach, Heinrich, *[Sonata I in C für 5 Streicher und Basso continuo]* (vor 1662), Stuttgart 1996

Bach, Heinrich, *Ich danke dir, Gott*, Geistliches Konzert für 2 Soprane, Alt, Tenor, Bass (tutti und solo), 2 Violinen, 2 Viole, Basso continuo, Stuttgart 1986

Bach, Johann Ludwig, *Trauermusik*, für vier Solisten (SATB), 2 Chöre und 2 Orchester (1724), Partitur erstellt von Christoph Lehmann nach den hss. Quellen P398 (Staatsbibliothek Berlin)

Bach, Johann Michael, *Ach wie sehnlich wart ich der Zeit*, Strophenarie für Sopran, Violine, drei Gamben, Violone, Orgel, Stuttgart 1995

Bach, Johann Michael, *Das Blut Jesu Christi*, für fünfstimmigen Chor (SATTB), Stuttgart 1995

Bach, Johann Michael, *Die Furcht des Herren*, Geistliches Konzert zum Ratswechsel für 5 Solostimmen (SSATB), vierstimmigen Chor (SATB), 2 Violinen, 2 Viole, Fagott und Basso continuo, Stuttgart 1986

Bach, Johann Michael, *Halt was du hast*, Motette für zwei vierstimmige Chöre (SATB / ATTB) und Basso Continuo, Stuttgart 1992

Bach, Johann Michael, *Herr, wenn ich nur dich habe*, Trauermusik für fünfstimmigen Chor (SATTB) und Basso continuo (1691), Stuttgart 1984

Bach, Johann Michael, *Unser Leben währet siebenzig Jahr*, für fünfstimmigen Chor (SATTB), Stuttgart 1995

Bach, Johann Sebastian (als Kopist), *Nun freut euch, lieben Christen g'mein*, Choralfantasie von Buxtehude (Abschrift ca. 1698), Faksimile und Transkription, in: *Weimarer Orgeltabulatur*, Kassel 2007

Bach, Johann Sebastian, *Fuge C-Dur über ein Thema von Albinoni*, BWV 946 (um 1699), Neue Bach-Ausgabe IV/9

Bach, Johann Sebastian, *Herzlich lieb hab ich dich, o Herr*, Orgelchoral, BWV 1115 (um 1700), Neue Bach-Ausgabe IV/9

Bach, Johann Sebastian, *Capriccio E-Dur in honorem Johann Christoph Bachii Ohrdruf*, BWV 993 (um 1700), Neue Bach-Ausgabe V/10

Bach, Johann Sebastian (mutmaßlich als Überlieferer), *Hochzeitsquodlibet*, BWV 524 (notiert 1707?) Neue Bach-Ausgabe I/41

Bach, Johann Sebastian, *Gleich wie der Regen und Schnee vom Himmel fällt*, Kantate BWV 18 zu Sexagesimae, Weimar [vor und bis] 1715, Neue Bach-Ausgabe I/7

Bach, Johann Sebastian, *Matthäuspassion*, BWV 244 (1727/1736), Neue Bach-Ausgabe II/V

Buxtehude, Dietrich, *Nun freut euch, lieben Christen g'mein*, Choralfantasie BuxWV 210 (1668?), Neue Ausgabe sämtlicher Orgelwerke, Band 5, Kassel 1998

Drese, Adam, *Nun ist alles überwunden*, 1686, ohne Autorenangabe, in: *Das Erbe deutscher Musik* 1935; Sonderband 1, Altbachisches Archiv; Teil 1, Wiesbaden 1966

Forster, Georg, *Ik seg adiu*, in: *Der ander theil, Kurtzweiliger guter frischer Teutscher Liedlein, zu singen vast lustig*, Nürnberg 1540, Köln 1996, online über bsb-münchen.de

Franck, Melchior, *Wiewohl ich arm und elend bin*, in: *Opusculum Etlicher Newer und alter Reuterliedlein*, 1603, online über Library of Congress, loc.gov

Lennon, John/McCartney, Paul, *Back to the U. S. S. R.*, in: *The Beatles (White Album)*, London 1968

Pachelbel, Johann, *Alle Menschen müssen sterben/Christus, der ist mein Leben*, Choralpartiten aus *Musicalische Sterbens-Gedancken* (1683), in: Pachelbel, *Ausgewählte Orgelwerke IV*, Kassel 1970

Scheidt, Samuel, *Ludi musici: (prima pars): Paduana, Galliarda, Couranta, Alemande, Intrada, Canzonetto, ut vocant, quaternis & quinis vocibus* (1621), London 1996

Schütz, Heinrich, *Ich hab mein Sach Gott heimgestellt*, SWV 305, in: *Kleine Geistliche Konzerte I*, Leipzig 1636

Schumann, Georg, *Mit Fried und Freud ich fahr dahin*, Motette op. 75, Nr. 3, für gemischten Chor, Sopransolo, Hörner, Posaunen, Tuba, Pauke (1934), Berlin 1934

Walter, Johann: *Holdseliger, meins Herzens Trost*, in: *Das Christlich Kinderlied D. Martini Lutheri …*, 1566, online über bsb-muenchen.de/Kassel 1970

Zachow, Friedrich Wilhelm, *Choralvorspiel zu «Wenn mein Stündlein vorhanden ist»*, in: *Choralvorspiele für den gottesdienstlichen Gebrauch*, Bd. II, Kassel 1966

NACHBEMERKUNG

Michael Sachse kam wie gerufen. Nein, er war sowieso da, von 1593 bis zu seinem Tod 1618 als Pfarrherr in Wechmar, aber offenbar hat kein Musikfreund späterer Zeiten seine Polemiken und vielgedruckten Rätselbücher gelesen und sich klargemacht, dass die frühen Bachs unter den Einfluss eines der eloquentesten und radikalsten Lutheraner ihrer Zeit gerieten. Ein Glücksfall für einen Autor, der zwischen den um 1600 noch dürren Daten zur Familie Bach auf der Suche nach ihrer Zeit und Umwelt ist, dem, was sie prägte. Naheliegend ist es da, aus Sachses Schriften den Ausschnitt einer Predigt zu collagieren, wie sie der Gemeinde des 600-Seelen-Dorfs entgegengedonnert sein könnte.

Ist es auch erlaubt? Die Konzeption dieses Buchs zwischen dokumentarischer Erzählung, Musikvergegenwärtigung, Reportagepassagen und fiktionalen Nahaufnahmen könnte Fragen aufwerfen nach den Grenzen zwischen Fakten und Fiktionen. Worauf ist Verlass? Wäre die (Re-)Konstruktion mancher Situation nicht in einem historischen Roman besser aufgehoben? Sie sollte nicht für jenes Genre reserviert bleiben, das oft etwas von einer wasserdichten Puppenstube hat. Es hat mich interessiert, Informationen über die Welt der Bachs mit den Quellen zur Familie und ihrer Musik zusammenzubringen, ohne nur ein Dokument neben das andere zu stellen.

Wer sich etwa im Zusammenhang mit Barockmusikern für historische Instrumente interessiert, sollte wissen, dass dazu auch das grobe Besteck der Zahnbehandler zählte, auf die sie wie alle angewiesen waren. Was das bedeutet, ist kaum klarer zu machen, als wenn man den Großvater von Johann Sebastian einem jener Eingriffe aussetzt, die auch Rembrandt malte. Da ist nichts erfunden, nur zusammengefügt, und ähnlich verhält es sich mit der Geburt der Zwillinge, auch wenn die Hebamme keine ganz so fortschrittliche gewesen sein wird wie Justina Siegemund. Und eine so außergewöhnliche Frau wie Hedwig von Dänemark braucht keinen Bach auf ihrer Dienerliste, um in einem Buch über das musikalische Mitteldeutschland des 17. Jahrhunderts vorzukommen.

Das sind freilich Freiheiten mittleren Grades gegenüber der, einen Veit Bach, von dem nicht einmal belegt ist, wann und wo er zur Welt kam, in einen Raubüberfall geraten zu lassen. Wo sind die «fondamenti della veritá», die seinem Zeitgenossen Claudio Monteverdi so wichtig waren? Wieder ein Glücksfall, dass dieser Monteverdi die wohl präziseste Beschreibung eines Raubüberfalls in der Zeit vor dem Dreißigjährigen Krieg überliefert hat, wie er jedem zustoßen konnte, der in Europa reiste. Man möchte ja etwas über die Zeit erfahren und nicht über die Schreckstarre, die einen Autor angesichts dürftiger Familienüberlieferung befallen kann. Solche Montagen und ihre Quellen sind im Anhang indessen so offengelegt, dass sich ernsthaft damit arbeiten lässt.

Auch im Text wird mitunter auf sie hingewiesen – unabdingbar war das etwa bei der Schilderung der Nacht eines Pestinfizierten. Die von Alessandro Manzoni ist nicht zu übertreffen. Eine Passage dieses Meisters mit verändertem Personal aus dem Mailand von 1630 in das Erfurt von 1682 umzusetzen, entspricht einer Praxis jenes Jahrhunderts, die noch Johann Sebastians Schüler Johann Philipp Kirnberger beschreibt: «Man nimmt ein Stück vom guten Meister … und macht zum Bass eine ganz andere Melodie …» Die unbefangene Adaption besonders italienischer Vorlagen war die Voraussetzung für die Entwicklung der Musik in Deutschland. Das ist für einen Sachbuchautor keine Lizenz zum Fabulieren, aber er kann hier Techniken lernen, die sein Thema plastisch machen.

Auch die Musikwissenschaft geht nicht immer so sachlich vor, wie ihre Sprache suggeriert. Im nachteiligen Fall folgt sie Projektionen oder Übereinkünften wie etwa der, Johann Christoph Bach, dem Eisenacher Organisten, schlechthin alle Musik seines Kreises zuzuschreiben, die gut, aber von ungewisser Autorschaft ist. Um so lieber bin ich Daniel R. Melameds Anregung nachgegangen, für die «Aria Eberlinia» als Komponisten statt des Eisenachers den in Erwägung zu ziehen, in dessen Handschrift diese Musik überliefert ist. Es bedurfte keiner Spekulation, um am Ende den Ohrdrufer Johann Christoph ins Recht zu setzen. Die Enthüllung von Simon Dach als Dichter der Vorlage von «Wie bist du denn, oh Gott, im Zorn …» bringt uns wiederum dem Eisenacher Johann Christoph etwas näher.

Auch wenn die Quellennachweise es ohnehin offenlegen, sei darauf hingewiesen, dass manches, was in der Forschung nur für möglich gehalten wird – etwa die Uraufführung von Johann Christoph Bachs «Ach, daß ich Wassers gnug hätte» am 6. Dezember 1672 in Eisenach –, im Text als Faktum erscheint. Dass überdies bei zentralen Werken, deren Urheberschaft nicht final geklärt ist, wie «Unser Leben ist ein Schatten» oder «Es erhub sich ein Streit», nicht die Lücken thematisiert werden, sondern die Zusammenhänge zwischen der Musik und ihrer Zeit – in der es ohnehin weniger auf die Urheberschaft ankam als auf die (Über-)Lieferung guten Repertoires. Der Autor ist zuversichtlich, dass die Leser sich dadurch nicht genarrt, sondern in der Lektüre befördert fühlen.

Aber darf man Johann Sebastian an den Tisch der Schramms setzen, jenes Ohrdrufer Clans, dem die Literatur zu Bach noch kein Sterbenswörtchen gönnte? Es war der Bachforscher Hans-Joachim Schulze, der im Zusammenhang mit der Praxis der «Freitische» für bedürftige Schüler auf deren Schilderung in Karl Philipp Moritz' Roman «Anton Reiser» hinwies: in jedem Sinn ein Blick über den Tellerrand. Dass Moritz seine Erfahrungen gut siebzig Jahre nach Bach machte, war Schulze weniger wichtig, als dass überhaupt eine authentische Nahaufnahme vorliegt, noch dazu aus der Sicht eines Hochbegabten. Darum habe ich Passagen daraus auf Johann Sebastian angewandt – und auf Mitglieder der in Ohrdruf unumgänglichen, den Bachs bekannten Familie Schramm.

Diese Montage bewahrt, so ist zu hoffen, den Komponisten wie seine Bewunderer vor jenem Einfühlungskitsch, der bei der Annäherung an Jugendjahre von Genies allzu leicht entsteht, ohne dass dabei der Autor in heiliger Scheu jene Distanz wahren müsste, in der man ebenso wenig erfährt. Es geht nicht darum, herauszufinden oder gar zu behaupten, «wie es wirklich war», sondern an dem, wie es gewesen sein könnte, zu zeigen, in welchem Feld von Einflüssen sich da einer auf den Weg macht. Noch dem fußnotenfestesten «So war es» steht ohnehin gegenüber, was Karl Löwith gegen die «Folgerichtigkeit» im «Fortgang einer bestimmten Epoche» ins Spiel brachte: «Der Gedanke, dass alles auch hätte anders kommen können, ist nicht hinweg zu denken.»

Für unschätzbare Anregungen, Lehren, Hilfen dankt der Autor vor allem dem Ensemble Cantus Cölln und seinem Leiter Konrad Junghänel, durch den er die Bachs vor Bach als Bratscher entdecken konnte, und dem Leipziger Musikwissenschaftler Peter Wollny, dem besten Kenner dieser Familie. Dem Musikwissenschaftler Christoph Wolff in Harvard, der das Altbachische Archiv in Kiew aufspürte, sei stellvertretend für alle im Buch vorkommenden Gesprächspartner gedankt, dem Gehrdener Kantor Christian Windhorst für Tipps aus der Praxis, der hannoverschen Geigerin und Kochkünstlerin Ulla Bundies für die Konzeption des Hochzeitsmenüs 1679, dem Wechmarer Mundartkenner Hans Hochberg für die Übersetzung einer Passage ins Wechmarer Thüringisch, der Gottfried Wilhelm Leibniz Bibliothek in Hannover stellvertretend für alle hilfreichen Bibliotheken – und dem Lektor Uwe Naumann für Sensibilität, Genauigkeit und unerschütterliche Unterstützung.

Gedankt sei aber auch jenem Wechmarer, der im Februar 2000 sein Feierabendbier im «Weißen Ross» einnahm, in breitem Thüringisch redend, bekleidet mit grober Hose und Holzfällerhemd und dabei im Gesicht dem reifen Johann Sebastian Bach derartig ähnelnd, als sei der Clan nie verschwunden. Da kam mir erstmals der Gedanke, dieser Familie doch einmal nachzugehen. Allen diesen Bachs und ihren Freunden im 17. Jahrhundert danke ich für die große Freundlichkeit, mit der sie meine Nachstellungen begleitet haben.

NAMENREGISTER

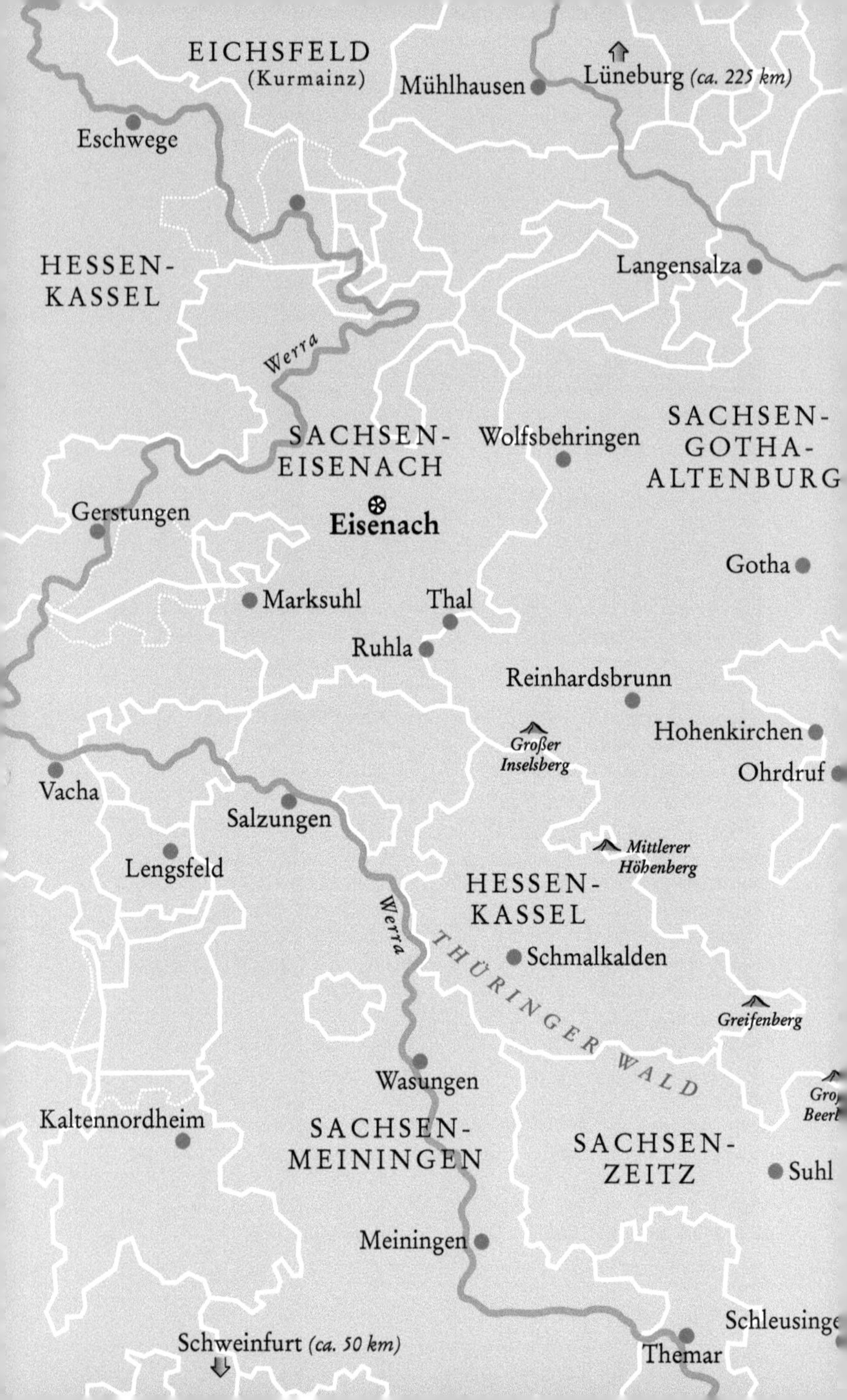
EICHSFELD
(Kurmainz)
Mühlhausen
Lüneburg (ca. 225 km)
Eschwege
HESSEN-
KASSEL
Langensalza
Werra
SACHSEN-
EISENACH
Wolfsbehringen
SACHSEN-
GOTHA-
ALTENBURG
Gerstungen
Eisenach
Gotha
Marksuhl
Thal
Ruhla
Reinhardsbrunn
Großer
Inselsberg
Hohenkirchen
Ohrdruf
Vacha
Salzungen
Lengsfeld
Mittlerer
Höhenberg
HESSEN-
KASSEL
Werra
THÜRINGER WALD
Schmalkalden
Greifenberg
Wasungen
Kaltennordheim
SACHSEN-
MEININGEN
SACHSEN-
ZEITZ
Suhl
Meiningen
Schleusinge
Schweinfurt (ca. 50 km)
Themar

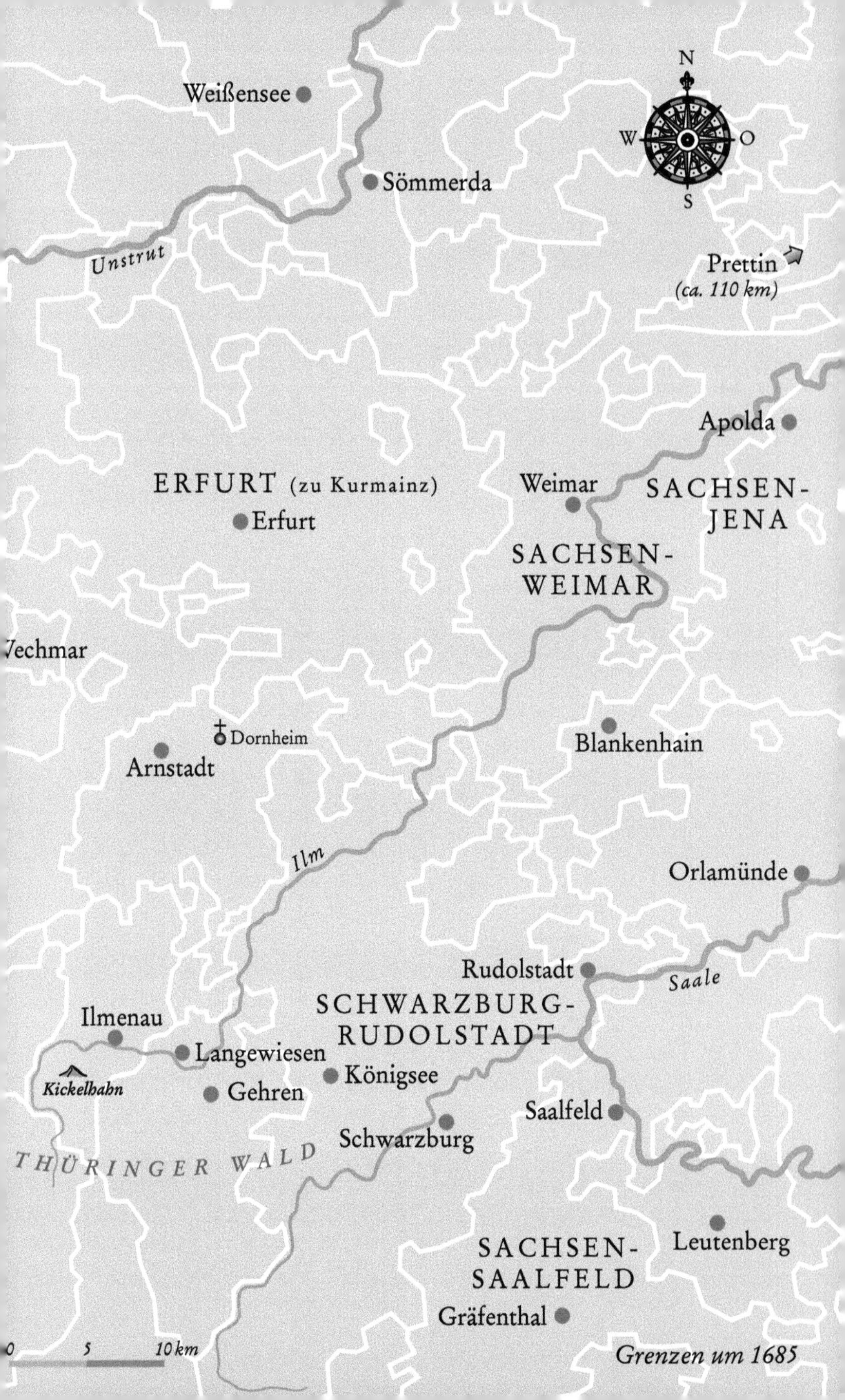
N
W
O
S
Weißensee
Sömmerda
Unstrut
Prettin
(ca. 110 km)
Apolda
ERFURT (zu Kurmainz)
Erfurt
Weimar
SACHSEN-
JENA
SACHSEN-
WEIMAR
Wechmar
Dornheim
Arnstadt
Blankenhain
Ilm
Orlamünde
Rudolstadt
Saale
SCHWARZBURG-
RUDOLSTADT
Ilmenau
Langewiesen
Kickelhahn
Königsee
Gehren
Saalfeld
Schwarzburg
THÜRINGER WALD
Leutenberg
SACHSEN-
SAALFELD
Gräfenthal
0
5
10 km
Grenzen um 1685

- »Veit d. Ä.« (1527–1570)
  - 1 Veit (1555–1619) ⚭ »Marie« (1553–1590) 2 ?
    - 2 Hans 𝄞 (1581–1626) ⚭ Anna geb. Schmied (1582–1635) 4 ?
      - 4 Johann 𝄞 (1604–1673) ⚭ Hedwig Lämmerhirt (1617–1675) 9
        - 7 Johann 𝄞 Christian (1640–1682) ⚭ Anna Margaretha geb. Schmidt 5 (1645–1676) ⚭ Anna Dorothea geb. Peter 3 (†1736)
          - 16 Johann 𝄞 Jacob (1668–1692)
          - 17 Johann 𝄞 Christoph (1673–1727)
          - Anna Margaretha (1675–1682)
          - Anna Dorothea (1680–>1732)
          - Anna Sophia (1681–1682)
          - Johann Christian (1682–1683)
        - 8 Johann 𝄞 Ägidius (1645–1716) ⚭ Maria Susanna geb. Schmidt 5 (1654–1683) ⚭ Juditha Katharina geb. Syring 3 (1655–1712)
          - 18 Johann 𝄞 Bernhard (1676–1749)
          - 19 Johann 𝄞 Christoph (1685–1740)
        - 9 Johann 𝄞 Nikolaus (1653–1682) ⚭ Sabina Katharina geb. Burgold 1 (1661–1683)
          - 20 Johann Nikolaus (1682–>1735)
      - 5 Christoph 𝄞 (1613–1661) ⚭ Maria Magdalena geb. Grabler 6 (1614–1661)
        - 10 Georg 𝄞 Christoph (1642–1697) ⚭ Anna Juditha geb. Prötzel 10 (1646–1700)
          - 21 Johann 𝄞 Valentin (1669–1720)
        - 11 Johann 𝄞 Ambrosius (1645–1695) ⚭ Maria Elisabetha geb. Lämmerhirt (1644–1694) 8
          - 22 Johann 𝄞 Christoph (1671–1721)
          - Johann Balthasar (1673–1691)
          - Johann Jonas (1675–1685)
          - Maria Salome (1677–1727)
        - 12 Johann 𝄞 Christoph (1645–1693) ⚭ Martha Elisabeth geb. Eisentraut 6 (1654–1719)
          - 25 Johann 𝄞 Ernst (1683–1739)
          - 26 Johann 𝄞 Christop[h] (1689–1740)
        - Dorothe[a] Maria (1652–1679)
      - 6 Heinrich 𝄞 (1615–1692) ⚭ Eva geb. Hoffmann (1616–1679) 6
      - Anna (†1626)
    - 3 Caspar 𝄞 (<1580/1577–<1644) ⚭ Catharina (1569?–1651) 6
      - Caspar 𝄞 (1600–1625)
      - Melchior 𝄞 (1603–1634)
      - Heinric[h] (1609–1635)

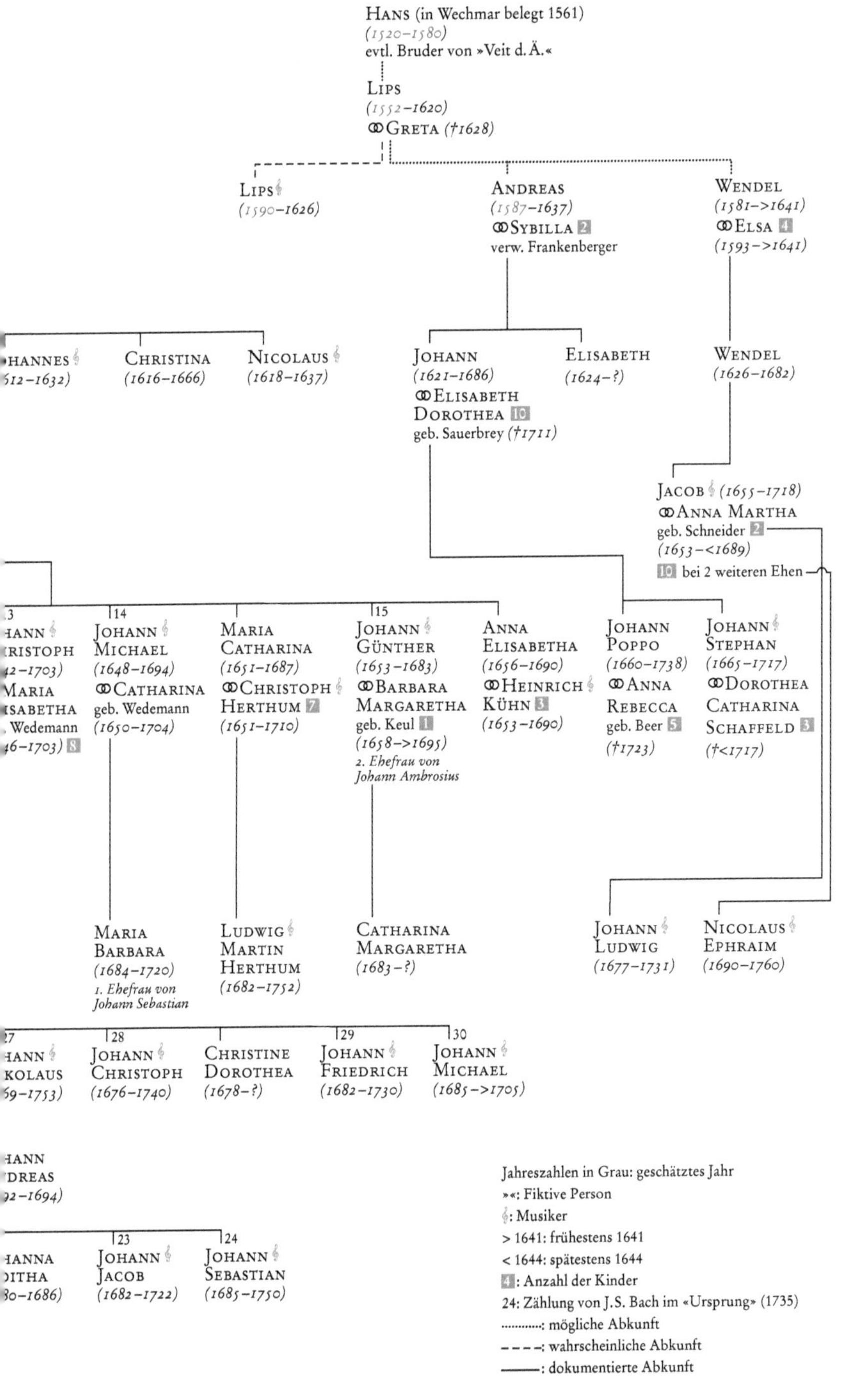

HANS (in Wechmar belegt 1561)
(1520–1580)
evtl. Bruder von »Veit d. Ä.«
LIPS
(1552–1620)
⚭ GRETA (†1628)
LIPS
(1590–1626)
ANDREAS
(1587–1637)
⚭ SYBILLA 2
verw. Frankenberger
WENDEL
(1581–>1641)
⚭ ELSA 4
(1593–>1641)
…HANNES
…12–1632)
CHRISTINA
(1616–1666)
NICOLAUS
(1618–1637)
JOHANN
(1621–1686)
⚭ ELISABETH DOROTHEA 10
geb. Sauerbrey (†1711)
ELISABETH
(1624–?)
WENDEL
(1626–1682)
JACOB (1655–1718)
⚭ ANNA MARTHA
geb. Schneider 2
(1653–<1689)
10 bei 2 weiteren Ehen
…3
…HANN
…RISTOPH
…42–1703)
…MARIA
…ISABETHA
… Wedemann
…46–1703) 8
14
JOHANN MICHAEL
(1648–1694)
⚭ CATHARINA
geb. Wedemann
(1650–1704)
MARIA CATHARINA
(1651–1687)
⚭ CHRISTOPH HERTHUM 7
(1651–1710)
15
JOHANN GÜNTHER
(1653–1683)
⚭ BARBARA MARGARETHA
geb. Keul 1
(1658–>1695)
2. Ehefrau von Johann Ambrosius
ANNA ELISABETHA
(1656–1690)
⚭ HEINRICH KÜHN 3
(1653–1690)
JOHANN POPPO
(1660–1738)
⚭ ANNA REBECCA
geb. Beer 5
(†1723)
JOHANN STEPHAN
(1665–1717)
⚭ DOROTHEA CATHARINA SCHAFFELD 3
(†<1717)
MARIA BARBARA
(1684–1720)
1. Ehefrau von Johann Sebastian
LUDWIG MARTIN HERTHUM
(1682–1752)
CATHARINA MARGARETHA
(1683–?)
JOHANN LUDWIG
(1677–1731)
NICOLAUS EPHRAIM
(1690–1760)
27
…HANN
…KOLAUS
…69–1753)
28
JOHANN CHRISTOPH
(1676–1740)
CHRISTINE DOROTHEA
(1678–?)
29
JOHANN FRIEDRICH
(1682–1730)
30
JOHANN MICHAEL
(1685–>1705)
…HANN
…DREAS
…92–1694)
…HANNA
…DITHA
…80–1686)
23
JOHANN JACOB
(1682–1722)
24
JOHANN SEBASTIAN
(1685–1750)
Jahreszahlen in Grau: geschätztes Jahr
»«: Fiktive Person
𝄞: Musiker
> 1641: frühestens 1641
< 1644: spätestens 1644
4: Anzahl der Kinder
24: Zählung von J.S. Bach im «Ursprung» (1735)
……: mögliche Abkunft
– – – –: wahrscheinliche Abkunft
——: dokumentierte Abkunft